# 사회과 교육에의 표류

김왕근 저

도서출판 원미사

# 머리말

내러티브라는 용어가 유행한다. 이야기? 아니면 사건의 전말과 국면을 실감나게 전개하는 것 정도로 번역이 될 수 있다. 난데없어 보이는 내러티브를 꺼내 든 이유는 매트릭스라는 영화를 내러티브의 차원에서 해석할 때, 기존에 바라보지 못했던 새로운 세계를 엿볼 수 있기 때문이다.

많은 사람들은 영화 '매트릭스(Matrix)'의 주제를 가상과 실재의 혼란 즉, 무엇이 실재이고 무엇이 가짜인지를 구별할 수 없는 상황에서 실재라는 진실을 찾아가는 것으로 해석한다. 영화의 대사를 그대로 빌리자면, 사막의 진실(the truth of the desert)을 추구하는 것을 의미한다. 이러한 측면에서 매트릭스를 무엇이 참인지를 어떻게 밝혀낼 수 있는지에 관한 인식론의 관점에서 이야기를 주고받는 것으로 볼 수 있다. 굳이 매트릭스에 기대지 않더라도 일상적으로 사람들은 사실과 거짓이라는 이분법적 관점에 의해 세상을 바라보는 경향을 보인다.

매트릭스를 인식론의 관점에서 보는 사람들은 다음의 논거를 들어 사람들을 설득하려 한다. "어떤 사람이 거짓을 말하고 있는 것을 알고 있는 사람에게 그 사람의 이야기는 흥미, 의미의 부여, 의심 등과 같은 반응을 유발하지 못한다. 이미 거짓말이라는 것을 알고하고 있기 때문이다. 허구의 세계에서 반응은 없다. 반응은 진실에 대한 유혹에서 비롯된다. 매트릭스가 관객들의 반응을 유발하는 것은 그 속에 진실을 추구하려는 인간 심리를 자극하는 혼란이 들어 있기 때문이다. 바로 사막의 진실이지."라고. 이들은 매트릭스를 인식론의 관점, 그것도 진실과 거짓이라는 이분법적 관점에서 해석한다.

이에 비해 내러티브의 세계에서는 이야기의 진실 여부보다는 이야기의 전개 방식에 관심을 갖는다. 앞의 논거를 예로 빌자면, 설사 그 사람이 거짓말을 하고 있다는 것을 알고 있을지라도, 전개 방식에 관심을 갖고 있는 사람은 거짓말에 반응하게 된다. 아니 역으로 말하면, 실제 우리는 많은 경우에 거짓말인줄 알고 있는 경우에도 그 말에 반응을 보이곤 하는데 이는 거짓말이 말해지는 방식에 관심을 갖고 있기 때문이다. 요컨대 반응은 내용이 아니라 방식에 관계하는 것으로 볼 수 있다. 이러한 관점에서 매트릭스가 관객의 반응을 유발하는 이유는 가상과 실재라는 내용 때문이 아니라, 가상과 실재가 다루어지는 방식 때문이라는 결론을 내릴 수 있다.

일상을 반성해 보자. 친구, 가족, 동료 등, 우리는 우리가 관계를 맺고 있는 많은 사람들에 대해, 지금 내가 그들에 대해 알고 있는 것은 사실을 알고 있다고 생각한다. "내 남편은 이런 저런 사람이야. 그 상황에서 그런 행동을 한 이유는 이러저러한 것이야. 어제 일어난 일은 이러저러하지. 등 등" 마치 사실을 알고 사실을 말하는 것처럼. 그러나 내가 사실이라고 알고 말하는 것들은 관련된 몇몇의 단편을 나 자신의 믿음 체계와 경험에 의존해서 스스로 재구성한 것에 지나지 않음을 알 수 있다. 나만이 그런 것이 아니고 우리 주위의 모든 사람들 또한 이러하다. 따라서 우리가 현실이라고 믿고 있는 세계는 인간에 의해 만들어진 수많은 개인적 집단적 세계가 네트워크 방식으로 연결되어 있는 것에 지나지 않는다. 매트릭스에서 인공 지능이 만들어 놓은 허구의 세계가 오히려 우리가 실재라고 믿고 있는 현실보다 훨씬 체계적이고 논리적이며 예측이 가능하다. 우리는 실재라는 현실에서 살고 있는 것이 아니라 가상과 실재가 말해지는 방식에 관심을 갖는 내러티브의 세계에서 살고 있다.

사회과교육에 대한 이해 역시 이와 다르지 않다. 사회과교육에 관한 여러 목소리의 진실 즉, 사실적 타당성을 문제 삼기보다는 목소리를 드러내는 방식을 이해하는 것이 내러티브의 이해 방식이다. 저자는 이 책을 통해 사회과교육에 관한 여러 목소리를 내러티브의 관점에서 이해하려 노력했다. '사회 인식론', '정치적 이해', '이해의 관점', '배경과 전경', '변증법적 관계' 등의 시각으로 주제를 포장하는 것이 이를 대변한다. 또한 책의 제목을 '사회과교육에의 표류'로 정한 것도 이를 대변한다. 필자의 이러한 시각을 고려하면 책을 읽을 때 오해나 심리적 불편함을 다소 덜 수 있을 것으로 생각된다.

"시는 지적인 것이 아니라 신체적인 것이다."라는 말이 있다. 이는 의미의 구성이 신체적인 이해와 습관화로 나타남을 말한다. 푸르스트가 말하는 '이데아를 굴절시키는 투명한 육체'라는 표현에서 육체는 근육이나 모양, 움직임 같은 물질적인 기호로서 육체를 상정하는 대신, 예술과 같은 비물질적인 기호로서 육체를 상정한다. 이는 육체를 통해 삶이 표현되고 이해됨을 의미하는 것이기도 한다. 모든 희로애락의 경험에서 알 수 있듯이 의미의 경로와는 무관하게 몸짓이 동반하는 감정을 통해 의미를 경험한다.

그렇다면 감정의 처소와 그러한 감정의 감지 경로는 무엇인가? 감정은 감정의 주체인 나에 앞서 외부에 존재하는 타인에 거처한다. 그러한 타인과 함께 얽혀 있음을 감지하는 순간부터 자신의 감정이 타인의 시선에서 비롯됨을 인식하게 된다. 예를 들어, 자랑스러움은 일종의 감정으로 볼 수 있는 데, 자랑스러움은 어디서 비롯되는가? 타인의 시선이 부재하는 곳에서 자랑스러움은 존재하지 않는다. 나를 바라보는 타인의 시선을 통해 비로소 자랑스러움을 경험한다. 이렇듯 인간이 느끼는 모든 감정은 타인과의 얽힘, 타인의 시선에서 비롯된다. 즉. 자신의 감정은 타인의 시선에 처소를 둔다.

타인에 처소하는 감정은 어떻게 확인할 수 있는가? 이에 답하기 위해서는 타인의 시선이 담고 있는 의미를 명료하게 할 필요가 있다. 타인의 시선은 인지에 호소하는 언어에 의존하지 않는다. 단지 몸짓을 통해 공감할 수 있을 뿐이다. 예를 들어, 부모가 자식한테, 언어적으로 자랑스럽다는 표현을 함에도 불구하고 그 부모의 몸짓으로 자랑스러워함이 드러나지 않을 때, 자식은 전혀 자랑스러운 감정을 경험하지 못한다. 역으로 친구 사이에 경멸의 의미를 담은 언어를 표현함에도 불구하고, 감싸고 있는 어깨의 몸짓, 얼굴의 표정 등을 통해 우정과 격려를 경험할 수 있다. 우리가 일상적으로 자주 경험하는 첫눈의 주고받음, 악수의 교환, 포옹, 어깨동무, 키스, 건배, 손가락 걸기, 팔장끼기, 같이 놀기 등등. 몸짓의 교환이 이루어지는 모든 곳에서는 감정의 주고받음이 수반된다. 그리고 그러한 감정의 주고받음이 삶과 동반하게 된다. 즉, 감정을 경험하게 되는 경로는 못짓의 얽힘에 있다.

이제 타인의 입장에서 보면, 나의 몸짓은 다시금 그에게 타인의 시선으로 작용한다. 그 사람의 감정의 처소와 경로는 바로 나인 셈이다. 내 삶의 의미가 타인에 의해 연기되듯이 그의 삶 역시 나로 인해 연기된다. 그래서 타인은 삶에서 절대적인 의미를 지닌다. 나 자신은 자율성을 지닌 주체가 아니라 간자율성을 지닌 타자에 의해 종속되게 된다. 나와 타인은 같지 않고 다르지 않은 즉, 차이의 얽힘이라는 직물짜기 놀이 속에서 존재한다.

무릇 모든 관계는; 그 것이 사회적인 관계이건, 자연적인 관계이건, 내적인 관계이건 간에, 그 자체만의 순수와 자기 동일성을 지닌 주체들의 사열이 아니라, 먹임과 되먹임의 재귀적 순환으로 전개되어 마치 변주 형식의 푸가처럼 나타난다. 교사와 학생의 관계도 예외일 수는 없다. 학생과 교사는 자율적인 주체로 만나는 관계가 아니다. 간주관적인 상호작용의 세계에서 서로가 서로에 의해 먹임과 되먹임을 주고받는 직물짜기 관계로 얽힌다. 그것도 인지와 인지가 만나는 것이 아니라 감정을 동반한 몸과 몸이 만난다. 양자 사이의 육체적 얽힘을 통해 같지 않고 다르지 않은 차이의 세계가 연출된다. 사회적 관계 능력을 지향하는 사회과교육의 경우 더 할 나위 없다. 단편적인 정보와 지식을 전달하는 교사상의 전경 뒤에 공감적 몸짓으로 학생과 이중고리를 만드는 교사상이 배경으로 자리한다. 김춘수의 시가 음악처럼 들린다. "우리들은 모두 무엇이 되고 싶다. 너는 나에게 나는 너에게 잊혀지지 않는 하나의 눈짓이 되고 싶다."

---

많은 사람에게 고마움을 전하지 않을 수 없습니다. 사랑과 신뢰의 눈길을 놓지 않았던 아내, 교정과 표지 디자인으로 용기를 배가 시켜준 자랑스런 두 딸, 기대와 기다림으로 말없는 응원을 아끼지 않았던 학회 회원님들, 수많은 아이디어를 질문 공탁과 몸짓으로 전해준 제자들, 졸고를 마다않고 빛을 선사해 주신 원미사 박준식 대표님 그리고 조현하님, … 말로 다할 수 없는 감사를 드립니다.

석우관에서 적가리를 떠올리며

# 목 차

Chapter I

# 사회과 교육의 재 개념화

I 장

# 사회과 교육의 재 개념화

인식은 사회적 구성물로서의 의미를 지닌다. 사회과교육 또는 사회과 교육학에 관한 인식 역시 사회적으로 구성된 것으로서 이를 바르게 이해하기 위해서는 사회 인식론적 관점이 수반되어야 한다.

전통적으로 사회과교육의 성격을 좋은 시민의 양성과 관련지우는 관점에 있어서는 학문성에 대한 논쟁이 제기되지 않았다. 교과 내용이나 학습관과 관련해서 인식론적인 개입이 없었기 때문이다. 그러나 1960년대의 사회과학교육으로서의 사회과교육에 관한 사회적 요구가 작용하면서 객관적 인식론이 교과 내용이나 학습관에 침투하는 현상이 나타났다. 그리고 1980년대를 전후해서는 구성주의 인식론이 객관주의 인식론을 대신하면서 구성주의 학습관에 기초한 쟁점 중심의 사회과 관점이 요청되기도 했다.

그런 와중에서 사회과교육 전문가들은 교과 교육학으로서의 사회과교육학의 학문적 정체성을 교과 내용과 학습 방법의 결합에 근거지우려는 입장을 취해왔다. 즉, 정치, 경제, 지리, 역사 등의 사회과학 범주에서 독립하는 동시에 일반적인 방법적 원리를 제시하는 교육학과의 차별성을 구가하겠다는 문제의식이 들어 있는 것이다. 예컨대 정치 교육의 경우 내용과 방법적인 원리를 정치학과 교육학에 의존하기는 하되, 내용 선정, 내용 조직, 구체적인 학습 방법, 모형 등에 주목함으로써 정치 교육의 이름에 부응하는 배타적인 영역이 확보될 수 있을 것으로 생각해왔다. 그러나 이러한 관점은 여전히 정치학과 교육학의 범주에 속해있다는 비판의 여지를 지닌다. 내용의 선정이 정치학 지식을 포괄하지 않고 내용의 조직과 구체적인 학습 방법이 교육학과는 차별성을 지닌다할지라도 그것은 정치학과 교육학의 범주를 그대로 유지하는 가운데 구체화의 수준 즉, 위계 수준을 낮추는 것에 지나지 않는다는 것이다.

이에 비해 학습의 자기 주도성과 생래성은 대안적인 사회과 관점을 요구하는 동시에 사회과 교육학의 정체성을 충족시킬 수 있을 것으로 기대된다. 모든 학습은 자기 주도성을 지닌다. 전통적인 사회과교육에서와 같이 선행적으로 조직화된 학습을 따르는 것이 아니라, 스스로 자신에서 비롯된 요구와 이유 동기에 근거해서 주도적으로 학습한다. 학습은 자기 스스로를 만들어 내는 변화 과정이며 자신에 대한 의식의 발달을 지향하는 과정이다. 던져진 있는 그대로의 삶을 살아가는 가운데 관련된 지식과 방법, 그리고 이유를 스스로 확대하고 심화시키는 과정으로 나타나는 것이다.

학습의 주도성은 학습의 생래성에서 비롯된다. 모든 인간은 태어나면서부터 잠재력으로서의 학습 능력을 지닌다. 육체적 능력이나 정신적 능력을 지니고 태어나는 것과 마찬가지로 학습 능력을 지니고 태어나는 것이다. 또한 이러한 학습 능력은 사회과적 능력과 결합함으로써 상호간에 상승적인 순환 관계를 형성한다. 학습 능력은 사회과 내용이 아닌 사회과 능력 예컨대, 협상력과 같은 정치 능력과 결합함으로써 양자의 상승적인 발달을 가져오게 된다는 것이다. 즉, 학습 능력과 사회과 능력은 상호간에 목적과 수단의 지위를 연속적으로 주고받는 과정을 통해 발달의 축적 과정으로 존재하게 된다는 것이다. 이렇듯 생래적인 학습 능력과 사회과적 능력에 주목함으로써 학습자로 하여금 자기주도적인 삶을 의미 있게 영위해 갈 수 있게 할뿐만 아니라 사회과교육의 배타적인 독립성을 확보할 수 있게 되며, 결과적으로 사회과교육학의 정체성을 확보할 수 있을 것으로 기대할 수 있다.

## 합산과 동형의 가장

일반적으로 사회과교육을 설명할 때, 교육학의 형식과 사회과학의 내용에 정초하는 사고방식이 지배해왔다. 즉, 사회과학 지식을 잘 가르치는 교과로서의 사회과교육관이 공유되어 왔다. 그러나 이러한 사고방식이 타당성을 확보하기 위해서는 다음과 같은 문제에 답변이 선행되어야 한다. 사회과교육의 정체성을 교육학의 패러다임으로 설명할 수 있는가? 즉, 교육학에 전제된 가정, 원리, 관점 등을 사회과교육에 동형적으로 적용할 수 있는지를 묻는 말이다. 그리고 이러한 의문은 사회과학에도 동일하게 적용될 수 있다. 요컨대, 교육학과 사회과학에 의해 정립된 추상적 일반성에 정초하여 사회과교육을 동형적으로 설명할 수 있는지를 묻는 말이다.

설명과 이해는 대상이 처한 객관적 조건과의 관련을 파악하는 것을 의미한다. 조건과 무관한 대상이나 대상의 흔적에서 자유로운 조건은 의미를 초월한다. 관련을 파악한다는 것은 대상과 조건 사이에 벌어지는 먹임과 되먹임을 포섭하는 것이다. 설명하고자 하는 대상 즉, 행위자에게 주어진 조건은 열망과 선택의 가능성을 제공하는 동시에 제한하는 지평 즉, 가능성과 불가능성의 준거가 된다. 사회과교육에 대한 목소리도 예외가 아니다. 그들의 목소리를 이해하는 것은 그들의 심리적 동기나 믿음을 파악하는 것이 아니라, 그들이 처한 객관적 조건과의 관련을 파악하는 것이다.[1) 예를 들어, 역사학 중심의 역사 교육을 주장하는 목소리를 이해하는 것은 그 목소리에 들어 있는 심리적 이유 즉, 개별자의 사고방식을 이해하는 것이 아니라 그 목소리가 처해진 사회적 조건을 이해하는 것을 의미한다. 이른바 역사학 중심의 역사 교육 목소리는 역사학 중심의 역사 교육관이 지배하는 사회적 조건에서 비롯된 것이라는 점을 이해하는 것이다. 이러한 인식은 비단 역사 교육에 한정되는 것이 아니라 지리교육, 사회과교육, 과학교육 등 일체의 교과 교육에 적용될 수 있다. 요컨대, 목소리가 처한 사회적 조건은 공동의 행위와 목소리를 만들어내는 규칙으로 작용한다.

이와 관련해서 그동안 사회과교육학의 이름으로 수행된 연구들을 보면, 대부분의 경우 사회과교육의 내용을 사회과학의 내용과 동형 관계에 있는 것으로 간주하고 있음을 알 수 있다. 예컨대, 사회과교육학의 이름으로 수행된 연구들의 경우, 분석의 범주를 역사 영역, 지리 영역, 경제 영역, 정치 영역, 사회 영역, 교과 교육 이론 영역 등으로 구분하고 있는 것에서 볼 수 있듯이, 사회과학의 분과 범주에 대응하여 사회과교육의 범주를 설정하고 있음을 알 수 있다.

이렇듯 사회과교육학 연구 동향이 사회과학의 연구 동향과 동형성을 보이는 배경에는 사회과교육이라는 개념을 사회과학 지식에 정초하면서 동시에 교육학에 정초하는 동형성의 합산이라는 사고방식이 작용하고 있는 것으로 판단된다. 그래서 사회과교육의 하위 영역으로서 정치 교육은 정치학 지식과 교육학의 결합으로 간주되어 왔으며, 연구 방법 역시 정치학 또는 교육학의 연구 방법으로 대신하게 된 것으로 볼 수 있다. 그러나 사회과교육을 단순하게 기계적으로 사회과학적 지식과 교육의 동형적 합산으로 간주할 수 있는지에 대해서는 좀 더 깊은 고민이 요구된다. 사회 인식론적 관점에서 고민을 그려보기로 하자.

---

1) 심리적 동기나 믿음이 전혀 무의미함을 말하는 것은 아니다. 이러한 요인은 개별자에 주목하여 그의 목소리를 설명하고 이해하는 데 타당성을 지닌다.

## 인식의 거처

이론이 역사적으로 전개되어온 과정은 두 가지 관점에 따라 경쟁적으로 설명되어져왔다. 하나는 축적적 모델(accumulative model)에 따른 설명이고 다른 하나는 혁명적 모델(revolutionary model)에 따른 설명이다. 특별히 후자는 Kuhn(1970)에 의해 대표되듯이 메타 이론 분야에서 커다란 관심을 모으고 있다. 이와 관련해서 Popkewitz(1991 : 28-30)는, 두 관점 모두 이론의 형성과 변화 즉, 이론의 역사적 과정에 사회적 맥락이 개입되고 있음을 간과하고 있다는 비판을 가하고 있다. 즉, 이론의 사회 인식론적 측면이 배제되어 있다는 것이다.

이론의 사회 인식론적 측면은 사회과학의 경우 자연과학에 비해 상대적으로 더 크게 작용한다. 왜냐하면 인식의 대상이 되는 인간의 행위 자체가 법칙에 의해 기계론적으로 설명될 수 있는 것이 아니라 맥락적인 해석을 요구하는 것이기 때문이다. 사회과학의 연구 방법과 이론을 크게 원용해왔던 사회과교육 역시 이러한 사회 인식론적 설명을 통해 이유와 근거를 해석할 수 있다. 실제로 사회과교육 연구에서 널리 쓰여 지고 있는 조사, 사례 분석, 실험, 해석, 비판, 기술 등과 같은 연구 방법은 모두 사회과학의 연구 방법을 차용하고 있으며, 이는 곧 사회과학의 설명에 요구되는 사회 인식론이 사회과교육에 동일하게 적용되어 왔음을 반증하는 하는 것이기도 하다.

사회 인식론은 이론의 구성에 상호 연관하여 작용하는 가정, 가치, 인지 등의 복합적인 차원에 관심을 갖는다. 이론은 언어의 형식으로 진술되고 연구 대상의 범주를 조작적으로 규정한다. 또한 이론은 당시의 사회적 규준과 관례를 따라 구성된다. 따라서 연구의 가정이나 사회적 가치 그리고 연구자의 인지 등은 사회적으로 구성과 재구성의 연속적인 관련을 맺는다. 이와 관련해서 Rorty(1989, 김동식 · 이유선 역, 1996: 34-35에서 재인용)로부터 의미를 부연 받을 수 있다.

> 세계는 말하지 않는다. 오직 우리가 말할 뿐이다. 일단 우리가 어떤 언어로 프로그램 되고 나면, 세계가 우리로 하여금 믿음을 갖도록 하는 원인일 수 있지만, 우리가 말할 어떤 언어를 세계가 제안할 수는 없다. 오직 우리가 아닌 다른 어떤 사람들만이 그렇게 할 수 있다. --- 이는 언어의 선택이 주관적 기준들로 대체되어야 한다는 뜻이 아니라, '언어 선택'의 이유가 의지나 느낌으로 대체되어야 한다는 점이다. 그

> 것은 현존하는 기준이나 선택이 한 언어 놀이에서 다른 언어 놀이로 변화하는 데 이르게 되면 더 이상 의미가 없다는 점이다.

Rorty는 '세계의 표상으로서의 언어'를 부정한다. 언어는 우리가 만들어 낸 것이다. 그리고 우리가 만든 언어가 더 이상 의미를 지니지 못할 때 다른 사람들이 언어를 대체한다. 여기서 언어를 대체하는 다른 사람들은 어떤 사람들인가? 그들은 이미 우리가 만든 언어 세계에 입문하여 우리의 언어로 만든 프로그램을 받아들인 사람들이다. 다만 더 이상 그 프로그램이 의미를 지니지 못함을 인식한 사람들이다. 이러한 맥락에서 우리의 프로그램과 다른 사람들의 프로그램은 구성과 재구성의 관계를 맺는다.[2)]

이와 같이 사회 인식론적 관점에 따라 이론의 성격을 살펴보는 것은 이론에 함의된 처방에 대한 실천적 담론과 그에 따른 연구의 연속적인 재구성을 가능하게 한다. Habermas(1979)가 말하듯이, 합리성에는 사고의 형식을 형성하는 인지적 관심(Cognitive interests)과 실천적 행위를 안내하는 소통적 관심(Communicative interests)이 들어 있으며, 이러한 인지와 소통은 다시금 기술적(도구적)으로 작용하는 경우와 해석적으로 작용하는 경우, 그리고 해방적(비판적)으로 작용하는 경우로 나누어진다. 기술적 관심은 심리학에서의 행태주의나 사회학에서의 기능주의 등과 같은 이론에서 볼 수 있듯이 구체적인 현상에 관한 경험적 결과들을 포섭해 내는데 관심을 갖는다. 이에 비해 해석적 관심은 진술의 의미에 주목하여 함축된 의미의 신뢰성과 실제적 효용성 등을 밝히는데 관심을 갖는다. 그리고 해방적 관심은 현상의 하부에 숨어 있는 구조와 상호작용 및 이에 개입된 권력에 주목하여 삶의 실천적 조건을 개선하는데 관심을 갖는다.

Habermas가 이러한 논리적 범주를 설정하는 이유는 연구에 개입된 사회적 맥락 즉, 인식의 사회적 측면을 중시하기 때문이다. Habermas 스스로 주장하듯이 기술적 관심은 현실과 유리된 것으로서 실천적 의미를 상실하고 있는데 비해, 해석적 관심 및 해방적 관심은 실제와 밀착된 것으로서 실천적 의미를 담지 한다. 해석적 관심이나 해방적 관심은 사회 인식론의 가정에 기초하여 이론을 재구성하는 성격을 지닌다.

---

2) Rorty는 이와 유사한 의미로 "문화는 참신한 메타포에 의해 새롭게 짜여가는 죽은 메타포의 그물이다."라고 말하고 있다. 여기서 참신한 메타포의 근원은 무엇인가? 바로 죽은 메타포가 참신한 메타포의 어머니다.

이렇듯 사회 인식론적 관점을 중심으로 이론이 재구성되는 과정을 사회적 맥락과 관련지어 해석함으로써, 이론의 의미와 제한점에 대한 제3의 재구성이 가능해지며, 이러한 재구성을 통해 실천적 의미를 충족할 수 있는 조건을 갖출 수 있게 된다. Foucault(Gorden, 1982: 132에서 재인용)가 말하듯이, 모든 사회는 각기 나름대로 진리를 규정하는 복합적 구속을 지니고 있는 바, 그러한 규정과 구속을 해석적 관심과 해방적 관심으로 재구성할 때 비로소 의미의 실천적 구현을 가능하게 하는 조건이 마련될 수 있다.[3)]

## 사회과 교육의 사회 인식론

세계적으로 사회과교육은 교과로서의 정체성을 둘러싼 담론과 권력의 격투장으로 존재해왔다. 교육에 대한 사회적 요구가 직접적으로 그리고 광범위하게 작용하는 동시에 학문적으로 분과의 벽을 경계로 독립성을 자랑하는 사회과학 및 인문과학의 여러 개별 학문들이 사회과교육에 이해의 시선을 멈추지 않고 있다. 예를 들어, 미국에서 사회과교육의 명칭을 Social Studies Education으로 해야 한다는 입장과 Social Science Education으로 해야 한다는 입장이 경쟁하는 것이나, 한국에서 역사 영역, 지리 영역, 일반 사회 영역 사이에 형성된 대립을 이러한 맥락에서 이해될 수 있다.[4)]

사회과교육이 공식 학교 교육의 교과로 설치되는 과정을 보면 대체로 사회 또는 국가의 이념을 전달하는 목적을 공유하였다. 이런 연유로 사회과교육은 학문과 동형성을 유지하면서 설치된 수학교육이나 과학교육 등과는 달리 학문의 요구로부터 상대적으로 자유로운 조건을 지니고 있었다. 적어도 1960년대 학문중심주의에 대한 논쟁이 일어나기 전까지만 해도 사회과교육과 관련된 학문성 여부가 중심적인 담론으

3) 이러한 맥락에서 실제로 Popkewitz(1991: 29-33)는 사회 과학 이론을 대상으로 사회 인식론적 관점에 따라 메타 분석 연구를 보여주고 있는데, 그에 따르면 사회과학 연구에 가정된 지식관, 논리, 정당화의 절차 및 기준, 학문적 풍토 등이 당대의 사회적 맥락에 의해 영향을 받는 것으로서, 이론의 실천적 의미와 한계를 올바르게 포섭하기 위해서는 사회 인식론적 해석을 따를 것을 제안한다.

4) 한국에서 전개되고 있는 대립은 '사회과' 용어 문제의 의미와 관련된 대립으로 환원된다. 사회과의 의미를 단일 용어로 볼 것인지, 아니면 복합 용어로 볼 것인지의 대립이다. 전자의 입장은 사회과의 내용을 사회적 지식을 통합하는 것으로 보는데 반해, 후자의 입장은 독립적으로 분리되어 있는 여러 학문의 합산으로 본다. 그리고 이러한 대립은 통합주의와 분과주의의 대립으로 확장되어 있다.

로 작용하지는 않았다. 단지 교육의 목적에 관한 철학적 담론의 와중에서 학교 교육의 일부로서 사회과교육의 지위와 성격에 관한 대안적인 논의가 제기될 정도였다. 예컨대, 실용주의 철학에 근거하는 도구적 교육관과 경험주의 교육관의 그늘아래 교과중심주의와 경험중심주의 간에 전개되었던 논쟁의 예를 들 수 있다. 이러한 가운데 적어도 형식적으로는 사회과(social studies)라는 이름 하에 시민성을 함양한다는데 교과의 목적을 두는 데는 외견적인 합의를 유지해 왔었다.

교과중심주의와 경험주의 사이에 전개된 대립은 엄밀한 의미에서 사회과 내부에서 발생한 대립은 아니다. 경험주의 교육 철학이 기존의 교과중심주의에 비판을 가하면서 양자 사이에 형성된 범교과적 대립으로 볼 수 있다. 그렇다 하더라도 이러한 대립은 범교과 수준에서만 머무르지 않았다. 관련된 교과 내부로 대립이 확산된 것이다. 사회과로 확산된 대립은 교과의 내용을 중심으로 사회과의 성격을 정초하려는 교과중심주의 입장과 학습의 조건, 과정, 의미 등을 중시하는 경험주의 입장의 대립으로 전개되었다. 아직까지도 작용하고 있는 이러한 대립의 흔적을 분과주의와 통합주의에서 찾을 수 있다. 분과주의는 사회과학 개별 학문의 독립성을 강조하며 교과의 내용을 사회과학 지식에 기초하려는 데 비해, 통합주의는 학습자의 경험을 우선시하며 이에 대응할 수 있는 것으로서의 초학문적이고 통합적인 사회 지식에 주목한다.[5)]

1960년대 학문중심교육과정주의에 뿌리를 두고 있는 사회과학으로서의 사회과교육(social science education)에 관한 논의가 새롭게 부각되면서 교과의 성격과 그에 따른 교과 내용을 둘러싼 논쟁이 전개되었다. 소위 사회과학적 사고와 지식을 사회과의 내용으로 삼아야 한다는 주장이 제기되면서, 전통적으로 지속되어왔던 교과중심주의 및 경험주의와 대립적인 양상이 전개된 것이다. 교과중심주의가 좋은 시민(good citizen)이라는 가치를 중심으로 이와 관련된 역사적 내지는 지리적 정보(사실적 지식)를 교과 내용으로 간주해왔던 것이나, 경험주의가 학습자의 경험을 중심으로 한 교과 내용의 선정·조직을 강조한 것에 비해 분과적 지식의 구조와 과학적 탐구, 학문적 사고 등을 중시하는 학문중심주의가 사회과에 끼친 영향은 가히 충격적이라 할 수 있다.

5) 엄밀한 의미에서 분과주의는 학문중심주의의 다름이 아니다. 그럼에도 교과중심주의의 흔적으로 해석하는 이유는 양자 모두 교과 내용의 독립성을 중시하고 있으며, 이는 학문중심주의가 교과중심주의의 확장적 계승의 성격을 지니고 있다고 보기 때문이다.

이러한 논쟁이 전개된 이면에는 사회과교육에 관한 사회적 요구 및 그러한 요구와 관련된 인식론의 변화가 개입되어 있다는 점에 주목할 필요가 있다. 널리 알려진 바와 같이 스푸트니크 충격으로 시작된 미국의 교육 개혁은 교과중심주의와 경험주의를 배척하는 대신 학문적 사고와 지식 즉, 학문적 연구 방법과 학문적 지식에 기초한 사회과교육을 강하게 요구하였던 것이다. 이른바 사회과학교육으로서의 사회과교육에 대한 사회적 요구가 대안적인 교과 인식론의 배경으로 작용한 것이다. Ross(1997: 6-7)가 말하듯이 가치 중심의 사회과(civicscentered social studies)로부터 분과 학문적 지식 중심의 사회과(subject-centered social studies)로의 이행이 나타난 것이다. 19세기 말 이후 지속되어왔던 좋은 시민의 개념을 대신하여 비판적 시민(critical citizen) 내지는 식견을 갖춘 시민(informed citizen) 개념이 사회과교육의 원천으로 자리하게 된 것도 이러한 사회적 맥락에서 이해될 수 있다.

다른 한편으로는 당시의 사회과학 방법론과 관련된 인식론이 사회과교육 방법에 개입하였다. 19세기 이후 사회과학 영역에서 전개되어왔던 객관주의 논쟁이 독립적인 지위를 확보하게 됨에 따라 객관주의 인식론에서 비롯된 과학적 방법론이 사회과의 학습관으로 자리하게 된 것이다. 즉, 객관주의 인식론에 근거하고 있는 사회과학적 연구 방법이 발견학습 내지는 탐구학습의 이름으로 전통적인 직접 전달(transmission) 교육관과 교화적 교육관을 대신하게 되었다.

객관주의 인식론은 사실적인 근거에 입각한 경험적 검증과 형식 논리를 바탕으로 일반화된 명제와 설명적 진술을 그려낼 수 있으며, 그러한 설명적 진술은 객관적 진리에 대응하는 것으로 간주한다.[6] 즉, 인간의 행위를 포함한 일체의 사회 현상을 과학적 방법에 따라 연구함으로써 사회 현상에 관한 설명적 진술을 구할 수 있는 것으로 생각했던 것이다. 그리고 이러한 과학적 관점이 사회과교육 연구에 있어서도 동형적으로 적용된 것이다. 이렇듯 1960년대를 전후해 나타난 사회과교육의 성격에 관한 논쟁은 학문중심 교육에 관한 당시의 사회적 요구 및 그러한 사회과학 중심의 사회과와 관련된 인식론적인 전환과 밀접한 관련을 맺는 가운데 전개된 것으로 이해될 수 있다.

6) 객관주의 인식론에 의하면, 언어는 세계를 표상하는 것으로 간주된다. 즉, 언어는 대상으로서의 세계에 들어 있는 속성을 지니고 있는 것이 된다.

그 후 1980년대에 이르러 쟁점 중심 사회과(issues-centered social studies) 관이 또 다른 반향을 일으키게 된다. 역사적 사건이나 사회 문제, 논쟁 문제 등과 같은 공적인 문제들을 사회과의 학습 소재로 삼아 이러한 문제를 반성적으로 탐구함으로써 의사결정력을 신장시킬 수 있어야 한다는 주장이다(구정화, 2003; 노경주, 2000). 보다 넓게는 공적인 문제뿐만 아니라 학습자의 개인적인 경험과 관련된 사적인 문제까지 사회과의 내용으로 포함시키기도 한다(Ross, 1997: 8). 이른바 좋은 시민이나 비판적 시민을 대신하여 합리적 시민(rational citizen) 개념이 사회과의 목적 지위를 요구하기에 이른다.

학문 중심적 사회과 관점에서의 과학적 탐구와 쟁점 중심 사회과 관점에서의 반성적 탐구는 양자의 성격을 차별화 시키는 중요한 기점이 된다. 과학적 탐구는 탐구의 대상으로서 사회 현상에 대해 객관주의를 가정한다. 그래서 가설적 인식을 객관화 할 수 있는 경험적 근거를 추구한다. 실험, 관찰, 조사 등과 같은 귀납적 과정을 따라 얻어진 증명 가능한 양적인 결과에 근거해서 일반화에 도달할 수 있다는 생각이다. 이에 비해 반성적 탐구는 학습자의 경험에서 비롯된 문제의식으로부터 탐구가 진행된다는 점에 주목한다. 반성은 자신을 판단 대상으로 삼는 것이며, 이는 곧 자신의 경험과 선지식을 탐구 대상으로 삼는 것을 의미한다. 따라서 반성의 결과는 객관적인 발견이 아니라 간주관적인 구성으로 나타난다.[7] 쟁점 중심의 사회과에서 제시하는 교과 내용은 공적인 문제일 뿐만 아니라 학습자 자신의 경험과 관련을 맺는 문제이기도 하다. 즉, 공적인 문제가 미리 주어져 있는 것이 아니라 여러 공적인 문제들 중에서 학습자가 관심을 갖는 즉, 학습자의 경험과 관련을 맺는 공적인 문제가 학습 소재로 다루어진다.

이러한 쟁점 중심 사회과 관 역시 사회적 맥락과 관련지어 이해할 것을 요구한다. 첫째, 실제적인 삶은 패턴화 된 일상이 계속되는 가운데 선택과 의사결정을 요구하는 문제 상황과 갈등 상황이 연속적으로 개입하고 있다는 문제의식이 작용하고 있다. 의사결정을 요구하는 문제 상황은 수많은 복합 요인이 작용하고 있기 때문에 현실(현상 또는 구체)의 추상으로 얻어진 과학적 지식과 사고에 의존해서는 이러한 문제들을 해결할 수 없다는 것이다. 사회 현상을 과학적 관점에 따라 설명하는 것은 실제(실천)와

7) 간주관적으로 보는 이유는 학습자의 경험이나 선지식이 이미 사회적인 간주관적 상호작용을 통해 형성된 것으로 보기 때문이다.

유리된 결과를 초래하여 본래 의도했던 설명적 기능을 타당하게 수행하지 못한다는 비판이 제기된 것이다(Foucault, 1970; Habermas, 1988). 실제로 사회과학 연구 방법에 있어 과학주의에 뿌리를 두고 있는 조사 연구, 실험 연구 등을 대신하여 해석적 연구, 현상적 연구 등이 대안적으로 모색되고 있는 이유도 이러한 비판과 관련된 것으로 볼 수 있다. 따라서 과학적 관점에 따른 사회과교육관 역시 현실 적합성을 충족하지 못한다는 비판을 맞게 된다. 뿐만 아니라 모든 의사결정은 가치 의존적임에도 불구하고 과학은 가치중립적인 판단을 요구하기 때문에 그런 만큼 현실 적합성을 결여하게 된다는 문제의식이 작용하는 가운데 나타난 것으로 볼 수 있다.

둘째, Socrates에서 시작되어 Dewey(1916)와 Piaget(1973), 그리고 Vygotsky(1978)에 이르면서 교육에 커다란 영향을 끼치고 있는 구성주의 인식관이 자리하고 있음을 지적할 수 있다. 구성주의는 지식을 인식 주체 외부에 존재하는 가지적이고 절대적이며 객관적인 실재에 대응하는 것으로 보는 것이 아니라, 인식 주체의 주관적인 경험의 맥락과 상관을 맺는 가운데 인식 주체의 선행적인 개념망의 부분으로 구성되어진 것으로 본다. Glasersfeld(1996: 7)가 말하듯이, 던져진 있는 그대로의 삶에 의존하여 경험적인 상호작용을 통해 인식 주체에 의해 구성된 결과를 지식으로 보는 것이다. 구성주의에 있어 앎은 모든 지각(perception)을 포함한 선행적인 지식에 순행(順行)하는 동시에 능동(能動)한다(Mahoney, 1994). 순행은 학습자가 현재적으로 지니고 있는 지식(또는 개념망)의 영향을 받는 가운데 학습이 이루어짐을 의미하고, 능동은 학습자 스스로 자신의 지식을 재구성하는 것을 의미한다. 따라서 지식을 구성함에 있어 현재적인 지식과 경험은 학습자 개인에게 있어 유용한 도약대가 된다. Grabe(1998)가 말하는, "학습은 학습자의 생생한 활동(authentic activity) - 수동적인 모방 또는 표상이 아니라 능동적으로 자신을 주도하는 활동 - 으로서 스스로 학습 내용의 전문가가 되는 활동이다."라는 의미 역시 이러한 구성주의적 인식론을 견지한다.

따라서 구성주의 세계에서는 객관, 실재, 물자체, 본질, 이데아 등과 같은 탈주관적인 존재론의 흔적들이 회의(懷疑)되는 대신, 외견상 동일하게 보이는 교육적 처방이 이루어지더라도 학습자의 배경이나 관심, 선행 경험 등에 따라 전혀 다른 결과를 가져올 수 있다는 점이 강조된다. 학습자들은 동일한 처방에 대해 서로 다르게 주목할 수도 있고, 아무런 반응도 일으키지 않을 수 있으며, 예기치 못한 방식으로 영향을 받을 수도 있는 것이다(Cennamo et al., 1996). 이렇듯 1980년대 전후의 반성적 탐구를 중심으로 하는 쟁점 중심 사회과 관점 역시 의사결정 능력에 대한 당대의 사회적 요구와 구성적 인식론이 작용하는 가운데 나타난 것으로 이해할 수 있다.

이상에서 살펴 본 사회 인식론적 해석은 현재 사회과교육에서 나타나는 혼란스런 생각들을 이해할 수 있는 지평을 제공한다. 즉, 사회과교육에 대한 다양한 관점들이 현재의 혼란스러움에 흔적으로 남아 있다는 것이다. Whitson(2004: 14-16)의 견해가 이러한 현상을 대변한다. 교과의 정체성과 관련해서 Whitson이 연구한 결과에 의하면, 과학이나 수학 교과의 경우 교사들이 학생들에게 제공하는 진로의 정보는 과학자와 수학자로 수렴되며, 교과의 성격을 과학 지식과 과학적 탐구 및 수학 지식과 수학적 사고로 공통된 견해를 지니고 있는 것으로 나타났다. 이에 비해 사회과의 경우 진로 정보는 사회과학자가 아니라 외교관, 정치인, 비평가, 경제인 등으로 확산되고, 교과의 성격을 사회과학 지식과 과학적 탐구로 보는 견해가 있는가 하면 사회적 지식(social snowledge) 및 반성적 탐구로 보는 견해로 나뉘고 있는 것으로 나타났다.[8)] 요컨대, 사회과교육에서 나타나는 이러한 정체성 혼란 현상은 앞에서 살펴본 사회 인식론적 배경이 흔적지워진 결과로 볼 수 있다.

## 실제적 지식의 구성으로서 학습

판단의 근원성과 타당성을 문제 삼는 인식론의 세계에서는 판단의 원천으로서 선험주의와 경험주의의[9)] 대립이나 판단의 근거로서 객관과 주관의[10)] 대립이 중요한 문

---

8) National Center for Education Statistics(2002a)에 의하면, 초등학교 4학년 학생의 지리 지식을 평가한 결과, 지리교육 전공 교사에게 배운 학생 집단(204점), 역사교육 전공 교사에게 배운 학생 집단(206점), 초등교육 전공교사에게 배운 학생 집단(211점)으로 나타나 지리교육 전공 교사와 지리 학습 성취와의 상관이 무관한 것으로 나타났다. 이러한 현상 역시 사회과교육의 정체성 혼란의 맥락 속에서 이해될 수 있는 현상으로 보아야 할 것이다.

9) 경험주의에 근거한 학습 이론으로 행동주의 심리학의 모태로 볼 수 있는 연상심리학(또는 관념연합설)을 들 수 있다. 로크와 밀에서 시작된 연상 심리학에 의하면, 앎은 감각 경험에 의해 이루어진다. 현대 심리학에서 말하는 '속성'(로크는 이를 관념이라 칭했다.)은 대상이 지니는 공유하는 특징들이 경험을 통해 우리의 감각에 제시되면서 형성된 범주를 말한다. 예를 들어 여러 마리의 새들이 감각에 제시되면, 새들이 공유하는 특성(깃, 부리, 두 다리 등)들이 결합되어 '새'라는 범주가 형성된다.
이에 비해 선험주의는 데카르트의 '마음', 칸트의 '순수이성' 등과 연루된 이론으로서 마음과 육체를 별개로 보는 이원론에 기초해 있다. 신체의 일부, 가령 팔이나 다리 등이 몸에서 분리된다 해도 마음에서는 어떤 것도 빠져나가지 않는다고 보는 것이다. 육체는 공간의 법칙에 지배를 받지만 마음은 공간에

제로 작용한다. 그러나 행위와 판단의 주체가 누구인지를 문제 삼는 것은 아니다. 나아가 판단의 주체가 판단의 결과에 어떤 반응을 보이는가를 문제 삼는 것도 아니다. 이러한 문제를 포섭하고 있는 사고방식을 학습의 구성성과 주도성, 그리고 실제적 지식의 세계에서 찾을 수 있다.

종종 교육 행위를 예술 행위에 비유한다. 예술의 성격이 '예술가 자신의 지식에 의한 구상 또는 비구상적 조작'으로 나타나듯이, 교육 행위에 참여하는 교사와 학생 모두는 자신의 실제적 지식(practical knowledge)에 의존하여 조작적 변인으로 전환해 가는 과정'으로 나타난다는 점에서 예술 행위와 유사한 성격을 지지게 된다. 실제적 지식은 활동 양식의 전통(the tradition of practice)에 참여하는 과정을 통해 보다 확대되고 심화된다. 즉, 활동 양식으로서의 전통에 참여하면서 자신의 전통을 주도적으로 만들어 가는 것이다. 이 과정에서 전통은 따라야할 표준적인 준거로 작용하지만 동시에 판단 주체의 반성적인 실행(reflective practicum)에 의해 매개되며, 이러한 과정을 통해 자신의 전통을 만들어 간다. 따라서 지식의 구성은 외부에서 선행적으로 주어진 과학적·기술적 지식에 의존해서 형성되는 것이 아니라 자신의 실제적 지식에 의존해서 활동 양식으로서의 전통을 실행하고 반성하는 과정을 통해 형성된다. 즉, 판단에 동원되는 실제적 지식은 실행과 반성의 순환 관계 속에서 전통이 매개되는 과정을 통해 판단 주체 스스로 만들어낸 지식이 된다.

"실험은 객관과 주관의 매개체다."라는 말에서 알 수 있듯이, 학문 또는 학습은 파르마콘(Pharmakon)[11]의 성격을 지닌다. 객관이 아니면서 주관이 아니고 동시에 객관이면서 주관의 의미를 지닌다. 객관과 주관이 직물짜기처럼 이중 고리로 구현되는 것이 학문이다. Bernard(주형일 역, 2000: 17에서 재인용)는 이와 관련해서 다음과 같이 말한다.

---

존재하지 않고 그래서 공간의 법칙에 지배받지 않는다고 주장한다. 이러한 사고방식은 경험 이전의 세계 즉, 선험의 세계에서 세계(실체)를 인식할 수 있다는 결론을 수반한다. 플라톤의 '이데아', '회상', 데카르트의 '의심하는 존재', '칸트의 '물자체' 등을 연상시킨다.

10) 객관주의와 주관주의는 경험주의와 선험주의와 동일한 것은 아니지만 판단의 근거를 중심으로 대립한다는 점을 제외하면 객관주의는 경험주의에 주관주의는 선험주의에 동형적으로 대응하는 것으로 볼 수 있다.

11) Pharmakon은 약이면서 독이고, 약이 아니면서 독도 아니라는 양가적 의미를 지닌다. 파르마콘은 말씀, 진리, 로고스, 절대, 객관, 본질 등과 같은 자기 근원성과 자기 동일성을 해체한다. 그래서 파르마콘은 차이와 연기(延期)라는 애매모호한 이중성의 의미를 지닌다.

> 현상들 앞에 선 실험자는 소리 없는 연극 무대를 보는 관객과 같다. 그는 어떤 점에서 현상에 대한 예심 판사이다. --- 중략 --- 그는 다양한 시도들로써 현상의 원인과 의도를 알아내려 한다. 상상할 수 있는 모든 책략들을 사용하고, 종종 진실을 알기 위해 거짓을 옹호하거나, 자신의 고유한 생각을 개입시킨다. 그는 자신 앞에서 일어나는 행동의 원인에 대해 가정을 하고, 해석이 옳은지를 판단하기 위해 논리적 질서 속에서 어떤 사실들이 발현되도록 한다.

Bernard는 주관과 객관은 서로가 서로에 의해 흔적 지워 지는 것으로 본다. 이것은 곧 더 이상 자기 동일성을 담보하지 않는 타자 지향적인 만남이면서 파르마콘 형식으로 존재한다. 학습의 성격도 이와 다르지 않다. 학습자와 학습 내용은 주관과 객관의 만남이다. 객관(학습 내용)에 종속되는 것도, 주관에 의해 방기되는 것도 아니다. 양자는 직물짜기의 관계 속에서 만들어내고 만들어지는 과정을 통해 이중고리를 형성한다. 학습 내용은 학습자의 반성에 의해 매개되고, 학습자의 반성은 학습 내용에 의해 매개된다. 그래서 앎으로서의 지식은 더 이상 주관도 객관도 아닌, 객관적 조건과의 관계 속에서 만들어진 것으로 존재하게 된다. 소위 교육의 세계에서 의미하는 지식은 학습자 자신의 실제적 지식에 근거해 다시금 실제적 지식을 연속적으로 확대 · 심화해가는 즉, 구성해가는 것으로 규정된다.[12)]

우리는 주위에서 "판단과 결정을 유보하라, 어려운 상황을 견뎌내라, 임기응변하라" 등과 같은 말을 익숙하게 들을 수 있다. 이는 삶에 주어진 상황 자체가 선행적으로 규정된 기준을 적용할 수 없을 정도로 복잡하고 어렵기 때문에, 상황에 따른 행위자 스스로의 판단과 선택을 중시하는 것으로서 보다 신중하고 숙고된 판단을 요구하는 것으로 볼 수 있다. 이러한 맥락에서 삶은 그 자체가 학습이며, 따라서 이러한 삶에 대응하는 학습은 자기 주도적인 성격을 지닌다고 말할 수 있다.[13)]

---

12) 이와 관련된 최근의 심리학자로 Pinker(2002; 김한영 역, 2004: 69-87)를 들 수 있다. Pinker는 인간의 정신세계를 다섯 가지로 요약한다. ① 정신세계는 정보, 연산, 되먹임(feedback)의 개념을 통해 물리적 토대를 가진다. ② 마음은 빈서판(blank slate)이 아니다. 빈서판은 아무 것도 할 수 없다. ③ 마음속의 유한한 조합 프로그램에 의해 무한한 행동이 산출될 수 있다. ④ 다양한 문화에 산재하는 피상적 차이 밑에는 보편적인 정신 메커니즘이 있다. ⑤ 마음은 상호작용하는 여러 부분들로 이루어진 복합 체계이다.

13) 학습의 자기 주도성이 학습의 구성성과 사실적으로 분리되어 있는 것은 아니다. 오히려 양자는 한 몸을 이루고 있는 것으로서, 서로가 서로를 지향하는 가운데 의미를 공유하는 관계에 있는 것으로 볼 수 있다. 즉, 구성주의 학습은 자기주도적 학습을 내포하고, 자기주도적 학습은 구성주의 학습을 전제하는 것이다.

모든 사람은 소위 MacIntyre(1984: 208)가 말하는 '삶의 서사적 형식(the narrative forms of life)'에 던져져 그로부터 직물을 짜나가듯이 자신의 삶을 주도해 가는 것이다. 던져진 있는 그대로의 삶의 형식은 기계적인 해석과 적용을 허용할 만큼 단순하지 않다. 전통적으로 전해오고 있는 사회적 관례와 같은 규정적 표준의 적용을 초월하는 복잡성과 곤란성이 직물 짜기를 매우 어렵게 한다. 그래서 개개인은 그러한 복잡성과 곤란성을 극복하기 위해 상황을 판단하고 과거를 돌아보며 자신을 반성하는 등의 학습 활동에 전념하게 된다. Vaill(1996: 20-21)이 규정하듯이 삶의 주도성은 곧 학습의 주도성을 의미하게 되는 것이다.

교육의 개념적 의미를 엄격하게 적용할 경우, 교육받는다는 말은 모순이다. 교육의 주체로서 학습자는 학습을 함으로써 교육을 하는 것이 된다. Hall(1977: 173)이 말하듯이, 인간은 학습하는 유기체다. 인간은 태어나면서부터 학습하도록 고안되어 있다는 점에서, 학습은 삶의 존재 방식으로서의 의미를 지닌다. 인간은 생래적(in nature)으로 학습하기를 원한다. 학습의 대상은 지식일 수도 기능일 수도 또는 가치일 수도 있다. 이러한 생래적인 요구와 무관하게 외부로부터 특정한 것을 학습하도록 요구당할 때 생래적인 요구는 제한 또는 연기되고, 기껏해야 취미나 소일거리 등으로 치부되고 만다.[14)]

이에 반해 자기 주도적 학습은 형식화된 학교 교육에서와 같이 선행적으로 조직화된 학습을 따르는 것이 아니라, 스스로 자신의 요구와 이유 동기에 의해 학습을 주도해 간다. 학습자는 본질적으로 이유 동기에 근거하여 학습 목표와 내용, 형식, 속도, 평가 등을 스스로 주도하고 제어할 수 있는 능력을 지니고 있다. 일종의 수수께끼를 푸는 것과 같이 학습에 임하는 것이다. 그러나 이것이 처음 대하는 낯설음에 당황하고 좌충우돌하는 것을 의미하는 것은 아니다. 자기주도적 학습에는 왜 학습해야 하는지 라는 이유 동기가 전제되기 때문이다.

있는 그대로의 삶이 복잡성과 전체성을 지니는데 비해 이러한 삶에 대한 관심과 인식의 측면은 개인에 따라 개별적이고 차별적이기 때문에 개별적인 삶의 주체로서

14) Vaill(1996: 31)은 학교 교육의 이러한 측면을 드러내어 "현재 이루어지고 있는 학교 교육은 목적-수단 합리성을 추구하고 있을 뿐이다."라는 비판을 제기하기도 한다. 전통적인 학교 교육에 들어 있는 함축적 이미지로서 '학습은 고통을 수반하는 것임', '학습 목표는 주어지는 것임', '교육받은 사람일수록 존경받을 가치를 지니고 있음', '학습 과정은 초보자 상태에서 완성적 수행자 상태로 이행시키는 과정임' 등은 모두 학습의 자기 주도성을 포섭하지 못하고 있는 데서 비롯된 것임을 지적하는 것이다(1996: 28-29).

의 학습자는 자기주도적인 학습을 필연적으로 요청하게 된다. 학습자의 문제의식은 교사에 의해 주어지는 것이 아니라 학습자의 현재적인 인식틀에서 비롯된다. 학문적인 논리에 따를 때, 교과를 배우는 것은 위계와 범주에 따라 체계화된 지식의 구조를 차례로 배우는 것으로 학습의 시작이 이루어지지만, 자기주도적 학습의 세계에서 교과를 배우는 것은 학습자의 문제의식과 요구에서 학습의 시작이 이루어진다. 학습은 자기 스스로 만들어내는 변화 과정이며 자신에 대한 의식의 발달을 지향하는 과정이다. 이러한 변화와 지향 과정은 던져진 있는 그대로의 삶과 관련된 지식, 방법, 그리고 이유에 대한 앎(know-what, know-how, know-why)을 학습자 스스로 확대하고 심화시키는 과정으로 나타나는 것이다.

이러한 학습의 자기 주도성은 보다 구체적으로 다음과 같은 성격을 지닌다. 첫째, 학습자는 자신의 외부에서 선행적으로 규정된 학습 목표와 내용, 방법에 의존해서 주어진 과정을 따라가는 것이 아니라, 항해도를 잃어버린 항해사가 자신의 경험과 판단에 의해 탐험적인 항해를 하듯이, 탐험적으로 학습을 이끌어 간다. 즉, 새로움을 스스로 만들어 가는 창조 과정으로 나타난다는 것이다. 둘째, 학습은 학습자의 인지적 갈등과 혼란이 야기되는 것으로 시작된다. 이는 인지적 갈등과 혼란이 정서적인 두려움과 당황스러움을 느끼게 하는 상황으로 연결되어 이를 극복하고자 하는 이유 동기로 발전할 것이기 때문이다. 이른바 학습의 이유 동기는 정서(情緖)에서 비롯되는 것이다. 셋째, 학습은 학습을 잉태하는 것으로서 학습 자체가 학습의 내용이 되는 성격을 지닌다. 학습자의 목적과 학습의 목적은 다르다. 학습자의 목적은 자신의 삶 속에서 자신이 추구하는 바를 얻는 것이나, 학습의 목적은 학습 그 자체에 있다. 학습의 목적이 학습 그 자체에 있다는 말은 연속적이고 상승적인 순환 과정을 따라 학습이 계속됨을 이르는 말이다. 학습은 인간에게 생래적으로 주어진 속성의 하나로서 본인의 의지 또는 사회적인 요구와는 무관하게 삶 자체로서 존재하는 것이기 때문이다.

> 이러한 맥락에서 자기 주도적 학습의 세계에서는 생래적으로 주어진 잠재 능력으로서의 학습 능력을 발달시키는 것이 곧 학습의 목적이면서 동시에 교육의 목적인 것으로 볼 수 있다. 학습은 선행적으로 주어진 교과 내용에 뒤따라 나오는 것이 아니라, 오히려 학습 능력을 발달시키기 위해 교과 내용이 학습 소재로서 수단적으로 따라 나와야 하는 것으로 볼 수 있다.

## 재 개념화

전통적으로 교과 교육은 교과와 교육의 결합 즉, 내용과 형식의 결합으로 인식되어왔다. 교과중심주의를 내용에 주목하는 관점으로 보는 이유도 이러한 맥락에서 이해될 수 있다. 그래서 교과 전문가들 역시 교과 내용의 선정과 조직에 일차적인 관심을 보여 왔다. 내용을 우선적으로 결정한 연후에 방법과 평가 등을 교육(또는 교육학)으로부터 차용하여 교과 내용을 학습하기 위한 수단으로서 간주해왔다. 물론 교육으로부터 차용된 방법과 평가가 교과 교육의 세계에 들어 올 때는 교과의 성격과 교과 내용에 적합하도록 변환되는 과정을 거친다. 몇몇 교과 전문가들 중에는 바로 이러한 측면에서 교과 교육학의 정체성 즉, 교과 교육의 학문으로서의 가능성을 추구하기도 한다.

사회과교육의 경우를 예를 들어 말하자면, 정치, 경제, 역사, 지리 등과 같은 내용은 사회과학의 소유권에 속해 있고, 교사론, 방법론, 평가론, 환경론 등은 교육학의 소유권에 속해 있는 것으로서[15] 사회과교육의 정체성을 담보할 수 없는 것으로 간주한다. 그래서 사회과학과 교육학 그 어디에도 속하지 않을 수 있을 것으로 보이는 경제교육, 정치교육, 지리교육, 역사교육 등의 이름을 앞에 세우고 사회과교육으로서의 교과 교육의 정체성을 조심스럽게 그려 나가고 있는 것으로 볼 수 있다. 그러나 단순히 정치 교육의 이름으로 정치 교육의 목적이 무엇이며, 그러한 목적을 달성하기 위한 내용은 어떻게 선정하고 조직할 것인지, 어떠한 학습 방법을 적용할 것인지 등과 같은 문제에 답변을 제시하는 일 자체가 곧바로 사회과교육의 정체성을 부여할 수 있는지는 쉽게 자신할 수 있는 일이 아닌 것 같다. 이러한 관점이 입지를 확보할 수 있으려면 최소한 다음과 같은 질문에 설득적인 답변을 제공할 수 있어야 할 것이다.

예컨대, 정치 교육의 내용을 선정하는 원천과 조직의 준거는 무엇인가? 정치학에 근거하는가? 철학에 근거하는가? 아니면 교육학에 근거하는가? 만약 정치 교육 내용 선정의 원천을 정치학에 두어야 한다는 답변을 한다면, 이는 필경 정체성의 근거를 확인 받지 못하는 결과를 초래할 것이다. 또한 정치 교육 내용 조직의 기준으로 학습 가능성, 경험과의 연계, 나선적 위계, 인지 수준의 고려 등을 제시한다면 이 역시 교

15) 보다 넓은 의미에서 본다면 이 역시 심리학, 행정학, 철학 등에서 빌려온 것으로 볼 수 있다.

육학 내지는 심리학의 답변을 빌고 있는 것에 지나지 않는 것으로 간주될 것이다. 다른 질문에 대한 답변도 이러한 분석이 동형적으로 적용될 수 있을 것이라는 점을 고려할 때, 이와 같은 답변에 의존하는 한 사회과교육에 관한 정체성 시비는 계속될 수밖에 없을 것으로 보인다.

이와 같은 정체성 문제와 관련해서 다음과 같은 이념적 상황(ideal situation)을 생각해 보자. 정치학을 잘 알고 있는 사람(A), 교육학 내지는 가르치는 방법을 잘 알고 있는 사람(B), 그리고 두 가지를 모두 잘 알고 있는 사람(C)이 있고, 이들이 각자 정치교육을 한다고 가상해 보자. 형식 논리에 따른 다면, A는 B가 부족하고, B는 A가 부족하며, C는 모두를 충족하고 있는 것으로 판단된다. 그리고 C에게서 사회과교육의 정체성을 담보할 수 있을 것으로 간주하게 된다. 그러나 앞에서 논의했듯이 C는 A의 서자이면서 동시에 B의 서자에 지나지 않는다. 그리고 실제로 정치 교육을 잘하는 사람이 C와 같은 사람일 거라는 생각에 의심을 보내야 한다. 즉, 정치 교육은 A와 B에 의존해서 이루어지는 것이 아닐 수도 있다는 가능성을 생각할 필요가 있다.

C와는 달리 정치 교육을 잘 하는 또는 잘 할 수 있는 사람에게 있어 A와 B는 필요할 경우에 참고가 되는 정도에 지나지 않을 수 있다. 앞 절에서 논의했듯이 어떤 내용을 가르칠 것인가에 대한 답변을 구함에 있어, 학습자의 외부에서 주어지는 목적에 의존해서 그 목적에서 따라 나오는 내용 및 방법을 순차적으로 계획하는 것이 아니라(C가 이에 해당함), 학습자가 생래적으로 지니고 있는 잠재력으로서의 정치 능력이 무엇인지를 우선적으로 생각할 수 있다. 예를 들면, 자신의 이해(interest)를 실현하기 위해 필요한 권력 수단을 확보하고 행사하는 능력을 생래적인 정치 능력으로 볼 수 있으며, 이는 곧 정치 학습 능력으로 환원되는 것이기도 하다.[16)]

그런 다음에 이러한 정치 능력을 발달시킬 수 있는 학습 소재(학습 내용이 아님)와 방법이 무엇인지를 생각한다. 무엇을 가르칠 것인가에 대한 답변이 학습자 외부에서 주어지는 것이 아니라, 학습자 내부에서 비롯되는 것으로 보는 것이다. 따라서 이러한 경우 정치학 지식이나 교육학 지식은 정치 교육의 부차적인 자료로서의 의미를 지니

16) 우리는 이러한 논의와 관련된 실제적인 예를 김대중 대통령이나 정주영 전 현대그룹 명예 회장의 삶에서 끄집어 낼 수 있다. 이들이 지니고 있는 정치 능력과 경제 능력이 생래적인 학습 능력(정치 학습 능력 및 경제 학습 능력)에 근거하는 것인지 그래서 그러한 학습 능력에 의존하여 자기주도적 학습을 성공적으로 수행한 사람인지, 아니면 정치학과 경제학 지식을 많이 습득함으로써 그런 능력을 지니게 되었는지를 생각해 보면 논의의 초점이 좀 더 분명해 질 수 있을 것이다.

게 될 뿐이다. C에서와 같이 정치 교육의 방법을 교육학에 의존하는 것이 아니라 기본적으로 학습자의 정치 학습 능력에 의존하는 가운데 부차적으로 교육학의 일반적인 방법적 원리를 참고하게 될 것이다. 전통적인 의미에서의 교육 방법 개념과 차별화하자면 학습 능력으로서의 학습 방법 개념으로 대체할 수 있다. 즉, 교육 방법의 개념은 일반적인 의미에서의 인지 심리와 관련되는 데 비해, 정치 학습 능력으로서의 학습 방법 개념은 학습자의 정치 능력과 관련되는 것으로 볼 수 있다. 예를 들어, 미술 교육을 잘하는 교사가 가르침의 수행 과정에서 일반적인 교육 방법에 의존하는지 아니면 학습자의 생래적인 미술 학습력에 의존하는지를 생각해 보자. 그림을 잘 그리지 못하는 학생에게 그림을 잘 그릴 수 있도록 하기 위해 어떤 방법적 처방을 내리는가? 그 처방은 미술에서 나오는가? 교육학에서 나오는가? 아니면 학생의 그리기 능력(미술 학습 능력)에서 나오는가? 적어도 "학생의 그리기 능력에서 나온다."라는 답변을 배제하지 않는 한, 이 답변은 미술 지식이나 교육 방법 지식과는 구별되는 미술 학습력의 독립성을 전제하는 것으로 볼 수 있다.

이러한 문제의식과 관련해서 사회과교육의 대안적인 목소리를 내고 있는 정기오(2006: 1-4)의 주장이 관심을 야기한다. 정기오는 그동안 사회과교육의 기초로 자리해왔던 합리적 의사결정력, 가치탐구력, 문제해결력 등이 공통적으로 지니는 문제점으로 '공동과정'과 '협상'의 부재 내지는 소홀로 지적한다. 즉, 그동안의 관점들은 해결해야 할 문제를 개인 내부의 마음과 마음간의 문제, 논리의 문제, 분석의 문제, 전략의 문제 등으로 환원함으로써 실제 사회적 공동 행위에서 요구되는 해결 능력을 포섭해내지 못했다는 것이다. 정기오가 이러한 문제의 대안으로 제시하는 협상은 다름 아닌 생래적인 정치 능력 즉, 정치 학습력과 동형 관계에 있다. Kenedy(2006)가 말하듯, 협상은 상대방의 마음을 움직이는 고도의 설득 커뮤니케이션의 하나로서, 태어나면서 갖는 생래적인 능력이다.[17)]

그리고 이러한 생래적인 능력은 앞에서 논의한 실제적 지식의 구성에 본능적으로 작용한다. 본능적으로 작용한다는 것은 지식의 구성이 육체적 앎의 과정으로 매개됨

17) 이러한 생래적인 능력과 관련해서 최근에 사회과교육에 커다란 시사를 줄 수 있는 또 다른 예를 사회지능(social intelligence quatient) 개념에서 찾을 수 있다. Goleman(장석훈 역, 2007)에 의하면, '사회 지능은 타인과 조화롭게 지낼 수 있는 방법을 본능적으로 파악하는 능력'으로서 본고의 문제의식인 사회과 학습력에 대응하는 개념으로 볼 수 있다. 즉, 사회 지능은 타인과의 조화라는 사회적 관계 능력을 의미하는 동시에 본능적으로 파악하는 능력이라는 생래성을 의미한다.

을 의미한다. 즉, 사회적 관계는 일정한 상징적 형식과 행위들에 밀접하게 관련되어 있으며, 이러한 형식과 행위에 관한 지식은 육체적으로 구성된다는 것이다. 이와 관련해서 Ponty가 말하는 육체적 도식(schéma corporelle)이 많은 시사를 준다. Ponty (1994: 171, 홍성민 역, 2000: 214에서 재인용)의 말을 인용하기로 하자.

> 육체는 세계를 획득하는 일반적인 수단이다. 육체는 삶의 유지에 필요한 행위와 연결되거나, 사회적 의미를 부여받은 특수한 행위에 연결됨으로써, 지각의 의미 구조에 접목되는 것이다. 춤을 배울 때 육체가 갖게 되는 습관이 바로 그것이다. 그러므로 의미는 자연적 육체를 통해서가 아니라 문화적 세계 속에서 형성된다. ---- 습관은 바로 의미 형성의 기본적인 힘이다. 따라서 새로운 의미가 생겨나고 그것을 습득하는 과정은 바로 육체가 그것을 이해하고, 습관이 그것을 받아들였다고 말할 수 있는 것이다.

이렇듯 사회적 관계에서 작용하는 사회적 지식은 타자와의 관계 속에서 육체적 도식을 통해 구성된다. 이러한 맥락에서 사회과교육의 원천과 방법을 학습자의 사회적 생래성에 정초시킬 때, 사회과교육은 전통적인 관점과 구분되는 지평을 제시하게 된다. 협상력과 같은 생래적인 능력은 협상을 위한 사회적(정치적) 지식을 실제적 지식으로 구성하는 원천이 되면서 동시에 방법이 된다. 마음과 마음의 관계 속에서 지식이 비롯되는 것으로 보는 것이 아니라 육체적 도식을 통해 신체적으로 구성되는 지식의 세계를 지향한다.

## 결 론

사회과교육의 대안적인 정체성은 모학문으로서의 사회과학에 의존하는 것을 거부한다. 사회과학을 전제하고 사회과교육이 따라 나오는 것으로 보는 한 교과 교육의 정체성은 시비에서 벗어나기 어렵다. 사회과교육의 필요성 즉, 사회과교육의 존재 근거와 교과 내용, 그리고 학습 방법을 외부에서 주어지는 것을 거부하는 대신, 사회현상과 관련된 생래적인 학습 능력에 종속시킴으로써 정체성의 대안을 추구할 수 있다. 이제까지의 논의와 문제의식에 터해 사회과교육의 재 개념화를 정의하면 다음과 같이 진술할 수 있다. 진술은 목적 차원, 방법 차원, 내용의 선정 및 조직 차원 등 여러 차원에서 이루어질 수 있으나, 본 논의에서는 학습자의 목적 차원에 한정해서 진술하기로 한다. “사회과교육은 학습자 스스로 생래적인 사회과 학습력에 의존하여 사회 현상 및 사회적 관계에 관한 실제적 지식을 구성하는 교과이다.” 이러한 재개념화는 외부에서 주어지는 필요성과 결별한다. 즉, 사회과교육을 외부에서 주어지는 목적을 달성하기 위한 수단으로 보는 것이 아니라, 생래적 사회과 학습력과 실제적 지식의 재귀적 순환을 통한 무한한 자기 증식의 과정으로 본다. 이렇듯 전통적인 사회과 개념이 외부에서 주어지는 목적과 외재적 관계를 전제함에 비해, 대안적인 재개념은 내부에서 비롯되는 목적과 내재적 관계를 전제하며, 이러한 재개념은 기존의 사회과학 및 교육학의 차용이나 합산으로부터 자유와 독립을 획득한다.

Chapter II

# 사회과 통합의 배경과 전경

Ⅱ 장

# 사회과 통합의 배경과 전경

이해는 현상의 요소들 간의 관계와 구조 및 패턴에 대한 인식이 성장하는 것을 의미한다. 그런 가운데 학습자의 경험은 있는 그대로의 던져진 전체로서의 삶에 근거한다. 따라서 학습의 기초는 추상으로서의 학문이 아니라 학습자의 실제 세계이어야 한다는 요구가 따라 나온다. 요컨대 통합 학습을 요청하는 것이다. 통합 학습은 기능을 적용하는 데 도움을 주고, 통합된 지식은 정보를 빠르게 조회할 수 있도록 해주며, 깊고 넓은 학습을 통해 복합적이고 중층적인 관점을 형성해주는 동시에 적극적이고 긍정적인 태도를 지니게 하는 의의를 지닌다.

그럼에도 불구하고 1987년, 제5차 사회과교육과정 이래 사회과가 천명하고 있는 통합 교육과정은 선언적인 수준에서 합산적인 통합의 정도에 머무르고 있는 실정이다. 이러한 현상의 이면에는 사회과 통합에 관한 이중 담론 구조가 원인으로 작용한다. 즉, 선언적 수준에서는 통합에 대한 천명이 형식적 의식으로 작용하는 한편, 실행 수준에서는 분과에 대한 믿음이 실제적 의식으로 작용하고 있는 것이다.

이로 인해 다학문적 통합, 간학문적 통합 등과 같이 학문과 직간접적으로 연루된 통합이 학문 중심의 분과적 사고와 절묘한 동거를 모색하고 있다. 분과주의를 은폐하고 통합의 얼굴을 가장하는 셈이다. 이러한 두 유형과는 달리 학문을 전제하지 않는 즉, 학문을 초월한 통합의 목소리를 생각해볼 수 있다. 이른바 스트랜드 중심의 통합이 그 것이다. 통합과 관련한 이중 담론 구조를 고려할 때, 다학문적 통합이나 간학문적 통합이 이상적인 통합으로 가는 노정에 하나의 이정표를 세울 수 있는 의의를 지닐 수 있다. 즉, 합산적 통합에 그치고 있는 현재의 사회과교육과정에 더 이상 안주하지 않으면서도 지리, 역사, 일반사회 등 영역에 따라 선택적으로 통합을 구현할 수 있는 여지를 지닌다. 특히 각 분과 영역에서 스트랜드 중심의 통합 아이디어를 적극적으로 구현할 경우, 제5차 사회과교육과정 이전의 분과 형식을 유지하면서도 영역의 실정과 성격을 고려해서 나름대로 현실 적합성을 충족할 수 있는 통합 교육과정을 모색할 수 있을 것으로 판단된다.

## 담론의 이중 구조

20세기 초 사회과 통합 교육에 관한 논의가 제기된 이래로 이를 구체화하기 위한 실제적인 노력이 국내외적으로 확산되어 왔다. 미국의 NCSS(미국사회과교육연합회)를 비롯한 동부 및 서부의 많은 주에서 통합 교육을 실시하고 있고 일본과 우리나라에 있어서도 통합 교육을 위한 노력을 기울이고 있다.[1] 그러나 통합이 구체화된 정도나 수준에 있어서는 많은 차이를 보인다. 미국의 경우 스트랜드를 중심으로 한 초학문적 통합이 학습 현장에까지 일관되게 구현되고 있으나, 우리나라와 일본의 경우에는 선언적인 수준에서 합산적인 통합의 정도에 머무르고 있는 실정이다.

이러한 현상이 나타나게 된 이면에는 여러 가지 이유가 숨어 있겠으나, 기본적으로 통합에 관한 담론 구조가 이중적으로 작용하고 있음을 들 수 있다. 즉, 교육에[2] 관한 담론과 교과에 관한 담론이 분리되어 있다는 것이다. 교육의 담론이 이론 중심적이면서 학습 중심적이라면 교과의 담론은 현실 중심적이면서 내용 중심적으로 전개되어 왔던 것이다. 그래서 교육의 담론은 비현실적이라는 비판에 시달리고, 교과의 담론은 이해(Interests) 지향적 내지는 교과 이기주의라는 비판에 시달려왔다. 그러나 동시에 교육의 담론은 교과의 개선을 위한 연역적 처방으로서의 정당성을 주장하고, 교과의 담론은 현실 적합적인 귀납적 처방으로서의 정당성을 주장한다. 교육이 교과에 침략적으로 작용한다면, 교과는 교육에 대해 해체의 목소리로 응답한다. 그래서 이러한 이중적인 담론 구조는 교육과정 문서에서의 총론과 각론의 괴리라는 흔적으로 존재해오고 있다.

1) 사회과의 경우 1987년 제5차 개정을 통해 통합 사회과를 채택하고 있다.

2) 여기서 말하는 교육의 의미는 교과를 포함한 넓은 의미에서의 교육을 의미하는 것이 아니라, 교육 그 자체 예컨대, 학습 그리고 교수 그 자체를 의미한다.

물론 이러한 이중 담론이 교육과 교과에 한정되어 이분법적으로 작용해왔다고 말할 수는 없다. 추상적인 형식으로서의 교육의 극단과 구체적인 내용으로서의 교과의 극단을 두 축으로 하여 보다 상대적인 교육 또는 보다 상대적인 교과의 관계가 연속적으로 구성되어 있다는 관점을 견지할 때, 이중 담론은 교과로서의 사회과 내에서도 동형적으로 존재해왔다고 말할 수 있다. 즉, 지리 교육, 역사 교육, 경제 교육, 정치 교육 등과 같은 보다 구체적인 내용에 주목하는 담론과 사회과교육의 본질, 목표, 학습관, 텍스트론, 평가 등과 같은 보다 상대적인 형식에 주목하는 담론이 이중적이면서 대립적으로 작용해왔던 것이다. 본 장에서 문제 삼는 사회과 통합 문제 역시 이러한 이중 담론에서 비롯된 문제의 하나이다. 이러한 맥락을 고려하면서 통합과 관련된 문제와 이에 대응하는 예시적인 아이디어를 제시해 보기로 한다.

## 인식의 통합성

학습은 역사를 통해 축적된 '인류 경험(human experience)'을 이해하고 구성하는 것을 의미하고, 이해와 구성은 인류 경험이 노정되어 있는 현상의 요소들 간의 관계와 구조 및 패턴에 대한 인식이 성장하는 것을 의미한다. Collingwood(1977)의 추체험(Re-enactment)으로서의 역사 학습에 전제되어 있듯이 '역사적 행위자의 인식을 추체적으로 재인식하는 것'은 다름 아닌 인류 경험의 이해를 의미하고, 이러한 이해는 곧 인식 주체의 인식의 성장으로 나타나는 것으로 볼 수 있다. 노경주(2000)가 말하는 쟁점 중심 교육 역시 현상에 대한 학습자의 선이해의 확장이라는 관점을 견지하는 것으로 볼 수 있다. 이러한 관점은, "학습자는 텍스트와의 상호작용 속에서 새로운 의미를 스스로 만들어 간다."는 입장이나, "문제의 판단과 해결은 추상적인 분석 기법에 현실적인 경험이 가미되어 이루어진다."는 입장, 그리고 "지리교육은 지리적 지식의 사회적 성격에 주목하여, 지식이 학습자에게 체현되는 과정을 인식해야 한다."는 입장들이 공통적으로 취하고 있는 것이기도 하다.

삶은 전체적(holistic)으로 존재한다. 실제 세계는 추상으로 분절되어 있는 것이 아니라, 복합적이며 이야기가 있는(complex & narrative) 모습으로 다가 온다. 그리고 학습자의 경험은 이러한 있는 그대로의 던져진 전체로서의 삶에 근거한다. 따라서 학습의 기초는 추상으로서의 학문이 아니라 학습자의 경험 세계와 실제 세계이어야 한다는 요구가 따라 나온다. 학습의 세계에서 추상은 인식의 결과이지 인식의 대상일 수 없다. 즉, 인식으로서의 학습의 대상은 전체로서의 삶이며, 학습의 결과가 추상으로 나타난다. 이러한 맥락에서 학습은 분과의 형식으로 조작되어진 추상으로서의 지식을[3] 대상으로 하는 것이 아니라 축적된 인류 경험이 노정된 전체로서의 삶 자체 즉, 통합된 삶을 대상으로 하는 것으로 볼 수 있다.

인간의 기억 체계는 분절된 부분의 합으로 존재하는 것이 아니라, 맥락적인 통일체로 적응하는 체계로 존재한다. 따라서 학습자는 사물 또는 현상 자체를 분절적이고 독립적인 것으로 학습하는 것이 아니라 연관을 맥락적으로 이해하고 정교화 하는 과정을 통해 선행적인 인식틀을 재구성한다. 따라서 학습의 결과로 얻어지는 지식은 연관적이고 역동적이며 맥락적이다. 전체와 부분 또는 선행과 후행, 원인과 결과간의 관계로서 이루어지는 것이며, 이를 통해 지식의 패턴과 관계 그리고 적용이 이루어지는 것이다. 통합 학습은 지식(fact, figure)을 단순히 암기, 복습하는 것으로부터 개념의 의미와 의미의 연관을 이해하는 것을 가능하게 한다. 학습자는 여러 과목(학문 내지는 영역)을 포괄하는 가운데 현상의 연관과 아이디어의 통합을 경험함으로써 보다 깊고 넓은 이해가 가능해 진다. 즉, 분절적이고 유리된 사실적 지식을 습득하기보다는, 통합적인 학습 경험을 통해 학습자가 지니고 있는 선행적인 지식을 사용하여 새로운 지식과 정보를 자기 주도적으로 구성해 갈 수 있다는 것이다. 학습의 목적은 지식의 저장 그 자체에 있는 것이 아니라, 의미의 통찰적인 이해를 위한 수단으로서의 지식을 습득하는 것으로서, 이는 곧 상호 연관적인 의미의 구성으로 나타나게 됨을 의미한다.

Lipson(1993)은 통합 학습의 의의를 이렇게 말한다. 통합 학습은 기능을 적용하는데 도움을 주고, 통합된 지식은 정보를 빠르게 조회할 수 있도록 해주며, 깊고 넓은 학습을 통해 복합적이고 중층적인 관점을 형성해주는 동시에 적극적이고 긍정적인 태도를 지니게 한다. 최근에 전개되고 있는 세계화와 과학 기술의 변화, 그리고 지식

---

3) 학문의 경계가 실재의 경계에 대응하는지를 생각해보라. 나아가 실재에 경계가 있는지를 생각해보라. 학문적 지식을 '조작', '추상', '분과'로 특징 지우려는 목소리를 의심하게 하는 주문이다. 분과 학문으로서의 경제학이 경제 현상을 타당성 있게 설명할 수 있는가? 정치와 문화에 의해 주름지워지지 않은 경제를 상상할 수 있는가? 경제를 타당하게 설명하기 위해 정치 경제학, 정치 사회학, 사회경제학 등과 같은 통섭(통합)적이 접근이 필요한 이유이다.

과 정보의 폭발적인 증가로 인해 다양한 관점에서의 문제 해결 능력과 서로 다른 정보의 연관 능력이 가일층 요구되고 있다는 점을 고려할 때 Lipson의 견해는 통합 교육의 의의와 필요성을 대신하기에 충분하다고 말할 수 있다.[4)]

## 학습의 구성성

전통적인 학습관은 부분으로부터 전체로의 이행 과정을 거치는 것으로 간주했으나, 구성적 학습관은 전체에서 부분으로의 이행 과정을 거치며, 이는 포괄적인 질문과 탐구로부터 세부적인 질문과 탐구로의 이행을 요구한다. 학습자는 선행적인 경험 및 경험에서 도출된 의미에 기초하여 새로운 지식을 구성하며, 선행적인 경험과 새로운 지식은 전체와 부분의 관계를 맺는다. 이는 선행적인 경험이 새로운 학습의 동인이면서 선행조직자(advanced organizer)로 작용함을 의미한다. 즉, 부분의 총합(새로운 학습의 축적)에 의해 전체가 구성되는 것이 아니라, 전체(선행적인 경험)의 통일적인 제어에 의해 부분이 전체 속에서 기능할 수 있도록 구성된다는 것이다. 학습이 이루어지는 과정은 새롭게 제공된 정보가 선행적인 인식틀에 의해 패턴화 되고 의미화 되는 과정으로 나타나는 셈이다.

개념 생태(conceptual ecology)라는 용어를 쓰고 있는 Toulmin(1972)에 따르면, 사람들은 개념을 단독 개념의 상태로 인지하는 것이 아니라 개념의 맥락(conceptual context) 속에서 개념을 인지하며, 이때의 개념 맥락은 변형, 유비, 은유, 신념, 지식 등의 조합으로 구성된 개념의 생태라고 주장한다. 이러한 Toulmin의 주장 역시, 외부에서 객관적으로 주어지는 형식적 지식이 그대로 이식(移植)되는 것이 아니라는 점을 뒷받침한다.

같은 맥락에서 Strike & Posner(1992)는 개념 학습의 인식론적 조건을 인식 주체와 인식 대상을 관련지어 논의한다. 첫째, 사고와 행동에 있어 학습자의 현재적인 개념이 나름대로 어떤 기능과 역할을 수행하는 한 학습자는 그 개념을 바꾸지 않는다고 본다. 심지어는 현재 지니고 있는 개념이 제 기능을 수행하지 못하는 상태에 있다 할

---

4) 이 외에도 통합 교육은 이유 동기와 흥미를 유발 시켜 학업 성취를 높이는 한편, 탐구의 자극, 학습의 개별화, 자기주도적 학습의 촉진 등과 같은 효과를 가져 오는 것으로 알려져 있다.

지라도 개념 맥락을 전체적으로 변경시켜야 할 필요성을 느끼지 않는 한 현재적인 개념 맥락에 의존하여 문제를 해결하려 한다는 것이다.

둘째, 새로운 개념이 인식 주체에 의해 감지(이해)될 수 있어야 한다는 조건을 든다. 인식 주체가 새로운 개념에 접근하는 것은 스스로 그 개념에 담겨있는 새로운 의미를 감지할 수 있게 될 때 비로소 가능해진다고 본다. 새로운 개념의 의미가 반직관적이거나 이해하기 어려울 때에는 새로운 개념이 무엇을 의미하는지, 어떤 세계를 담고 있는지 이해하려 하지 않기 때문에 결코 개념 학습이 일어나지 않는다는 것이다. 따라서 학습자의 현재적인 개념 체계가 제 기능을 발휘하지 못한다 할지라도 새로운 개념의 의미가 감지되지 않는 한 개념 변화가 일어나지 않게 된다.

셋째, 새로운 개념의 의미가 학습자에게 참 일 가능성이 있는 것으로 그럴듯하게 느껴져야 함을 든다. 인식 주체가 현재 지니고 있는 생각이나 믿음 체계와 불일치를 초래하지 않는 가운데 새로운 개념이 인식 주체가 직면하고 있는 문제를 해결할 수 있는 가능성이 엿보일 경우, 비로소 개념 변화 과정에 들어가게 된다는 것이다. 나아가 새로운 개념이 현재적 문제 상황을 해결할 수 있는 가능성을 넘어 새로운 세계를 인식할 수 있는 탐구 도구로서의 가능성이 인식 주체에게 느껴질 때 학습자는 보다 적극적으로 새로운 개념에 전념하게 된다고 본다.

Strike & Posner는 학습자가 지니고 있는 현재적인 개념 맥락 속에서 개념 학습이 일어난다는 점을 지적하는 것이다. 낡은 생각과 새로운 생각의 교체는 새로운 생각이 학습자에게 그대로 인화되는 방식으로 일어나는 것이 아니라, 학습자가 지니고 있는 개념 맥락 속에서 학습자에 의해 주도적으로 구성되는 것이다. 이렇듯 개념 학습을 포함한 일체의 앎의 과정은 학습자 스스로 구성하는 과정으로 이루어진다.

구성주의 세계에서 지식은 인식 주체에 의해 구성되어진 것으로 간주된다. 지식을 인식 주체 외부에 존재하는 가지적(可知的)이고 절대적이며 객관적인 실재에 대응하는 것으로 보는 것이 아니라, 인식 주체의 주관적인 경험의 맥락과 상관을 맺는 가운데 인식 주체의 개념망의 부분으로 구성되어진 것으로 본다. 지식은 던져진 있는 그대로의 삶에 의존하여 경험적인 상호작용을 통해 해석한 결과들이 네트워크 형태로 구성되어진 것이다.

이러한 구성주의적 지식관은 Dewey(1916)로부터 시작되어 Piaget(1973)와 Vygotsky(1978)에 이르는 과정을 통해 구성주의 학습 이론으로 자리 매김하게 된다. Dewey가 말하는 '상황과 경험에 근거한 지식'이나, Piaget가 말하는 '발견과 구성 및 재발견을 통한 이해로서의 학습', 그리고 Vygotsky가 말하는 '구성의 주체로서 스스로의 개념을 창조하는 학습자' 등은 모두 던져진 삶의 한가운데서 학습자 스스로 자신의 지식을 구성해 간다는 구성주의 학습 이론을 견지하는 것으로 볼 수 있다. 이러한 맥락에서 구성주의 학습 이론에 담겨 있는 핵심적인 학습관을 다음과 같이 요약할 수 있다.

첫째, 학습자의 주체적인 해석을 적극적으로 요청한다. 구성주의는 학습자의 경험에 의해 선행적으로 구성되어 있는 주관적인 의미로부터 분리된 지식을 받아들이지 않는다. 즉, 현상의 본질에 대한 이해로서의 지식관이나 순수 형식 또는 이데아의 회상으로서의 지식관을 부정하는 대신, 마치 직물을 짜는 것과 같이 학습자 스스로 의미를 구성하는 것으로서의 지식관을 요청한다. 따라서 구성주의 세계에서는 객관, 실재, 물자체, 본질, 이데아 등과 같은 탈주관적인 존재론의 흔적들이 회의(懷疑)되는 대신, 외형적으로 동일하게 보이는 교육적 처방이 이루어지더라도 학습자의 배경이나 관심, 선행 경험 등에 따라 전혀 다른 결과를 가져올 수 있다는 점을 강조한다. 학습자들은 동일한 처방에 대해 서로 다르게 주목할 수도 있고, 아무런 반응도 일으키지 않을 수 있으며, 예기치 못한 방식으로 영향을 받을 수도 있는 것이다.

따라서 구성주의 학습관은 '학습을 위한 수단으로서의 지식'에 주목한다. 앎과 학습은 상보적인 관련을 맺는다. 아는 것이 많을수록 많은 것을 학습할 수 있으며 동시에 학습을 많이 할수록 많을 것을 알게 된다. 물론 이 말이 많은 지식을 습득하도록 해야 함을 의미하는 것은 아니다. 학문의 논리에 따라 지식의 체계를 습득시켜 주는 데 목적을 두는 경우 지식은 '학습의 결과'로서의 의미를 지니나, 구성주의적 관점에서 볼 때 지식은 '학습의 수단'으로서의 의미를 지닌다. 즉, 전자에 있어 지식은 학습자에게 던져진 과제를 해결하기 위해 학문의 논리를 추적하여 도달하게 되는 종착점인 동시에 학습의 결과 도달할 것으로 기대되는 정답으로서의 의미를 지닌다. 이에 비해 후자에 있어 지식은 학습자 스스로 학습(의미의 구성)을 수행하는 데 필요한 도구 또는 수단으로서의 의미를 지닌다.

둘째, 구성주의는 학습 내용(subject or lesson)과 관련지어 학습자를 바라보는 것이 아니라 학습(learning) 자체의 맥락 속에서 학습자를 바라본다. 즉, 학습자가 어떤 내용을 학습하는가에 관심이 있는 것이 아니라 학습자가 어떻게 학습하는가에 관심이 있는 것이다. 여기서 말하는 '어떻게 학습하는가?'라는 의미가 단순히 학습 방법 또는 학습 모형 정도로 한정되는 것은 아니다. 왜냐하면, 전통적으로 학습 방법은 학습 내용을 전제한 연후에 그러한 학습 내용과 직접적으로 또는 간접적으로 적합성을 충족하는 수단 또는 절차로서의 의미를 지니고 있는데 반해[5], 구성주의에서는 객관성을 전제하는 학습 내용 자체를 의심하거나 최소한 학습 내용 자체에 부여하고 있는 규정성(規定性)을 인정하지 않는다는 면에서 전통적인 의미에서의 학습 방법 또는 학습 모형과는 차별적인 의미를 지닌다.[6]

전통적인 객관적-합리적 학습관에 의하면, 선행적으로 규정된 학문적 지식에 근거하고 있는 학습 목표와 학습 내용에 맞추어 체계적으로 학습이 진행되는 것으로 간주된다. 그러나 구성주의 학습관에 의하면, 학습 목표는 학습자 자신의 경험 과정을 통해 깨달아지거나 상정되는 것으로서, 이러한 과정이 학습자 스스로의 반성적인 사고 과정으로 진행되는 것으로 본다. 따라서 구성주의 학습 세계에서는 학습자 스스로 문제를 상정하고 해결하는 학습 과정에 주목하게 되며, 이는 필연적으로 통합 학습을 요청하는 것으로 볼 수 있다.

## 통합의 유형

통합의 형태나 정도 및 유형은 통합을 주장하는 사람들 수만큼이나 다양하다. 교유과정 수준에서부터 학습 자료의 구성에 이르기까지 각각의 수준에서 구현할 수 있는 통합의 실제 모습이 다양할 수 있을 뿐만 아니라 교과와 교과의 통합에서부터 한단원 수준 내에서의 통합에 이르기까지 역시 다양하게 나타날 수 있기 때문이다. 이와 관련해서 사회과교육이라는 교과내의 통합에 초점을 두고 교육과정 수준에서 요청되는 통합의 유형을 살펴하기로 한다. 특별히 이러한 논의는 현행 우리나라 사회과가

5) 일반적으로 학생들은 주어진 학습 과제를 해결하기 위해 조사, 실험, 탐구 등과 같은 학습 활동에 전념할 수 있다. 그리고 이러한 학습 활동은 현장에서 바람직한 활동으로 권장되는 활동이기도 하다. 그러나 이러한 활동이, 인식 주체의 외부에 실재하는 현상의 본질에 대한 이해로서의 지식관을 전제할 경우에, 활동의 초점은 학습자료로부터 독립해 있는 실재(현상계의 본질)를 명료하게 인식하도록 하는데 모아진다. 즉, 학습은 세계를 표상하는 것이지, 자신의 세계를 구성하는 것으로 받아들여지지 않는다.

6) 구성주의 학습 이론에 의하면, 학습 자체가 주요한 하나의 학습 내용이 될 수 있다. '학습에 대한 학습 내지는 학습의 학습'과 같은 상황에서 볼 수 있듯이, 구성주의에 따른 학습에 있어서 학습자가 학습하는 학습 내용은 다름 아닌 학습 그 자체가 된다.

교육과정의 성격이나 본질과 관련해서는 통합을 천명하고 있음에도 불구하고, 실제적으로 내용 체계를 구성하는 과정에서는 명목적인 합산적 통합에 그치고 있는 실정이며, 이러한 현상의 이면에서 작용하고 있는 역사 영역과 지리 영역 그리고 일반사회 영역 간의 대립적인 이해관계가 분과 학문의 논리를 명분으로 삼고 있음을 감안하여 학문적 형태의 통합을 중심으로 논의를 전개하기로 한다.

## 다학문적 통합(Multidisciplinary Integrated Curriculum)

다학문적 통합은 서로 다른 개별 학문의 독립성을 유지하면서, 특정한 학습 주제를 여러 학문의 입장에서 학습할 수 있도록 하는 방식을 말한다. 즉, 기존의 개별 학문(사회과학의 여러 분과)과 관련을 맺고 있는 학습 목표, 내용, 자료, 방법 등을 전제로 하면서, 다만 여러 학문에서 다중적으로 접근하는 유형을 말한다. 예를 들어, 환경 보전이라는 주제를 학습할 경우, 환경오염 물질, 경제 성장, 자연의 존재론적 가치, 소비 절약, 이익 집단, 환경과 생활의 관계 등과 같은 여러 학문의 입장에서 학습할 수 있도록 교육과정을 편성하는 것이 이에 해당한다. 따라서 다학문적 통합은 개별 학문의 절차와 기능 등이 중심을 이루는 가운데, 학문간의 연관을 꾀함으로써 개별 학문의 내용을 더욱 의미 있게 이해할 수 있는 결과를 가져온다. 다만 다학문적 통합은 학문적 형태의 통합 유형 중에서 학문 사이의 결합 정도가 상대적으로 약한 특성을 지닌다.

이러한 다학문적 통합은 통합 교육과정의 초기 단계에 적합한 것으로서, 우리나라 사회과의 현실이 역사/지리/일반사회라는 삼분법적 구조로 형성되어 있음을 감안할 때, 실현 가능성이 상대적으로 높을 것으로 판단된다. 보다 구체적으로 살펴보면, 시간(역사) 축을 중심으로 공간(지리)과 현상(일반사회)을 통합하는 방식과 공간 축을 중심으로 시간과 현상을 통합하는 방식을 생각해 볼 수 있다. 전자의 통합 방식은 기본적으로 시간 축(시대 축)을 중심으로 범주를 계열화하면서 지리 내용과 일반사회 내용을 직물짜기 방식으로 결합하는 것으로 나타날 수 있다. 예를 들면, 신라 시대를 축으로 하면서 정치 체제, 경제 체제, 자연환경, 문화, 산업 구조, 가치관, 인구, 도시의 분포와 기능, 삶의 방식 등을 현재와의 관련(비교와 대조, 관계 등) 속에서 학습할 수 있도록 통합하는 것이 가능하다. 이와는 달리 후자의 통합 방식은 일종의 지역 연구와 유사한 성격을 지니는 것으로서, 공간 축을 중심으로 범주를 계열화하면서 현상(일반사회)을 역사적 맥락(역사) 속에서 이해할 수 있도록 통합하는 것으로 나타난다. 예를 들면, 일본 지역(공간)을 축으로 하면서 일본의 정치 체제, 경제 체제, 자연환경, 문화, 산업 구조, 가치관, 인구, 도시의 분포와 기능, 삶의 방식 등을 역사적 맥락 속에서 학습할 수 있도록 통합할 수 있을 것이다. 특별히 이러한 방식의 통합은 미국의 여러 주에서 적용하고 있는 방식이기도 하다.[7)]

삼분법적 사회과라는 현실을 고려할 때, 다소 극단으로 보일 수 있겠으나, 현행과 같은 분과도 통합도 아닌 분리적 합산형을 청산하고, 차라리 과거(5차 이전)와 같은 외견적인 분과형을 채택하면서 통합을 정신을 구현할 수도 있다. 즉, 앞에서 역사 중심 통합 또는 지리 중심 통합이 모두 가능함을 논의한바와 같이 7학년에서부터 10학년에 배당된 사회과 총시수를 3분하여 역사, 지리, 일반사회에 할당한 뒤, 각 영역에서 가능하거나 필요한 부분(내용)을 선택적으로 통합하도록 하는 것이다. 실제로 일부지리 또는 역사 영역의 전문가들 사이에서 이러한 입장과 맥락을 함께하는 주장을 견지하고 있기도 하다.[8)] 이를 간단하게 예시적으로 도표화하면 다음과 같다.

외견적 분과를 통한 다학문적 통합의 예시안

<table>
<tr><th>학년</th><th>7학년</th><th>8학년</th><th>9학년</th><th>10학년</th></tr>
<tr><td>영역별<br>통합 방식</td><td colspan="4">지리<br>(공간 중심 통합) / 역사<br>(시간 중심 통합) / 일반사회<br>(스트랜드 중심통합)</td></tr>
<tr><td>기타</td><td colspan="4">* 각 영역별로 통합 여부를 선택적으로 적용함<br>* 영역의 순서는 반드시 지리, 역사, 일반 사회의 순서일 필요는 없으나, 4차 및 세계적인 추세를 고려하여 지리, 역사, 일반사회 순으로 배열하였음.</td></tr>
</table>

7) 이와 관련된 실제적인 예로서 "Ahmad, I. (et. al).(1995). World Culture: A Grobal Mosaic. N. J.: Prantice Hall."을 참고할 수 있다.

8) 2000년 6월 29일 KICE에서 개최한 '21세기 한국 사회과교육의 방향'이라는 세미나 종합 토론 석상에서 통합과 분과 두 가지 형태의 교육과정을 제시하여 실제 적용을 통해 평가를 받도록 하자는 주장이 제기되었다. 그러나 국가 수준의 교육 과정이 두 가지 이상일 수 없는 현실을 고려할 때, 교육과정 자체를 복수로 만드는 대신, 단일한 외견적인 분과형 교육과정의 틀 속에서 이러한 주장에 부응할 수 있도록 각 영역별로 선택적으로 통합하도록 함으로써 과도적으로는 현실 적합성을 충족할 수 있을 것으로 생각된다.

## 간학문적 통합(Interdisciplinary Integrated Curriculum)

학제적 통합으로 불리우는 간학문적 통합은 기존의 학문 경계를 허물고, 여러 학문을 가로지르는 공통적인 개념이나, 주제, 문제, 쟁점, 기능, 탐구 방법 등을 중심으로 교육과정을 편성하는 것을 말한다. 특별히 간학문적 통합은 최근에 강조하고 있는 고급 사고력과 같은 높은 수준의 학습 목표를 달성하기 위한 방법으로 주목받고 있는 것으로서, 학생들은 간학문적인 아이디어와 주제를 파악하는 데 학습의 의의를 두게 된다. 예컨대, 지리와 역사, 일반사회 영역(또는 역사와 일반사회 영역)의 공통된 개념으로서 '자유주의'를 들 수 있는데, 자유주의를 중심으로 사상사적인 접근(역사적 접근)과 정치, 경제적 접근 및 지리적 접근 등을 통합적으로 학습할 수 있도록 교육과정을 편성할 수 있을 것이다.

그러나 간학문적 통합은 몇 가지 제약으로 인해 국가 수준의 교육과정 차원에서 일관되게 포괄적으로 적용할 수 없는 제한점을 지닌다. 역사, 지리, 일반사회 영역에 공통된 개념이나 주제, 기능, 탐구 방법 등이 많지 않고, 선행 연구나 적용 사례가 거의 없기 때문에, 교사 수준에서 필요한 경우 선택적으로 학습 자료를 개발하는 경우에 제한적으로 적용할 수 있을 것으로 생각된다.

## 초학문적 통합(Trans-disciplinary Integrated Curriculum)

초학문적 통합은 사전적 의미 그대로 학문과 무관하게 교육과정을 구성하는 것을 의미한다. 다학문 또는 간학문의 경우 통합의 정도에 있어서 차이를 보일 뿐, 학문을 기초로 한다는 공통점을 지닌다. 이에 비해 초학문적 통합은 학문을 지향하는 것도 지양하는 것도 아닌 무관한 입장을 취한다. 사회과학의 논리에서 사회과의 성격과 본질 및 내용 등이 연역되어지는 것으로 보는 것이 아니라, 학문과 무관하게 학습의 논리, 사회의 요구, 철학적 숙고 등을 통해 사회과의 성격과 본질에 대한 대안을 모색한 뒤, 이에 근거해서 교육과정의 목표와 내용 등을 구성하는 것을 의미한다. 따라서 필요한 경우 사회과학의 지식도 학습에 필요한 소재 또는 내용으로서 선택될 수 있는 여지는 있을 수 있다.

실제로 합리적 의사결정 능력을 중심으로 쟁점 중심의 사회과 관점을 지니고 있는 경우, 교육과정의 내용은 통합적이며 초학문적인 성격을 띤다. 이러한 관점에서 견지하는 대표적인 통합 유형으로 스트랜드 중심의 통합을 들 수 있다. 스트랜드는 사회과의 성격, 본질, 목적, 학습자의 인지 심리, 학습자의 경험, 사회 문화적 맥락, 인식론, 사회과학의 요구 등을 토대로 만들어낸 것으로서, 교육과정 구성의 핵심 준거 내지는 핵심 요소가 된다. 스트랜드의 형식은 개념, 주제 등이 일반적이다. 예를 들면, 미국의 NCSS는 ① 문화, ② 시간(영속성과 변화), ③ 인간(장소와 환경), ④ 개인의 발달과 정체성, ⑤ 개인, 집단, 제도, ⑥ 권력, 권위, 정부, ⑦ 생산, 분배, 소비, ⑧ 과학, 기술, 사회, ⑨ 국제 관계, ⑩ 시민 정신과 참여 등을, 메사추세츠 주는 ① 시간(영속성과 변화), ② 인간과 환경, ③ 권력과 시민 참여, ④ 생산과 분배, ⑤ 문화와 정체성, ⑥ 상호 의존 등을, 뉴욕주는 ① 변화, ② 시민성, ③ 문화, ④ 감정 이입, ⑤ 환경, ⑥ 정체성, ⑦ 상호의존, ⑧ 국가, ⑨ 희소성, ⑩ 기술 등을, 그리고 차경수(2000)는 ① 시간(영속성과 변화), ② 인간, 공간과 환경, ③ 권력과 시민 참여, ④ 생산과 자원 배분, ⑤ 민주주의와 다원화, ⑥ 문화, 정체성, ⑦ 상호의존과 국제관계, ⑧ 정보 활용 등을 통합 사회과의 스트랜드로 제시하고 있다.

스트랜드 중심의 통합을 전제로 통합형 교육과정을 편성할 경우, 추가적으로 고려하게 될 요소들을 살펴봄으로써 이해의 폭을 넓혀 보기로 하자.

스트랜드 중심 통합의 틀

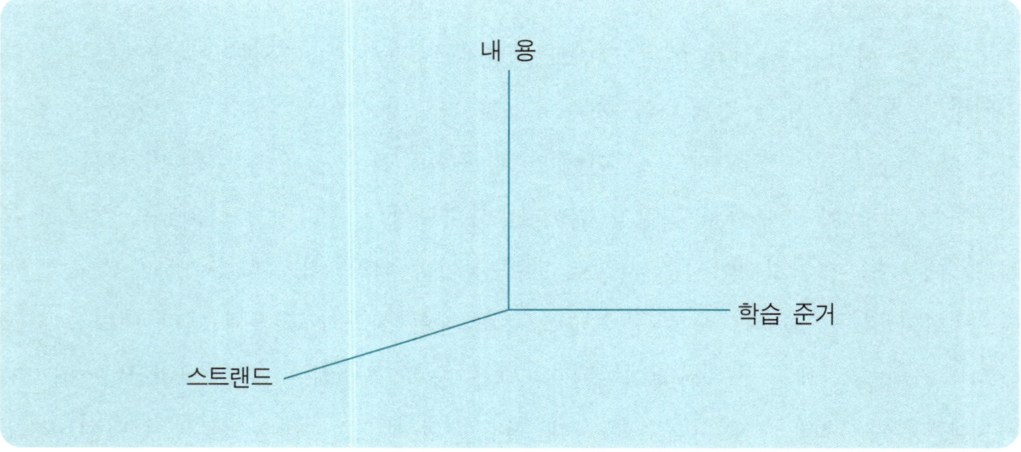


위의 3차원 도식에서와 같이 구체적으로 교육과정을 편성할 경우, 스트랜드를 중심으로 하면서 내용 범주와 학습 준거 범주를 함께 고려하게 된다. 내용 범주를 정하는

방식으로 여러 가지가 있을 수 있겠으나, 기본적으로는 사회현상과 관련된 영역을 범주화하는 방식이 있다. 예를 들면, 정치 영역, 역사 영역, 지리 영역, 경제 영역, 사회문화 영역 등으로 범주화하는 경우를 들 수 있다. 학습 준거 범주는 학습 목표 진술 형식에서 의미하는 행동 변화와 유사한 아이디어이다. 즉, 동일한 내용을 학습하더라도 요구하는 관점, 사고 수준, 맥락 등이 다르면, 학습의 결과 나타나는 행동 변화 역시 달라지게 된다는 점을 포섭하기 위한 아이디어인 것이다. 예를 들면, 기능 범주, 관점 범주, 맥락적 이해 범주, 사고력 범주 등을 들 수 있다.

실제로 변화 스트랜드를 예로 하여 내용 범주와 학습 준거 범주를 결합한 중학교 1학년 수준의 통합 사회과교육과정의 일부를 편성해 보고, 2007개정 사회과교육과정 10학년 일반사회 영역의 통합 단원을 분과주의와 비교하기로 한다.9)

**변화 스트랜드 중심의 통합 교육과정의 부분적인 예**

<table>
<tr><th colspan="2" rowspan="2"></th><th colspan="3">변 화</th></tr>
<tr><th>목 표</th><th>내 용</th><th>학습준거</th></tr>
<tr><td rowspan="3">변 화</td><td>지리 영역</td><td>환경에의 적응과 기술의 적용으로 변화가 나타남을 이해한다.</td><td>자원의 이용, 산업의 발달, 교통 통신망의 발달</td><td rowspan="3">기능: 정보의 해석, 추론, 문제 해결<br>관점: 인간과 환경의 상호의존적 관계<br>태도: 자기 조절</td></tr>
<tr><td>역사 영역</td><td>변화 과정에서 나타나는 지속성과 변화 양상을 이해한다.</td><td>크기, 인구, 삶의 방식(가치관, 의식주 등)의 변화, 자원의 발견과 사용 및 고갈</td></tr>
<tr><td>정치 영역</td><td>변화에는 갈등이 적재되어 있음을 이해하고 해결 방안을 모색한다.</td><td>기술의 사용, 토지의 사용, 자원의 관리, 상품과 자원의 배분 등에서 나타나는 갈등</td></tr>
</table>

### ■ 환경(지리 중심의 분과주의 관점)

환경의 중요성을 인식하고 인간 활동에 의해 나타나는 다양한 환경 문제를 살펴본다. 다양한 규모와 형태의 환경 문제를 사례 지역을 통해 접근하고 해결 방안을 모색

---

9) 2007개정 사회과교육과정의 10학년 통합 단원은 한국 사회과교육과정사에서 처음으로 도입된 통합 교육과정이었으나, 실제 학교 현장에 적용하기 이전에 정치적인 요인으로 인해 2009년 2월에 다시금 개정되어 과거와 같은 합산적 통합형으로 회귀하였다.

한다. 환경 문제를 해결하는 과정에서 다양한 지리 정보를 분석하고, 이를 일상생활에서 실제로 활용할 수 있는 능력을 기른다.

① 인간 활동에 의해 나타나는 환경의 변화를 지리적 관점에서 파악한다.
② 자신이 사는 지역에서 발생하는 환경 문제에 대한 원인과 구체적 해결 방안을 모색하고 일상생활에서 실천하는 자세를 갖는다.
③ 전 지구적인 차원에서 발생하는 다양한 환경 문제를 구체적 사례를 통해 접근하고 그 원인과 해결 방안을 모색한다.
④ 환경 문제에 대한 종합적 분석을 위해 지리 정보를 축적하고 지리 정보 과학(GIS)을 활용하는 능력을 기른다.

■ 환경(통합주의 관점): 2007개정 사회과교육과정 10학년 일반사회 영역의 통합 단원

인간 생활과 환경이 정치, 경제 등 사회의 여러 측면과 관련을 맺고 있음을 이해한다. 환경과 관련된 여러 가지 쟁점을 역사적이며 통합적인 관점에서 이해한다. 또한 환경문제의 원인을 분석하고 해결 방안을 탐구한다.

① 환경에 영향을 주는 여러 요소들을 통합적인 관점에서 이해한다.
② 환경 문제에 관한 구조적 관점과 이데올로기적 관점을 비교·분석한다.
③ 생태주의와 인간중심주의의 성격을 환경의 측면에서 비교·분석한다.
④ 환경과 성장의 관계를 자본주의의 성격과 관련지어 이해한다.
⑤ 환경 문제의 해결 방안을 모색하고 실천하는 자세를 지닌다.

이상에서 알 수 있듯이, 분과주의 관점에서 교육과정을 편성한 경우 환경을 지리 중심의 관점에서 학습하도록 되어 있다. 이에 비해 통합주의의 경우에는 환경을 정치, 경제, 지리, 철학 등의 통합적 관점에서 학습하도록 편성되어 있다. 앞에서 논의하였듯이 분과와 통합이 지니는 성격, 의의, 유형, 배경 등에 대한 이해를 공유한 시점에서 이제 선택만이 남아 있다. 독자 여러분께 선택을 맡기기로 한다.

## 결 론

이해는 현상의 요소들 간의 관계와 구조 및 패턴에 대한 인식이 성장하는 것을 의미한다. 즉, 이해로서의 학습은 개념의 의미와 의미의 연관을 이해하는 것으로 나타난다. 그런 한편, 삶은 전체적(holistic)으로 존재한다. 실제 세계는 추상으로 분절되어 있는 것이 아니라, 복잡하고 있는 그대로의 던져진(complex & narrative) 모습으로 다가온다. 그리고 학습자의 경험은 이러한 있는 그대로의 던져진 전체로서의 삶에 근거한다. 따라서 학습의 기초는 추상으로서의 학문이 아니라 학습자의 경험 세계와 실제 세계이어야 한다는 요구가 따라 나온다. 요컨대 통합 학습을 요청하는 것이다. 통합 학습은 기능을 적용하는 데 도움을 주고, 통합된 지식은 정보를 빠르게 조회할 수 있도록 해주며, 깊고 넓은 학습을 통해 복합적이고 중층적인 관점을 형성해주는 동시에 적극적이고 긍정적인 태도를 지니게 하는 의의를 지닌다.

그럼에도 불구하고 1987년, 제5차 사회과교육과정 이래 사회과가 천명하고 있는 통합 교육과정은 선언적인 수준에서 합산적인 통합의 정도에 머무르고 있는 실정이다. 이른바 통합을 가장한 통합의 의붓자식 형태를 지속하고 있는 것이다. 이러한 현상이 지속되는 이면에는 기본적으로 사횡과 통합에 관한 담론 구조가 이중적으로 작용하고 있음을 들 수 있다. 즉, 형식 수준에서는 통합을 지향하면서도 내용(실제) 수준에서는 분과 학문에 기초한 학문 중심주의가 작용하고 있는 것이다. 그리고 이러한 이중 담론은 지리, 역사, 일반사회 영역의 지분 다툼이라는 권력 작용이 이중 고리 양상으로 엮이면서 실제적인 통합을 더욱 어렵게 하고 있다.

이러한 맥락에서 우리가 살펴본 통합의 세 유형은 더 이상 합산적 통합에 안주하지 않으면서도 영역에 따라 선택적으로 통합을 구현할 수 있는 대안으로서의 의미를 지닌다. 특히 스트랜드 중심의 통합은 제5차 사회과교육과정 이전의 분과 형식을 유지하면서도 영역의 실정과 성격을 고려해서 나름대로 현실 적합성을 충족할 수 있는 통합 교육과정을 모색할 수 있을 것으로 판단된다. 이에 지난 수십 년 동안의 대립과 혼란을 청산하고 학습자로 하여금 의미 있는 학습 경험을 할 수 있도록 하기 위한 노력이 새로운 관점과 문제의식을 토대로 이루어질 수 있기를 기대해 본다.

Chapter III

# 개념 학습의 인식론적 근거

Ⅲ장

# 개념 학습의 인식론적 근거

사회과교육이 사회 현상과 관련된 범주에 구속되어 있다는 측면을 고려할 때, 사회과교육의 내용 또한 사회 현상 범주에 구속되어 있는 것으로 볼 수 있다. 즉, 인식에 관한 발견적(객관적) 관점을 견지하느냐 아니면 구성적 관점을 견지하느냐와 무관하게 범주적으로는 사회 현상과 관련되어 있다는 것이다.

이와 관련해서 학문중심주의는 사회과학 지식의 구조를 사회과의 핵심 내용으로 할 것을 요청한다. 그리고 이러한 요청의 한 가운데에 개념이 중핵적인 지식으로 자리한다. 사실, 개념, 일반화, 이론 등으로 지식의 구조를 형식화하고 있으나, 사실은 개념의 습득을 위한 기초 정보로서 기능하고 일반화는 개념의 관계적 명제이며 이론은 사실, 개념, 일반화의 복합 체계라는 점에서 개념이 중심적 기능을 수행하는 것으로 볼 수 있기 때문이다.

개념은 구체적인 사실이나 현상을 집단별로 범주화해서 그 집단에 공통적으로 들어 있는 속성에 대해 이름을 붙인 것으로 이해되고 있다. 즉, 현상의 속성에 대한 명명으로서의 의미를 지닌 것으로 간주된다. 예를 들면 인간이라는 개념은 구체적인 개별자로서 김 아무개 이 아무개 등과 같은 사람들을 동물이나 다른 생물들과 구별되는 집단으로 범주화한 뒤 그 집단에 들어 있는 속성(사회적 존재, 도구 사용, 반성적 사고, 학습과 문화, 상징 체계 사용 등)을 의미하는 이름으로 보는 것이다.

이러한 개념은 사회현상의 이면에 작용하는 구조와 패턴을 추상적으로 이해할 수 있도록 하는 지적 도구 기능을 수행한다. 개념을 많이 습득할수록 추상적으로 사고하는 능력이 발달하고 현상을 객관적이면서 비판적으로 판단할 수 있는 지적 능력을 발휘할 수 있다. 최근의 사회과교육에서 중시하는 의사결정력, 문제해결력, 과학적 탐구, 비판적 사고 등은 모두 개념을 기초로 수행된다는 점을 고려할 때 개념 학습이 지니는 교육적 의의는 아무리 강조해도 지나치지 않을 정도이다.

개념 학습 또는 개념 변화(conceptual change)에 관한 이론적인 관점은 크게 두 가지로 대별된다. 하나는 인지 심리학적 이론을 바탕으로 하는 인지론의 관점을 들 수 있으며, 다른 하나로는 철학의 입장에서 모색되고 있는 인식론의 관점을 말할 수 있다.[1)]

양자를 이렇게 구분하고 있는 이유는 각각의 관점이 설명하고자 하는 목적과 대상이 근본적으로 다르기 때문이다. 인지 심리학의 경우는 인지 영역에서 일어나고 있는 순수한 사실적 현상들을 설명하는 데 관심을 지니고 있다. 예컨대, 어떤 특별한 믿음체계 또는 인지구조 등이 한 개인에 의해 유지되고 있는 경우 왜 그러한 믿음체계와 인구 구조가 형성, 유지되고 있는지 또 그 정확한 실체가 무엇인지를 알아보는 일은 전적으로 심리학의 관심사에 해당된다. 반면에 철학적 인식론은 한 개인에게 유지되고 있는 믿음 체계가 일관성(consistence)을 지니고 있는지 또는 객관적 증거에 의해 지지되는 합리적 근거를 갖추고 있는 지 등을 평가하는 데 관심을 갖는다.

요컨대, 인지심리학은 인지 과정에 나타나는 인식 현상을 사실적으로 드러내는 기술적(descriptive) 특성을 지니고 있지만, 철학적 인식론은 합리성 내지는 진위 여부의 정당성을 따지는 규범적(normative) 특성을 지니고 있는 것이다. 따라서 철학적 관점에 입각해서 인지 심리학적 결과를 문제 삼는다든지 또는 그 반대로 인지 심리학적 관점에서 철학적 인식론을 공박하는 것은 그 비판의 포인트를 결여하게 된다. 이를 교육과 관련해서 말을 하자면, 스키마를 고려해서 개념교육을 실시해야 한다는 인지심리학적 입장과 판단의 근거로서 합리성을 구가할 수 있는 개념교육을 실시해야 한다는 인식론적 입장은 어느 한 쪽과 의존적인 관계를 맺지 않으면서 독립적으로 각각의 정당성을 지닐 수 있을 뿐만 아니라 나아가 어느 한 쪽에 기대어 다른 한 쪽을 비판할 수 없는 것이다.

이렇듯 평가와 비교를 허락하지 않을 것 같은 독립적인 두 관점 사이에 보다 기술적인 측면에서 개념 변화의 기초를 확립하려는 움직임이 일어나면서 구분이 점점 불분명해지기 시작하는 현상이 나타나고 있다. 규범적인 측면에서 인식의 근거를 추구했던 전통적인 인식론에서 기술적 근거를 새삼 강조하는 목소리가 나타나기 시작했기 때문이다. 다시 말해 인식주체가 지니고 있는 현재적 개념틀에[2)] 의존해서 인식의 근거를 설정하기 시작했다는 뜻이다.

인지심리학의 경우 역시 여전히 기술적인 측면에 관점을 두고 있기는 하지만 예전에 없던 인식론적 특성을 새롭게 고려하고 있는 실정이다. 인지구조를 생물학적으로 주어진 것으로 보는 것

---

1) 최근에 오면서 양자의 구별이 그렇게 명확하게 이루어질 수 없다는 주장이 제기되기도 하며, 실제 Piaget의 지식이론을 발생적 인식론 즉, 양자가 종합된 이론으로 해석하기도 한다.

2) 현재적인 개념틀은 학자에 따라 유사한 의미를 지니면서도 다른 용어를 사용하는 데, 선지식, 믿음체계, 개념 생태 등의 용어가 이에 해당한다.

이 아니라 인식주체의 경험과 믿음체계 그리고 지식 등의 상호작용에 의한 결과물로 간주하는 즉, 인식의 결과물로 보기 시작한 것이다. 예컨대 최근의 스키마 이론이 학생의 선개념(prior concept) 내지는 선지식(prior knowledge)을 중시함을 들 수 있다.

## 구조와 스키마

인지 심리학의 기본적인 관심은 학생들이 현재적으로 획득하고 있는 지식이 어떤 지식이며 또 어떤 과정을 거쳐 얻어지는가를 밝혀내는 데 있다.[3] 보다 초점을 좁혀서 얘기하자면 지식 형성 과정 즉, 개념 형성 과정을 설명하는 데에 인지 심리학의 문제의식이 있는 것이다. 이러한 인지 심리학은 초기에는 주로 발달 단계이론으로 발전해 왔다. Piaget와 Kohlberg에 의해 대표되듯이 이들은, 지식(개념 또는 도덕 판단 능력)을 획득, 응용하는 과정을 인간의 지적 발달 단계에 맞춰 설명했다(Woolfolk, 1980, pp.40-41).

이들에 의하면, 인지의 구조는 일정한 단계를 거쳐 발달해 가는 바, 각각의 발달 단계에 맞는 교육이 이루어져야 한다는 것이다.[4] 예컨대, 개념의 발생과정은 구조의 발생과정이며, 지적발달은 구조와 경험의 상호작용[5]을 통해 이루어진다는 Piaget의 입장을 들 수 있다. 교육의 세계에서는 가르치고자 하는 개념을 정신구조(mental structure)에 종속시켜야 한다는 입장인 셈이다. 최근에 정보처리 과학이 발달하면서 개념의 형성 과정을 정보처리 과정과 같은 것으로 보아 지식의 획득, 인식, 기억, 재

3) 가르치려는 지식은 지식으로서 갖추어야 할 형식적 조건 - 예컨대, 객관성, 일관성, 합리성 등과 같은 인식론적 조건 - 을 구비하고 있는 형식적 지식(formal knowledge)인데 이것이 실제 가르쳐지고 난 뒤 학생의 개인적 지식(personal knowledge)으로 되었을 때 양자는 전혀 같지 않을 수 있다. 이렇게 형식적 지식이 지식 형성 과정을 거쳐 개인적 지식으로 되는 일련의 과정 중에서 인지 심리학은 지식 형성 과정이 어떻게 진행되는 지에 관심을 갖는다.

4) 인지 심리학에서 보는 발달은 이전의 단계에 비해 보다 복잡하고(complex) 효과적(effective)인 그리고 조직화(organized)된 모습으로 적응(adaptive)해 가는 것을 의미한다.

5) 여기서 상호작용이라 함은 구조를 중심으로 이루어지는 적응(동화)과 경험을 중심으로 이루어지는 적응(조절) 즉, 구조와 경험 사이에 일어나는 동화와 적응을 의미한다.

사용과 응용 등이 스키마라고 하는 정신구조에 의해 이루어지는 것으로 보는 것 역시 넓은 맥락에서 다르지 않은 것으로 이해될 수 있다(차경수, 1993, p.192).

스키마를 정의함에 있어 명료하게 합의를 보지 못하고 있는 면이 있기는 하지만, 대체로 각 개인의 지식(개념)을 표상하는 인지 단위 또는 인지 조직으로 명명하는 쪽으로 모아지고 있다(Hamilton 외, 1992, p.21). 아울러 이때의 스키마는 지식이 작동되어지는 방법에 관한 어떤 규칙(rules)과 결합되어 있다는 것이다. 스키마를 교과교육에 응용시킨 Rumelhart 역시, 스키마를 기억 속에 저장되어 있는 종개념(generic concepts)을 표상하는 자료 구조(data structure)로 보고 있다(Rumelhart, 1980, p.34).

결국 스키마란 개념을 형성하는 과정에서 그 개념을 구체화(instantiate)하는 전형적 내지는 규준적 상황(typical or normal situation)에 의존해서 의미를 부호화(coding)하는 기능을 수행하는 것이다. 예를 들어 식당과 관련해서 스키마가 작동하는 과정을 살펴보자. 우선 식당 스키마는 식당에서 일어나는 일련의 전형들로 구성된다. 주문 절차와 메뉴, 요금 지불 등등. 만약 이때의 식당이 중국 음식점을 경우 음식의 종류는 자장면, 우동 등이 있으며 음식점의 모양이나 내부 분위기 등은 이러이러할 것이라는 등의 전형까지 포함하게 된다. 요컨대, 스키마란 어떤 특정한 내용을 담고 있는 통일적인 개념(지식)의 단위 또는 구조가 되는 것이다.

Thorndyke는 이러한 스키마 이론을 좀 더 구체적으로 명료화 시켜 다음과 같은 세 가지 요소로 구성되는 것으로 제시하고 있다(Hamilton, 1992, pp.22-23에서 재인용). 첫째, 스키마는 관련된 현상에 작용하는 전형적 개념의 조직화된 단위이며 둘째, 기존의 지식에 부가되거나 또는 대안이 되는 새로운 사실이나 현상을 평가할 수 있도록 해주는 규칙이며 셋째, 그러한 지식을 정당화하고 사용하는 데 요구되는 절차라는 점이다. 즉, 스키마는 전형적 개념과 규칙 그리고 절차의 요소로 구성되어 있다는 것이다.

이와 같은 스키마를 놓고 그것이 개념 체계와 다른 점이 있는지, 개념적 인지구조의 또 다른 명명에 불과하지 않는지 등과 같은 의문이 제기되기도 한다. 위의 예를 빌어서 말하자면, 식당 개념과 식당 스키마가 무엇이 다르냐는 것이다. 물론 스키마 이론가들은 다르다는 답변을 준비하고 있다. Rumelhart에 따르면, 스키마는 절차적 지식(procedural knowledge)이라는 점에서 선언적 지식(declarative knowledge)으로서의 개념과는 다른 특징을 지닌다(Rumelhart, 1980, pp.35-36). 앞에서 말한 바와 같이, 스키마는 어떤 현상이 주어질 때 그 현상에 대해 개인이 지니고 있는 원형적인 개념의 조직체이면서 동시에 그 현상을 정당화하여 사용하는 데 개입하는 어떤 절차이며, 그리고 그 현상을 기존의 스키마 중에 적절한 스키마에 종속시키는 일정한 규칙이라는 점에서 볼 때, 스키마는 개인의 내, 외적인 행동을 지휘하고 통제하는 역동적인 지식 즉, 절차적인 지식으로 볼 수 있다.

이에 비해 개념은 사건이나 사물의 속성에 대한 명명 즉, 서술적인 특징을 지닌 선언적이며 정적인 지식(static knowledge)이라는 점에서 스키마와 구별된다. 개념을 접할 때 각 개인은 개념을 그 개념 자체로 받아들이는 것이 아니라 스키마에 종속시켜 다른 스키마의 형태로 저장하게 된다. 즉, 스키마는 그 개념의 원형으로서의 조직체이며 향후 그 개념과 관련된 현상을 스크린하는 절차와 규칙이라는 복합적인 절차적 지식으로 저장되는 것이다. Rumelhart의 말을 직접 인용해 보기로 하자.

> 스키마의 주된 활동은 주어진 현재 상황의 어떤 측면을 설정함에 있어 적절성 여부를 결정하는 데 있다. 마치 과학자들이 관찰되어진 현상을 설명하기 위한 특정한 이론을 설정함에 있어 그 이론의 평가척도(parameters)를 먼저 결정해야 하는 것처럼, 경험적인 감각 자료들을 의미 있게 설명하기 위해 스키마가 작동할 때에도 그 스키마의 변인의 가치를 먼저 결정할 것을 요구한다. 만약 후보로 선택된 스키마가 주어진 상황의 어떤 측면을 설명하는 데 실패한다면, 그 때 스키마는 그와 같은 결함이 있음에도 불구하고 그 스키마를 선택해야 할지를 결정해야 한다. 어떤 것을 파악함에 있어 가장 근본이 되는 인지 과정은 가설검증이나 적합성에 대한 평가 또는 척도의 결정 등과 유사하게 진행된다(1980, pp.37-38).

Rumelhart는, 주어진 상황을 어떻게 이해하고 어떻게 분류하는가 하는 문제가 모두 스키마에 의해 이루어진다고 보고 있다. 개념은 개념의 속성에 따라 인지구조에 대응적으로 전이되는 것이 아니라, 주어진 개념을 감지하고 이해하며 분류하는 스키마라고 하는 정신구조에 종속되어 스키마의 일부로 저장된다는 것이다. 따라서 스키마 이론은 개념 자체를 문제 삼는 것이 아니라 각 개인의 인지구조 즉, 스키마에 의해 작동되는 인지 과정을 문제 삼는다. 개념의 옳고 그름이나 근거로서의 합리성 여부에 대한 문제는 인식론의 문제로 남겨져 있는 것이다.

## 인식의 근거와 조건

인식론은 어떤 믿음 체계의 합리성의 근거로서 논리적 평가척도(parameters)를 추구한다. 잘못되거나 근거를 지니지 못한 믿음으로부터 이유와 근거를 갖춘 옳은 믿음을 구별해내는데 관심을 갖는다. 따라서 인식론은 형식논리를 기본적인 도구로 삼는다. 예컨대, 안다는 의미를 명료히 하는 것에서 출발해서 옳음(truth)을 인정할 수 있는 조건과 믿음의 조건 그리고 정당화의 조건 등을 밝혀내는데 관심을 갖는다. 그리고 바로 이러한 조건들을 밝혀내어 그 조건에 맞도록 가르치는 것을 개념 교육으로 간주한다.

일반적으로 이론은 대상 세계를 설명하고 법칙을 발견하여 미래를 예측하는 것으로 간주되고 있다. 즉, 세계의 완전한 모습(ideal objects)을 그려내는 데 관심이 있는 것이다. 따라서 대상 세계를 인식해내는 과정에 오류가 개입됨을 허용해서는 안되며, 인식의 결과로서 드러난 세계는 객관적으로 정당화 될 수 있는 합리적 근거를 지니고 있어야 한다. 데이터를 해석하고 사실을 구별해내며 일정한 정향 또는 규칙을 발견해내어 하나의 이론으로 정당화 하는 과정은 모두 인식의 과정이 되는 것이다. 하나의 지식 또는 이론을 내놓는다는 것은, 그것이 기존의 이론을 수정하는 것이건 새로운 이론을 제시하는 것이건, 다름 아닌 하나의 인식론적 근거를 제시하는 것이다. 이러한 측면에서 인식론은 기술적이라기보다는 규범적인 특성을 지니게 되며, 지식(앎)의 조건으로서 다음과 같은 것들을 중시하게 된다.

우선, 믿음의 조건을 갖추어야 함을 주장한다. 예를 들어, 어떤 사람이 스스로 믿지 않으면서도 어제 서울에는 비가 내렸다고 말할 경우 그는 서울에 비가 왔다는 것을 알고 있는 것이 아니다. 설사 비가 내렸다고 할지라도 그렇다. 물론 여기서 말하는 믿음이 주관적인 확신을 의미하는 것임에는 틀림이 없다. 주관적인 확신이 없는 앎은 앎이 될 수 없다는 것이다. 그렇다고 주관적인 확신이 있을 경우 그것이 모두 앎이 되는 것은 아니다. 왜냐하면 앎의 필요조건으로서의 참의 조건이 우선적으로 문제시되기 때문이다(Lehrer, 1974, pp.9-21).

이러한 연유에서, 사실에 대한 정당화의 조건이 필요하게 된다. 지식으로서 갖추어야 할 무엇보다 중요한 조건은 그것이 참이어야 한다는 점에 있다. 자신이 알고 있는 것을 정당화 할 것을 요구 당할 때는 무엇보다 먼저 그것이 왜 참이라고 생각하고 있는지를 밝혀야 한다. 즉, 참이라고 주장할 수 있는 이유로서의 근거와 증거를 제시해야 하는 것이다. 이는 앎(인식)의 대상으로서 갖추어야 할 객관적인 조건을 인식주체가 공적으로 정당화할 수 있을 때 비로소 인식의 합리성을 보장받을 수 있음을 말하는 것이다.

따라서 인식론의 관점에 따르자면, 학생들이 개념(지식, 이론)을 배운다는 것은 그 개념을 가능하게 하는 근거를 밝혀내어 자신의 것으로 만드는 것이 된다. 물론 여기에는 인식주체(학생)의 문화적 배경이나 무의식적인 동기 또는 인식 능력 등과 같은 개인적인 변인은 별개의 문제로 남겨지며, 대신 보편적이고 추상적인 인식능력을 지니고 있는 인식주체가 자신이 지니고 있는 문화적 배경으로 인해 왜곡되거나 미숙한 개념을 갖는다 할지라도 그 자체가 보편적이고 이상적인 개념수준을 부정하는 것은 아니며 오히려 이상적으로 요구되는 개념수준에 도달해야 할 필요성이 적극적으로 요청되는 것으로 간주된다.

실제, 정당화된 근거를 지니고 있는 인식의 결과로서의 개념과 그것을 배운 인식주체로서 학생이 알고 있는 개념사이에는 상당한 차이가 있을 수 있다. 전자를 공적 지식이라고 한다면 후자는 사적 지식에 해당하며, 그만큼 양자 사이에는 일치하지 않는 간격이 있는 셈이다. 다시 말해 전자가 개념(concept)이라면 후자는 생각(conception)이라고 볼 수 있다. 따라서 인식론적 관점이 중요시하는 것은 생각을 개념의 수준으로 끌어올리는 개념 변화(conceptual change)에 있는 것이다. 개념에 관한 인식론적 관점이 개념 변화가 일어나는 조건과 그 변화의 성공적인 조건을 제시하는 데 주안점을 두고 있는 이유도 이러한 문제의식을 지니고 있기 때문이다.

## 개념변화의 인식론적 관점에 대한 재해석6)

개념의 형성 또는 변화에 관해 전통적 관점이 취하고 있는 바에 따르면, 인식의 결과로서 지식이 합리성을 갖추기 위한 조건은 앞에서 살펴본 바와 같이 형식논리에 근거하였다. 인식론의 모든 관심은 합리성에 관한 논리적 평가 준거를 구체화하고 명료화하는 쪽에 있었던 것이다. 따라서 이에 근거하는 교육적 처방 역시 공적으로 합리성을 담보하고 있는 형식적 지식(개념)을 가르치는 쪽으로 모아졌으며, 그렇게 할 때 학습자 또한 합리성을 담보하고 있는 지식을 내면화하여 합리성의 세계로 입문하게 된다고 보았다. 그러나 과연 그러한가?

### 인식의 근거로서 실재적 믿음

형식논리는 탈 인격적이며 탈 주관적이다. 인식주체가 무엇을 믿고 어떤 것을 알고 있느냐가 중요한 것이 아니라 인식주체가 알아야 할 것이 무엇이며 갖추어야 할 근거와 조건이 무엇이냐가 중요하다. 이러한 관점에 따르자면, 학생들의 현재적 경험이나 믿음 내지 앎의 상태는 문제가 되지 않는다. 다만 학생들이 배워야 할 객관적인 지식이 무엇이냐 하는 것만이 문제가 된다. 즉, 공적이며 형식적인 지식을 공적이며 형식적인 상태로 유지하면서 사적인 지식으로 내면화 하는 것이 교육의 주된 임무가 된다. 그리고 바로 이러한 측면에서 개념 변화의 합리성이 추구되는 것이다.

그러나 Kuhn이나 Lakatos와 같은 해석적 과학 철학자들이나 Gadamer와 같은 해석학의 세계에서 엿볼 수 있듯이 전통적인 합리론적 인식론은 더 이상 설명의 타당성을 주장하기 어렵다. 예컨대, Kuhn의 패러다임 이론에 의하면, Einstein의 상대성 이론의 패러다임으로는 Newton의 패러다임을 설명하거나 이해할 수 없으며, 마찬가지로 Newton의 패러다임으로는 Aristotle의 패러다임을 설명할 수도 이해할 수도 없다. 각각의 패러다임 사이에는 통약불가능성(incommessurability)이 개입되어 있기 때문에 이전의 패러다임을 이해하기 위해서는 이전의 패러다임으로서의 패러다임 이행(paradigm shift)이 이루어져야 한다. Kuhn의 말을 빌어보자.

6) 이 부분에 관한 논리는 II장의 학습의 구성성에 관한 내용과 일부 중복된다. 주제의 논리 체계상 필요하다는 판단의 결과로 이해를 구한다.

> 중요한 사상가의 저서를 읽을 때는 우선 텍스트 안에 있는 명백히 불합리한 점을 찾아보고, 어떻게 지각 있는 사람이 그렇게 쓸 수 있는 지를 자문해 보라. 당신이 어떤 답을 찾았을 때… 그 구절들의 뜻이 통할 때… 당신은 좀 더 중심적인 문장 즉, 전에 당신이 이해했다고 생각했던 문장들의 의미가 바뀌었음을 발견하게 될 것이다(Kuhn, 1978, p. xiii).

Kuhn은 인식 대상으로서의 객관적 실제를 가정하고 있는 것이 아니라 인식에 있어 주관적이며 실제적인 믿음(substantive belief)을 기초로 해야 함을 주장하고 있다. 과학적 방법이 형식논리에 있지 않음을 내세우는 것이다. 다시 말해 Newton 패러다임의 합리성은 Newton 패러다임에 있다는 것이며, 그것은 곧 Newton의 실제적 믿음 체계로 온전히 들어가야 Newton의 인식론적 합리성이 보장받을 수 있음을 말한다. 물론 이 말은 합리성의 척도가 역사에 있음을 의미하는 말이기도 하다. Einstein의 합리성은 Einstein 시대에 의해 평가되고 Aristotle의 합리성은 Aristotle 시대에 의해 평가된다는 것이다.

인식을 정당화하는 근거로서 객관적이고 사실적인 그리고 보편적인 증거에 대한 요구는 이제 더 이상 입지를 유지할 수 없게 되었다. 현재적으로 설명되어야 할 중요한 문제가 무엇이냐에 따라 실제적인 생각과 믿음을 달라질 수밖에 없으며, 바로 여기에서 인식의 근거와 방향이 설정된다. 따라서 보다 중요한 것은 현재적이고 실제적인 믿음에 의존하고 있는 증거이지 저 멀리 외부에 있는 형식 논리로서의 증거가 아니라는 결론이 따라 나오게 된다.

다소 다른 얘기처럼 들릴지 모르지만, Polanyi 역시 지식의 정당화에 대한 논의를 전개하면서 전통적 인식론의 입장에 회의적인 생각을 품게 한다. Polanyi는 '의미의 사적 양식(The personal Mode of meaning)'을 강조하면서, 특정한 개념의 의미는 개념 자체에 있는 것이 아니라 그 개념을 사용하는 사람의 사적인 의미로 나타난다고 말한다(Polanyi, 1962, pp. 250-253).[7] 예를 들어 두 사람이 대화를 할 때 대화에서 사용되는 개념의 의미는 두 사람이 주고받는 그 어떤 것에 있는 것이지 대화에 쓰이는 개념(말)

7) 개념의 의미가 개념 자체 있다는 주장은 전통적 인식론적 관점이나 인지심리학에서의 속성모형과 같은 맥락에 있는 것으로 이해될 수 있다. 특히, 후자의 경우 속성은 곧 개념과 같은 것으로 간주되어 바로 그 속성을 가르쳐야 하는 것으로 되어 있는데, 이는 개념의 의미를 개념 자체(이것이 바로 속성임)에 있는 것으로 보기 때문이다.

자체에 있는 것이 아니라는 것이다. 즉, 개념을 수단으로 해서 나타내고자 하는 그 무엇에 의미가 있다는 뜻이다.

실제 우리는 일상에서 누구나 이러한 경험을 한다. 상대가 자신에게 한 말의 의미가 분명치 않을 때, '도대체 그게 무슨 뜻이냐?'라는 반문을 하는 경우가 있는데, 이때 우리는 상대가 내뱉은 말의 사전적 내지는 논리적 의미를 묻는 것이 아니라 그 말에 담긴 말하는 사람의 의미가 무엇이냐를 묻는 것이다. 결국 Polanyi는 개념의 의미가 개념 자체에 객관적으로 존재하는 것이 아니라 사적인 양식으로 존재하는 것으로 보는 것이다. 엄격하게 규정된 이상적 의미를 지닌 지식을 전제하는 전통적 인식론은 이제 Polanyi의 세계에서 더 이상 그 의미를 인정받을 수 없는 자기 모순성을 인정해야 하는 지경에 이르렀다.

Rorty의 말을 다시 인용하지 않을 수 없다. Rorty를 빌어 합리론적 인식론에 대한 연민을 벗어버리기로 하자.

> 세계는 말하지 않는다. 오직 우리가 말할 뿐이다. 일단 우리가 어떤 언어로 프로그램 되고 나면, 세계가 우리로 하여금 믿음을 갖도록 하는 원인일 수 있지만, 우리가 말할 어떤 언어를 세계가 제안할 수는 없다. 오직 우리가 아닌 다른 어떤 사람 사람들만이 그렇게 할 수 있다. --- 이는 언어의 선택이 주관적 기준들로 대체되어야 한다는 뜻이 아니라, '언어 선택'의 이유가 의지나 느낌으로 대체되어야 한다는 점이다. 그것은 현존하는 기준이나 선택이 한 언어 놀이에서 다른 언어 놀이로 변화하는 데 이르게 되면 더 이상 의미가 없다는 점이다.(1989, 김동식 · 이유선 역, 1996: 34-35에서 재인용)

이글의 문제의식을 제기하면서 인지심리학의 관점은 기술적(descriptive)인데 반해 인식론은 합리성 여부를 따지는 규범적(normative) 특성을 지니고 있음을 알아보았다. 그리고 전통적 인식론은 주관의 세계와 분리된 객관의 세계에서 그 근거를 추구하고 있음을 비판적으로 살펴보았다. 아울러 인식을 정당화함에 있어 개인이 이미 가지고 있는 실제적 믿음과 주관적 의미가 보다 합리적인 근거로 될 수 있음을 논의했다.

이제 애초에 절벽 같은 간극이 있는 것으로 간주했던 기술적 특성과 규범적 특성이 사실은 그렇게 멀리 떨어진 관계에 있지 않음을 짚고 넘어가야 할 것 같다. 전통적 인식론의 관점에서는 인식의 합리성 여부가 객관적 세계에 있는 것으로 가정했기 때문에 그 객관적 세계가 인식의 규범적인 표준으로 작용하고 대신 인식 또는 인식주체는 그에 종속되는 것으로 간주했었다. 그러나 Kuhn이나 Polanyi, 그리고 Rorty의 세계에서 보는 바와 같이 인식의 표준으로서 객관적 세계는 더 이상 받아들여질 수 없게 되었으며, 오히려 인식주체의 현재적이며 주관적인 세계가 보다 의미 있는 것으로 받아들여지고 있는바, 오늘날의 인식론은 그만큼 기술적인 특성을 지니게 되었으며 이에 따라 인지 심리학의 관점과 근본적으로 구별될 수 있는 근거가 불분명하게 되었다. 다시 말해 합리성이라는 규범적 근거가 인식주체의 현재적 주관 세계에서 구해지게 됨에 따라 기술적 관점과 규범적 관점이 더 이상 양 극단을 대표하는 관계에 놓여 있지 않게 되었다는 것이다.

물론 그렇다고 해서 양자가 동일하다고 말하는 것은 아니다. 인식론은 여전히 합리성에 규범적 지위를 부여하고 있으며 다만 그 합리성의 근거가 객관에서 주관으로 바뀌어짐에 따라 보다 기술적인 특성이 중요한 지위를 차지하게 되기는 하였지만, 그렇다고 이것이 인지심리학에서와 같은 심리학적인 기술적 특성을 말하는 것은 아니다. 인지심리학의 경우는 스키마의 실체 내지는 작동 메카니즘을 밝혀내는 데 관심이 있는 반면, 최근의 인식론은 주관적 의미나 믿음 또는 의미의 맥락 등에 인식의 근거가 있음을 밝혀내는 데 관심이 있는 것이다. 어쨌건 합리성의 근거를 객관적으로 가정하고 그것을 드러내려는 인식론은 이제 입지를 상실하고 말았으며 실제적 믿음과 주관적 의미가 새로운 인식의 기초로 자리하기에 이르렀다.

## 인식의 패러다임과 오개념(Misconception)

개념 형성 또는 개념변화에 관한 여러 심리학적 연구결과에 의하면 학생들은 백지상태로 학습에 임하는 것이 아니라 이미 형성된 나름대로의 선개념(prior concept)을 가지고 학습에 임하는 것으로 밝혀졌다(Novak 1987; Helm & Novak 1983; perkins & simmons, 1988, skrike & posner에서 재인용, 1992, p.152). 그리고 선개념은 많은 경우에 오개념(misconception) 상태로 존재하기 때문에 개념변화 내지는 새로운 개념 습득에 장애가 된다는 것이다.

전통적 인식론에 따르자면, 인식의 원천으로서 선험적인 판단 형식을 전제하건 아니면 경험적인 세계를 전제하건[8] 인식과 인식의 대상관계를 대응하는 관계로 간주하게 되는데, 실제 연구결과는 그렇지 않음을 보여준다. 전자는 개념을 선험적인 판단 형식을 통해 경험 세계를 인식한 결과물로 간주한다는 면에서, 그리고 후자 또한 개념을 경험을 통해 얻어진 결과물로 간주한다는 면에서 이들은 공통적으로 개념을 사고(인식)의 결과물로 본다. 즉, 개념이 적극적으로 인식의 도구로서의 역할을 할 수 있다는 점을 간과하고 있는 것이다.

개념 생태(conceptual ecology)라는 용어를 쓰고 있는 Toulmin에 따르면, 사람들은 개념을 단독 개념의 상태로 인지하고 있는 것이 아니라 개념의 맥락(conceptual context) 속에서 개념을 인지하고 있으며, 이때의 개념의 맥락은 변형, 유비, 은유, 신념, 지식 등의 조합으로 구성된 개념의 상태라고 주장한다(Toulmin 1972, Strike & Posner에서 재인용, 1992, p.50). 이러한 Toulmin의 주장 역시, 외부에서 객관적으로 주어지는 형식적 지식이 그대로 이식되는 것이 아니라는 점을 뒷받침한다. 학생들은 선개념으로서의 오개념을 지니고 있으며 그리고 오개념은 개념 생태의 한 부분으로 구성되어 있다. 이와 같은 사실은 선개념으로서의 오개념이 Kuhn이 말하는 패러다임과 같은 역할을 수행할 수 있음을 함의하는 것이며, 따라서 학생들이 지니고 있는 패러다임에 모순되는 개념은 쉽게 가르쳐질 수 없게 된다.

다소 극단적이기는 하지만 단순한 가상적인 예를 들어보자. 이제 막 동네 친구들과 어울려 놀 수 있을 정도의 나이가 된 철수네 집에 엄마 친구가 비슷한 또래의 창수라는 아이를 데리고 놀러왔다고 생각해 보자. 엄마와 엄마 친구가 잠시 얘기를 나누는 동안 부모들 모르게 철수와 창수는 서로 싸운 뒤 아무 말도 않고 있는데, 창수 엄마가 돌아갈 무렵 두 아이를 불러놓고, 너희들은 이제부터 친구란다. 잘 지내야 한다." 하고 돌아갔다면, 철수는 친구라는 개념을 어떻게 생각하게 될지 생각해 보자. 그리고 얼마 후에 엄마가 다시 "엄마가 맛있는 것 해 줄테니 친구 있으면 데려오렴"하고 말한다면 철수는 어떤 반응을 보이겠는가?

물론 실제 상황에서는 친구의 개념을 싸우는 관계나 싫어하는 관계로 개념화하는 경우가 잘 일어나지 않을 것이다. 왜냐하면 친구라는 개념과 관련된 개념의 맥락 즉, 개념의 생태자체가 친구를 싸우는 관계로 개념화할 수 없는 상태일 것이기 때문이다. 그러나 추상적인 개념의 경우에는 어떠하겠는가? 문화적인 배경이 다르고 믿음의 세

8) 선험적인 판단 형식을 전제하는 입장을 합리론적 인식론으로 경험 세계를 전제하는 입장을 경험주의 인식론으로 명명할 수 있다.

계가 다르며 선개념이 다르게 형성되어 있을 경우는 또 어떠하겠는가? 앞에서 살펴보았듯이 오개념은 그 자체로 독립해서 새로운 개념으로 변화하지 않는다. 오개념이 변화하기 위해서는 Kuhn이 말하는 패러다임 이행과 같이 오개념과 관련된 개념 맥락(개념 생태) 전체가 변화해야 하는 것이다. 결국 오개념은 외부에서 주어지는 변화의 요구에 스스로를 유지하려는 방어 기제(defense mechanism)를 지니고 있는 셈이다. 나아가 오개념은 개념의 맥락이라고 하는 하나의 패러다임으로서 세계를 인식하는 적극적인 도구의 역할을 수행하는 것이다.

## 개념 변화의 인식론적 조건

이상의 논의에 따르면, 오개념은 변화하지 않으며, 따라서 교육의 대상이 될 수 없는지를 반문할 수 있는데 Strike & Posner를 통해 이에 대한 답변을 대신할 수 있다.

Strike & Posner는 오개념을 포함하고 있는 개념 생태에 관한 발달적 관점을 통해 개념의 변화를 위한 인식론적 조건들을 제시하고 있다(1992, pp.148-149, 154-163). 크게 4가지로 대별되는데 첫째, 현재적 생각에 만족할 수 없는 상태여야 한다는 조건을 들고 있다. 사람들은 자신이 현재 지니고 있는 개념이 사고하고 행동하는데 나름대로의 기능과 역할을 수행하는 한 그 개념을 바꾸지 않는다는 것이다. 심지어는 현재 지니고 있는 개념이 제 기능을 원활하게 수행하지 못하는 상태에 있다 할지라도 기존의 개념맥락을 전체적으로 변경시켜야 할 필요성을 느끼지 않는 한 현재적 개념에 의존하여 문제를 해결하려 한다고 본다.

둘째, 새로운 개념이 인식주체에 의해 감지될 수 있어야 한다는 조건을 들고 있다. 인식 주체가 새로운 개념을 탐색하게 되는 것은 스스로 그 개념에 담겨있는 새로운 의미를 감지할 수 있게 될 때 비로소 가능해진다고 본다. 새로운 개념의 의미가 기존의 개념에 비해 반직관적 이거나 이해하기 어려울 때에는 결코 개념변화가 일어나지 않는다고 간주하는 것이다. 따라서 기존의 개념이 제 기능을 발휘하지 못한다 할지라도 새로운 개념의 의미를 감지하지 못하는 한 개념변화가 일어날 수는 없는 셈이 된다.

셋째, 새로운 개념의 의미가 무엇보다 먼저 참일 가능성이 있는 것으로 그럴듯하게 느껴져야 함을 든다. 인식주체가 현재 지니고 있는 생각이 자신의 다른 믿음체계와 불일치를 초래해 제 기능을 수행하지 못하는 문제가 생겼을 때, 그리고 어떤 새로운 생각이 그 문제를 해결할 수 있는 가능성이 엿보일 경우 인식주체는 그 새로운 생각에 기초하여 개념변화 과정에 들어가게 된다는 것이다.

넷째, 개념이 새로운 인식을 위한 탐구의 수단으로서의 가능성을 암시해야 한다는 조건을 든다. 이는 현재적 문제 상황을 해결하고 나아가 새로운 세계를 인식할 수 있는 도구로서의 가능성이 인식주체에게 느껴질 때 보다 적극적으로 새로운 개념에 매달리게 됨을 의미하는 것이다.

Strike & Posner가 말하는 네 가지 인식론적 조건들은 다시 두 측면으로 나누어서 얘기할 수 있다. 그 하나는 인식주체의 측면이고 다른 하나는 인식대상 즉, 개념의 측면이다. 이들이 들고 있는 첫째 조건과 둘째 조건은 인식주체가 갖고 있는 개념 맥락에 불일치와 역기능이 있어야 한다는 것과 인식주체의 감지가 수반되어야 한다는 것인데 이는 바로 개념변화를 위한 인식주체의 조건을 말하는 것이다. 마찬가지로 세 번째와 네 번째 조건은 새로운 개념이 지녀야 할 조건 - 물론 이것 역시 인식주체에 따라 달라질 수 있기는 하지만 - 으로서 인식대상의 측면을 말하는 것이다.

결국 개념의 변화는 인식주체 또는 인식대상 스스로 다른 한쪽과 무관하게 독립적으로 이루어지는 것이 아니라 양쪽의 상호작용을 통해 이루어지는 것으로 봐야 한다. 이제 전통적 인식론의 관점을 대신하는 것으로서 인식론은 주장하는 내용이 무엇이 되건 인식 주체와 인식 대상 즉, 주관과 객관의 상호작용이라는 변증적 관점을 수용하지 않는 한 그 입지를 확보하기가 그렇게 쉽지는 않을 것 같다.[9)]

9) "학습은 객관과 주관의 매개이다."라는 말이 연상시킨다. Bernard의 말을 다시금 음미해 보기로 하자. *현상들 앞에 선 실험자는 소리 없는 연극 무대를 보는 관객과 같다. 그는 어떤 점에서 현상에 대한 예심 판사이다. --- 중략 --- 그는 다양한 시도들로써 현상의 원인과 의도를 알아내려 한다. 상상할 수 있는 모든 책략들을 사용하고, 종종 진실을 알기 위해 거짓을 옹호하거나, 자신의 고유한 생각을 개입시킨다. 그는 자신 앞에서 일어나는 행동의 원인에 대해 가정을 하고, 해석이 옳은지를 판단하기 위해 논리적 질서 속에서 어떤 사실들이 발현되도록 한다.*(주형일 역, 2000: 17에서 재인용)

## 개념 학습 모형

교과 교육학 분야에서 개념 학습에 관한 여러 모형이 제시되고 있다. 앞에서 논의한 개념에 관한 이론을 나름대로 교실 수업에 적합하게 설계한 일종의 세트에 해당한다. 일반적으로 개념 학습 모형은 속성 모형과 원형(또는 예) 모형으로 나뉜다. 속성 모형은 개념에 내포된 속성을 중심으로 학습하는 모형이고, 원형(또는 예) 모형은 구체적인 원형(또는 예)를 중심으로 학습하는 모형이다. 이러한 구분은 학습의 초점을 중심으로 하는 것이다. 즉, 속성을 초점으로 하느냐, 원형을 초점으로 하느냐에 따른 구분이다. 이와는 다르게 학습관(또는 학습 논리)의 측면에서 본다면, 두 모형은 공통된 관점을 견지한다. 속성 모형과 원형 모형 모두 개념이 만들지는 귀납적 과정에 의존하기 때문이다. 즉, 가르치고자 하는 개념과 관련해서 학습자가 이미 선행적인 경험이 있을 경우 그러한 경험을 토대로 속성을 검토하는 것이 속성 모형이라고 한다면, 선행적인 경험이 부족한 경우 경험을 제공하기 위해 원형을 먼저 제시하여 속성을 검토하는 것이 원형 모형인 바, 두 모형 모두 구체에서 추상으로 그리고 개별에서 일반으로 나아가는 귀납적 과정에 의존하고 있다는 점에서 공통된다는 것이다. 이러한 맥락에서 선거, 인간, 시장 등과 같이 개념의 예가 구체적인 경우에는 속성 모형을 적용하고 민주주의, 권력, 기본권 등과 같이 추상적인 경우에는 원형 모형을 적용하는 것이 학습 가능성을 높이는 것으로 볼 수 있다. 이러한 모형이 사회과 학습에 그대로 적용될 수 있는지에 대해 심각한 의문을 제기할 수 있다. 우선, 일반적으로 적용되는 개념학습 모형의 절차를 먼저 살펴보고 문제를 제기해 보기로 하자.

### ■ 속성 모형

① 문제 제기

② 속성 제시 및 정의: 속성에는 결정적 속성과 일반적 속성이 있다. 결정적 속성은 해당 개념에만 들어 있는 것이고 비결정적 속성은 다른 개념과 공유가 가능한 속성이다. 예를 들어 상징체계의 사용이라는 속성은 인간에게만 해당하는 즉, 인간의 개념과 관련된 결정적 속성이지만 신진대사 활동과 같은 속성은 다른 동물이나 생물에게 해당하는 즉, 동물이라는 개념과도 공유하는 비

결정적 속성에 해당한다. 따라서 속성을 제시하고 정의를 내릴 때 결정적인 속성을 중심으로 정의를 내릴 수 있도록 안내해야 한다.

③ 예와 비예 검토: 이 단계는 앞 단계에서 검토한 속성을 토대로 그 속성을 갖추고 있는 대상과 그렇지 않은 대상을 구체적으로 구별해 보는 단계이다. 즉, 개념을 적용해 보는 단계에 해당한다.

④ 가설 검증: ②, ③ 단계의 학습을 토대로 개념을 적용하여 구체적인 현상을 가설적으로 설명하고 검증하는 것을 말한다. 예를 들어 자유 개념을 학습했을 경우, “자살은 자유다” 또는 “자살은 자유가 아니다” 등과 같은 가설을 설정하고 그 가설이 맞는지 여부를 검증하는 것이다. 이러한 과정은 학습자 개개인 또는 소집단 별로 학습자의 수준과 문제의식에 대응하는 학습을 가능하게 하는 것으로 수준별 학습에 대응하는 것으로 볼 수 있다. 따라서 교사는 학생들이 가설을 만들지 못하는 경우를 대비해서 폭과 깊이가 다양한 여러 가설들을 사전에 준비해서 학생들이 선택할 수 있도록 하는 것이 필요하다.

⑤ 현실 문제 검토: ④ 단계까지의 학습은 개념 자체를 충분히 이해하고 구성할 수 있도록 하는데 초점이 있다면, 이 단계는 개념과 관련된 현실 문제를 검토하여 이론과 실제의 거리를 확인하는 동시에 적합한 해결 방안을 모색하는 등의 활동을 통해 삶과의 연관성을 지닌 학습을 도모하는데 초점이 있다. 예를 들어 정당이라는 개념을 학습했을 경우, 현실적으로는 어느 사회의 정당이건 정당 개념에 들어 있는 속성을 완전하게 갖추고 있지 못하고 있다는 점을 인식하고, 이를 토대로 그 이유와 현실적 모습, 문제점, 해결 방안, 다른 사회와의 차이점 등을 검토하는 것을 말한다.

⑥ 평가: 전통적으로 평가는 진단, 형성, 총괄 등의 관점에서 수행되어 왔다. 이러한 평가에 비해 개념 학습 모형에서의 평가는 학습 과정 자체가 평가 대상이고 평가 시기이며 평가 과정이라는 의미를 담는다. 개념을 학습하기 전의 진단 평가나 학습 후의 성취도를 측정하는 형성 또는 총괄 평가를 지양하는 대신 각각의 개념학습 단계에서 속성을 제대로 검토하는지, 예와 비예를 구별하는지, 가설 설정 및 검증을 잘 하는지, 현실 문제 검토를 비판적으로 하는지 등 학습이 이루어지는 일련의 과정 자체가 평가 대상이 된다. 일종의 개념

학습의 수행 능력을 평가하는 것이 된다. 이러한 맥락에서 포트폴리오 내지는 프로파일 평가 등의 평가가 요구되는 것으로 볼 수 있다.

### ■ 원형(또는 예) 모형[10)]

원형 모형은 속성 모형에 비해 각 단계의 순서가 다소 다를 뿐 각 단계의 활동 내용은 동일하다. 다만 가르치고자 하는 개념이 추상적일 경우 학습자의 선행적인 경험이 부족한 경우에 대응하기 위해 원형(또는 예)을 먼저 제공한다는 차이를 보인다. 즉, 다음에서 알 수 있듯이 속성 모형에 비해 ②, ③ 단계가 바뀐다는 차이가 있을 뿐이다.

① 문제 제기
② 예(또는 원형)와 비예 검토
③ 속성의 검토 및 정의
④ 가설 검증
⑤ 현실 문제 검토
⑥ 평가

개념 학습 모형과 관련해서 Martorella는 공통적으로 적용되는 일반적인 원칙을 제시하고 있는데 그 중 의미 있는 몇 가지를 소개하면 다음과 같다(1991: 143-144).

① 개념에 해당하는 예를 속성의 논리에 맞게 제시하되 가능한 한 원형에 가까운 최적의 예를 제시한다.
② 예와 비예를 검토할 때 결정적 속성을 중심으로 유사점과 차이점을 비교할 수 있도록 학습을 안내한다.
③ 결정적 속성이 애매모호할 경우에는 최적의 예를 대상으로 두드러진 특징을 알아보도록 안내한다.

---

10) 원형은 전형 또는 이념형과 유사한 의미를 지닌다. 개념의 결정적 속성을 이상적으로 지니고 있는 일종의 가상 실재이다. 예를 들어, 부리와 깃(날개 죽지)은 새의 결정적 속성에 해당하는데, 부리와 깃을 이상적으로 갖춘 이상적인 예를 원형이라 한다. 새의 특성을 가장 잘 나타낸 모형쯤으로 이해할 수 있다. 따라서 원형은 실재하는 존재가 아니라 가상 존재인 경우가 대부분이다. 이에 비해 예는 실제 경험할 수 있는 새들을 지칭한다. 극단적으로 원형과 예가 다르지 않을 수가 있는데, 이는 새의 예가 이상적인 예일 경우 원형과 다르지 않을 수 있음을 의미한다. 그러나 그런 경우가 있을 수 있는지 의심스럽지 않을 수 없다.

④ 학습이 진행되는 일련의 과정에서 교사와 학생 상호간에 이루어지는 질문과 토론이 학습자의 선행 경험 내지는 선개념과 관련지을 수 있도록 안내한다.
⑤ 학습한 개념을 응용하여 새로운 예를 제시하거나 상황에 적용해 보도록 함으로써 상위 수준의 개념 학습이 수행될 수 있도록 한다.

이상의 개념 학습 모형은 원형 모형이건 속성 모형이건 학습자의 선경험이나 선지식에 기초하여 학습이 진행된다는 공통점을 지닌다. 속성 모형의 경우에는 가르치려는 개념과 관련해서 이미 학습자가 선지식을 지니고 있거나 선경험이 갖추어진 경우 별도의 경험을 제공하지 않아도 그러한 선경험 및 선지식에 기초하여 개념학습을 할 수 있다고 본다. 예를 들어 인간 개념을 학습하는 경우, 인간에 관한 별도의 경험을 제공하지 않아도 곧바로 인간의 속성(특성)을 검토할 수 있는 것이다. 따라서 속성 모형은 학습자의 수준에 따라 다르기는 하겠지만, 초등학교 수준으로 갈수록 학생들이 일반적으로 경험하는 것은 구체적인 개념[11)]에 해당하는 것이 많으므로 초등학교 사회과에 적용할 수 있는 것으로 본다.

그렇다면 추상적 개념의 경우에는 어떠한가? 추상적 개념은 개념의 예가 추상적인 개념을 의미한다. 즉, 개념의 예를 구체적으로 경험할 수 없는 개념을 의미한다. 왜냐하면 추상은 구체적으로 실재하는 것이 아니기 때문이다. 자유는 추상적 개념이다. 그래서 자유의 예는 구체적으로 존재하지 않는다. 원형도 존재하지 않는다. 추상적 개념의 예와 원형은 만들어 낼 수밖에 없다. 그러나 추상적이기 때문에 만들 수도 없다. 새와 같은 구체적 개념은 예를 제시할 수도 있고 가상적인 원형을 만들 수도 있다. 그러나 자유는 제시할 수 있는 예가 존재하지 않고 원형을 가상적으로 만들 수도 없다. 그럼에도 불구하고 추상적 개념을 가르칠 때는 원형 모형을 적용하는 것이 바람직하다는 주장을 어떻게 이해해야 하는가?

이에 대해 자유와 같은 추상적 개념의 경우에도 예가 존재한다는 반론을 제기할 수 있다. 예를 들어, 시민 혁명이 자유의 예에 해당한다는 주장이 이에 해당한다. 과연 시민 혁명을 자유의 예로 볼 수 있는가? 만약 그렇다는 답변을 한다면, 같은 이유로 시민 혁명이 평등의 예, 권력투쟁의 예, 천부인권주의의 예, 민주주의의 예 등으로 볼 수는 없는가? 이런 반문이 가능한 이유는 시민 혁명이 자유와 관련이 있는 것이

---

11) 구체적인 개념은 개념의 예가 구체적으로 존재하는 경우를 말한다. 인간, 새, 가족 등이 이에 해당한다.

지, 자유의 예는 아니기 때문이다. 종달새는 새의 예는 되지만 개의 예, 인간의 예, 물고기의 예가 되지는 못한다. 예는 해당하는 개념에 배타적으로 대응하는 대상을 의미한다. 그래서 시민 혁명이 자유의 예가 될 수는 없는 것이다. 이런 방식으로 다른 대상을 적용해도 자유의 예는 되지 못한다. 결론적으로 말하자면 추상적 개념은 예가 존재하지 않으며 따라서 원형 역시 존재하지 않는다. 그래서 추상적 개념을 원형(또는 예) 모형에 따라 적용한다는 것은 논리적으로 모순이다.

논지를 더 밀고 나아가 보자. 그렇다면 추상적 개념에 속성 모형을 적용하는 것은 가능한가? 사회과의 개념이 대체로 추상적임을 고려할 때 원형 모형을 적용하기 어렵다면 속성 모형을 적용해야 한다는 결론을 귀결하는 것처럼 보이기 때문이다. 결론부터 말하자면 추상적 개념은 속성 모형 역시 적용하기 어렵다. 속성 모형의 절차에서 '③ 예와 비예 검토' 단계를 상기해보자. 추상적 개념은 예가 존재하지 않는데 어떻게 예와 비예를 검토할 수 있는가? 추상적 개념을 원형 모형으로 가르치기 어려운 동일한 이유가 속성 모형에도 적용된다.

사회과에서 개념학습과 관련해서 연구된 많은 연구들, 사회과 임용 시험 출제 문항, 교사 양성대학에서 가르치고 있는 개념 학습 지도법 등이 대부분 속성 모형과 원형 모형을 중심으로 이루어지고 있는 현실을 어떻게 이해해야 하는가? 혹시 자연과학교육 분야에서 연구된 결과를 그대로 사회과교육에 차용하는 관행이 초래한 결과는 아닌가? 과학 교육에서 다루는 개념이 대부분 구체적 개념이라는 점을 고려할 때, 더욱 의심을 자아낸다. 과학교육 분야에서 속성 모형과 원형 모형을 구분해서 적용하는 이유는 학습자의 선지식 및 선경험과 관련되어 있다. 학습자가 이미 가르치고자 하는 개념과 관련해서 선지식이나 선경험을 지니고 있는 경우 속성 모형을 적용하고, 그렇지 않은 경우에는 선경험을 제공하고 속성을 검토하기 위해서 원형 모형을 적용한다. 가르치고자 하는 개념이 구체적인지 아니면 추상적인지에 따라 속성 모형과 원형 모형으로 구분되는 것이 아니다. 사회과교육 연구에 있어 신중하게 숙고해야할 문제가 아닐 수 없다.

가설적인 아이디어에 의존해서 사회과에 적용할 수 있는 개념 학습 모형을 말하자면 상황 모형 내지는 이와 동형적이 제 삼의 모형일 수 있다. 시민 혁명이 자유의 예에 해당하지는 않지만 자유와 연루된다. 자유와 관련된 맥락과 상황이 들어 있다는 것이다. 같은 논지에서 '저녁노을을 배경으로 군무를 연출하고 있는 새 무리' 장면과

'새장 속에 갇혀 있는 새' 장면을 제시하고 두 장면을 비교하는 학습을 통해 자유에 관한 의미를 학습자 스스로 구성하도록 교육할 수 있다. 이 경우 두 장면은 자유의 원형도 예도 아니지만 자유의 의미를 추상할 수 있는 맥락을 담고 있다. 즉, 학습자의 현재적인 개념 생태에 기초해서 자유의 의미를 주도적으로 추상하고 구성할 수 있게 된다. 앞에서 논의한 개념 학습의 인식론적 근거에 부합하는 학습이기도 하다.[12)]

## 결 론

일반적으로 가르치고자 하는 지식은 형식적 지식(formal knowledge)의 형태로 존재한다. 그리고 이때의 형식적 지식은 전적으로 인식론의 관심 영역에 속한다. 인식의 결과를 의미론적으로 재구성해 놓은 것이 곧 형식적 지식인 것이다. 따라서 인식론적 관점에서 개념을 가르친다는 것은 학생들도 철학자들이 인식하는 방식을 따라 형식적 지식에 담겨 있는 의미를 그대로 인식할 수 있도록 하는 것을 뜻하게 된다.

이러한 맥락에서 인식론적 관점이 규범적(normative)인 입장에 있는 것으로 간주됨은 당연하다. 교육의 표준 - 교육내용과 방법 및 목적에 있어서의 표준 - 을 학생들의 현재적 상태 즉, 학생들이 현재 무엇을 인식하고 있으며 그 인식의 과정과 방법 등이 어떠하냐를 밝혀 그에 맞게 설정하는 것이 아니라, 이미 얻어진 형식적 지식을 교육내용의 표준으로, 형식적 지식의 의미를 인식하는 과정(방법)을 교육방법의 표준으로, 그리고 형식적 지식의 의미를 파악할 수 있도록 하는 것을 교육목적의 표준으로 삼고 있기 때문이다.

이와 같은 인식론적 관점은 크게 두 가지 측면에서 비판을 받을 수 있다. 그 첫째는, 인식의 결과로서 형식적 지식에 합리성을 부여할 수 있는 근거가 무엇이냐 하는 것이다. 이미 앞에서 살펴보았듯이, Kuhn은 각 시대의 이론적 패러다임 사이에는 통약불가능성이 작용하기 때문에 어느 특정한 패러다임으로 다른 패러다임을 설명하거나 이해할 수 없다고 본다. 이 말은 지식의 합리성 여부를 가늠할 수 있는 보편적이며 유일한 척도가 있을 수 없다는 뜻이다. 따라서 어떤 형식적 지식이 교육의 대상으로서 규범적 지위를 부여받을 수 있는지가 의심스럽게 되는 것이다.

12) 이러한 논리는 사회과에서 통합 학습이 요구된다는 주장의 근거와도 직간접적으로 관련을 맺는다.

둘째, 학생들의 인식과정에 대한 인식론적 가정에 비판을 제기할 수 있다. 전통적 인식론은 형식적 지식의 의미는 바로 그 지식 자체에 있다는 관점을 취한다. 개념의 의미는 개념자체에 있다는 것이다. 그러나 Polanyi가 말하고 있듯이 의미는 대상에 있는 것이 아니라 주체에 의해 부여되는 것이다. 개념의 의미는 개념에 있는 것이 아니라 그 개념을 사용하는 사람에 있다는 것이다. 말하자면, 학생들은 의미를 받아들이기 보다는 개념을 수단으로 삼아 의미를 만들어가는 셈이다. 전통적 인식론이 가정하는 것처럼 형식적 지식에 담겨있는 인식과정을 따라 의미를 받아들이는 것이 아니라 형식적 지식을 도구로 삼아 주관적인 의미를 만들어가는 것이다.

Toulmin의 개념 생태나 Strike의 개념 맥락 등에 함의되어 있는 것 역시 인식주체에 의한 주관적 의미 추구로서의 인식과정을 뒷받침한다. Novak 등의 연구 결과에서 드러난 오개념이 개념적 변화를 거부하는 일종의 패러다임으로 작용한다는 사실 또한 전통적 인식론의 가정에 타격을 가하고 있다. 이제 교육의 표준으로서 형식적 지식과 그 인식과정에 대한 인식론적 가정은 더 이상 설자리를 확보할 수 없게 되었다.

실제 인식론 쪽에서 일어나고 있는 최근의 추세를 보면 위와 같은 저간의 한계를 극복하기 위해 보다 기술적(descriptive)인 관점을 지향하고 있음을 알 수 있다. 학생들의 인식상태나 인식과정 등의 실재적이고 현재적인 측면을 보다 중요시하게 된 것이다. 지식의 양식으로서 주관성을 보다 강조하고 지식, 믿음, 가치, 동기, 정서 등과 같은 개념 생태를 인식의 근거로 받아들이며 개념의 맥락적 의미에 가치를 부여하는 관점들이 바로 그렇다.

Strike & Posner의 주장에 따르면, 개념의 변화는 패러다임 기능을 수행하는 개념 생태의 한 부분으로 구성되어 있는 현재적 개념에 불만족하는 상태라야 한다는 조건과 새로운 개념을 파악(감지)할 수 있어야 한다는 조건, 새로운 개념이 현재적 개념의 역기능을 해소할 수 있는 것으로 생각되어져야 한다는 조건, 그리고 새로운 개념이 문제 상황을 해결할 수 있는 탐구방법을 제시해줄 수 있는 가능성을 갖출 때 비로소 가능해진다. 인식대상으로서의 개념과 무관하게 인식주체 스스로 개념변화를 일으키는 것은 아니다. 또한 역으로 인식주체와는 무관하게 개념의 의미가 그대로 전해지는 것도 아니다. 인식주체와 인식대상 사이에는 변증적인 상호작용이 진행되며 인식주체는 이를 통해 보다 상승된 의미의 세계로 나가게 되는 것이다.

Chapter IV

# 고급 사고와 논쟁 문제 학습의 비판

IV장

# 고급 사고와 논쟁 문제 학습의 비판

최근에 사회과는 사회의 다원화와 복합화로 인해 관례나 법, 사회적 가치 등과 같은 전통적인 기준에 의해 해결하기 어려운 상황에 대처할 수 있는 능력으로서 합리적 의사결정 능력을 요구하는 목소리가 높아지고 있다. 의사결정은 논쟁을 전제한다. 즉, 선택과 판단을 요구하는 상황이 전제되어 있다는 것이다. 특별히 사회과에서 의사결정능력을 중시하는 이면에는 정보의 폭증, 집단 간의 이해관계의 대립, 급격한 사회 변화, 인식의 구성성 등과 같은 요소들이 교과의 배경으로 자리하고 있기 때문이다. 이러한 맥락에서 개인적 또는 집단적 의사결정 능력에 대한 중요성이 인정되는 가운데 이를 위한 종합적 학습 모형으로서 논쟁점 학습에 대한 관심이 모아지고 있는 것으로 볼 수 있다.

논쟁점은 정치 공동체 구성원 다수의 삶(또는 이해관계)과 관련되는 것으로서 해결 방안에 대한 집단 간의 대립이 나타나고 있기 때문에 정책적으로 해결을 요하는 것을 의미한다. 즉, 집단성과 대립성, 그리고 정책성 등의 요소가 들어 있는 것을 논쟁점이라 한다.

이러한 논쟁점은 교육적으로 특히, 정치 교육의 측면에서 중요한 의의를 지닌다. 현재 시점과 현재 공간에서 나타나고 있는 현상을 정치적인 삶과 관련해서 교실에 적극적으로 들여올 수 있는 학습 소재로서 학습자의 고급 사고력과 반성적 탐구, 협동 학습 구조를 바탕으로 한 논쟁적 담론, 비판적 사고력, 가치 판단 능력 등을 통합적으로 길러줄 수 있기 때문이다. 이에 대해 급진적이라거나 내용이 없다는 등의 비판이 제기되고 있으나 국가 수준의 사회과교육과정에서도 논쟁 문제 학습을 중심으로 합리적 의사결정 능력을 길러야 함을 중심적인 관점으로 견지하고 있다는 점을 고려하는 한편, 학습의 의미를 학습자의 해석적 개입 및 교과 내용과 학습자의 판단 형식의 상승적인 상호작용이라는 측면에서 고려할 때 위와 같은 비판의 목소리에 답할 수 있는 근거와 여지가 충분하다고 볼 수 있다. 그러나 필자는 이와는 다른 비판의 시각을 거두지 않는다. 우선 논쟁점 학습의 개요를 살펴보고 비판을 제기하기로 하자.

# 논쟁점 학습

## 고급 사고력(Higher-Order Thinking)의 성격

논쟁점 학습 과정에서 학습자는 고급 사고를 동원할 것으로 기대된다. 기계적이고 일상적인 판단에 의존하기 보다는 직면하고 있는 문제를 해결하기 위해 변수를 조작하고 그러한 와중에서 기존의 사고를 심화하고 확장하는 판단을 동원하기를 요구받는다. 즉, 문제 해결을 위한 상황에 적합한 조작적·확장적·심층적·상황 지향적 사고를 중시한다. 이는 학습자 스스로 조작, 분석, 해석하는 인지 작용으로서 흔히 구성주의에서 말하는 근접 발달 영역(ZPD,ZPC)에서의 인지 작용에 해당한다.[1)]

이러한 고급 사고와 관련해서 일부에서는 고급 사고의 유형으로 비판적 사고, 창의적 사고, 탐구력, 의사결정력, 메타 인지 등을 제시하기도 한다. 그러나 엄밀한 의미에서 이러한 사고들이 고급 사고의 유형으로 분류될 수 있는지는 다소 논란의 여지를 지닌다. 왜냐하면 고급 사고는 문제를 해결하는 과정에서 어려움을 극복하기 위해 애쓰는 사고 과정을 의미하기 때문에 동일한 문제를 쉽게 해결하는 사람의 경우에는 고급 사고를 경험하지 않기 때문이다. 즉, 고급 사고는 사고의 대상과 관련해서 규정되는 사고가 아니라 사고의 대상과 사고의 주체 사이에 나타나는 현상과 관련해서 규정되는 사고이기 때문이다.

예를 들어, 비판적 사고의 한 요소에 해당하는 '사실과 가치를 구분하기'와 관련해서 이를 가르치는 교사와 이를 처음 배우는 학생을 비교해 보자. 교사는 이미 '사실과 가치를 구분하기'를 잘하지만 학생은 '사실과 가치를 구분하기' 잘하지 못한다. 그래서 학생은 '사실과 가치를 구분하기'를 학습할 때 어려움을 경험한다. 이 경우 학생은 '사실과 가치를 구분하기'에 대해 고급 사고를 경험하지만 교사는 '사실과 가치를

---

1) 일반적으로 널리 알려져 있는 고급 사고 경험을 제공하기 위한 학습관으로는 다음과 같은 원리들이 개론적인 수준에서 인용되고 있다.
- 많은 내용을 피상적으로 다루기보다는 한정된 소수의 주제를 지속적으로 다루는 학습(In-depth study & sustained concentration)
- 계속성과 일관성이 유지되는 학습
- 도전적이고 구조화된 질문에 따른 학습
- 교사 자신의 숙고적인 자세
- 학습자 스스로의 판단과 결론에 대한 이유와 근거를 제시하는 학습

구분하기'에 대해 고급 사고를 경험하지 않는다. 교사는 오히려 이미 인지 영역에 저장된 '사실과 가치를 구분하기'를 불러내어 이를 기계적으로 적용할 뿐이다. 즉, 동일한 '사실과 가치를 구분하기'에 대해 학생은 고급 사고를 경험하지만 교사는 저급 사고에 의존하는 차이를 보인다.

창의적 사고, 과학적 탐구, 메타 인지 등도 예외가 될 수 없다. 이미 이를 잘하는 사람에게 있어 이러한 사고를 요하는 문제가 주어질 경우 이를 잘하지 못하는 사람에 비해 고급 사고를 경험하게 되는 가능성이 적어지게 된다. 이러한 논지를 더욱 엄밀하게 밀고 나가면 'HigherOrder Thinking'을 고급 사고라고 번역하는 것 역시 재검토 대상으로 삼을 수 있다. 고급 또는 저급 등의 용어는 상대적인 의미를 지니지만 'Higher-Order'는 상대적인 의미를 지니는 것이 아니라 관련적인 의미를 지니기 때문이다. 고급은 대상 간의 비교를 통해 A는 B보다 고급스러움을 의미한다. 즉, 'Higher'의 의미를 지닌다. 이에 비해 'Higher-Order'에는 'Order'의 의미가 추가적으로 복합되어 있다. Order에는 주체의 조작에 의한 질서지우기 제어하기 등의 의미가 들어 있다. 따라서 Higher-Order는 대상 간의 비교의 의미와 주체에 의한 대상의 제어의 의미가 복합적으로 결합되어 있다. 즉 판단 주체와 대상 간의 관련적 판단의 의미가 들어 있다. 이러한 맥락에서 Higher-Order를 고급으로 해석하는 것은 부분적인 의미만을 포섭하는 결과를 초래한다. 고등 정신, 고차원 등으로 번역하는 것 역시 마찬가지다. 굳이 이러한 오류를 피하고 보다 정확하게 번역하자면, 관련적 사고 또는 눈높이 사고 등이 보다 적합할 것으로 판단된다.[2)]

## 논쟁점 학습

논쟁점은 정치 공동체 구성원 다수의 삶과 관련되는 것으로서 해결 방안에 대한 집단 간의 대립이 나타나고 있기 때문에 정책적으로 해결을 요하는 것을 의미한다. 즉, 집단성과 대립성, 그리고 정책성 등의 요소가 들어 있는 것을 논쟁점이라 한다.[3)]

2) 그럼에도 불구하고 필자 역시 당분간은 고급 사고라는 용어를 사용하기로 한다. 그 이유는 이미 너무 많은 사람들이 고급 사고라는 용어를 사용하고 있기 때문에 이와는 다른 용어를 사용함으로 인해 Higher-Order와는 다른 사고를 의미하는 것으로 오해하거나 불필요한 혼란을 가져올지도 모른다는 우려 때문이다. 용어의 정립에 대해서는 이해의 기반이 확대될 때까지 기다려야 할 일이다. 다만 이에 대한 관심과 이해가 확대되는 계기를 제공한다는 측면에서 본 고에서 의문을 제기한 것으로 이해를 구하기로 한다.

이러한 논쟁점은 교육적으로 특히, 정치 교육의 측면에서 중요한 의의를 지닌다. 현재 시점과 현재 공간에서 나타나고 있는 현상을 정치적인 삶과 관련해서 교실에 적극적으로 들여올 수 있는 학습 소재로서 학습자의 고급 사고력과 반성적 탐구, 협동 학습 구조를 바탕으로 한 논쟁적 담론, 비판적 사고력, 가치 판단 능력 등을 통합적으로 길러줄 수 있기 때문이다. 특히 최근에 주목을 받고 있는 구성주의 인식론에 근거하여 합리적 의사결정력을 길러주어야 한다는 교육적 사회적 요구에 부응할 수 있는 적합한 학습 모형이라는 관점에서 사회과교육에서 커다란 관심을 모으고 있다. 논쟁점 학습의 개요를 살펴보기로 하자.

## 논쟁점 학습의 절차와 기준

① 문제 제기: 논쟁점(찬반 또는 다양한 대안이 대립하는 주장)을 제시하고 논쟁에 들어 있는 배경, 아이디어, 쟁점의 초점, 삶과의 관련 등을 검토한다.

② 쟁점의 분석: 쟁점의 분석은 크게 세 부분으로 나누어 이루어진다. 사실 분석과 개념(용어) 분석, 그리고 가치 분석으로 구분되는데, 이러한 세 부분을 분석하는 이유는 대부분의 논쟁점이 사실에 대한 규명, 개념의 의미에 대한 애매모호함, 우선하는 가치의 차이 등에 기인하기 때문이다. 이러한 관점에서 쟁점의 분석은 논쟁점 학습 전체 과정에서 가장 중요한 학습으로 볼 수 있다. 학생들이 자신의 의사를 결정하기 이전에 관련된 문제를 비판적으로 분석하는 일이 선행되지 않는 한 의사결정을 합리적으로 할 수 없게 되기 때문이다. 따라서 쟁점의 분석 단계에서 교사는 학습자의 수준과 경험을 고려하는 가운데 쟁점의 내용을 분석할 수 있도록 적합한 질문을 제시하는 역할을 수행하게 된다.

■ 개념(용어) 분석

쟁점을 분석하는 일은 각각의 주장에서 사용하고 있는 정의, 용어, 개념 등을 명확하게 하는 것으로 시작된다. 예를 들어 국가보안법 개정과 관련된 논쟁의 경우 유지론에서도 자유민주주의를 주장하고 개정론에서도 자유민주주의를 주장한다. 동일하게 자유를 내세우고 있지만 분석적으로 접근해서 보면 자유라는 용어에 담겨 있는

3) 논쟁점의 대표적인 사례를 들면, 사회문제, 사회적 주제, 역사적 사건, 정책 현안 등을 들 수 있으며, 교육적으로는 특정한 개념과 관련된 학문적 논쟁 사례 등을 포함한다.

의미가 사용하는 사람들에 따라 서로 다르다는 점을 발견할 수 있다. 실제로 국가보안법에 의해 처벌받은 사람 중에는 자유 민주주의를 주장하다 처벌받은 사람들이 있으며 또한 그 사람들을 처벌한 사람들 역시 자유민주주의를 수호하기 위해서라는 주장을 한다. 이러한 상반된 견해는 개정론과 유지론에 그대로 작용하고 있다. 그래서 "대한민국은 자유민주주의 국가다"라는 진술이 의미를 지니기 위해서는 자유의 의미는 무엇인가에 대한 규명이 선행되어야 하며, 바로 이러한 점에서 개념 분석의 교육적 의의를 찾을 수 있는 것이기도 하다. 특히 정치 과목에서 다루고 있는 개념들은 많은 경우에 추상성과 이념성을 지니고 있기 때문에 사용하는 사람에 따라 다른 의미를 부여하고 있으며 이로 인해 애매성과 모호성이 나타나는 바, 개념 분석은 특별한 의미를 지니는 것으로 볼 수 있다.

■ 사실 분석

쟁점에 들어 있는 사실적 요소를 분석하는 일은 현실을 확인하고 근거를 밝히는 일에 해당한다. 즉, 쟁점이 되고 있는 각각의 주장에는 자신의 주장을 정당화하기 위한 경험적인 증거들이 동원되고 있는데 바로 이러한 부분을 분석하는 것이 사실분석이다. 예를 들어 내각제 개헌과 관련해서 쟁점이 제시될 경우, 찬성론이 내세우는 경험적 근거와 반대론이 취하고 있는 경험적 근거 중에서 "국민이 원한다"라는 근거가 제시될 수 있는데, 이 경우에 국민의 몇 %가 지지하며, 지역별, 성별, 세대별로는 어떻게 차별화 되고 있고, 과거에 비해 어떤 추세를 보이고 있는지 등을 정확하게 밝히고 있는지, 아니면 경험적 근거 중에 자신의 주장에 유리한 근거를 조작하고 있는지 등을 각각의 주장에서 명확하게 분석하는 것을 말한다. 즉, 일차적으로는 사실 자체 여부를 분석하는 동시에 이차적으로는 사실 전체를 담고 있는지 여부를 분석하는 단계에 해당한다.

■ 가치 분석

모든 쟁점에는 가치가 개입되어 있다. 즉, 특정한 가치의 실현 또는 우선시와 관련해서 입장이 대립하게 된다는 것이다. 예를 들어 징병제와 모병제가 대립하고 있을 경우 징병제의 입장은 '신체의 자유에 대한 제한의 평등' 가치를 우선시 하는 데 비해, 모병제의 입장은 '신체의 자유 보장' 가치를 우선시 한다. 일반적으로 선택과 행위의 기준으로 가치가 기본적으로 작용하는 것으로 알려져 있다. 각자가 지니고 있는 믿음 체계의 토대는 가치 체계에 근거한다는 것이다. 정당의 정책이 단순하게 기술적인 관점의 차이를 담고 있는 것은 아니다. 그보다는 이념의 차이와 연루되어 있는 것으로 보아야 한다. 이러한 관점에서 가치분석은 정치화 과정에서 나타나는 쟁점의 정체와 성격을 명확하게 이해하는데 많은 도움을 주는 것으로서, 각자의 의사결정을 합리적으로 내리는데 있어 필수적인 선행 조건이 되는 것으로 볼 수 있다.

③ 대안의 비교: 대안의 비교는 앞 단계의 분석을 토대로 다른 관련 사례와 비교하는 동시에 대립하는 쟁점의 각각의 입장을 정책으로 결정할 경우 어떤 결과가 나타날 것인지, 현실적인 상황이나 조건과 어떤 관련을 맺는지 등을 분석하는 것을 의미한다. 모든 정책은 현실 적합성을 충족할 것을 일차적으로 요구한다. 즉, 현실적으로 주어진 상황과 조건을 충족하지 못할 경우 정책으로서의 효과를 가져 올 수 없다는 문제의식이 들어 있는 것이다. 이러한 관점에서 다른 사회나 역사적 사례 등을 관련지어 비교하는 한편, 쟁점의 결과를 현실 상황과 관련지어 결과를 예측해 보는 것은 문제를 최소화하고 적실성을 극대화할 수 있는 의미 있는 학습 과정으로 볼 수 있다.

④ 선택 및 결정: 이제까지의 학습 활동을 토대로 자신의 입장을 정리하는 것을 의미한다. 이를 다른 방식으로 표현하면, 이제까지는 학습자 자신의 입장을 유보해하는 대신 일정한 거리두기를 유지하는 가운데 분석에 전념해왔음을 의미하는 것이기도 하다. 또한 논쟁점 학습에서 이 부분은 중요한 의미를 지니는 것으로 간주된다. 학습의 과정에서 학습자 개인의 선택을 개입시키지 않는 이유는 선행적인 선택이 후행적인 학습 과정에 선입견으로 작용하기 때문에 비판적인 분석이 어려워진다는 문제의식이 들어 있기 때문이다. 아울러 이 단계에서 기대되는 교사의 역할과 관련해서 교육적으로 입장이 대립할 수 있다. 즉, 모든 분석 활동의 결과를 토대로 학습자가 최종적으로 자신의 입장을 결정하는 국면에서 교사가 어떤 방식으로 어느 정도 개입해야 하는가에 대해서 입장이 갈라지고 있다는 것이다. 쟁점에 관한 교사 개인의 입장을 중시할 것인지, 쟁점과 관련된 사회적 관점을 중시할 것인지, 아니면 학습자 개인의 선택에 맡길 것인지 등에 따라 학습자의 최종적인 결정이 달라지게 된다. 이와 관련해서 궁극적으로는 교사의 자율성과 전문성에 맡길 수밖에 없는 것으로 볼 수 있는데, 교사의 역할에 대한 관점은 논쟁점 학습의 교육적 의의에 대한 해석 관점의 차이와 관련되어 있음을 고려하는 것이 도움이 될 수 있다. 논쟁점 학습의 의의를 학습자의 분석, 담론적 상호작용, 선택, 결정 능력의 발달에 중점을 두느냐 아니면 학습자

의 지적 개입을 토대로 사회적 요구와 기대를 내면화하는데 중점을 두느냐에 따라 교사의 입장에 관한 관점이 달라진다는 것이다.

⑤ **평가:** 개념 학습 모형에서의 평가와 마찬가지로 논쟁점 학습 모형에서의 평가 역시 학습의 결과를 평가하기보다는 학습 과정 자체가 평가 과정으로 통합되기를 기대한다. 즉, 논쟁점 학습 모형 자체가 학습자 중심의 학습 모형이라는 점에서 학습 수행 능력과 과정 자체가 평가의 대상이자 기준이며 과정이 된다. 중요한 평가 기준으로 다음과 같은 것을 고려할 필요가 있다.

- 사실을 정확하게 분석하는가?
- 사실과 가치를 구별하는가?
- 관련된 가치의 원천을 추출해 내는가? ; 가치의 원천을 헌법이념, 전통, 관례, 도덕, 종교, 등과 관련지어 범주화할 수 있는가?
- 개념과 용어를 명료하게 분석해 내는가?
- 토론과정에서 자신의 주장을 경험적 근거에 터해 논리적으로 정당화하는가?
- 대안 비교 과정에서 다른 사례와의 관련, 현실 조건과 상황 등을 제대로 판단하는가?

## 논쟁점 학습의 정치 철학적 이해

그동안 대부분의 사회 · 정치 이론들은 서구 계몽주의와 칸트, 밀 등으로 이어지는 가운데 이성과 과학에 근간한 합리성에 의존하여 사회 · 정치적 문제를 해결할 수 있을 것으로 간주해왔다. 이성적인 비판과 과학적인 방법에서 구해지는 보편적인 지식에 기대어 억압, 미신, 부조리 등의 문제를 해결할 수 있다는 믿음이 지속되어왔던 것이다. 자유주의는 이러한 사조를 현대적으로 계승하고 있는 입장을 일컫는다.[4] 그래서 자유주의는 '계몽주의 기획'이라는 다른 이름을 갖는다.

자유주의는 개인의 이익을 중심으로 하는 권리 중심의 정치 질서를 지향한다. 이는 자유주의가, '인간은 합리적인 판단과 자율적인 선택 능력을 지닌 존재'임을 가정하는

4) 이러한 자유주의를 대표하는 사람으로 롤즈(J. Rawls)를 비롯한 하버마스(J. Harbermas), 킴리카(W. Kymlicka), 로티(R. Rotry) 등을 꼽을 수 있다.

이유와 관련되기도 한다. 공동체주의의 덕이 공동선(또는 공익)을 대변한다면, 자유주의의 자율성은 개인의 이익을 대변한다. 개인의 권리는 공동체에 대한 개인의 기여와 무관하게 독립적인 정당성을 가지며, 공익과 도덕적이고 합법적인 개인의 이익이 갈등할 경우 개인의 이익이 우선한다는 생각이다.

자유주의 세계에서 개인은 외부의 개입이 없이 스스로 보편성과 객관성을 충족하는 원리를 발견해 낼 수 있는 자율적이고 독립적인 주체로 간주된다. 현대 사회에서 많은 사람들이 상식적으로 공유하고 있는 이성, 합리성, 자유, 평등, 권리, 선택, 정의, 자율성, 주체 등의 개념은 모두 자유주의에서 연루된 개념들이다.

본 장에서 논의한 논쟁점 학습 역시 이러한 자유주의를 계승하는 것으로 볼 수 있다. 논쟁점 학습은 학습자의 분석, 비교, 결과 예측 등과 같은 일련의 인지적 과정이 자율성에 기초하여 진행되는 가운데 학습자 스스로 합리성을 추구할 수 있는 것으로 전제하기 때문이다. 가치를 수용하는 것이 아니라 논쟁점에 들어 있는 가치를 분석하고 자신의 가치와 비교하는 한편 자신의 가치 원천에 대한 탐색을 통해 스스로 가치를 선택하게 하는 것을 예로 들 수 있다.

이러한 자유주의는 지식의 본질 및 한계와 관련해서 근본적인 비판과 문제를 수반한다. 즉, 자유주의가 표방하는 보편적 원리(지식)의 타당성과 정당성의 근거가 무엇이냐는 것이다. 타당성은 대상의 실체를 의문시하며, 정당성은 처방의 가능성과 적합성을 묻는다. 보편주의를 지향하는 원리가 현실과의 적합성을 상실한 채, 추상적인 마음과 마음의 관계에서 비롯된 관념적 개념의 산물이 아닌지 의심하는 것이다.

이에 비해 공동체주의는 역사와 문화의 맥락 속에서 구성되는 공동체의 실천적 관행을 중시한다. 실천적 관행은 역사와 문화의 맥락을 담고 있는 담론(언어)적 상호작용에 연고를 두고 있으며, 이러한 실천적 관행에서 판단 기준이 따라 나오는 것으로 간주한다.

따라서 공동체주의자들이 보기에 단일하고 보편적인 원리로 공동체의 질서를 규정하고 무연고적이고 관념적인 자아에 호소하는 자유주의는 탈맥락적이고 비현실적이며 그런 만큼 제국주의적 이데올로기로 작용할 가능성이 높아진다. 예를 들어, 가족을 생각해 보자. 가족 간의 관계는 대체로 자발적인 애정에 의해 제어되고, 상대적으로 정의의 요인이 작용하는 경우가 적게 되어 개인적인 권리나 공정한 의사결정과정은 거의 작용하지 않을 것이다. 왜냐하면, 가족 구성원들이 각자의 정당한 몫을 주장하기 보다는 관용으로 그러한 요구를 스스로 봉쇄하기 때문이다. 그러나 가족에게 불화가 생길 경우 가족 관계는 이익에 대한 요구로 대립하게 되고, 이를 해결하기 위해 정의의 목소리가 나타나게 된다. 평상시에 작용했던 애정과 관용은 공정함에 대한 요구와 권리의 주장으로 대치될 것이다. 부모와 아이들은 동등한 것으로 간주되며, 정의의 원칙을 충실하게 준수할 것을 요구하게 된다. 그러나 이와 같은 정의의 목소리가 가족의 불화를 원상태로 복원했다고 말할 수 있는지는 의심스럽지 않을 수 없다?

이렇듯 공동체주의는 이성의 산물로서의 보편적인 원리를 문제 삼는 대신 전통으로 전해지는 문화 속에 들어 있는 실천적 관행을 중시한다. 구성원들의 상호작용은 정의의 원칙에 따라 이루어지는 것이 아니라 애정과 관용, 신뢰 등과 같은 문화적 가치를 따라 이루어진다는 것이다. 이러한 관점에서 볼 때 몸은 자유주의의 이성을 대신하는 중요한 의미를 지니게 된다. 몸과 정신을 구별하여 정신작용에 우위를 두는 자유주의에 비해 공동체주의는 감정, 몸짓, 스킨십, 표정 등과 같이 몸의 얽힘을 통해 형성되는 앎의 육화를 중시한다. 소위 말하는 문화적 정체성, 상징적 권력으로서의 문화, 타자의 시선에 의해 형성되는 자기의식 감정 등과 같은 개념이 새롭게 주목을 받는 것도 같은 맥락에서 이해될 수 있다.

육체는 세계를 획득하는 일반적인 수단이다. 육체는 삶의 유지에 필요한 행위와 연결되거나, 사회적 의미를 부여받은 특수한 행위에 연결됨으로써, 지각의 의미 구조에 접목되는 것이다. 춤을 배울 때 육체가 갖게 되는 습관이 바로 그것이다. 그러므로 앎은 자연적 육체를 통해서가 아니라 문화적 세계 속에서 형성된다. 습관은 바로 의미 형성의 기본적인 힘이다. 따라서 새로운 의미가 생겨나고 그것을 습득하는 과정은 바로 육체가 그것을 이해하고, 습관이 그것을 받아들였다고 말할 수 있는 것이다. 앎은 타자와의 관계 속에서 육체적 도식을 통해 구성되며, 바로 이러한 성격 때문에 구성원의 실천적 정체성으로 자리하게 된다.

## 결 론

데카르트(Descartes)는 회의와 의심 속에서 자신이 존재함을 일렀다. 이러한 데카르트의 주장은 인간의 이성 즉, 인간의 합리성을 중시하는 의미로 이해되기도 하지만, 다른 한편으로 합리화하는 동물로서의 인간을 의미하는 것으로 이해된다. 후자의 관점에서 볼 때, 합리성은 인간 중심주의 또는 자기중심주의의 사고방식이 가져온 결과에 지나지 않는 것으로 이해된다. 태어날 때부터 생래적으로 합리성을 지니고 있는 것이 아니라, 자신의 판단과 행위를 이성의 이름으로 합리화 하는 존재를 의미한다.

이와 관련해서 최근의 연구 결과에 의하면, 인간은 생래적으로 감정에 의존해 행동하는 경향이 높으며, 이성은 이를 합리화하는 도구로 사용하는 것으로 밝혀지고 있다. 즉, 인간은 이성적 동물이 아니라, 감정적 동물이며, 이러한 감정을 합리화하기 위해 이성을 동원한다는 것이다.

감정은 고도의 전염성을 지니고 있는 것으로서 하이 로드(high road) 아래서 순간에 자동적으로 작동하는 뇌의 로 로드(low road)에 해당한다. 로 로드는 의식이 개입하기 이전에 경험 그 자체를 통해 감지되는 동시성의 영역임에 비해, 하이 로드는 로 로드의 경험이 이루어진 이후에 의식에 의해 작동되는 판단과 사고의 영역이다. 따라서 감정의 전염은 하이 로드에 의해 매개되기 이전에 로 로드와 로 로드와의 만남을 통해 동시적으로 일어난다. 감정은 표정과 몸짓을 만들며, 타인과 몸짓의 만남과 교환을 통해 타인의 감정을 유발한다. 즉, 감정의 전이 현상이 나타난다. 생각은 이러한 전이가 일어난 이후에 비로소 하이 로드에서 발생한다. 이러한 맥락에서 공감은 의식 이전의 감정의 만남에서 이루어지는 것으로서 의식에 선행하고 의식을 지배하는 것으로 볼 수 있다. 즉, 공감을 이끌어 내는 방법은 의식적인 설득에 앞서 감정의 공유에 달려 있다는 것이다.

최근의 인지 심리학 연구 결과에 의하면, 인간은 자발적 반응을 유발하는 거울 신경 세포(mirror neuron)에 의해 거울과 같이 다른 사람을 흉내 내거나 그렇게 하고 싶은 충동을 느끼게 되는 것으로 밝혀졌다. 감정의 전이 메카니즘이 밝혀진 셈이다. 거울 신경 세포에 의해 유발되는 흉내는 동물적인 흉내와 차원을 달리 한다. 인간의 흉내(모방)는 단순한 기계적인 모방이 아니라 상대의 의도를 읽고 사회적 함의를 해석하고, 감정을 파악하는 것을 포함한다. 다른 사람의 생각을 개념적 추론의 방식으로 읽어내는 것이 아니라, 몸짓의 모방을 통해 즉, 사고가 아닌 감정으로 파악하는 것을 의미한다.

이러한 거울 신경 세포는 새롭게 주목을 받고 있는 이타적 유전자에 관한 아이디어와 같은 맥락에서 이해할 수 있다. 생래적으로 인간은 타인에게 주의를 집중하는 유전자를 지니고 태어난다. 단지 사회적 조건이 이러한 이타성을 제어한다. 예를 들면, 급격한 도시화가 이러한 이타성을 몸속에 가두는 것을 들 수 있다. 인간은 도시화된 사회로 부터 자신을 존재하게 하는 해자를 만들어 자기 정체성을 보호한다. 즉, 사회적 경계선이 우리의 시선을 차단한다. 그래서 길을 가다 노숙자를 만났을 때, 주의 깊게 바라보는 행인이 별로 없음을 확인할 수 있다.

그러나 감정의 교환을 통해 이러한 해자와 경계를 극복할 수 있다. 다른 사람의 감정을 알고(주목하고), 느끼며(공유하며), 반응(행동)함으로써 공감의 세계를 만들고 구성원을 설득할 수 있게 된다. 의사결정은 인지적 판단에만 의존하는 논쟁 문제 학습을 통해 길러지는 것이기 보다는 바로 이러한 자발적인 공감을 통해 구성원들과의 관계 즉, 사회적 관계를 성공적으로 리드해가는 능력에 의존한다. 의사결정은 지위나 권위에 의해 유발되는 것이 아니다. 몸짓과 몸짓의 만남을 통해 감정과 감정의 직물짜기가 이루어지는 과정에서 자발적이며 동시적으로 형성되는 공감의 결과로 나타나는 것이다. 김춘수의 시 '꽃'을 상기시킨다.

Chapter V

# 사회과 교실 수업의 언어적 상호작용

# V 장

# 사회과 교실 수업의 언어적 상호작용

학습 활동에서 일어나는 언어적 상호 작용은 학습자의 사고와 토론의 외현이다. 이러한 관점에서 언어적 상호작용의 기술적 해석은 교실 수업 이해의 한 측면으로 볼 수 있다. 이에 본 장에서는 자연주의 패러다임에 기초한 질적 연구를 통해 드러난 사회과 교실 수업의 언어적 상호작용 양상을 해석하기로 한다.

연구 대상은 광주광역시에 소재 한 초등학교 4학년 학생 중에서 협동 학습 구조를 활용한 학습 활동이 이루어지는 학급에서 1개조를 무선 표집하는 방식으로 선정하였으며, 1개조는 4명으로 구성하였다. 상호작용을 분석하기 위한 틀은 의사결정 전략, 의사소통 부분단계 기능, 그리고 사회적 참여 구조 등을 종합하여, 크게 의사결정과 관련된 측면과 사회적 참여 구조와 관련된 측면으로 나누어 구성하였다.

연구 결과는 다음과 같이 크게 세 가지 측면에서 해석을 가능하게 한다. 첫째, 의사결정의 측면에서 볼 때, 전체 대화 중에서 의사결정과 관련된 상호작용이 79.4%로 나타나 적어도 형식적으로나마 학습자 사이의 상호작용이 의사결정과 관련해서 이루어지는 경우가 높은 것으로 나타났다. 둘째, 상호작용이 이루어지는 사회적 참여 구조와 관련해서 SPS1 유형이 12(35.2%)회, SPS2 유형이 2회(5.9%), 그리고 SPS4 유형이 20회(58.9%)로 나타나, 형식적인 면에서 볼 때, 4명의 학생이 동등한 참여를 보이는 SPS4 유형이 지배적으로 이루어지고, SPS1 유형이 부차적으로 이루어진 것으로 나타났다. 셋째, 상호작용을 주도하는 특정한 한 학생의 역할이 배경 정보와 관련을 맺고 있음을 시사 받을 수 있다. 상호작용을 주도한 학생은 4명의 학생 가운데 학업 성취도가 가장 뛰어나고, 체격 조건이 가장 앞서며, 계획적인 생활태도를 보이고, 부모의 사회 경제적 배경(SES)이 상대적으로 높은 것으로 나타났다. 이는 전통적으로 교사와 학생 간의 상호작용이 SPS1 유형에 치우쳐왔으며, 이러한 상호작용에 익숙함으로 인해 학생들 간의 상호작용의 장에서도 교사의 역할을 대신하는 학생이 나타나 SPS1 유형의 상호작용이 재현되는 것으로 이해될 수 있다.

## 상호작용의 유형

교실 수업은 교사와 학생, 학생과 학생 사이에 언어를 매개로 하는 상호작용의 양상으로 진행된다. 상호작용의 양상에 있어 교사 주도에 의한 학생의 종속적 상호작용에서부터 학생 주도에 의한 교사와 학생 간의 평등한 대화적 상호작용, 그리고 학생 주도에 의한 학생들 간의 대화적 상호작용에 이르기까지 다양한 차이를 보이기는 하지만 기본적으로 상호작용의 틀 속에서 이루어진다는 공통점을 지닌다.

소집단 학습 활동은 협동 학습과 밀접한 관련을 맺는다. 모든 소집단 활동이 협동 학습과 동일한 의미를 지니는 것은 아니다. 경우에 따라서서는 소집단 학습 활동이 집단 내의 경쟁 또는 개별화 활동으로 진행될 수도 있다. 그러나 협동 학습을 전제로 한 소집단 활동을 연구 대상으로 설정할 경우 소집단 학습 활동은 협동 학습과 동형 관계에 있는 것으로 볼 수 있다.

협동 학습은 간주관적 관계(intersubjective relation) 내지는 사회적 상호의존성(social interdependence) 이론에 기초한 학습 구조를 의미한다. 사회심리학에서 말하는 목표 구조(goal structure) 개념을 원용하여 교실 수업의 목표 구조를 협동구조와 경쟁구조, 그리고 개별구조로 구분하는 Toy(1994: 18-24)에 의하면, 협동구조는 '공동의 목표와 긍정적 상호의존'으로 특징 지워지는 바, 이는 곧 구성원간의 간주관적인 상호의존 관계를 전제하는 것으로 볼 수 있다.

협동 구조에서 나타나는 간주관적인 상호작용은 주로 언어를 매개로 이루어진다. 표정, 몸짓, 무의미한 소리, 신체적 접촉 등에 의한 상호작용이 불가능한 것은 아니지만 이 경우에 일어나는 상호작용은 대체로 담론성과 연속성이 결여된 일회성의 단편적인 의사 표시에 지나지 않게 된다. 주어진 문제를 해결하는 과정에서 요구되는 의미의 상승적이고 연속적인 교환 행위는 간주관적인 의미를 적재하고 있는 기호 즉, 언어를 매개로 할 수밖에 없다. 따라서 협동 구조에서 일어나는 간주관적인 상호작용은 언어를 매개로 하는 집단 토론 활동으로 현상되는 것으로 볼 수 있다. 이러한 관점에서 언어적 상호작용의 여러 유형들을 선행적으로 살펴보기로 하자.

## Stahl의 분류

Stahl(1994: 214-220)은 사회과에서 목표로 삼고 있는 의사결정능력과 관련해서 의사결정이 이루어지는 과정에서 나타나는 몇 가지 전략들을 제안한다. 크게 4가지 전략으로 대별되는 데, 선택을 위해 대안을 서열화 하는 전략(ranking-order decision strategy), 선택하지 않는 것을 포기하는 강제적 선택 전략(forced-choice decision strategy), 집단 의사결정 과정에서 이루어지는 협상 전략(negotiation strategy), 그리고 최선의 대안을 만들어 가는 창안결정 전략(invention decision strategy)으로 나누어진다.

Stahl은 학생들이 의사결정을 위한 협동 학습의 과정에서 이러한 전략들을 사용하는 정도에 따라 의사결정 능력의 발달이 좌우되는 것으로 주장한다. 즉, 의사결정과 관련된 전략의 사용과 의사결정 능력의 발달 간에 밀접한 상관관계가 있다는 것이다. 이러한 Stahl의 견해는 학생들의 상호작용이 이와 같은 전략의 사용이라는 측면에서 분석이 가능함을 의미하는 것으로서, 학생들의 언어적 상호작용의 양상을 의사결정을 위한 전략의 측면으로 환원해서 분석이 가능함을 함의한다. 실제로 Stahl은 의사소통이 의사결정에 미치는 영향을 구체적으로 밝혀내기 위해 다음과 같이 학생들의 언어적 상호작용을 분석하기 위한 준거를 사용하고 있다.

### ■ 서열화 결정 전략(The rank-order decision strategy)

서열화 결정 전략은 주어진 대안들을 하나씩 비교하는 일련의 과정을 통해 가장 선호도가 높은 대안을 선택하는 전략을 말한다. 즉, 첫 번째와 두 번째 대안의 비교를 통해 하나의 대안을 선택한 다음, 선택된 대안과 세 번째 대안의 비교를 통해 나은 대안을 선택해 가는 것으로서 마지막 대안에 이르기까지 이러한 비교를 통해 최종적인 대안을 선택하는 전략을 말한다. Stahl에 의하면, 서열화의 의의와 필요성을 느끼지 못하는 경우에 있어 대부분의 학생들은 대안의 비교 선택에 있어 첫 번째와 두 번째, 그리고 마지막 순위에 대해서는 관심을 기울이는데 비해 그 중간 순위에 있는 대안들에 대해서는 상대적으로 주의를 기울이지 않는 것으로 나타났다. 왜냐하면 중간에 위치하는 대안들은 의사결정에 있어 고려해야할 중요한 대안으로 인식되지 않기 때문이다.[1] 서열화 결정과 관련해서 선택 가능한 대안들이 동질성을 지닐수록 바람직한 것으로 보고되고 있는데, 이는 대안들이 동질성이 높아질수록 주어진 상황과 맥락 속에서 우열의 비교 가능성이 높아지기 때문인 것으로 볼 수 있다.

### ■ 강제 선택 결정 전략(The forced-choice decision strategy)

상호 배타적인 대안들 가운데 가장 선호하는 대안을 선택하고 나머지는 포기하는 것을 의미한다. 서열화 결정 전략에 있어서는 서열화 된 순서에 따라 실현 가능성, 유용성 등의 변인을 고려하여 대안 선택의 변경 가능성이 열려 있는 것에 비해, 강제 선택 결정 전략에 있어서는 대안을 선택하는 순간 다른 모든 대안들을 포기하는 것을 전제하기 때문에 대안의 선택 과정에서 신중함을 기하게 된다.

### ■ 협상 결정 전략(The negotiation decision strategy)

집단 의사결정은 개인적 의사결정의 결과를 토대로 협상을 통해 의사결정을 내리게 된다. 협상 과정에서 각각의 개인은 자신이 가장 선호하는 대안, 협상 과정에서 포기할 수 있거나 또는 획득하지 못해도 되는 대안, 그리고 추후에 선택 가능성의 여지를 지닌 대안 등에 대한 생각을 갖고 협상에 임한다. 즉, 찬성 아니면 반대(all or noting)의 틀 속에서 집단 의사결정이 이루어지는 것이 아니라, 어떤 대안을 어느 정도까지 양보하고 고수할 것인지에 기초한 협상을 통해 의사결정이 이루어지게 된다.

### ■ 창안 결정 전략(The invention decision strategy)

의사결정을 위한 주어진 대안뿐만 아니라 학습자 스스로 대안을 창안해 내는 것을 포함한 의사결정을 의미한다. 학생들은 주어진 대안들을 포기하는 것에서부터 다른 방식으로의 결합, 부가, 창안 등을 통해 의사를 결정할 수 있다. 일반적으로 열린 결정 상황(open-ended decision situation)에서 자주 나타나는 것으로 볼 수 있다.

---

1) 선택 가능한 대안의 수와 관련해서 Stahl은 초등학교의 경우 3개에서 5개 정도가 적합한 것으로 제안하고 있다.

## 박용익의 분류

박용익(2001: 129-174)은 대화 분석의 준거로 의사소통 목적, 단순대화와 복합대화, 기능단계 · 부분용도, 대화 이동 연속체 원형, 대화 이동, 그리고 화행 등 6개의 분류를 제시하고 있다.[2] 이 중에서 교실 수업의 언어적 상호작용과 의미 있는 관련을 맺는 분류 유형으로 의사소통 목적 및 기능 단계와 부분용도 유형을 들 수 있다. 의사소통은 의사를 도구로 하여 상대의 행동이나 믿음 또는 지식의 변화와 관련되어 나타난다. 이러한 점에 근거하여 의사소통의 목적이 무엇인지를 분석할 수 있게 된다. 의사소통의 목적은 크게 5 가지로 나누어지는 데 기획대화, 수업대화, 매매대화, 심리치료 대화, 텔레비전 정치 토론회 등으로 구성된다.

이 중에서 교실 수업에서 이루어지는 언어적 상호작용과 밀접한 관련을 맺는 유형은 기획 대화와 수업 대화로 볼 수 있는데, 기획 대화는 주로 학생들 간의 상호작용, 그리고 수업 대화는 교사와 학생 간의 상호작용에서 나타나는 대화 유형으로 볼 수 있다. 기획 대화는 대화 참가자 모두가 공유하고 있는 문제를 해결하는 데 필요한 상호 이해를 목적으로 하는 대화를 의미하고, 수업 대화는 지식이나 기능, 이해 등의 부족을 해소하기 위해 이루어지는 대화를 의미한다.

복합대화는 여러 단계의 대화 이동 연속체로 구성되며 전체 대화의 목적을 추구해 가는 과정에서 나타나는 여러 단계와 부분이 수행하는 기능을 포함한다. 즉, 복합 대화의 하위 단계에서 이루어지는 각각의 기능이 바르게 수행될 경우 대화의 목적을 보다 잘 달성할 수 있게 된다. 이러한 측면에 주목해서 교실 수업에서 이루어지는 학생들 간의 언어적 상호작용과 밀접한 관련을 맺는 기획 대화에서 전형적으로 나타나는 부분 단계 및 부분 단계의 기능을 살펴보기로 한다.

---

2) 이러한 분석 방법을 이론적 연역법적 분석 방법으로 규정한다. 즉, 대화의 규칙 체계에 따라 대화의 원형 또는 기저 규칙을 구성한 연후에 실제 이루어진 대화의 텍스트를 분석하는 방법을 말한다. 따라서 위에서 말하는 6개의 분석 틀은 대화를 연역적으로 분석하기 위한 대화의 원형 또는 기저 규칙에 해당하는 것으로 볼 수 있다. 분류 유형으로서 복합 대화 및 단순 대화의 경우, 단순 대화는 하나의 완결된 대화 이동 연속체로 의사소통 목적이 달성되는 경우를 말하고, 복합 대화는 여러 개의 대화 이동 연속체를 통해 의사소통의 목적이 달성되는 경우를 말한다. 대화 이동 연속체는 의사소통의 최소 단위로서 대화 참가자들의 특정한 의사소통 목적 달성과 관계있는 대화 이동으로만 이루어진 구성체를 말한다. 대화 이동 연속체는 다시 대화 이동의 측면과 화행의 측면으로 구분되는 데, 대화 이동은 의사소통 목적을 실현하는 최소 '기능 단위'를 의미하고, 화행은 대화 이동의 부분 단위로서 대화 이동의 보조적이고 종속적인 기능을 수행한다.(박용익, 2001: 160-167)

기획 대화는 문제 규정 단계와 문제 해결 단계 그리고 실행 합의 단계로 구성된다. 문제 규정 단계는 문제의 유형과 성격 등을 확인하고 대화 참가가 사이에 상호 이해를 도모하는 단계를 말한다. 문제 해결 단계는 문제 해결 방안을 모색하는 단계로서 대안에 대한 비교, 서열화, 결과 예측, 협상, 선택 등이 이루어지는 단계를 말한다. 실행 합의 단계는 합의된 문제 해결 방안을 구체적으로 실행하기 위해 후속적으로 요구되는 방안을 논의하고 준비하는 단계를 의미한다.

박용익의 분류 유형 중에서 의사소통 목적과 관련된 기획 대화와 기능단계 · 부분 용도와 관련된 문제 규정, 문제 해결, 그리고 실행 합의 등은 본 장에서 기술하고자 하는 소집단 학습 활동에서 나타나는 학생들 간의 언어적 상호작용을 분석하는 데 의미 있는 분류 준거로 작용할 것으로 기대할 수 있다.

## 조영달의 분류

조영달(2001: 34-37)은 교실 수업의 분석을 위한 기본 개념으로 '수업 조직', '대화의 이동 양식', '사회적 참여 구조', '학습 주제의 전환' 등 4 가지를 제시하고 있다. 상호작용의 양상을 바르게 이해하기 위해서는 수업 조직의 맥락 즉, 수업 조직의 어느 부분에서 이루어지는 지를 고려해야 한다는 점, 상호작용을 인식해 낼 수 있는 하나의 단위로서 대화의 이동 양식 및 이러한 대화의 이동을 중심으로 형성되는 사회적 참여 구조, 그리고 수업에 영향을 미치는 요인으로서 교사의 지식 및 전공 배경[3] 등이 그것이다. 즉, 교실 수업에서 나타나는 상호작용을 바르게 이해하기 위해서는 이러한 기본 개념들을 복합적으로 그리고 종합적으로 고려해야 그 맥락을 해석해 낼 수 있다는 것이다. 이러한 기본 개념과 관련해서 본 장에서 드러내고자 하는 학생들 간의 상호작용과 밀접한 관련을 맺는 대화의 이동 양식 및 사회적 참여 구조에 대해 다음과 같은 전형을 제시한다.

우선 대화의 이동 양식을 분석하기에 앞서, 조영달은 교사와 학생 사이의 상호작용이 유도(elicitation)와 반응(response)의 연속적인 과정으로 이루어진다는 점과 정형화된 언어 사용에 근거한 상호작용이 중심이 되고 있다는 점을 전제한다. 이러한 전제 하에 교실 수업에서 이루어지는 대화의 이동 양식을 두 가지로 제시한다. 하나는 교사

3) 조영달은 이를 학습 주제의 전환으로 명명한다.

에 의한 특정 학생의 지명(유도) 및 그에 따른 반응이고, 다른 하나는 불특정 다수 학생에 대한 유도 및 반응이다. 이러한 유형에 입각하여 교실 수업을 분석한 결과 전자의 경우가 14%, 그리고 후자의 경우가 86%로 나타나 교사 1 인을 중심으로 불특정 다수 학생을 대상으로 하는 대화의 이동 양식이 지배적인 것으로 보고하고 있다.

다음으로 사회적 참여 구조와 관련해서, Florio & Schultz를 인용하고 있는 조영달은 Florio & Schultz의 유형 분류 기준을 참고하여[4], 크게 5 가지 참여 구조 유형을 제시하고 있다. 우선 교사가 주된 화자가 되고 교사와 불특정 다수 학생이 동등한 참여 역할을 수행하는 가운데 하나의 대화의 장이 존재하는 경우가 있다(이를 SPS1 유형이라 명명한다). 둘째, 교사가 주된 화자로서 특정 학생 또는 집단을 대상으로 상호작용을 유도하고 나머지 학생들은 상호작용에 참여하지 않거나 종속적 내지는 부차적으로 반응하는 경우가 있다(이를 SPS2 유형으로 명명한다). 셋째, 교사가 특정 학생을 대상으로 주된 화자가 되고, 나머지 학생들은 간접적인 참여자가 되며, 특정 학생의 반응은 교과서와 같은 매개물을 통해 작용하는 경우이다(이를 SPS3 유형으로 명명한다). 넷째, 교사의 유도 이후, 일정 유형의 참여 의무와 형태가 잠시 무너지고 여러 개의 대화의 장이 존재하는 경우가 있다(이를 SPS4 유형으로 명명한다). 끝으로 학생이 먼저 주된 화자가 되고 교사가 반응하는 상호작용이 이루어지는 경우가 있다(이를 SPS5 유형으로 명명한다).

조영달의 연구 결과는 SPS1 유형과 SPS3 유형이 매우 자주 나타나는 한편, SPS2 유형 및 SPS5 유형은 중학교에서는 자주 발견되었으나 고등학교에서는 드물게 나타나는 것으로 보고하고 있다. SPS4 유형은 학습 내용이 학생들의 삶과 일치하는 경우에 발생하며 흥미 유발의 측면에서 일종의 교육적 전기(educational breakthrough)가 되는 것으로 해석하고 있다.

---

4) Florio & Schultz(1982, 조영달, 2001: 249에서 재인용)는 사회적 참여 구조를 분류하기 위한 기준으로 몇 가지를 제시한다. 첫째, 주 대화자로 참여하는 사람들의 수 둘째, 상호 작용에 참여하는 사람들의 참여 역할 수준 셋째, 한 번의 상호 작용에서 나타나는 대화의 장(conversational floor)의 수 넷째, 주된 화자 역할을 수행하는 사람, 그리고 끝으로 대화의 장에 교사의 포함 여부 등이다.

# 연구 방법 및 분석 준거

## 연구 방법

본 연구에서는 기술적 연구 패러다임에 기초한 질적 사례 연구 방법을 적용하였다. 교실 수업에서 일어나는 언어적 상호작용 양상의 분석과 같은 연구 문제를 대상으로 양적이고 법칙적인 연구 결과를 도출하기에는 교실 수업 현장에서 작용하는 요인들이 매우 복잡하고 복합적이어서 연구 문제를 설명함에 있어 타당성이 결여되는 문제가 나타난다. 이에 본 연구에서는 학생들의 학습 활동을 있는 그대로 기술하기 위해 다음과 같이 관찰 및 녹음을 통한 기록 원고(transcript)를 중심으로 연구 자료를 생성하였다.[5] 자료를 생성한 과정은 관찰 및 녹음에 대한 사전 승인을 받아 공개적으로 이루어졌으며, '자연적 상황(naturalistic situation)'을 유지하기 위해 두 차례에 걸쳐 사전 관찰 및 녹음을 실시하였으며, 이를 통해 익숙함과 자연스러움을 확인한 연후에 자료 생성을 실시하였다. 연구 방법의 타당성을 높이기 위해 관찰 및 녹음, 기록 원고 등의 반복을 통한 자료원 생성 및 방법론적 삼각 측정을 적용하였다.

### ■ 연구 대상

연구 대상은 광주광역시에 소재 한 초등학교 4학년 학생 중에서 협동 학습 구조를 활용한 학습 활동이 이루어지는 학급에서 1개조를 무선 표집하는 방식으로 선정하였다. 1개조는 4명으로 구성되어 있으며, 각 구성원의 배경 정보는 다음과 같다.[6]

---

5) 상호작용을 분석하는 방법으로 일반적으로 사용되고 있는 방법을 민족방법론적 회화분석론으로 지칭한다. 일상적인 언어적 비언어적 상호작용을 분석함으로써 사회적 질서와 실재가 어떻게 재구성되는지를 드러내기 위함이다. 이와 관련해서 언어학적 회화분석론은 별도로 구분되는 성격을 지니는데, 이는 사회적 질서와 실재에 관심이 있는 것이 아니라 언어적 의사소통의 구조와 의미를 드러내는 데 관심을 두는 차별성을 지닌다. 이렇듯 관심과 목적이 다르기는 하나 양자 모두 상호작용을 연구 대상으로 삼으며 또한 경험적이고 귀납적인 방법을 통해 기술적(descriptive)으로 접근한다는 점에서 공통점을 지닌다. 본 연구에서 적용하고 있는 연구 방법이 언어학적 회화분석론의 줄기에 서 있기는 하지만 마찬가지로 이러한 공통점을 공유하고 있음을 밝힌다.

6) 소집단의 구성 원칙은 협동 학습 구조의 일반적 원칙을 따라 구성하였고, 학생들의 이름은 가명으로 표시하였다.

• 기본 정보

| 성 명 | 나이(세) | 성별 | 키(cm) | 몸무게(kg) |
|---|---|---|---|---|
| 정하연 | 11 | 여 | 147.5 | 34 |
| 김효빈 | 11 | 여 | 127.1 | 23 |
| 안석진 | 11 | 남 | 139.4 | 34 |
| 김형택 | 10 | 남 | 134.1 | 31 |

• 생활 태도

| 성 명 | 생활 태도 및 발달 상황 |
|---|---|
| 정하연 | 차분하고 계획적이며, 사고방식이 독특함 |
| 김효빈 | 성실하고 적극적이며, 심성이 고운 편임 |
| 안석진 | 내성적이며 다소 소극적이나 성실한 편임 |
| 김형택 | 적극적이고 활발하나 다소 산만한 편임 |

• 가정 환경

| 성 명 | 생활정도 | 부 | | | 모 | | |
|---|---|---|---|---|---|---|---|
| | | 직업 | 학력 | 관심도 | 직업 | 학력 | 관심도 |
| 정하연 | 상 | 검찰청공무원 | 대졸 | 중 | 자영업 | 대졸 | 상 |
| 김효빈 | 중 | 회사원 | 대졸 | 중 | 한전 | 대졸 | 중 |
| 안석진 | 상 | 건설회사대표 | 대졸 | 상 | · | 대졸 | 상 |
| 김형택 | 중 | 건축설비업 | 대졸 | 중 | · | 대졸 | 중 |

• 학력

| 성 명 | 기초학력 | | | | | | | | | 종합의견 |
|---|---|---|---|---|---|---|---|---|---|---|
| | 국 | 도 | 사 | 수 | 과 | 체 | 음 | 미 | 영 | |
| 정하연 | 90 | 100 | 95 | 100 | 100 | 100 | 100 | 100 | 100 | 전교과 매우우수함. |
| 김효빈 | 90 | 80 | 80 | 100 | 100 | 70 | 90 | 80 | 90 | 수리능력이 우수함. |
| 안석진 | 65 | 90 | 70 | 95 | 75 | 80 | 80 | 90 | 100 | 수리능력이 우수함. |
| 김형택 | 70 | 80 | 65 | 85 | 75 | 100 | 90 | 70 | 90 | 기초학습력이 약함. |

### ■ 연구 과정(자료의 생성)

자료의 생성을 위한 연구 과정은 크게 관찰 및 녹음을 동시에 실시하는 방식으로 진행되었다. 공식적인 자료 생성 이전에 예비적인 관찰 및 녹음을 2차례 실시하였으며, 이는 학생들이 관찰과 녹음 상황에 익숙해지도록 하기 위함이었다. 2차례의 예비 과정 및 3차례의 공식적인 자료 생성 과정은 다음과 같이 진행되었다.

예비 생성 과정

| 일 시 | 학습 주제 및 활동 | 생성 방법 |
|---|---|---|
| 2004. 10. 22(금) | 가족 형태의 변화 모습 알아보기 | 관찰 및 녹음 |
| 2004. 11. 04(목) | 유물 · 유적 조사 계획 세우기 | 관찰 및 녹음 |

공식 자료 생성 과정

| 일 시 | 학습 주제 및 활동 | 생성 방법 |
|---|---|---|
| 2004. 11. 19(금) | 옛 도읍지 문화재 조사 계획 세우기 | 관찰 및 녹음 |
| 2004. 11. 26(금) | 옛날의 여가 생활 알아보기 | 관찰 및 녹음 |
| 2004. 12. 03(금) | 바람직한 여가 생활 알아보기 | 관찰 및 녹음 |

## 분석 준거

앞에서 논의하였듯이 학습자간의 상호작용 양상을 분석하는 방식은 여러 가지가 있을 수 있다. 교사와 학생 간의 상호작용에서부터 학생과 학생 간의 상호작용에 이르기까지 분석의 대상과 범위, 수준에 따라 다르게 나타날 수 있다. 이와 관련해서 본 연구에서는 고급 사고력의 범주에 속하는 의사결정력을 중심으로 학생들 사이에서 나타나는 언어적 상호작용 양상에 초점을 둔 분석 틀을 적용하였다. 즉, 앞에서 논의한 여러 선행 연구에서 사용한 분석 틀을 본 연구의 초점에 적합하도록 종합적으로 재구성한 분석틀을 사용하였다. 이에 종합을 위한 논리적 준거를 선행적으로 모색하고, 그에 따른 분석틀을 제시하기로 한다.

■ 의사결정 전략의 사용 양상 분석

연구 대상으로 삼는 학생들의 소집단 학습 활동은 단순한 의견 교환의 성격을 띠고 있는 것이 아니라 교사에 의해 주어진 문제 성격의 과제를 해결하는 활동이다. 즉, 상호작용의 목적이 의사결정과 관련되어 있다는 것이다. 이러한 측면에서 다음과 같이 일차적으로 Stahl의 분류를 준거로 삼아 상호작용 방식을 분석하고자 한다.

의사결정 전략 사용 양상 분석을 위한 분석

| 대분류 | 소분류 |
|---|---|
| 의사결정 진술 (DM) | 서열화 결정 전략 진술(R)<br>강제 선택 결정 진술(F)<br>협상 결정 전략 진술(N)<br>창안 결정 전략 진술(I) |
| 운영 진술(L) | |
| 기타 진술(X) | |

■ 의사소통 부분 단계 기능의 양상 분석

언어적 의사소통 즉, 대화는 목적에 따라 기획 대화와, 수업 대화, 매매 대화, 심리치료 대화, 텔레비전 정치 토론회 등으로 구성된다. 이 중에서 기획 대화는 학생들 사이의 언어적 상호작용에 해당한다, 왜냐하면, 기획 대화는 관련 당사자들 사이에서 공유하고 있는 문제를 해결하기 위한 대화로서 이는 곧, 사회과 교실 수업에서 중시하는 의사결정에 해당하는 것이기 때문이다.

이러한 기획 대화는 여러 단계의 대화 이동 연속체로 구성된 복합 대화의 양상을 띠게 되는 바, 크게 문제 규정 단계, 문제 해결 단계, 그리고 실행 합의 단계 등과 같은 부분 단계로 구성된다. 이 중에서 문제 해결 단계는 Stahl이 사용한 의사결정 전략에 해당한다. 즉, 기획 대화에 있어서는 Stahl에서 사용하지 않은 문제 규정 및 실행 합의가 포함되어 있고, Stahl의 경우에는 기획 대화에서의 문제 해결을 상세화 하여 4가지로 제시하는 차이점과 공통점을 동시에 지니고 있다.

이러한 관점에서 Stahl의 틀을 기초로 하면서 의사결정과 관련된 전체적인 상호작용 양상을 분석할 수 있도록 문제 규정 및 실행 합의 등에 해당하는 분석 준거를 추가하기로 한다. 양자를 종합한 틀은 다음의 사회적 참여 구조 분석을 위한 준거를 포함한 종합 틀에서 제시하기로 한다.

### ■ 사회적 참여 구조의 분석

소집단 활동에서 일반적으로 나타나는 의사소통 방식과 관련해서 참여의 사회적 양상이 일정한 구조의 양상으로 타나나는 경우가 많다. 즉, 대화 이동 연속체를 단위로 대화의 이동 양식에 따라 특정한 학생이 주도적인 역할을 수행하는 가운데 나머지 학생들이 부차적으로 참여하거나, 전체 학생이 평등하게 참여하거나 등 여러 유형의 참여 구조가 나타날 수 있다는 것이다. 이러한 관점에서 소집단 학습 활동에서 나타나는 사회적 참여 구조를 다음과 같은 유형에 근거하여 분석하기로 한다.[7)]

① SPS(Social Participation Structure)1 유형

특정한 한 학생이 상호작용을 주도하고 나머지 학생들이 부차적 내지는 간접적으로 반응하는 유형을 말한다. 주도의 의미는 상호작용 과정에서 나타나는 문제 제기, 반응에 대한 반문, 운영의 진행, 논의의 정리 등을 말한다.

② SPS2 유형

특정한 두 학생이 나머지 다른 두 학생을 대상으로 상호작용을 주도하는 가운데 나머지 학생들이 간접적으로 참여하는 유형을 말한다. 상호작용을 주도하는 특정한 두 학생 사이에는 동등한 상호작용이 진행된다.

③ SPS3

특정한 한 학생이 간접적 또는 수동적으로 상호작용에 참여하고 나머지 세 학생이 상호 주도적으로 동등하게 유도-반응하는 유형을 말한다.

④ SPS4 유형

네 명의 모든 학생의 상호작용의 양상이 동등한 관계를 유지하면서 확산 또는 수렴되는 경우를 의미한다. 이 경우에 유도와 반응은 네트워크 양상을 띠게 된다.

⑤ SPS5 유형

일정한 패턴의 상호작용의 양상이 무너지고 무질서한 상호작용의 장이 나타나는

7) 유형을 구안하는 과정에서 조영달(2001), Florio & Schultz(1982)의 분류 기준을 참고하였으며, 이들의 기준이 교사와 학생 간의 상호작용을 대상으로 하였다는 점을 고려하여, 학생들 간의 상호작용 분석에 적합하도록 재구성하였다.

경우를 말한다. 이 경우 상호작용의 초점과 주제가 사라지고 의미 있는 학습 활동이 정지하게 된다.

### ■ 상호작용 양상 분석을 위한 종합틀

이상에서 논의한 의사결정 전략, 의사소통 부분 단계 기능, 그리고 사회적 참여 구조 등을 종합하여, 상호작용의 측면을 크게 의사결정과 관련된 측면과 사회적 참여 구조와 관련된 측면으로 나누어 분석하기로 한다. 분석을 위한 종합적인 틀은 다음과 같이 제시할 수 있다.

상호작용 양상 분석을 위한 종합틀

<table>
<tr><th colspan="2">의사결정 관련 진술</th><th>참여 구조 관련 진술</th></tr>
<tr><td>문제 규정 진술(P)</td><td></td><td rowspan="5">SPS1 유형<br>SPS2 유형<br>SPS3 유형<br>SPS4 유형<br>SPS5 유형</td></tr>
<tr><td>문제 해결 진술(S)</td><td>서열화 결정 전략 진술(R)<br>강제 선택 결정 진술(F)<br>협상 결정 전략 진술(N)<br>창안 결정 전략 진술(I)</td></tr>
<tr><td>실행 합의 진술(C)</td><td></td></tr>
<tr><td>운영 진술(L)</td><td></td></tr>
<tr><td>기타 진술(X)</td><td></td></tr>
</table>

# 결과 및 논의

## 의사결정의 양상

관찰 대상이 된 3차시의 수업을 통해 4명의 학생으로 구성된 소집단 활동에서 이루어진 언어적 상호작용은 총 173개의 진술과 34개의 대화이동연속체로 나타났다.[8] 다음의 표에서와 같이 총 대화이동 연속체 중에서 의사결정과 관련된 대화이동 연속체는 27개로 전체 상호작용의 79.4%를 차지한 것으로 나타났다. 단순한 형식 논리의 관점에서 볼 때 이와 같은 결과는 학습자 사이의 상호작용이 의사결정과 관련해서 이루어지는 경우가 매우 높은 것을 의미하는 것으로 해석될 수 있다. 그러나 대범주 및 소범주의 수준에서 분석된 결과를 관련지어 해석해 보면 다른 관점의 해석이 가능함을 알 수 있다.

의사결정관련 상호작용 분석 단위: 수(%)

| | 대범주 | 소범주 | | 빈도 |
|---|---|---|---|---|
| 총진술 | | | | 173 |
| 총대화이동연속체 | | | | 34(100.0) |
| 의사결정관련 대화이동연속체 | 문제 규정 진술(P) | | | 2(5.9) |
| | 문제 해결 진술(S) | 서열화 결정 전략 진술(R) | 0(0.0) | 11(32.4) |
| | | 강제 선택 전략 진술(F) | 3(8.8) | |
| | | 협상 결정 전략 진술(N) | 0(0.0) | |
| | | 창안 결정 전략 진술(I) | 8(23.5) | |
| | 실행 합의 진술(C) | | | 11(32.4) |
| | 운영 진술(L) | | | 0(0.0) |
| | 기타 진술(X) | | | 3(8.8) |
| | | | | 27(79.4) |
| 의사결정무관 대화이동 연속체 | | | | 7(20.6) |

8) 앞에서도 밝혔듯이 대화이동연속체는 의사소통의 목적을 달성하기 위한 상호작용의 기본 단위를 의미한다. 의사 결정과 관련된 상호작용은 다수의 단순 대화를 포함한 복합 대화 형식의 대화이동연속체를 띠는 경우가 많다.

의사결정의 과정은 대범주의 수준에서 크게 문제를 규정하는 것에서 시작되어 문제를 해결하는 과정, 그리고 해결된 문제를 실행에 옮기기 위해 필요한 조치를 모색하고 합의하는 과정 등으로 나누어진다. 이와 관련해서 문제 규정과 관련된 진술이 5.9%, 문제 해결과 관련된 진술 및 실행 합의와 관련된 진술이 각각 32.%를 차지하는 것으로 나타났다. 이와 같은 빈도와 관련해서 문제 규정 진술이 5.9%에 지나지 않는 것은 특별한 의미를 지닌다. 이러한 결과는 해결해야 할 문제와 관련해서 의미, 배경, 현실과의 관련, 가치와 사실 문제 등과 같은 선행적으로 판단해야 할 많은 것들을 생략한 채 곧바로 문제 해결 과정에 들어갔음을 의미한다. 실제 3차시 전 수업을 통해 문제를 선행적으로 규정하는 상호작용은 다음과 같이 단 두 차례만 이루어진 것으로 관찰 · 기록되었다.

정하연: 어, 우리가 하는 여가 생활도 좋지만 옛날 우리 조상들이 하던 여가놀이, 여가 생활을 알아보는 것은 어떨까?
김효빈: 나는 여가 생활의 변화에 대해서 알아보면 좋겠어.
안석진: 나는 옛날과 오늘날의 여가 생활의 변화를 알아보고 싶어.
김형택: 나는 옛날의 여가생활과 오늘날의 여가생활을 비교해 보았으면 좋겠어.

(공식수업기록원고, 2차시)

김효빈: 나는 바람직한 여가 생활에 대해서 알아보면 좋겠어.
안석진: 나도 바람직한 생활 여가 생활에 대해서 알아보면 좋겠어.
김형택: 나는 바람직한 여가생활에 어떤 것이 있는지 알아보았으면 좋겠어.
정하연: 나도 우리들이 예전… 어… 여가를 보냈던 것을 생각하면서 어떤 여가를 보내야 바람직한지에 대해 알아보면 좋겠어.
김형택: 나는 우리 생활에 꼭 필요한 여가생활을 알아보았으면 좋겠어
김효빈: 나는 여가생활에서 계획을 짜면 어떤 점이 좋은지 알아보았으면 좋겠어
정하연: 나는 바람직한 여가생활이란 어떤 것을 기준으로 선택해야 하는지도 생각해보면 좋겠어.
안석진: 나는 바람직한 여가생활이 무엇 무엇 있는지… 어… 알아보고 싶어.

(공식수업기록원고, 3차시)

2차시의 경우에는 옛날의 여가 생활을 알아보기 위한 의사결정을 하는 것으로 4명의 학생이 각각 의견을 개진하는 정도의 수준에서 문제를 규정하는 것으로 상호작용이 진행되고 있으며, 바람직한 여가 생활에 대한 의사결정을 하는 3차시의 경우 역시 2차시와 마찬가지의 상호작용이 이루어지고 있음을 알 수 있다. 문제 규정 과정에서 나타나는 이러한 상호작용으로 인해 다음 단계에서 이루어지는 문제 해결 및 실행 · 합의 단계가 분석과 반성적 숙고를 토대로 한 전략적 논의로 이어지지 못하는 결과를 초래하는 것으로 볼 수 있다.

실제로 문제 해결 단계에서 나타날 수 있는 4가지의 전략 가운데서 강제 선택 결정 전략은 3회에 그치고 창안 결정 전략이 8회로 대부분을 차지하고 있는 것으로 나타났다. 문제 해결을 위한 의사결정 전략의 사용과 관련해서 일반적으로 기대하는 전략은 서열화 전략, 강제 선택 전략, 그리고 협상 전략으로 볼 수 있다. 즉, 대안의 비교, 결과의 예측, 서로 다른 선택에 대한 논의와 협상 등을 통한 의사결정이 선행적으로 이루어져야 하는 것으로 볼 수 있다. 창안 결정 전략은 이러한 선행적인 과정이 충분히 이루어진 연후에 주어진 대안을 대상으로 한 의사결정이 매우 어렵거나 적합하기 않을 경우에 학생들 스스로 창의적인 대안을 모색하는 과정에서 필요한 전략으로 볼 수 있다.

이러한 맥락에서 실제 학생들이 보여준 창안 결정 전략에 있어서도 앞의 문제 규정 단계에서와 마찬가지로 단순한 의견 개진에 머무를 것이라는 예측이 가능해진다. 즉, 학생들은 일반적으로 기대되는 의사결정 전략을 전혀 시도하지 않는 상태이기 때문에 근거와 이유를 수반하지 않는 의견을 개진하는 것으로 상호작용이 이루어질 수밖에 없을 것이라는 것이다. 아래에서 이를 쉽게 확인할 수 있다.

정하연: 저는 컴퓨터로 여가를 보내는 것이 바람직한 여가라고 생각해. 저는 그렇게 생각해요. 음…

김효빈: 나도 컴퓨터로 여가 생활을 보내는 게 바람직하다고 생각해. 왜냐하면 여가생활이란 자신이 즐겁게 생활하는 것이기 때문에 컴퓨터로 그런 거를 해도 괜찮다고 생각해.

김형택: 나도 컴퓨터로 여가생활을 한다는 게 바람직하다고 생각해. 왜냐하면은 자기가 보람을 느끼는 게 여가생활이기 때문이야.

안석진: 나도 컴퓨터… 어? 아! 나는 컴퓨터를 하면 컴퓨터로 여가생활을 보내면… 어… 반대한다고 생각해. 왜냐하면 컴퓨터를… 어… 하다보면 눈도 나빠질 수 있고 컴퓨터 게임만 하면… 어… 계속하기 때문에 자기 할 일을 못하기 때문이야.

(공식수업기록원고, 3차시)

어떤 것이 바람직한 여가 생활인지를 결정하는 과정에서 문제 해결을 위한 첫 번째 단계에서 학생 정하연이 컴퓨터로 여가를 보내는 것이 바람직하다는 창안(의견)을 제시한데 대해 후속적인 반론이나 대안이 없이 정하연의 창안에 모두 동의하는 것으로 의사가 결정되고 있음을 확인할 수 있다.

이상에서와 같은 상호작용 방식으로 인해 대부분의 상호작용이 다음 단계에서도 마찬가지 양상을 보이는 결과를 보인다. 즉, 실행 합의 진술이 32.4%를 차지하는 것에서 알 수 있듯이 학생들은 특정 학생에 의해 제안된 창안에 대해 동의하는 방식으로 문제를 해결한 뒤 곧바로 실행 합의에 관한 상호작용에 들어가는 것으로 나타났다. 즉, 결정된 의사를 어떻게 실천할 것인지에 관해 교과서적으로 전형화 된 방법을 반복해서 그리고 자유롭게 되풀이하는 상호작용 양상을 보이는 것이다. 아래에서 이를 확인할 수 있다.

김효빈: 나는 컴퓨터를 쪼금만 하고 컴퓨터에 대해서 자료를 뽑거나 자기에게 이득이 되는 것만 했으면 좋겠어.

안석진: 나는 어… 컴퓨터를 하기는 하는데… 어… 게임을 조금만 하고 자료 뽑거나 무엇을 찾아 볼 때 그럴 때 쓰고 어… 그럴 때 쓰면 좋겠어.

김형택: 나는 자기한테 꼭 필요한 프로그램이나 인터넷 등을 안지우고 게임을 줄였으면 좋겠어.

정하연: 컴퓨터를 시간을 정해놓고 하고 또 자신에게 유익한 프로그램만 사용하고 좀 더 어… 배울 수 있는 그런… 그렇게 사용했으면 좋겠어.

(공식수업기록원고, 3차시)

컴퓨터로 여가 생활을 보내기로 의사결정을 한 이후, 학생들은 실행과 관련해서 이에 수반되는 합의를 모색하고 있는 데, 위 내용에서 알 수 있듯이 '자료를 뽑기 위한 컴퓨터 사용', '게임의 자제', '유익한 프로그램의 사용' 등과 같은 의견을 개진하고 무언의 합의를 도출하고 있음을 알 수 있다.

## 사회적 참여 구조의 양상 분석

대화이동 연속체를 단위로 언어적 상호작용의 양상을 분석한 결과 아래의 표에서와 같이 전체 34개 대화이동 연속체 중에서 SPS1 유형이 12(35.2%)회, SPS2 유형이 2회(5.9%), 그리고 SPS4 유형이 20회(58.9%)로 나타났다. 이러한 결과는 일차적으로 형식적인 면에서 볼 때, 4명의 학생이 동등한 참여를 보이는 SPS4 유형이 지배적으로 나타나고 있다는 점에서 바람직한 결과로 해석될 수 있다. 왜냐하면 의사결정 과정에 있어 협상 전략은 바로 이러한 동등한 참여와 관련되어 있는 만큼, 동동한 참여 양상이 이루어졌다는 것은 곧 협상 전략이 활발하게 이루어졌음을 의미하는 것이기 때문이다.

사회적 참여 구조 관련 상호작용 분석 단위: 수(%)

| 범 주 | | 빈 도 |
|---|---|---|
| 총진술 | | 173 |
| 대화이동연속체 | | 34(100.0) |
| | SPS1 유형 | 12(35.2) |
| | SPS2 유형 | 2(5.9) |
| | SPS3 유형 | 0(0.0) |
| | SPS4 유형 | 20(58.9) |
| | SPS5 유형 | 0(0.0) |

그러나 이러한 형식적인 결과를 보다 심층적으로 해석하기 위해서는 앞의 의사결정 관련 상호작용에서 나타난 결과에서 볼 수 있었던 것처럼 상호작용의 내용과 관련지어 해석할 것을 요구한다. 우선 SPS1 유형이 35.2%를 보이는 것과 관련해서는, 교사의 개입이 최소화된 소집단 활동이라는 점에서 교사를 대신하여 상호작용을 주

도하여 반응을 유도하는 역할을 학생들 스스로 해야 하기 때문에 나타난 결과로 볼 수 있다.

SPS1 유형이 나타나는 경우 이러한 상호작용을 주도하는 학생이 특정한 한 학생에 치우치고 있다는 점에 주목할 필요가 있다. 실제 한 학생이 상호작용을 주도하는 SPS1 유형의 경우, 전체 12회 중에서 정하연 학생이 주도한 경우가 11회, 김효빈 학생이 주도한 경우가 1회로 나타나 특정한 한 학생이 교사의 역할을 대신하는 상호작용이 이루어졌음을 알 수 있다. 상호작용을 주도한 정하연 학생이 4명의 학생 가운데 학업 성취도가 가장 뛰어나고, 체격 조건이 가장 앞서며, 계획적인 생활태도를 보이고, 부모의 사회 경제적 배경(SES)이 상대적으로 높다는 점을 고려할 때, 자연적인 상황에서 상호작용을 주도하는 학생의 특성에 대한 특별한 시사를 하는 것으로 해석된다.

다른 한편으로, SPS1 유형이 한 학생을 중심으로 이루어졌다는 결과는 SPS4 유형이 20회 이루어진 결과와 모순되는 것으로 보일 수 있다. 즉, 동동한 참여 유형이(SPS4 유형) 20회 이루어졌다는 것은 한 학생이 주도하는 유형(SPS1 유형)에 있어서도 전체 학생이 골고루 상호작용을 주도하는 결과로 나타나야 함을 의미하는데, 실제 이루어진 결과는 이와 반대되는 것으로 타나났다는 것이다. 그러나 상호작용의 내용과 관련지어 분석해 보면 두 결과가 모순되기보다는 오히려 일관성을 유지하고 있음을 알 수 있다. 다음에서 이를 확인할 수 있다.

정하연: 어떤 문화재를 조사하면 좋을까? 우리는 어… 고구려하고 고조선, 발해, 고려, 조선, 어… 신라가 있는데 이중에서 한 가지를 선택해야 되는데 어떤 것을 하지?

정하연: 나는 신라의 금성에 대해 조사해보면 좋겠는데, 어… 여러 가지 문화재가 많고, 문화재가 많으면 그곳의 옛날, 습, 어… 역사나 그런 것에 대해 잘 알 수 있을 것 같아서, 어… 신라의 금성에 대해서 알아보고 싶어.

안석진: 나도 신라의 금성을 알아보고 싶은데, 왜냐하면 신라에는 문화재가 많고… 어… 독특, 아, 특징이 있기 때문이야.

김형택: 나도 신라의 금성에 대해 했으면 좋겠는데, 왜냐면 거기는 문화재도 많이 발전돼 있고, 문화재도 많이 있고, 그래서 독특한 문화재도 있기 때문이야.

김효빈: 나도 신라의 금성에 대해서… 하면 좋겠는데, 왜냐하면 금성은 여러 가지 문화재가 많이 있고, 특징도 여러 가지가 있고, 우리가 알아볼 것도 많이 있기 때문이야.

정하연: 그럼 신라의 금성을 조사하기로 하고, 어떤 문화재에 대해 조사해볼지 한번 알아볼까?

(공식수업기록원고, 1차시)

정하연: 나는 계획을 세워서 좀 더 어 보람 있는지 또는 어떤 이익을 얻을 수 있는지 생각해보면서 여가생활을 보내면 좋겠어.

김효빈: 나도 계획을 세우고 자기가 할 일을 다 하고 자신에게 어떤 이익을 주는지 자신에게  어떤 해로움이 있는지 알아보고 되도록 이면 시간을 적게 하여 잘 맞추었으면 좋겠어.

김형택: 나는 이 여가생활이 어떤 나한테 어떤 이익을 주는지 생각하면서 하고 시간을 맞춰서 시간을 계획적으로 세워서 했으면 좋겠어.

안석진: 나는 계획을 세우고 어 시간을 정해서 하고 어 그것 그 여가생활이 나에게 어떤 이로움을 주고 해로움을 주는지 알아보고 하면 좋겠어.

정하연: 그래 어 우리 어 공부에 도움을 주고 또 건 건강에 피해를 주지 않고 또 여가생활을 보낸 후에 보람을 가질 수 있는 그런  여가생활을 가지는 게 좋을 것 같아.

(공식수업기록원고, 3차시)

위의 두 대화이동 연속체는 모두 창안 결정 전략(I)을 사용하는 상호작용에 해당한다. 즉, 전자는 어떤 문화재를 조사할 것인지를 결정하는 과정에서 각자의 안을 제안하는 상호작용이고, 후자는 바람직한 여가 생활에 관한 각자의 안을 제안하는 상호작용이다. 그리고 사회적 참여 구조와 관련해서 전자는 SPS1 유형에 해당하고 후자는 SPS4 유형에 해당한다. 즉, 참여 구조의 측면에서 전자는 한 학생에 의해 주도되는 유형인 데 비해, 후자는 모든 학생이 동등하게 참여하는 유형이라는 점에서 차이를 보인다.

전자의 경우, 정하연 학생이 반응을 유도하는 진술을 제시하고, 나머지 학생들은 유도에 따르는 진술을 제시한다. 정하연은 어떤 문화재를 조사하는 것이 좋을지를 말해보라며 상호작용을 주도하고, 곧이어 자신의 견해를 진술하고, 뒤이어 다른 학생들이 정하연의 의견과 동일한 의견을 진술하는 상호작용을 보인다. 즉, 정하연의 주도적인 참여 구조를 보이는 가운데 각자의 견해를 진술하고 있음을 알 수 있다. 이에 비해 후자의 경우에는, 특정한 학생이 상호작용을 주도하는 역할을 수행하는 참여 구조를 보이는 것이 아니라 4명의 학생이 각각 자신의 의견을 자유롭게 진술하는 참여 구조 즉, SPS4 유형의 상호작용을 보인다.

그러나 후자의 경우에도 진술의 내용을 보면, 정하연의 제안에 따라 나머지 학생들도 동일한 내용을 담은 진술을 뒤 따라 유사한 견해를 진술하고 있음을 알 수 있다. 즉, 형식적으로는 SPS4 유형으로 보이지만 내용적으로는 SPS1 유형과 동일한 상호작용을 보이고 있음을 알 수 있다. 따라서 SPS1 유형이 항상 특정한 한 학생에 의해서만 주도되는 결과와 SPS4 유형이 20회 이루어졌다는 결과는 상호 모순되기보다는 일관된 현상으로 보는 것이 타당한 것으로 해석된다.

이러한 맥락에서 본 연구에서 관찰된 SPS4 유형은 동등한 참여 구조 속에서 이유와 근거를 토대로 한 담론적인 상호작용 양상에 해당하는 유형이기보다는 특정한 한 학생에 의해 논의의 내용이 주도되는 형식적인 SPS4 유형이거나 또는 초점이나 쟁점의 성격이 들어있지 않은 단순한 의견 개진에서 나타나는 SPS4 유형에 해당하는 것으로 볼 수 있다. 실제 앞의 의사결정 관련 상호작용의 결과에서 전체 대화이동 연속체 34회 중에서 의사결정과 무관한 대화이동 연속체가 7회(20.6%)에 달하는 것으로 나타났는데, 이 경우 7회 모두가 SPS4 유형에 해당하는 것으로 나타나 이러한 해석을 뒷받침하고 있다. 다음의 실제 경우를 보기로 하자.

정하연: 어… 이거 우리 학교 운동장에 있는 널뛰기네.
김효빈: 이건 그네뛰기다.
안석진: 어… 이거는 제기차기와 강강술래야.
김형택: 어… 이거는 연날리기하고 윷놀이도 하네.

(공식수업기록원고, 2차시)

안석진: 나는 공부는 조금 하고 컴, 컴퓨터 게임이나 그런 것을 해.
김효빈: 나는 밖에 나가서 놀거나 잠을 자.
정하연: 나는 어… 음악을 들으면서 따라 부르기도 하고 또는 어… 컴퓨터에서 어, 메신저 창, 친구와 함께 만나서 이야기도 나누고 고민도 해결하고 그럴 때가 많이 있어.
김형택: 나는 만화책을 읽거나 컴퓨터 게임을 하거나 낮잠을 자거나… 머… 밖에 나가서 친구와 놀아.

(공식수업기록원고, 2차시)

위의 두 대화이동 연속체는 모두 SPS4 유형에 해당하는 상호작용이다. 즉, 대화에 참여하는 4명의 학생 모두가 동등한 참여 구조 하에서 서로 다른 자신의 견해를 진술하고 있음을 알 수 있다. 그러나 두 경우 모두 문제의식이나 논의의 초점이 없는 대화임을 알 수 있다. 요컨대 의사결정과 무관한 상호작용을 보이고 있는 것이다.

이상의 논의에서 알 수 있듯이 사회적 참여 구조의 측면에서 바라본 학생들의 상호작용이 형식적으로는 동등한 참여 구조 속에서 진행되는 것으로 보이지만, 상호작용의 내용의 맥락 속에서 보다 심층적으로 살펴보면 대부분의 상호작용이 특정한 한 학생에 의해 주도되는 SPS1 유형으로 대표됨을 알 수 있다. 이러한 현상은 전통적으로 교사와 학생 간의 상호작용이 SPS1 유형에 치우쳐왔으며, 이러한 상호작용에 익숙함으로 인해 학생들 간의 상호작용의 장에서도 교사의 역할을 대신하는 학생이 나타나 SPS1 유형의 상호작용이 재현되는 것으로 이해될 수 있다.

## 결 론

소집단 학습 활동을 통해 나타나는 학생들 간의 언어적 상호작용은 학생들의 사고와 토론의 양상이 어떻게 이루어지는 지를 보여주는 외현이다. 따라서 언어적 상호작용의 양상을 기술적으로 해석하는 일은 사회과 교실 수업의 실제를 이해하는 데 요구되는 의미 있는 맥락적 정보를 제공하는 일이 된다. 이러한 관점에서 본 연구에서는 대화이동 연속체를 단위로 학생들 사이에서 이루어지는 상호작용의 양상을 의사결정의 측면과 사회적 참여 구조의 측면에서 참여 관찰 및 녹음을 통해 질적인 분석을 실시하여 몇 가지 의미 있는 결과를 얻을 수 있었다.

첫째, 의사결정의 측면에서 볼 때, 전체 대화중에서 의사결정과 관련된 상호작용이 79.4%로 나타나 적어도 형식적으로나마 학습자 사이의 상호작용이 의사결정과 관련해서 이루어지는 경우가 매우 높은 것으로 나타났다. 그러나 의사결정의 과정에서 문제 규정과 관련된 진술이 5.9%에 지나지 않는 것으로 드러났는데, 이는 해결해야 할 문제와 관련해서 문제의 의미, 배경, 현실과의 관련, 가치와 사실 문제 등과 같은 선행적으로 판단해야 할 많은 것들을 생략한 채 곧바로 문제 해결 과정에 들어갔음을 의미한다. 또한 문제 해결 단계 이후에 이루어지는 실행 합의 진술이 32.4%를 차지하는 것으로 나타났는데 이 역시 특정 학생에 의해 제안된 창안에 대해 동의하는 방식으로 문제를 해결한 뒤 곧바로 실행 합의에 관한 상호작용에 들어갔음을 의미하는 것으로 결정된 의사를 어떻게 실천할 것인지에 관해 교과서적으로 전형화 된 방법을 반복해서 그리고 자유롭게 되풀이하고 있음을 말해 준다. 요컨대 학생들은 의사결정 과정에서 중요하게 다루어야 할 문제의 규정 및 문제 해결 과정을 형식적으로 대하고 있는 것으로 드러났다.

둘째, 상호작용이 이루어지는 사회적 참여 구조와 관련해서 SPS1 유형이 12(35.2%)회, SPS2 유형이 2회(5.9%), 그리고 SPS4 유형이 20회(58.9%)로 나타나, 형식적인 면에서 볼 때, 4명의 학생이 동등한 참여를 보이는 SPS4 유형이 지배적으로 이루어지고, SPS1 유형이 부차적으로 이루어진 것으로 나타났다. 그러나 SPS1 유형의 경우 주도 역할을 하는 사람이 특정한 한 학생에 치우치고 있고 또한 SPS4 유형의 경우에도 형식적으로는 동등한 참여 구조를 유지함에도 불구하고 특정한 한 학생에 의해 논의의 내용이 주도되거나 각자 단순한 의견을 개진하는 양상을 보여 실제적으로는 SPS1 유형이 두드러지게 이루어지고 있는 것으로 해석된다.

셋째, 상호작용을 주도하는 특정한 한 학생의 역할이 배경 정보와 관련을 맺고 있음을 시사 받을 수 있다. 상호작용을 주도한 학생은 4명의 학생 가운데 학업 성취도가 가장 뛰어나고, 체격 조건이 가장 앞서며, 계획적인 생활태도를 보이고, 부모의 사회 경제적 배경(SES)이 상대적으로 높은 관련을 맺고 있다. 이는 자연적인 상황에서 상호작용을 주도하는 학생의 특성에 대한 특별한 시사를 할뿐만 아니라 한국 사회과 교실 수업의 맥락과 관련된 시사를 동시에 제시한다. 즉, 전통적으로 교사와 학생 간의 상호작용이 SPS1 유형에 치우쳐왔으며, 이러한 상호작용에 익숙함으로 인해 학생들 간의 상호작용의 장에서도 교사의 역할을 대신하는 학생이 나타나 SPS1 유형의 상호작용이 재현되는 것으로 이해될 수 있다.

이상의 논의에서 알 수 있듯이 의사결정의 측면과 사회적 참여 구조의 측면에서 바라본 학생들의 상호작용이 형식적으로는 상호작용의 취지에 부응하는 것으로 나타났으나 실제적인 상호작용의 내용과 관련해서는 여전히 전통적인 의견 개진 및 1인 주도의 참여 구조에 머물러 있는 것으로 드러났다. 이러한 결과는 상호작용의 매개물 즉, 학습 자료 및 교사의 역할과 관련되어 나타나는 현상으로 볼 수 있다. 즉, 반성적인 사고와 그에 터 한 담론적인 상호작용을 통해 문제 해결을 도모하는 소집단 학습 활동이 가능해지기 위해서는 학생들에게 제시되는 학습 자료가 논쟁적이거나 학습자의 경험과 관련을 맺는 문제를 적재하는 것이어야 하는 한편, 교사는 학생들의 선행 지식에 비추어 인지적 갈등을 유발할 수 있는 적합한 질문과 과제를 제시해야 한다. 이와 관련해서 본 연구에서 관찰했던 수업이 이 두 가치측면을 모두 충족하지 못하고 있었다는 점을 상기하면서, 이에 대한 후속적인 실행 연구가 지속적으로 이루어지기를 기대한다.

Chapter VI

# 평가의 진정성: 평가와 학습의 동형성

- 평가와 학습의 관계
- 수행평가의 조건
- 사회과와 수행평가의 관계
- 수행평가 정책의 오류
- 수행평가 실행에 관한 교사의 실제적 지식
- 결 론

Ⅵ 장

# 평가의 진정성: 평가와 학습의 동형성

제7차 교육과정의 적용과 함께 수행 평가가 정책 수준에서 전국 초·중·고 학교에서 일제히 실시되고 있다. 그 동안 학계를 비롯해 교육계, 언론계, 학부모, 정부 등에 이르기까지 관련 집단의 관심과 우려 속에서 수행평가 정책의 문제점을 개선하기 위한 적지 않은 노력이 이루어져왔으나, 아직도 수행평가의 실행과 직접적으로 관련된 교사, 학생, 학부모로부터 긍정적인 평가를 받지 못하고 있는 실정이다. 따라서 현재와 같은 현상이 지속될 경우 수행평가와 교실 학습은 이원적인 분리에서 벗어나지 못하고 형식적인 수행으로 자리하게 될 가능성이 높다.

그 동안 추진되어왔던 교육 정책들 가운데 유보 내지는 실패로 끝난 정책들이 교사의 실제적 지식과 괴리되어 현실 적합성을 결여한데 공통의 문제를 안고 있었음을 상기할 필요가 있다. 교육 개혁의 실패 원인은 목적에 대한 관련 집단의 동의가 선행되지 않은 상태에서 교사의 자발적인 참여가 수반되지 않는 것에 기인한다. 즉, 정책의 성패 여부가 정책의 취지나 정책 결정자의 의지에 달려 있는 것이 아니라 정책의 수행자인 교사의 의지와 동의, 헌신 등에 달려있다는 것이다. 그리고 교사의 의지와 헌신은 개별자로서의 교사의 실제적 지식에 근원한다. 따라서 교육 정책의 성공 여부는 교사의 실제적 지식과 관련되어 있는 것으로 볼 수 있다.

예를 들어 "수행평가 정책은 계속 시행되어야 하는가?"라는 질문에 대해 "근본적인 문제점이 발견되지 않는 한 시행되기 시작한 정책은 지속되어야 한다."는 목소리를 생각해 보자. 그리고 이러한 주장의 근거로서 정책의 신뢰성 확보, 수행평가에 관한 부정적 여론의 완화, 수행평가에 대한 오해의 해소 등의 논리를 제시할 수 있다. 일견 이러한 주장이 설득적인 것처럼 여겨질 수 있다. 그러나 여기서 말하는 근본적인 문제점이 위에서 말한 개혁 실패의 원인과 관련된 문제점이라면 목소리와는 무관하게 수행평가 정책은 실패로 끝나게 될 것이다. 즉, 현 교육 체계와 관련해서 교사의 동의와 헌신이 수반되지 않을 경우에는 정책의 지속성 여부와 관계없이 실패로 귀결될 가능성이 높다는 것이다. 또한 정책의 지속을 요구하는 근거로서 '정책의 신뢰성 확보를 위해', '수행평가에 관한 부정적 여론의 완화 추세', '수행평가에 대한 오해의 해소' 등과 같은 논리 역시 판단의 오류 가능성을 지니고 있는 것으로 볼 수 있다. 정책의 신뢰성 확보를 위해 정책을 지속적으로 시행해야 하는 것으로 볼 것이 아니라, 정책의 신뢰성이 선행되지 않는 상태에서는 오히려 정책의 시행을 유보해야 한다는 논리가 보다 현실적일 수 있다.

교육 체계 속에서 기능하는 하나의 요인으로 교사의 인식을 생각해 보자. 어떤 정책에 대한 신뢰 여부를 결정할 때, 정책의 취지나 내용을 판단한 연후에 결정하는 성향이 높은지 아니면 정책의 내용과는 관계없이 어떤 정책이든 정책이라는 것 자체를 불신하는 성향이 높은지에 따라 시행의 지속성 여부에 대한 판단이 달라진다. 전자의 경우라면 '신뢰의 확보', '시행의 지속' 등의 주장이 설득적으로 작용하지만, 만약 후자의 경우라면 이미 교육 체계 자체가 정책을 불신하도록 작용하기 때문에 시행의 지속성보다는 체계 지향적인 전환을 통한 새로운 접근을 모색해야 한다.

수행으로서의 학습은 교사 수준에서 단순히 교수 행위의 전환을 통해 이루어질 수 있는 것이 아니다. 교사는 독립적인 개별자가 아니다. 교수 행위에 영향을 주는 체계적 요인은 무수히 많다. 일반적으로 생각하는 것처럼 교사의 개혁을 통해 교육 개혁이 이루어지는 것은 아니다. 무엇을 어떻게 가르칠 것인가와 관련해서 교사가 관여할 수 있는 부분은 제한되어 있다. 그보다는 교육정책에서부터 교육과정, 학습 자료, 학교 행정, 학부모의 인식, 학생의 배경, 교육 풍토 등에 이르기까지 교사의 조작과 통제를 초월하는 요인들이 더 많다. 그럼에도 불구하고 대부분의 정책은 지침의 전달 및 지침의 이행 여부에 대한 평가로 일관하고 있는 실정이다. 이러한 정책은 교수 행위에 추가적인 도움을 주기보다는 오히려 무의미한 낭비와 혼란을 초래하는 요인으로 작용할 가능성이 높다.

중앙정부 수준의 지침에서 시작되어 시·도를 경유한 지침이 일방적인 전달 형식으로 단위 학교에 적용되는 한 수행평가의 취지가 구현되기는 쉽지 않다. 그래서 모든 정책은 학교 수준에서 출발되고 교사의 실제적 지식에 근거해야 한다는 주장이 설득적으로 들린다. 수행평가 정책의 경우와 같이 정책의 근거가 이론이나 외국의 사례에서 구해지고 정책의 시작이 정부 수준에서 출발하는 경우 성공을 거두기가 어렵다는 점을 전제하기 때문이다. 정책의 근거가 현장의 요구와 교사의 믿음에서 구해지는 경우에는 기술적인 접근을 취하게 되지만 이론이나 외국의 사례에서 구해지는 경우에는 규범적인 접근을 취하게 된다. 즉, 전자의 경우는 현장의 요구와 교사의 실제적 지식을 사실적으로 판단한 연후에 그에 대응하는 서비스로서의 정책이 모색되는 데 비해, 후자의 경우는 무엇이 좋은지에 대한 당위적인 판단을 근거로 하여 현장을 지배하고 변화를 강요하는 규범으로서의 정책이 추진된다는 것이다.

정책의 성공 가능성을 높이기 위해서는 '정책의 수립 및 실행 단계에서 교사 및 교육관련 집단과의 상시적인 공동 협의', '계획 및 실행 단계에서 파생되는 모든 정보의 공개 및 공유', '교사 및 지역 사회 구성원들의 믿음과 지역의 교육 문화 고려', '교사의 실제적 지식과 이상 간의 괴리에 대한 분석' 등이 전제되어야 한다. 현재 추진되고 있는 수행평가 역시 정책적인 취지와는 달리 교사를 비롯한 교육 현실과의 괴리로 인해 교사의 교수 행위와 학생의 학습 행위에 부정적인 영향을 주고 있는 것은 아닌지, 만약 그렇다면 이제까지의 접근 방식과는 달리 정책의 관점 자체에 대한 전환이 선행되어야 하는 것은 아닌지 등에 대한 반성이 요구된다.

## 평가와 학습의 관계

학습은 학교에서의 성취를 넘어선 의미와 가치 즉, 실제적인 삶 속에서의 의미와 가치를 지닌다. 그리고 진정한 평가는 이러한 학습 가치에 대응하는 의미를 지닌다. 최근에 교육계에서 강조되고 있는 수행평가는 이러한 맥락에 대응하는 평가 방안의 하나로 이해될 수 있다. Newmann(1997)이 말하는 진정한 평가 즉, 진정한 수행평가의 영역에서 이를 유추할 수 있다. Newmann은 수행평가의 영역을 의미의 구성 영역, 학제적 탐구 영역, 그리고 학교를 넘어선 실제 삶과 관련을 맺는 영역으로 구분하는 한편, 각 영역에서 측정해야 할 평가 요소를 다음과 같이 제시한다.

| 평가영역 | 의미의 구성 | 학제적 탐구 | 삶과의 관련 |
|---|---|---|---|
| 평가요소 | • 정보의 조직: 문제, 쟁점, 개념 등의 학습에 있어 관련된 복합 정보를 설명, 해석, 종합, 평가, 조직하는 능력<br>• 대안의 고려: 문제, 쟁점, 개념 등의 학습에 있어 대안, 관점, 방안 등을 고려하는 능력 | • 학제적 이해: 학문 또는 전문 분야의 핵심적인 관점이나 이론, 아이디어 등을 이해하는 능력<br>• 학제적 과정: 학문 또는 전문 분야의 의사소통 특성, 연구 방법 등을 적용하는 능력<br>• 쓰기: 자신의 이해와 설명, 결론 등을 정련화 해서 글로 완성하는 능력 | • 삶과 연계: 실제 삶에서 조우하는 것과 유사한 개념, 문제, 쟁점 등을 적용하는 능력<br>• 학교 밖 목소리의 청취: 학교에서 학습한 것을 활용하여 학교 밖 사회와 의사소통하는 능력 |

학습에서의 수행은 사회과 교과 내용의 맥락 속에서 이루어지는 고급 사고 즉, 조직, 종합, 해석, 평가, 가설 설정 등으로 드러난다. 단순히 정보를 암기하는 것이 아니라 의미의 구성이 이루어질 수 있도록 하는 학습이 진정한 학습이며, 진정한 학습은 곧 수행으로 나타나며, 바로 이러한 수행을 평가하는 것이 진정한 평가가 된다. 마치 음악 시간에 이루어지는 가창 학습이 곧 수행으로서의 학습이며, 가창력을 평가하는 것 즉, 수행 학습을 평가하는 것이 진정한 평가인 것과 같다. 사회과 학습에서 수행 학습은 다른 아이디어나 관점, 그리고 새로운 상황에 정보를 적용하고, 비교하고 대조하며 자신의 주장을 드러내는 것으로 연결된다. 이러한 경험을 통해 학습자는 의미를 자신의 실제적 지식으로 구성하고 실제 삶과 관련지어 의미를 적용할 수 있게 된다.[1)]

1) 실제로 Newmann이 적용했던 수행평가 사례를 살펴보자.

* 수행평가 과제: 미국 혁명과 관련된 주요 사건이 발생한 이유 및 영미 분쟁에 끼친 영향을 해석하고 이를 토대로 미국 혁명의 원인을 설명하시오.

* 수행한 과제의 예(한 학생의 글)

*1763년, 영국 정부는 아메리카 식민 통치자들에게 더 이상 서부로 이동하지 말 것을 명령했다. 원주민들과의 전쟁에 시달리고 있던 영국 정부로서는 어쩔 수 없는 결정이었으나, 이는 결과적으로 식민 통치자들의 분노를 야기하게 되었다. 영국 정부는 식민 통치군 유지를 위해 세금을 인상하는 내용을 담고 있는 Stamp Act(인지조례)를 통과 시켰다. 그러나 이는 '대표없는 과제'는 불법이라는 믿음을 지니고 있던 이들로 하여금 폭동을 일으키는 결과를 초래하였다. 식민 통치자들은 영국 정부를 상대로 '자유'를 주장하기에 이르렀고, 저항 의식이 전 지역으로 확산되었다. The Tea Act(차 조례: 차에 대한 특별 면세 조치법)가 선포되자 보스톤 항구에서는 차를 바다에 버리는 시위를 벌이는 사건이*

평가는 학습에 근원하고 학습으로 회귀한다는 측면에서 학습과 동형적이면서 동시에 재귀적이다. 동형적이라 함은 학습의 성격과 유비적인 성격을 지니고 있음을 의미하고, 재귀적이라 함은 양자가 서로서로 상승적인 순환관계에 있음을 의미한다. 그러나 전통적으로 널리 받아들여져 왔던 '표준화 검사로서의 평가', '백분위 측정으로서의 평가', '상대적 서열화로서의 평가' 등은 학생 간, 학교 간, 지역 간, 집단 간 등을 상대적으로 비교하는 기준으로서의 의미를 지닌다. 그리고 이러한 평가관 이면에는 경쟁과 선발을 위한 기준의 객관성을 중시하는 사회적 배경이 자리해왔다. 이로 인해 평가와 학습의 동형적 · 재귀적 관계가 왜곡되는 현상이 지속되어왔다.

White(2000: 52-53)는 평가는 '학생들이 무엇을 알고 무엇을 할 수 있는지를' 교사와 학생 모두 스스로 판단 · 측정하는 것으로 규정한다. 이러한 White의 주장은 전통적인 평가관과는 패러다임을 달리하는 차별적인 의미를 지닌다.[2] 예를 들어, "정치 과정에 대한 이해를 통해 적극적으로 정치 과정에 참여한다."라는 학습목표와 관련해서 선다형 평가와 같은 전통적인 평가를 실시했을 경우 학생들이 획득한 점수가 곧 학습 목표의 달성 정도를 의미하는 것이 아니라는 것이다. 즉 학생 A가 85점을 획득했을 경우 85점이 그 학생의 정치 과정에 대한 이해 수준(무엇을 아는가?)과 정치 과정에 참여 능력(무엇을 할 수 있는가?)을 대변하는 척도로서의 의미를 지니지 못한다는 것이다. 따라서 설정된 학습 목표와 관련해서 학생A가 실제로 학습한 내용, 수준, 능력 등에 대한 정보를 대변하는 데 한계를 지니게 되고, 결과적으로 동형관계와 재귀관계가 왜곡되는 현상이 나타난다.

학습은 학습자 스스로 자신의 지식(learner's true knowledge of a subject)을 만드는 것을 의미한다. 그리고 진정한 의미에서의 평가는 바로 이러한 학습 또는 학습 과정을 드러내어 측정하는 것을 의미한다. 소위 말하는 학습 자체를 측정하는 평가로서의 의미를 지니게 되며, 결과적으로 학습과 평가의 관계가 동형적이고 재귀적일 수 있게 된다.

---

*발생했다. 그러나 영국 정부는 집회를 제한하고 군인을 가정에 숙박하게 하는 등 더욱 억압적인 태도를 견지했다. 마침내 식민 통치자들은 대륙의회를 구성하고 지역 군대를 창설하게 되었다. 이러한 와중에서 콩코드(Concord)로 행진하던 영국군이 시민 통치자들이 소지하고 있는 총을 빼앗는 사건이 일어났다.*

2) 평가관에 있어 이러한 패러다임의 전환이 나타난 이면에는 표준화 검사에 대한 반성, 질적 연구에 대한 관심 증가, 구성주의 인식론의 대두, 삶 지향적인 교육의 요구 등과 같은 요소들이 배경으로 자리하고 있다.

다른 한편으로 평가는 수행으로서의 학습 과정을 평가 대상으로 삼는다는 의미 즉, 수행 평가로서의 의미를 지닌다. 기억 인지의 정도는 학습 활동 유형에 따라 차이를 보인다. 읽기 위주의 학습 활동을 할 경우 학습 내용(활동 내용)의 9% 정도를 기억하는 것에 지나지 않는데 비해 듣기의 경우 20%, 보기의 경우 29%, 듣고 보기의 경우 50%, 말하기 경우 70%, 그리고 말하며 실행하기 경우에 90% 인 것으로 나타나 학습 활동이 능동적이고 자기 주도적일수록 지식의 구성이 잘 이루어지는 것으로 드러났다(Kinder & Schunert, 1970: 216). 뿐만 아니라 동기 심리학에서 말하듯이 학습자의 선택과 자율적인 통제, 학습자의 책무성, 과제 수행의 적절성 등의 조건이 충족될수록 자기 효능감이 높아지는 것으로 보고되고 있다. 수행평가는 이와 같이 수행 중심으로 학습을 토대로 학습의 수행 과정 그 자체를 측정하는 평가의 의미를 지닌다.

이러한 수행평가관은 교육의 의미와 관련하여 전통적인 평가관과는 차별적인 원리를 가정한다. 첫째, "교육의 목적은 학문적 기능(academic skills)을 사용하여 삶에 적합한 과제를 수행할 수 있도록 준비하는 것이다."라는 원리를 가정한다. 가정의 초점이 학문에 있는 것이 아니라 실제 삶에 의미 있고 유용한 적합성을 지녀야 한다는 점에 주목한다. 요컨대 삶의 적합성을 충족하는 교육의 요구로서 삶으로서의 현실적인 상황 속에서 평가가 이루어질 것을 요구하는 동시에 현실 사회에서 이루어지고 있는 평가의 맥락을 재생하는 평가를 실시할 것을 요구한다.

둘째, "수행평가는 학습 내용, 교수-학습 전략, 학습의 이유 동기 등기 학습 목표에 상응하는 것이어야 한다."라는 원리를 가정한다. 학습 목표가 구체화되는 과정이 곧 학습 수행 과정이라면, 그러한 수행 과정을 드러내는 것이 곧 수행평가를 의미한다는 점에서, 수행을 학습자의 측면에서 구분한 것이 학습 수행이고 교사의 측면에서 구분한 것이 수행평가가 된다. 즉, 평가와 학습의 대상은 동일하다는 것이다. 따라서 학습과 평가는 일관되게 선행적으로 설정된 학습 목표로 귀결되어 한다. 이러한 측면에서 수행평가는 명료하게 정의된 학습 목표에 상응해야 하는 것으로 볼 수 있다. 따라서 수행평가는 교육 목표, 내용, 평가간의 일관성 유지하는 가운데, 교과의 핵심 내용을 평가하고 이를 토대로 학습의 수행에 대한 피드백으로 연결되어 학습자 스스로 수행을 통제하는 양상으로 전개된다.

이상에서 논의한 수행평가의 2 가지 원리는 Hibbard(1996, 정문성, 2001: 339에서 재인용)가 제시하는 전통 평가와 수행평가의 관계에서 종합적으로 읽을 수 있다. 아래 그림에서 알 수 있듯이, 지식의 획득 여부를 중심으로 평가하는 전통 평가에 비해, 수행평가는 지식을 활용하는 고급 사고력을 평가하며, 따라서 결과 지향적인 평가보다는 과정 지향적인 평가가 이루어지게 된다. "지식을 활용할 수 있는가?"를 평가하는 것은 곧 '교육의 현실 적합성 원리'에 대응하며, 지식의 이해, 분석, 적용, 종합, 평가 등과 같은 고급 사고력을 평가하는 것은 '목표-내용-평가간의 일관성의 원리'에 대응하는 것으로 볼 수 있다.[3)]

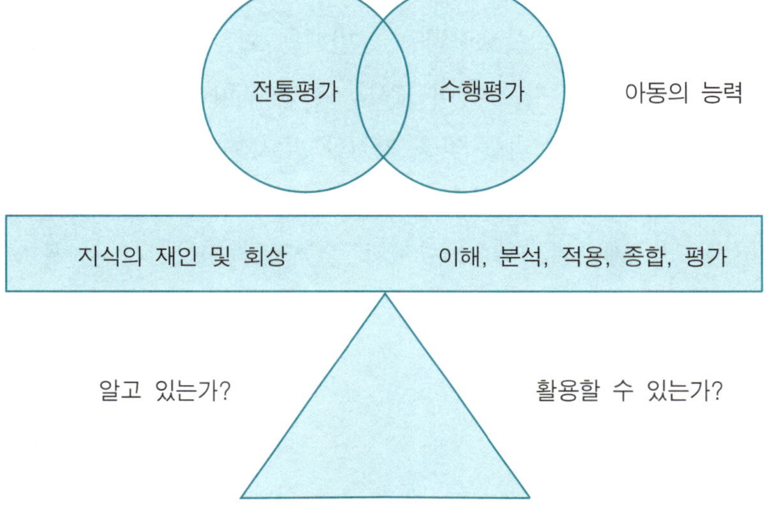


출처:K. M. Hibbard et. al., Performance Based Learning and Assessment. ASCD. 1996. pp5-6

[그림1] 전통 평가와 수행평가의 관계

수행평가가 지니는 이러한 의의에도 불구하고 교육 현장에서 수행평가가 긍정적인 반응을 얻지 못하는 현상이 나타나기도 하는데 이러한 현상의 이면에는 다음과 같은 몇 가지 한계가 작용하고 있기 때문인 것으로 보인다. 첫째, 수행평가를 위해 치러야 할 대가가 크다는 점을 들 수 있다. 굳이 하나하나 열거하지 않더라도 교사 일인당

3) 이러한 수행평가의 성격과 관련해서, 백순근(2000: 53-54)은 수행평가의 특징을 다음과 같이 다섯 가지로 제시한다. 첫째, 기계적인 평가가 아니라 전문적인 판단에 의한 평가 둘째, 학생이 답을 선택하는 것이 아니라 스스로 답을 만들어가고 행동으로 나타내도록 하는 평가 셋째, 교육 목표가 실제 삶의 맥락 속에서 달성되었는지 여부를 측정하는 평가 넷째, 학습 과정을 진단하고 개별학습을 촉진하려는 노력을 중시하는 평가 다섯째, 학생의 변화 발달 과정을 종합적으로 평가하기 위해 전체적이면서도 지속적으로 이루어지는 평가 등으로 요약된다.

평가 대상 학생 수가 적게는 200명에서부터 많게는 1000명에 이르고 있는 실정에서 매 시간 학습 과정 자체를 평가의 대상으로 삼아 수행평가를 실시하기에는 물리적으로 한계를 지닌다는 주장이다. 둘째, 평가 결과를 객관화하고 표준화하여 수량화하는데 어려움이 있다는 한계를 지적할 수 있다. 특히 이러한 한계는 우리나라와 같이 객관화와 표준화 및 수량화를 통해 공정성을 확보하려는 사고방식이 지배적인 경우에는 더욱 심각하게 작용할 수 있다. 이러한 맥락에서 교사의 전문성과 자율성에 대한 믿음이 전제되지 않을 경우 이러한 수행평가가 의미 있게 적용되기에는 많은 한계를 지니는 것으로 볼 수 있다.

그럼에도 불구하고 수행평가를 요구하는 이면에는 모든 평가를 수행평가로 실시할 수 없겠지만, 현실적인 여건을 고려하여 교사의 판단에 따라 가능한 경우에 선택적으로 적용하기를 기대하기 때문이라는 점을 인식할 필요가 있다. 이러한 노력들이 확산되고 누적될 때 교사의 전문성과 자율성에 대한 사회적 신뢰가 보다 현실화되는 과정을 통해 현실적으로 제기되고 있는 한계가 극복되어 지는 것으로 볼 수 있다.

## 수행평가의 조건

수행평가는 수행 중심의 학습과 동형 관계를 유지한다. 따라서 수행평가의 취지가 구현되기 위해서는 학습과의 관련 속에서 평가와 학습이 통합적으로 이루어질 수 있는 조건이 선행적으로 갖추어져야 한다. 이러한 관점에서 수행 중심의 교실 수업을 위한 선행적인 조건들을 학습 방법, 수행 과제 선정, 그리고 평가 기준 등의 측면에서 다음과 같이 요약해서 제시해 보기로 한다.

### ■ 학습 방법과 관련된 조건

① 학생들이 관심을 갖는 이슈를 다룬다.

② 학습 과제를 수행하는 과정이 협동 학습 구조 속에서 이루어지도록 한다.

③ 단편적인 지식보다는 학습 단위 전체의 아이디어(big picture)와 핵심 개념(key concept)을 중심으로 학습하도록 한다.

④ 학습의 계획에 학생을 포함시키도록 한다.

⑤ 실제적인 삶의 경험과 관련된 학습 기회를 제공하여 현실 문제에 관한 적용이 이루어지도록 한다.

⑥ 가정, 상식 등을 회의(반성적인 의심)하는 한편, 새로운 아이디어를 선행 학습과 연관시키도록 한다.

⑦ 반성적인 사고를 통해 자신의 지식, 믿음 체계, 가치관 등의 원천을 인식하도록 한다.

⑧ 학생 스스로 수행 과정의 정오(正誤)를 알 수 있도록 해 주는 환류(informed feedback)가 주어져야 한다.

## ■ 수행 과제 선정과 관련된 준거

① 교수 의도와 일치하는 구체적인 과제를 선정한다.

② 학습자가 습득하게 되기를 기대하는 학습 목표를 반영하는 과제를 선정한다.

③ 학습자 스스로 자신의 능력과 진보(발전 / 변화)를 시현(Demo)할 수 있도록 하는 과제를 선정한다.

④ 현실 세계의 과제와 의미 있는 관련을 맺는 과제를 선정한다.

⑤ 간학문적인 접근을 요구하는 과제를 선정한다.

⑥ 여러 가지 목표를 복합적으로 측정할 수 있는 과제를 선정한다.

## ■ 평가 기준 설정과 관련된 준거

① 학습 내용(주제 / 항목)과 관련된 중요한 쟁점을 기준으로 평가한다.

② 수행 과정에서 요구되는 지식, 기능 등의 측면에서 산출(learner exit outcomes)을 중심으로 기준을 설정한다.

③ 학습자의 산출을 평가할 수 있는 준거를 명료히 한다.: 예를 들면, 과제와 관련된 학문의 사실, 개념, 원리 등을 동원하고 있는가? 과제와 관련된 기능과 절차를 효과적으로 사용하는가? 등을 고려해야 한다.

④ 수행 척도(performance scale)를 점수화(scoring rublic)와 관련해서 고안한다.

⑤ 학습자 및 학습 수행에 대한 정보와 자료가 후속 수업과 관련된 결정에 반영되어 진보된 평가(progress evaluation)가 이루어질 수 있도록 한다.

⑥ 과제 수행으로 통합되는 사고 과정의 측정 준거를 추출한다.

⑦ 설정된 과제가 학습자에게 기대되는 지식, 기능, 사고 등의 측정 준거를 만족하고 있는지를 확인한다.

⑧ 평가 기준 및 결과에 대해 학생과 의사를 교환한다.

⑨ 측정 기준 간에 차별화 필요성이 있을 경우 가중치를 설정한다.

## 사회과와 수행평가의 관계

쟁점중심 사회과 관점에 따를 때, 전통적인 평가를 통해서는 포섭하기 어려운 여러 문제에 직면하게 된다. 예컨대 합리적 의사결정 능력의 하위 목표로 볼 수 있는 참여, 문제 해결력, 고급 사고력, 개념의 심층적 이해 등은 그 자체로서 수행적인 학습을 요구하고 따라서 평가 역시 수행평가를 요구한다. 객관성과 공정성에 얽매인 나머지 평가의 타당성을 포기하는 것은 학습의 의미를 외면하는 것과 같다. 요컨대, 전통적인 선다형 지필 평가에 의존하여 객관성을 고수하게 될 경우 학습의 유기 현상이 초래될 수 있는 것이다.

앞서 논의하였듯이 평가의 진정성 즉, 학습과 동형적이고 재귀적인 관련을 맺는 참 평가는 학습이 진행되는 과정과 상황 속에서 이루어지는 특징을 지닌다. 수행평가의 필요성은 지식의 창출 및 활용 과정과 관련된 지식 즉, 방법적 지식을 중심으로 하는 학습관에의 합목적적인 대응에서 찾을 수 있다. 다시 말해 평가의 합목적성이 학습과의 동형 관계를 지향하는 가운데 있는 만큼, 방법적 지식에로의 전환과 동형적인 평가는 수행평가일 수밖에 없음을 의미한다. 학생의 입장에서 학습은 '무엇인가를 알아가거나 무엇인가를 주도적으로 행하는'[4] 수행의 양상으로 전개되는 바, 바로 그러한 수행을 교사의 입장에서 기술적(記述的)으로 드러내어 측정하는 것이 평가로 나타나기 때문이다. 예를 들어, 문제 해결력을 기르기 위한 수업의 상황에서 학습은 학생들이 문제를 해결해 가는 수행 과정 그 자체가 되며, 평가는 교사가 학생들의 학습 수행 과정 자체를 관찰하고 기술하는 과정이 되는 것이다.[5] 흔히 수행평가 방식의 하나로

4) 학생들이 무엇인가를 알아가고 무엇인가를 하는 유형은 여러 가지가 있을 수 있다. 몇 가지 예를 들면, 이해, 분석, 탐구, 반성, 초인지, 문제 해결 등과 같은 인지적 수행 유형이나 보고서 작성, 토론, 그리기, 도표 만들기, 역할 놀이 등과 같은 종합적 수행 유형을 들 수 있다.

5) 이와 관련해서 Newmann(1995)이 제시하는 수행 평가의 대상(또는 기준)에서 이러한 동형 관계를 확인할

널리 알려져 있는 포트폴리오가 다름 아닌 이러한 수행 과정을 누적적으로 기술해 놓은 기록집이라는 점이 이를 잘 말해 준다.

수행평가는 여러 가지 면에서 사회과의 전통적인 평가에 비해 차별적인 의의를 지닌다. 첫째, 수행평가는 학생들에게 기대되는 사회과의 성취 수준을 직접적으로 측정한다. 예를 들어 "정치화 과정에서 나타나는 집단 간의 이해관계를 해결할 수 있는 합리적인 해결 방안을 제시할 수 있다."라는 학습 목표를 설정했을 경우, 전통적인 평가관에 따르면, 정치화 과정의 의미를 이해하는지 여부를 평가하고 합리적인 해결 방안의 의미와 절차, 기준 등을 알고 있는지를 평가하는 성격을 지녔기 때문에 설사 이러한 평가에서 기대 수준의 평가 점수를 획득했다할지라도 그것이 곧 해결 합리적인 해결방안을 제시할 수 있음을 의미하는 것은 아니다. 즉, 해결 방안의 수행 능력 자체를 직접적으로 평가하는 것이 아니라는 것이다. 이에 비해  수행평가는 실제 또는 실제적인 상황과 맥락 속에서 직접 합리적인 해결 방안을 모색해 보는 자체가 학습 과정이며, 바로 이러한 과정 자체 속에서 드러나는 학습자의 수행 능력을 측정하는 것이라는 점에서 학습 목표의 성취도를 직접적으로 측정한다는 의의를 지닌다.

둘째, 수행평가는 학습자의 고급 사고력, 협동적인 학습 태도 등을 전제하는 평가라는 측면에서 고급 사고력, 학습의 주도성, 구성성 그리고 협동성을 지향하는 최근의 사회과 동향에 부응할 수 있는 평가의 의의를 지닌다. 실제로 교육부에서 고시한 사회과교육과정 문서(2007: 216)의 교수 · 학습 방법에서 이러한 점을 명료하게 규정하고 있다.

---

수 있다. Newmann이 제시하는 수행 평가의 대상을 요약하면 대체로 다음의 5가지로 구분할 수 있다.

① 학생들은 정보와 개념을 대상으로 요약, 이해, 조직, 종합, 일반화, 설명, 가설 설정 등과 같은 심층 학습을 수행하고, 이유와 근거를 토대로 결론을 도출할 수 있어야 한다.

② 사회과의 내용을 사회 현실 문제와 관련지어 학습할 수 있어야 한다.

③ 사회과의 핵심 개념, 원리, 이론 등을 이해하고 해석하며, 이를 문제 해결에 이용할 수 있어야 한다.

④ 문제를 제기하고 해결하는 과정에서 사회과에서 추구하는 탐구 방법과 의사소통 방법을 사용할 수 있어야 한다.

⑤ 학습 활동의 결과를 언어 또는 문서로 명료화해서 체계화할 수 있어야 한다.

위 5가지 평가 대상(또는 기준)에서 알 수 있듯이 평가와 학습이 별도로 분리되는 것이 아니라, 학생들이 수업 시간에 직접 수행하는 학습 활동이 되고, 바로 이러한 학습 활동을 교사의 입장에서 기술하고 측정하는 것이 수행 평가가 되는 것이다.

> "--- 탐구 기능의 습득, 고차원적 사고력의 신장, 그리고 문제 해결력 및 실천 능력 향상을 위해 --- 적절한 탐구 상황을 설정하고, --- 질문, 조사, 토의, 모의재판과 모의국회, 현장 견학과 사회 참여, 역할 놀이 등의 다양한 학습 방법 --- 학습자 스스로 지식을 구성하고 자기 주도적 학습 능력을 향상시킬 수 있도록 --- 소집단별 협동 학습을 통해 --- 실증적인 자료와 구체적인 사례에 근거하여 분석할 수 있도록 지도한다."

셋째, 수행평가는 학습 과정에 학습자가 능동적으로 참여할 것을 요구한다는 점에서 복합적인 지적 능력을 평가할 수 있도록 한다. 전통적인 평가는 학습자가 지니는 다중적이고 복합적인 지적 수행 능력 중에서 2개 이상을 동시에 평가할 수 없는데 비해, 수행평가는 자기 평가나 상호 평가 등과 같이 학습자 스스로의 반성적 판단이나 담론적 상호작용을 대상으로 하는 평가[6]를 통해 사회과와 밀접한 관련을 맺는 대인적 지능(interpersonal intelligence)과 대내적 지능(intrapersonal intelligence) 등을 동시에 평가하는 것을 가능하게 한다. 수행평가는 학습자로 하여금 숙고를 동반한 지식과 기능의 적용(사용)을 가능하게 하고, 상황 지향적이며 복합적인 지적 변화를 가져오게 하는 것으로 볼 수 있다. 수행평가에 대응하는 사회과 학습은 교과 내용을 수단으로 하여 스스로의 연구 또는 지식의 적용이 이루어지는 과정으로서의 성격을 지니게 되어 지적인 폭보다는 깊이에 도전하도록 하는 심층학습을 가능하게 한다.

## 수행평가 정책의 오류

이상에서 논의한 진정한 평가의 일환으로 적용되고 있는 수행평가와 관련해서, 현재 정부 수준에서 추진되고 있는 수행평가 정책의 내용은 크게 5가지 점에서 문제점을 지니고 있는 것으로 분석된다.

첫째, 수행평가와 관련된 개념적 혼란을 지적할 수 있다. 교육인적자원부(2001)에 따르면, "교과학습발달상황의 평가는 선택형 지필 평가와 수행평가로 구분하여 실시한다."라고 규정하고 있다. 이는 양자가 사실적으로 분리되어 있는 것으로서 상호 독

6) 반성적 사고를 토대로 하는 담론적 상호작용은 학습자가 복잡한 문제를 해결하는 데 필요한 핵심적인 지식과 기능을 동원(수행)하게 된다.

립적임을 전제한다. 그러나 개념적으로 지필 평가와 수행평가는 대립적이고 배타적인 관계에 있는 것이 아니라, 지필 평가가 수행평가를 위한 하나의 선택적인 방안이라는 점에서 의미의 오류를 지니고 있는 것으로 볼 수 있다. 즉, 지필 평가 방식을 통해서 수행을 측정할 수 있는 만큼 양자를 구분하여 실시한다는 것은 개념적 오류를 범하는 것으로 판단된다.

둘째, 수행평가 실행과 관련해서 현실 적합성이 결여되는 문제점을 안고 있는 것으로 나타났다. 교육인적자원부(2001)에 의하면, "교과 학습의 평가는 교육 목표를 성공적으로 달성하기 위한 교육의 과정으로 실시하며"라고 규정하고 있다. 이는 평가 대상 학생 수가 많은 경우에 500명을 상회하며, 평가 자료, 사례, 경험 등이 축적되어 있지 않는 현실을 고려할 때, 수행평가의 형식화를 초래할 여지가 있는 것으로 판단된다. 아울러 교육청에 따라서는 공동 평가 또는 상호 교환 평가 방식을 실시하도록 규정하고 있는 데, 이러한 평가는 '교육의 과정'으로 실시할 수 있는 것이 아니라 별도의 평가를 통해 가능한 방식이라는 점에서 '교육의 결과'를 평가하는 것으로 나타날 가능성이 높은 것으로 보인다.

셋째, 정책 내용의 정합성이 결여되는 문제점을 지니고 있는 것으로 나타났다. 교육인적자원부(2001)에 의하면, '이원목적분류표에 근거한 지필 평가'를 요구하고 있다. 이원목적분류에 따른 평가는 행동 변화를 평가함을 전제하는 것이고, 행동 변화를 평가한다는 것은 곧 수행을 평가하는 것이라는 점에서 수행평가와 지필 평가를 구분하는 규정과 모순되는 결과를 초래하는 것으로 보인다.

넷째, 수행평가의 기본 점수 부여와 관련된 문제를 지니고 있는 것으로 나타났다. 교육인적자원부(2001)에서는 '수행평가의 기본 점수 부여 여부, 부여 점수의 범위'를 시도교육청에 위임함으로써 교육청에 따라 기본 점수에 관한 차별적인 지침을 적용하는 결과를 가져오고 있다. 수행에 있어서 기본 수행이 전제되는지 여부는 매우 중요하고 어려운 문제이다. 현재와 같이 대학입시에 있어 고등학교 내신 성적을 신뢰하지 않는 분위기를 감안할 때, 이에 대한 명확한 규명과 합의가 없는 상태에서 기본 점수를 교육청에서 자의적으로 결정하는 것은 혼란을 가중시키는 요인으로 작용할 것으로 보인다.

다섯째, 수행평가 기준과 관련된 문제를 지니고 있는 것으로 나타났다. 교육인적자원부(2001)에 의하면, "판단은 평가자가 평가한 것을 객관성, 합리성, 타당성, 신뢰성 등이 있는 기준을 준거로 하여 점수화하거나 문장화하는 것을 의미한다."라고 규정하고 있다. 많은 연구 결과에서 보고하듯이 수행평가는 객관화, 표준화, 수량화 등에 있어 본질적인 난점을 지니고 있는 것으로 알려져 있다. 이러한 점에서 수행평가 기준에 있어 객관성과 타당성을 동시에 충족하도록 요구하는 것은 현실적으로 타당성을 희생하고 객관성을 추구하는 결과를 가져올 것으로 보인다.

## 수행평가 실행에 관한 교사의 실제적 지식[7)]

수행평가와 관련된 교사의 실제적 지식은 수행평가에 대한 개념적 인식, 수행평가 정책에 대한 인식, 그리고 수행평가 실행의 경험에 근거한 인식 등이 종합적으로 작용하는 과정에서 형성된다. 이와 관련해서 크게 학습관, 평가관, 그리고 학습과 평가의 관계 등으로 구분하여 살펴본 교사들의 인식은 다음과 같은 것으로 나타났다.

첫째, 학습관과 관련해서 초·중등학교 교사들은 수행평가에 대응하는 학습관을 구성하고 있는 것으로 나타났다. 즉, 학습자의 인지 구조의 지속적 변화, 자기주도적 학습 능력의 신장, 실생활에의 적용 능력 배양, 전인적인 발달 및 성장 등을 중시하는 학습관을 공유하고 있었다.

둘째, 평가관과 관련해서는 상대 평가 혹은 양적 평가에 대응하여 절대 평가 혹은 질적 평가 중심의 발달주의적 평가관을 견지하고 있는 것으로 나타났다. 이는 수행평가의 도입 근거로 작용하는 평가관으로, 학습자 개개인의 학습 발달 과정에 대한 평가의 필요성과 질적 평가의 중요성, 지속적인 평가에 대한 요구를 인식하고 있음을 반영하는 것으로 볼 수 있다. 특히 중등학교 교사들은 수행평가와 진정한(authentic) 평가와의 관계에 대해 실생활과의 연계를 고려하여 실제적 적용 능력을 평가하는 것이 진정한 평가이며, 모든 수행평가가 진정한 평가일 수는 없으나, 진정한 평가는 수행평가가 될 수밖에 없다고 보고 있었으며, 진정한 평가가 되기 위한 고려 요인으로 현장에서 즉시 평가가 실행되어야 함과 실생활과의 연계 정도에 초점을 맞추는 것으로 보고 있다. 이에 비해, 초등학교 교사들은 수행평가에 부응하는 발달주의적 평가

7) 본 내용은 2003년 교육인적자원부의 지원을 받아 수행된 '사회과 수행평가 실행에 관한 교사의 실제적 지식에 관한 연구' 결과 중 일부를 인용·요약한 것임을 밝힌다.

관을 지니고 있었으나, 지필평가와 수행평가를 대립적이고 배타적인 관계로 인식하고 있었다. 즉, 수행평가에 대한 기본적 의미를 부분적으로만 이해하고 있으며, 수행평가 자체에 대한 오개념을 지니고 있는 것으로 나타났다.

셋째, 학습과 평가의 관계에 대해서는 양자가 동형적이고 재귀적인 관계에 있는 것으로 인식하고 있었다. 이는 학습 자체를 측정하는 평가로서의 의미를 지니는 것으로, 진정한 의미에서의 평가를 가능하게 하는 것이다. 그러나 이렇듯 초·중등학교 교사 모두 학습과 평가의 관계가 동형적인 관계이어야 함을 인식하고 있음에도 불구하고, 현실적으로 당면한 여러 문제 즉, 학습 내용 과다, 시간 부족, 학생 수 과다, 시설 부족, 학부형들의 인식 부족 등으로 인해 실제 수업과 관련해서 이를 제대로 구현하기가 어렵다는 생각을 지니고 있는 것으로 나타났다. 이러한 인식은 당위와 현실의 괴리에서 비롯된 인식의 갈등상태에 있음을 반증하는 것으로 볼 수 있다.

한편, 수행평가의 준비 및 계획 측면과 수행평가 실행에서의 전략 및 방법, 척도 및 결과 처리 등 수행평가 실행과정에서 나타난 교사의 실제적 지식은 다음과 같이 나타났다. 우선, 수행평가의 준비 및 계획에서의 실제적 지식을 살펴보면, 초등학교 교사들은 수행평가를 따로 분리하여 준비·계획하는 것이 아니라, 수업을 준비·계획하는 과정 속에 포함시키고 있는 것으로 드러났다. 이 때, 평가 대상으로 고려하는 것은 사회과 목표와 내용에 준하여, 단원의 학습 목표 중에서 수업을 통해 수행이 가능한 그리고 기능과 관련된 수행과제를 중심으로 계획하고 있었다. 또한 수업에서 수행이 어려운 수행과제 즉, 조사활동을 요하는 것은 방과 후 학습과제로 부여하고 있으며, 야외조사 활동을 통한 수행과제는 직접적으로 수행하기 어렵기 때문에 간접적인 다른 방식으로 변형하여 준비하고 있었다. 중등학교 교사들도 초등학교 교사들과 마찬가지로 사회과 학습 목표와 학습에서의 현실적인 수행 가능성이라는 두 가지 측면을 동시에 고려하여 수행평가를 준비·계획하고 있었다. 이는 중등학교 교사들이 고급 사고력 신장이나 공동체적 삶의 방식 내면화 등을 사회과교육의 목표 혹은 수행평가의 목표로 인식하고 있지만, 수행평가를 실행하는데 한계로 작용하는 다인수 학급 체제, 부족한 수업 시수 등 수행평가 실행에 장애로 작용하는 학교 현장의 문제들을 제약 여건으로 인식하고 있음을 보여주고 있다.

다음으로 수행평가 실행에서의 전략 및 방법에 대한 실제적 지식을 살펴보면, 초등학교 교사들은 현실적인 제약 여건 속에서 나름대로 평가 전략과 방법을 고안하고 있는 것으로 나타났다. 즉, 과제 수행 시, 모든 학생들의 수행을 평가할 수 없기 때문에 소수 학생에 대한 결과 중심의 선별적인 평가를 하고 있으며, 피드백 효과를 주기 위해 선별한 발표 내용에 대해 모든 학생들에게 요약·정리 및 평가 결과를 알려주는 방식을 취하고 있었다. 또한 사회과 협동학습의 효과를 극대화하기 위해, 수업시간에 이루어지는 수행은 가능한 한 모둠별 활동을 통해 할 수 있는 과제를 통해 수행하며, 수행평가에서 누락된 학생들을 평가하기 위해 지필평가를 따로 실시하고 있었다. 이는 수행평가 결과를 보완하기 위한 것으로, 학습자의 능력에 대한 객관적 판단의 근거 및 생활기록부에 기입하기 위한 기초 자료로 활용되고 있었다. 한편, 중등의 경우에는 사회과 수업 시간의 부족, 학생 수 과다, 진도 위주의 학교 수업 및 평가 체제 등 현실적 제약 여건과 특히 학급 간 동일한 진도에서 동일한 형태로 평가되어야 한다는 공정성에 대한 강한 요구가 수행평가 적용에 있어 장애 요인으로 작용하고 있었다. 이는 수행평가 정책의 취지에 공감하기에 앞서 수행평가 실행에 제약 조건으로 작용하는 상황들을 업무 부담으로 인식시켜 교사로 하여금 나름대로의 대응 전략을 수행하게 하였다고 볼 수 있다. 실제로 중등학교 교사들은 일부 학생들의 개별 발표, 수행 과제에 대한 문답식 수업, 방과 후 수행 과제물 부과를 통해 나름대로의 수행평가 전략과 방법을 고안하고 있었다.

끝으로 수행평가 실행에서의 척도 및 결과 처리시의 실제적 지식을 살펴보면, 초등학교 교사들은 수행평가의 척도를 사회과 목표와 내용에 준하여 설정하고 있으나, 명확하게 세부적인 기준을 미리 설정하여 측정하지는 않고 있었다. 상대적으로 교사의 주관적인 준거에 따라 상중하 정도로 나누어 기록하고 있었으며, 어떠한 평가 방식으로 측정하더라도 점수화하지 않으며, 결과 처리 또한 질적인 서술 평가를 하고 있었다. 가능한 한 부정적인 평가를 자제하고 있긴 하지만, 나름대로 부족한 능력에 대해 피드백을 제공하려 노력하고 있었다. 초등학교 교사들이 평가와 관련하여 활용하는 방식은 주로 지필 평가, 중장기 과제물, 모둠별 평가 등이며, 이를 기록한 평가 기록지를 참고로 하여 성적을 기입하는 방식으로 평가 결과를 처리하고 있었다. 초등학교에서는 점수화하거나 서열화하지 않기 때문에 교사는 한 학기 내지는 일 년 동안 교사가 관찰하고, 평가해 온 척도에 의해 종합 정리하여 기술하고 있었다.

한편, 중등학교 교사들은 평가 척도로 교과 내용과의 타당성, 수행의 완성도, 창의성, 성실성 등을 평가 척도의 준거로 삼고 있으나 수행평가의 평가 척도가 최종적으로는 성적 산출과 관련되어 있기 때문에 객관적이고 공정한 평가 척도, 즉 채점 준거 및 기준 등을 설정하도록 요구하게 되어, 현실적으로 타당도보다는 객관성을 확보하기 위해 보다 채점이 용이한 평가 척도를 구성하는데 비중을 두고 있는 것으로 나타났다. 나아가 학급별 평균 편차 축소의 요구로 인해 절대평가를 지향하는 평가 척도를 구성하기가 현실적으로 어렵게 되고 결과적으로 상대평가에서 사용하는 평가 척도와 크게 다르지 않은 실정에 있는 것으로 드러났다.

이렇듯 수행평가 정책이 지나치게 객관화와 수량화를 요구하고, 결과적 평등성을 강요하고 있는 이면에는 교사의 전문성에 대한 신뢰 결여, 결과적 평등주의에 강하게 집착하고 있는 학교 행정 문화와 관행이 작용하고 있는 것으로 해석된다. 또한 중등학교 교사들은 동일 학년의 동일 과목에 대한 동일한 평가 방식, 횟수, 기준, 반영 비율 등을 강요하는 지침과 반별 성적 편차 축소를 강요하는 지침으로 인해 수행평가의 취지에 적합한 절대평가를 지향하는 평가 척도를 구성하는 것이 현실적으로 어렵다고 인식하고 있었다. 특히 학급별 성적 편차 축소를 강요하는 지침은 수행평가가 본래의 목적에서 크게 벗어나서 성적 편차 조절을 위한 수단으로 전락하게 할 수도 있다는 점에서 우려를 낳을 수 있다고 판단된다.

## 결 론

정책 수준의 수행평가는 기술적이고 형식적인 지식에 의존하는 특성을 보인다. 이에 비해 수행평가가 교실 현장에 적용되는 과정에서 교사는 수행평가 실행과 관련된 실제적인 문제들이 복합적으로 작용하는 상황에 대응해야 하는 어려움에 직면하게 된다. 이로 인해 교사는 정책 수준에서 추구되는 수행평가의 취지나 의의보다는 이러한 복합적인 문제에 대응하는 것에 일차적인 관심을 갖는다. 또한 수행평가 정책에 대한 교사들의 불신과 불만은 수행평가를 실행하는데 제약으로 작용하는 학교의 환경적 여건과 수행평가의 강제적 성격, 지나칠 정도로 객관성과 공정성을 강요하는 지침 등에서 비롯된 것이며, 이로 인해 교사들은 업무를 가중시키는 정책으로서 인식하고 있다. 이와 같은 경우 수행평가 정책은 교사들의 자발적인 참여를 수반하지 못하기 때문에 형식적인 차원에서 제한적으로 실행될 수밖에 없으며, 지속적인 실행을 담보하기 어렵게 된다. 이는 수행평가 정책이 조작적인 성격을 지니고 있음에도 불구하고 합의된 개념으로 존재하는 것이 아니라 산종과 분열의 양상으로 존재하고 있기 때문에 수행평가의 본질을 포섭하지 못하고 있는 것으로 볼 수 있다. 이로 인해 수행평가 정책과 교실 수업에서 실제로 실행되는 수행평가는 이중 구조를 형성하여 괴리, 대립, 분열 등의 현상을 야기하게 되었다. 교사들은 실제적인 문제 해결력, 협동의식 함양 등 민주시민 양성이라고 하는 사회과교육의 목표와의 관련 속에서 수행평가의 중요성을 인식하고 있지만, 동시에 현실로 작용하는 다인수 학급, 부족한 수업 시수 등과 같은 제약 여건에 대한 종합적인 고려를 하는 가운데 수행평가 실행에 관한 판단을 한다. 이로 인해 수행평가 정책이 현실 적합성을 결여하는 경우 수행평가 정책은 교사 수준에서 해석적 조작을 통하여 해체되는 결과를 가져오게 된다. 소위 말하는 산종과 분열의 양상이 전개되는 것이다.

이러한 맥락에서 수행평가 정책의 개선 방향을 다음과 같이 제시하기로 한다. 첫째, 현행 수행평가 정책은 교사의 실제적 지식과 유리되고 있기 때문에 보다 현실 적합성을 확보하는 정책 수립이 우선적으로 필요하다. 앞서 수행평가 실행과 관련하여 수행평가 준비 및 계획, 수행평가의 전략 및 방법에 관한 교사의 실제적 지식에서 살펴보았듯이, 현장 교사는 현실 적합성이 결여된 수행평가 정책을 실행하는데 어려움을 겪고 있다. 부족한 수업 시수, 정해진 진도, 다인수 학급, 미비한 시설, 입시 위주 교육 등 현실적 측면을 고려하는 한편, 교사들의 실제적 지식에 적합한 정책을 마련함으로써 보다 개선된 수행평가 정책을 실행할 수 있도록 해야 할 것으로 보인다.

둘째, 현행 수행평가 정책이 지니고 있는 내적 정합성의 결여를 개선할 필요가 있다. 지필 평가와 수행평가에 대한 개념적 오류, 이원분류에 근거한 지필 평가 지침에 들어 있는 논리적 오류, 수행평가 기준으로서의 객관성과 타당성에 대한 동시적 요구 등과 같은 오류와 모순을 개선하지 않는 한 현장에서 나타나고 있는 혼란과 파행을 쉽게 극복하기는 어려울 전망이다. 특히 수행평가 정책이 수행평가의 본래적 속성인 비객관적, 비수량적 특성을 고려하지 못하고 수량화를 강조하는 전통적 평가관에 경도되어 지나치게 객관성과 공정성을 요구한 나머지 목적과 수단이 전도된 형식적 수행평가가 실행되는 결과를 낳게 되며, 결과적으로는 정책에 관한 오개념을 낳아 현장 교사들에게 혼란을 야기할 수 있다는 점에 유의할 필요가 있다.

셋째, 정책의 실행에 앞서 교사의 전문성과 자율성을 뒷받침하는 조치로서 교사의 평가 전문성 신장을 위한 제도적 뒷받침이 병행되어야 할 것으로 본다. 기존의 각종 연수제도, 연구제도, 양성제도 뿐만 아니라 학교 수준 내지는 학교 연합 수준에서 교사들의 자발적인 워크숍이나 난의(欄議) 등이 활성화될 수 있도록 행재정적 지원이 이루어져야 할 것이다. 이러한 지원이 수반되지 않는 상태에서 이루어지는 정책은 궁극적으로 교실 수업 현장에서 나타나는 교사들의 실제적 지식에 의한 해체를 피해갈 수 없는 바, 교사의 전문성과 자율성을 확대, 심화시키기 위한 정책적 지원이 적극적으로 추진되어야 할 것으로 보인다.

Chapter VII

# 2007 개정 사회과교육과정에 대응하는 교과서의 준거

VII장

# 2007 개정 사회과 교육과정에 대응하는 교과서의 준거

교과서는 학습 내용과 학습자를 매개한다. 그래서 교과서는 학습 내용을 지향하고 지양하는 학습 논리를 추구한다. 내용 중심의 교과서가 아니라 학습 중심의 교과서를 요청하는 것이다. 2007년 개정 사회과교육과정은 내용 구성의 대강화, 적정화, 교수·학습의 원칙 등의 측면에서 교과서의 준거를 제시한다. 보다 구체적으로는 첫째, 교과서 내용 선정과 관련해서 지식의 구성에 대응하는 교과서, 자기주도적 학습을 담보하는 교과서, 통합학습을 진작시키는 교과서, 교사의 실제적 지식에 기초한 교과서, 다중 시민성을 함양하는 교과서 등의 준거를 요구한다. 둘째, 교과서 내용의 제시 방식과 관련해서 선행 조직자 기능을 수행하는 도입 단계, 의미를 구성하는 본문, 고급 사고 경험을 제공하는 탐구 학습, 의미를 재구성하는 정리 단계 등의 제시 구조를 준거로 요구한다. 교과서는 학습의 구성성과 주도성에 기초해야 하며, 나아가 삶의 구성성과 주도성으로 연계될 수 있어야 한다.

## 동형성과 차별성

교육과정과 교과서는 동형 관계에 있다. 즉, 양자는 원형과 예 또는 우주와 소우주의 관계에 있는 것으로서 시스템 이론의 관점에서 볼 때 동형성을 지닌다. 교과서는 교육과정에 명시된 성격, 목표, 내용, 교수-학습 방법, 그리고 평가의 내용이 학습 수준으로 동일하게 전환되어 구현된 것으로서의 의미를 지닌다. 단지 추상과 구체의 정도 즉, 범주와 위계의 정도를 달리하는 정도의 차이를 지닐 뿐이다. 즉, 교육과정이 보다 상위의 위계에 위치하면서 범주의 포괄성이 상대적으로 넓은 추상성을 지닌다면, 교과서는 보다 하위의 위계에 위치하면서 범주의 포괄성이 상대적으로 좁은 구체성을 지닌다는 것이다.

이러한 동형성이 유지되는 이면에는 교육과정의 편성에 적용되는 내용 선정의 원칙이나 내용 조직의 원칙이 교과서에도 동일하게 적용되는 또 하나의 논리가 숨어있다. 즉, 학문적 기초, 철학적 요구, 학습자의 심리적 기초, 국가 · 사회적 요구, 시대적 배경 등의 내용 선정 원칙이나 나선형 조직, 학년별 범주와 위계의 일관성 유지, 통합적 조직 등의 내용 조직 원칙이 교육과정과 교과서에 동일하게 적용되는 점에서 동형성이 유지된다.

이렇듯 교육과정과 교과서가 동형성을 지니고 있음에도 불구하고, 교과서 편찬상의 유의점이나 검정 기준에서 볼 수 있듯이 교과서의 관점, 기능, 준거 등과 같은 별도의 차별적인 목소리가 존재하고 있는 데, 이는 교과서가 교육과정과 동형성을 유지하면서도 학습의 논리에 적합하도록 내용의 선정 및 제시 방식을 달리하기 때문이다. 예를 들어, 교과서의 준거와 관련해서 학습 가능성의 제고, 고급 사고력의 경험 제공, 통합 학습 기회의 제공 등과 같은 학습 과정과 관련된 준거들이 논의되고 있는 이유를 이러한 맥락에서 이해될 수 있다.

2007년 개정 사회과교육과정(2007, 교육인적자원부)은 개정의 명칭에서 알 수 있듯이, 제7차 교육과정까지와는 달리 부분, 수시 개정 방식에 따라 개정된 교육과정으로, 제7차 교육과정의 기본 체제를 유지하는 가운데 현실적인 요구에 따라 문제점을 해소하기 위한 일환으로 개정되었다. 그런 만큼 역사 영역의 독립과 같은 편제상의 변화를 제외하면, 사회과의 성격이나 목표, 내용 체계 등에 있어서는 제7차 교육과정의 윤곽을 유지하고 있는 것으로 볼 수 있다.

그럼에도 불구하고 교과서와 관련해서는 의미 있는 차별적 논의를 가능하게 하는 변화를 담고 있다. 예를 들면, 교육과정 내용 구성의 대강화나 내용 적합성 제고, 학교와 학생 단위 교육과정의 자율성 강화 등을 들 수 있는 데, 이러한 것들은 교과서 편찬에 있어 제7차 교육과정과는 의미 있는 차별적 해석을 요구하는 것으로 볼 수 있다. 또한 2007년 개정 교육과정에 따른 검정도서 편찬 및 점정 기준(2007, 교육인적자원부) 역시 교과서의 준거에 관한 보다 구체적인 해석을 요구한다. 이에 본 장에서는 개정 교육과정과 관련해서 교육과정과의 동형성을 유지하는 가운데, 학습 가능성을 충족할 수 있는 교과서의 준거를 논의하고 아울러 이러한 준거를 충족하는 내용의 제시 방식을 모색하기로 한다. 이를 위해 2007년 개정 교육과정을 교과서와 관련지어 해석하는 한편, 중학교 검정도서 편찬상의 유의점 및 검정 기준을 교과서의 준거와 관련지어 논의하고, 이를 토대로 내용 제시 방식을 모색하기로 한다.

## 내용 구성의 대강화

사회과교육과정 개정 시안 수정·보완 연구(한국교육과정평가원, 2006: 188)에 의하면, 교육과정 내용의 대강화를 개정 교육과정의 기본 방향의 하나로 규정하고 있다. 대강화는 교육과정 내용의 위계 수준을 줄이는 동시에 범주의 폭을 넓히는 것을 의미한다. 실제로 개정 교육과정은 7차에 비해 단원별 목표를 명료하고 구체적으로 진술하는 한편 내용의 범주를 확대하여 개념 또는 주제 중심으로 주요 내용을 제시하고 있다. 목표의 명료화 및 구체화는 단원의 성격과 취지를 목표 형식으로 전환하되 큰 그림(big-picture)과 하위 그림(sub picture)이 명료하게 드러날 수 있어야 한다는 의미를 지니며, 내용의 범주를 확대하는 것은 핵심 내용을 중심으로 내용을 제시함으로써 단원의 초점을 명료히 하면서도 교과서 개발 및 교실 수업 수준에서의 자율성, 전문성, 다양성 등을 기할 수 있도록 하기 위함이다.

이러한 대강화를 지향하는 이면에는 몇 가지 전제가 숨어 있다. 첫째, 교육과정 의사결정권을 단위 학교 또는 지역 교육청 수준에로 이양한다는 것이다. 이는 교육의 자치와 자율을 근간으로 학교 중심 교육과정 또는 교사 중심 교육과정을 구현하려는 취지와 의미를 함께한다. 둘째, 교육 현장, 특히 교실 수업의 자율성과 전문성 확대를 위한 조건을 마련한다는 취지를 전제한다. 대강화된 범주에 구체적으로 담을 내용을 교과서 개발 단계 및 교사의 의사결정에 이양함으로써 교재의 선택 및 교실 수업의 실제가 교사의 전문성과 자율성에 따라 이루어질 수 있도록 하기 위함이다. 셋째, 대강화와 세분화는 상보적인 관련을 맺음을 전제한다. 내용을 대강화함으로 인해 자율의 미명하에 교육이 방관되거나 질 관리가 소홀해지는 측면을 포섭할 수 있어야 한다. 이를 위해서는 다른 축에서의 세분화된 규정이 동반되어야 한다. 예를 들면, 교육과정에서 단원의 설정 취지나 주안점 등을 명료하게 제시하거나, 교육과정 해설서를 보다 자세하게 개발하는 것 등을 들 수 있다. 실제로 개정 교육과정에서는 이러한 보완과 함께 내용의 대강화를 취하고 있는 것으로 볼 수 있다.[1] 제7차 교육과정과 개정 교육과정을 대강화의 측면에서 비교하면 다음과 같다.

아래 표에서 알 수 있듯이 동일한 단원 수준에서 제7차 교육과정에서는 3개의 주제 수준 및 각 주제별 성취 기준을 총 12개로 상세화해서 제시하고 있다. 이에 비해 개정 사회과교육과정에서는 주제 수준을 설정하지 않고 단원 전체를 5개의 큰 범주로 재구성하여 제시하고 있다. 즉, 위계를 단순화하고 범주를 보다 포괄화 하는 방식의 대강화를 기하고 있다. 그런 만큼 대강화된 범주에 담게 되는 하위의 세부적인 내용은 교과서 개발 단계로 이양하게 되는 결과를 초래하는 바, 교과서에 관한 보다 심층적인 연구와 논의가 요구되는 것으로 볼 수 있다.

[교육과정 대강화 예시] - 중학교 경제 영역

| 제7차 교육과정 | 2007년 개정안 |
|---|---|
| (3) 시장 경제의 이해<br>(가) 시장 경제의 특성: 성취기준 3개 항목<br>(나) 가격의 결정과 변동: 성취기준 5개 항목<br>(다) 시장경제의 발전 과제: 성취기준 4개 항목 | (9) 시장 경제의 이해<br>(가), (나), (다) 등의 소주제가 없음<br>성취기준 : 5개 항목 |

## 내용의 적정화

교육 내용의 적정화 또는 적합성(relevance)은 그에 배타적으로 대응하는 속성을 지니는 것이 아니라 관련적인 의미를 지닌다. 한편으로는 내용 선정과 관련을 맺는 적정화로서 학습자의 요구나 심리, 국가·사회적 요구, 학문적 논리, 교과(사회과)의 목표 등에 비추어 어느 정도 정합성을 지니는지를 의미한다. 다른 한편으로는 내용 조직과

1) 이 외에 대강화와 상보 관계를 유지하기 위해 보완되어야할 부가 사항으로 교육과정 개정 방식 및 절차, 교과서 개발 지침, 교수·학습 방법의 안내 등을 들 수 있다.

관련된 적정화로서 학습자의 학습력, 연간 수업 시수, 내용 간의 위계와 범주 등에 비추어 학습 가능성을 어느 정도 충족하는 지를 의미한다(한국교육과정평가원, 2006: 188-189).

이러한 내용 적정화 원칙이 새삼스러운 것은 아니며, 오랜 세월 반복해서 지적되어 왔던 것으로서 2007년 개정 사회과교육과정에서 특별히 중점을 두었던 원칙이다. 이러한 내용 적정화 원칙이 일견 교육과정에 적용되는 원칙으로 보이기도 하나, 최종적으로 학습자에게 경험되는 교실 수업을 상정할 경우, 교육과정 보다는 교과서에 보다 비중 있게 적용되는 원칙으로 보아야 한다. 왜냐하면 교육과정은 보다 선언적인 수준에서 내용의 범주를 규정하는 성격에서 벗어나기 어렵고, 이를 구체화해서 실질적으로 학습자와의 만남을 매개하는 것은 교과서일 수밖에 없기 때문이다. 이러한 관점에서 교육과정 개정 단계에서 설정했던 내용 적정화 원칙 중에서 교과서 개발 과정에 보다 의미 있게 적용되어야 할 원칙들을 선별해서 제시하면 다음과 같다.

□ 학습자의 흥미, 경험, 요구 측면

- 학습자의 경험에 대응하는 학습 자료를 통해 흥미를 유발하고 의미의 구성이 이루어질 수 있도록 한다.
- 학습의 이유 동기를 유발할 수 있도록 문제를 내포한 학습 자료를 제시하도록 한다.
- 학습자의 실제적인 삶과 관련을 맺도록 학습 자료를 제시한다.

□ 국가 및 사회의 요구 측면

- 시대 및 사회의 변화에 대응하는 학습 자료를 제시한다.
- 범교과 학습 내용을 관련 내용과 통합적으로 조직한다.
- 사회적 가치와 관련된 내용을 가치와 통합하여 조직한다.

□ 학문의 논리 측면

- 사회과학 지식의 구조 대응하도록 내용을 선정한다.
- 사회과학의 탐구 방식이 경험할 수 있도록 내용을 조직한다.

□ 사회과의 목표 측면

- 사회 현상을 이해하고 해석할 수 있도록 학습 자료를 구성한다.
- 시공간적인 맥락 속에서 현상을 이해할 수 있도록 내용을 조직한다.
- 가치, 기능, 지식 등을 통합적으로 조직하여 제시한다.

□ 학습 가능성 측면

- 학습자의 학습력에 대응할 수 있도록 내용의 난이도, 문장의 가독성 등을 고려하여 내용을 조직한다.
- 고급 사고력을 경험할 수 있도록 내용을 제시한다.

## 교육과정에 대응하는 교과서의 준거

교과서의 준거는 일차적으로 교수·학습 방법과 밀접한 관련을 맺는다. 교과 내용을 학습 논리에 적합하도록 구체적으로 구현해 놓은 것이 교과서이기 때문이다. 즉, 교육과정에서 규정하고 있는 교수·학습 방법은 성격, 목표, 내용, 평가 등에 비해 교실 수업의 실제와 가장 밀접한 관련을 맺는 것으로서 교과서 내용의 조직 및 제시 방식에 직접적인 처방으로서의 의미를 지닌다. 교수·학습 방법 부분에서 2007년 개정 사회과교육과정은 제7차 사회과교육과정과는 달리 교수·학습 방법을 이원화해서 교수·학습의 원칙과 교수·학습의 방법으로 구분해서 제시하고 있다. 이와 관련해서 교육과정이나 교육과정 해설서에서 의미나 이유, 근거 등을 제시하지 않고 있으나, 하위 내용으로 미루어 볼 때, 원칙은 보다 추상성이 높은 상위 수준의 의미를 지니며, 방법은 구체성이 높은 하위 수준의 의미를 지니는 것으로 판단된다.

교수·학습 원칙은 5개 항, 그리고 교수·학습 방법은 9개 항으로 총 14개 항으로 제시되어 있는 데, 특정한 내용이나 구체적이고 개별적인 내용과 대응하여 제시된 것이 아니라, 일반적으로 적용될 수 있는 선언적인 지침 성격의 방법으로 제시되어 있다. 다만 교수·학습의 원칙이 방법의 원론적 성격을 지니는 데 비해, 교수·학습 방법은 공학적인 기법 성격을 지니는 차이를 보인다. 이러한 차이는 전자가 보다 교과서의 준거와 관련을 맺는 반면, 후자는 교실 수업에서 교사가 선택적으로 적용할 수 있는 교수 기법과 관련을 맺는다는 추가적인 차이를 함축한다. 이러한 맥락에서 교육과정에 제시된 교수·학습 방법 중, 교수·학습의 원칙 5개 항을 재구성하여 교과서의 내용 조직 및 제시 방식의 차원으로 전환하여 교과서의 준거로서의 의미를 지닐 수 있도록 하기로 한다.

## 내용의 선정 및 조직과 관련된 준거

### ■ 지식의 구성에 대응하는 교과서[2)]

전통적 관점에 의하면, 인식의 원천으로서 선험적인 개념틀을 전제하건 아니면 경험의 세계를 전제하건 다시 말해 합리론적 인식론이건 또는 경험론적 인식론이건 인식과 인식의 대상관계를 이분법적인 대응 관계로 간주한다. 합리론은 개념을 선험적인 인식 틀을 통해 경험 세계를 인식한 결과물로 간주한다는 면에서, 그리고 경험론 또한 개념을 객관적 경험 세계가 투사된 결과물로 간주한다는 면에서, 양자는 모두 인식 주체의 현재적인 개념 체계가 인식의 도구로서 적극적인 역할을 한다는 사실을 간과하고 있는 것이다.

개념 형성 또는 개념 변화에 관한 최근의 심리학적 연구 결과에 의하면 학생들은 백지 상태로 학습에 임하는 것이 아니라 이미 형성된 나름대로의 선개념(prior concept)을 가지고 학습에 임하는 것으로 밝혀졌다(Novak, 1987; Helm & Novak, 1983; Perkins & Simmons, 1988; Srike & Posner, 1992). 개념 생태(conceptual ecology)라는 용어를 쓰고 있는 Toulmin에 따르면, 사람들은 개념을 단독 개념의 상태로 인지하는 것이 아니라 개념의 맥락(conceptual context) 속에서 개념을 인지하며, 이때의 개념 맥락은 변형, 유비, 은유, 신념, 지식 등의 조합으로 구성된 개념의 생태라고 주장한다 (Toulmin 1972; Strike & Posner에서 재인용, 1992: 50). 이러한 Toulmin의 주장 역시, 외부에서 객관적으로 주어지는 형식적 지식이 그대로 이식(移植)되는 것이 아니라는 점을 뒷받침한다.

이러한 측면에서 Strike & Posner는 개념 학습의 인식론적 조건을 인식 주체와 인식 대상(개념)을 관련지어 다음과 같이 제시한다(Strike & Posner, 1992: 148-149, 154-163). 첫째, 사고와 행동에 있어 학습자의 현재적인 개념이 어떤 기능과 역할을 수행하는 한 학습자는 그 개념을 바꾸지 않는다고 본다. 심지어는 현재 지니고 있는 개념이 제

2) 구성주의 학습에 대응하는 교과서 준거는 교육과정의 교수 · 학습 방법의 (2)항 "사회과의 성취 목표인 핵심 지식의 이해, 탐구 기능의 습득, 고차원적 사고력의 신장, 문제 해결력 및 실천 능력 함양을 위해 다양한 교수 방법을 활용한다." 및 (3)항 "고차원적 사고력 함양에 적합한 귀납적 인식, 반성적 사고, 메타 인지 등과 같은 학습 과정을 통해 학습자 스스로 지식을 구성하고 자기 주도적 학습 능력을 향상시킬 수 있도록 학습을 전개한다."와 관련된 준거이다. 아울러 이 부분의 내용은 'II장. 사회과 통합의 전경과 배경'의 '학습의 구성성'에서 논의한 것과 동일하다. 다만 본 장의 논리적 근거로 작용하기 때문에 반복해서 다룬 것임을 밝힌다.

기능을 원활하게 수행하지 못하는 상태에 있다 할지라도 개념 맥락을 전체적으로 변경시켜야 할 필요성을 느끼지 않는 한 현재적인 개념 맥락에 의존하여 문제를 해결하려 한다는 것이다. 둘째, 새로운 개념이 인식 주체에 의해 감지(이해)되어야 한다는 조건을 든다. 인식 주체가 새로운 개념에 접근하는 것은 스스로 그 개념에 담겨있는 새로운 의미를 감지할 수 있게 될 때 비로소 가능해진다고 본다. 새로운 개념의 의미가 반직관적이거나 이해하기 어려울 때에는 새로운 개념이 무엇을 의미하는지, 설령 그 개념이 참이라 할지라도 어떤 세계를 담고 있는지 이해하려 하지 않기 때문에 결코 개념 변화가 일어나지 않는다는 것이다. 따라서 학습자의 현재적인 개념 체계가 제 기능을 발휘하지 못한다 할지라도 새로운 개념의 의미가 감지되지 않는 한 개념 변화가 일어나지 않게 된다. 셋째, 새로운 개념의 의미가 학습자에게 참일 가능성이 있는 것으로 그럴듯하게 느껴져야 함을 든다. 인식 주체가 현재 지니고 있는 생각이나 믿음 체계와 불일치를 초래하지 않는 가운데 새로운 개념이 인식 주체가 직면하고 있는 문제를 해결할 수 있는 가능성이 엿보일 경우, 비로소 개념 변화 과정에 들어가게 된다는 것이다. 나아가 새로운 개념이 현재적 문제 상황을 해결할 수 있는 가능성을 넘어 새로운 세계를 인식할 수 있는 탐구 도구로서의 가능성이 인식 주체에게 느껴질 때 학습자는 보다 적극적으로 새로운 개념에 전념하게 된다고 본다. 이렇듯 Strike & Posner는 학습자가 지니고 있는 현재적인 개념 맥락 속에서 개념 학습이 일어난다는 점을 지적하는 것이다. 낡은 생각과 새로운 생각의 교체는 새로운 생각이 학습자에게 그대로 인화 또는 투사되는 것이 아니라, 학습자가 지니고 있는 현재적인 개념 맥락 속에서 학습자에 의해 구성되는 것이다. 이러한 맥락에서 개념 학습을 포함한 일체의 앎의 과정은 학습자 스스로 구성하는 과정으로 나타나는 것으로 볼 수 있다.

구성주의는 지식을 인식 주체에 의해 구성되어진 것으로 간주한다. 지식을 인식 주체 외부에 존재하는 가지적이고 절대적이며 객관적인 실재에 대응하는 것으로 보는 것이 아니라, 인식 주체의 주관적인 경험의 맥락과 상관을 맺는 가운데 인식 주체의 개념망의 부분으로 구성되어진 것으로 본다. Glasersfeld(1995: 7)가 말하듯이, 지식은 던져진 있는 그대로의 삶에 의존하여 경험적인 상호작용을 통해 해석한 결과들이 네트워크 형태로 구성되어진 것이다.[3)]

이러한 구성주의적 지식관은 Dewey(1916)로부터 시작되어 Piaget(1973)와 Vygotsky(1978)에 이르는 과정을 통해 구성주의 학습 이론으로 자리 매김하게 된다. Dewey가 말하는 '상황과 경험에 근거한 지식'이나, Piaget가 말하는 '발견과 구성 및 재발견을 통한 이해로서의 학습', 그리고 Vygotsky가 말하는 '구성의 주체로서 스스로의 개념을 창조하는 학습자' 등은 모두 던져진 삶의 한가운데서 학습자 스스로 자신의 지식을 구성해 간다는 구성주의 학습 이론을 견지하는 것으로 볼 수 있다.

구성주의에 있어 앎(knowing)은 모든 지각(perception)을 포함한 선행적인 지식에 순행하는 동시에 능동한다. 순행은 학습자가 현재적으로 지니고 있는 지식(또는 개념망)의 영향을 받는 가운데 학습이 이루어짐을 의미하고, 능동은 학습자 스스로 자신의 지식을 재구성하는 것을 의미한다. 따라서 지식을 구성함에 있어 현재적인 지식과 경험은 학습자 개인에게 있어 유용한 도약대가 된다. 이러한 맥락에서 구성주의 학습 이론에 담겨 있는 핵심적인 학습관에 대응하는 교과서 상을 다음과 같이 요약할 수 있다.

첫째, 학습자의 주체적인 해석을 적극적으로 요청하는 교과서라야 한다. 구성주의는 학습자의 경험에 의해 선행적으로 구성되어 있는 주관적인 의미로부터 분리된 지식을 받아들이지 않는다. 즉, 현상의 본질에 대한 이해로서의 지식관이나 순수 형식 또는 이데아의 회상으로서의 지식관을 부정하는 대신, 마치 직물을 짜는 것과 같이 학습자 스스로 의미를 구성하는 것으로서의 지식관을 요청한다. 따라서 구성주의 세계에서는 객관, 실재, 물자체, 본질, 이데아 등과 같은 탈주관적인 존재론의 흔적들이 회의(懷疑)되는 대신, 외현적으로 동일하게 보이는 교육적 처방이 이루어지더라도 학습자의 배경이나 관심, 선행 경험 등에 따라 전혀 다른 결과를 가져올 수 있다는 점을 강조한다. 학습자들은 동일한 처방에 대해 서로 다르게 주목할 수도 있고, 아무런 반응도 일으키지 않을 수 있으며, 예기치 못한 방식으로 영향을 받을 수도 있는 것이다.

3) Heylighen(1993)은 지식의 구성 과정에서의 사회적 측면을 강조하여, "지식의 최종적인 판단 기준은 간주관적인 합의에서 구해진다."라고 하여, 실재 또는 진리에 관한 지식이 사회 구성원들 간의 합의에 의해 구성되어 지는 것으로 주장한다. 이렇듯 지식을 시간과 공간 그리고 인식 주체의 간주관적인 관계 속에서 역동적으로 변화하는 것으로 보는 관점은 고대 이후 지속되어온 객관적인 지식관을 배척한다. 객관주의에 따르면, 인식 대상은 변하지 않는 실재로서 인식될 수 있는 것으로 간주된다. 그러나 구성주의에 따르면, 대상의 실재 여부를 떠나 객관주의가 말하는 그러한 실재는 인식되어질 수 없으며, 다만 지식은 인식주체에 의해 구성되어진 결과로서 간주된다.

따라서 구성주의 학습에 대응하는 교과서는 '학습을 위한 수단으로서의 지식'을 담아야 한다. 앎과 학습은 상보적인 관련을 맺는다. 아는 것이 많을수록 많은 것을 학습할 수 있으며 동시에 학습을 많이 할수록 많을 것을 알게 된다. 물론 이 말이 많은 지식을 습득하도록 해야 함을 의미하는 것은 아니다. 학문의 논리에 따라 지식의 체계를 습득시켜 주는 데 목적을 두는 경우 지식은 '학습의 결과'로서의 의미를 지니나, 구성주의적 관점에서 볼 때 지식은 '학습의 수단'으로서의 의미를 지닌다. 즉, 전자에 있어 지식은 학습자에게 던져진 과제를 해결하기 위해 학문의 논리를 추적하여 도달하게 되는 종착점인 동시에 학습의 결과 도달할 것으로 기대되는 정답으로서의 의미를 지니는 반면에, 후자에 있어 지식은 학습자 스스로 학습을 수행하는 데 필요한 도구 또는 수단으로서의 의미를 지닌다. 따라서 구성주의 학습관에 대응하는 교과서는 학습자 스스로 지식을 구성해갈 수 있도록 인지적 갈등을 유발하는 문제가 적재된 자료와 질문을 제시하여, 제공된 자료가 학습을 위한 수단적 지식으로 작용할 수 있어야 할 것이다.

둘째, 학습 자체의 맥락 속에서 학습이 이루어질 수 있도록 안내하는 교과서여야 한다. 즉, 학습자가 어떤 내용을 학습하는가 뿐만 아니라 학습자가 어떻게 학습할 것인지에 관심을 갖도록 하는 교과서라야 한다는 것이다. 여기서 말하는 '어떻게 학습하는가'라는 의미가 단순히 학습 방법 또는 학습 모형 정도로 한정되는 것은 아니다. 왜냐하면, 전통적으로 학습 방법은 학습 내용을 전제한 연후에 그러한 학습 내용과 직접적으로 또는 간접적으로 적합성을 충족하는 수단 또는 절차로서의 의미를 지니고 있는데 반해[4], 구성주의에서는 객관성을 전제하는 학습 내용 자체를 의심하거나 최소한 학습 내용 자체에 부여하고 있는 규정성을 인정하지 않는다는 면에서 전통적인 의미에서의 학습 방법 또는 학습 모형과는 차별적인 의미를 지닌다. 구성주의에서 말하는 '학습 자체의 맥락'이 지니는 의미는 학습자 스스로의 문제의식을 토대로 어떻게 문제를 해결할 것인지를 주도해 가는 것을 의미한다. 구성주의 세계에서 학습 목표는 학습자 자신의 경험 과정을 통해 깨달아지거나 상정되는 것으로서, 이러한 과정

4) 일반적으로 학생들은 주어진 학습 과제를 해결하기 위해 조사, 실험, 탐구 등과 같은 학습 활동에 전념할 수 있다. 그리고 이러한 학습 활동은 현장에서 바람직한 활동으로 권장되는 활동이기도 하다. 그러나 이러한 활동이, 인식 주체의 외부에 실재하는 현상의 본질에 대한 이해로서의 지식관을 전제할 경우에, 활동의 초점은 학습자로부터 독립해 있는 실재를 명료하게 인식하도록 하는데 모아진다. 즉, 학습은 세계를 표상하는 것이지, 자신의 세계를 구성하는 것으로 받아들여지지 않는다.

이 학습자 스스로의 반성적인 사고 과정으로 진행되는 것으로 본다. 따라서 구성주의 학습에 대응하는 교과서는 학습자 스스로 문제를 상정하고 해결하는 학습 과정 즉, 학습의 학습이 이루어질 수 있도록 하는 교과서라고 말할 수 있다.

### ■ 자기주도적 학습을 담보하는 교과서5)

MacIntyre(1984: 208)는 삶을 '있는 그대로의 이야기와 같은 형식으로서의 삶(the narrative forms of life)'으로 해석한다. 이는 삶의 과정이 던져지는 것에서 시작되고 그로부터 직물을 짜나가듯이 스스로 자신의 삶을 주도해 가는 과정으로 이루어짐을 의미한다. 그러나 던져진 있는 그대로의 삶의 형식은 기계적인 해석과 적용을 허용할 만큼 단순하지 않다. 전통적으로 전해오고 있는 사회적 관례와 같은 규정적 표준의 적용을 초월하는 복잡성과 곤란성이 판단과 결정을 어렵게 한다. 그래서 개개인은 그러한 복잡성과 곤란성을 극복하기 위해 상황을 판단하고 과거를 돌아보며 자신을 반성하는 등의 학습 활동에 전념하게 된다. Vaill(1996: 20-21)이 규정하듯이 삶의 주도성은 곧 학습의 주도성과 동형적인 관련을 맺는다.

인간은 학습하는 유기체다. 인간은 태어나면서부터 학습하도록 고안되어 있다는 점에서, 학습은 삶의 존재 방식으로서의 의미를 지닌다. 인간은 생래적(in nature)으로 학습하기를 원한다. 학습의 대상은 지식일 수도 기능일 수도 또는 가치일 수도 있다. 그러나 이러한 생래적인 요구와 무관하게 외부로부터 특정한 것을 학습하도록 요구당할 때 생래적인 요구는 제한 또는 연기되고, 기껏해야 취미나 소일거리 등으로 치부되고 만다. Vaill(1996: 31)은 학교 교육의 이러한 측면을 드러내어 "현재 이루어지고 있는 학교 교육은 목적-수단 합리성을 추구하고 있을 뿐이다."라는 비판을 제기하기도 한다. 전통적인 학교 교육에 들어 있는 함축적 이미지로서 '학습은 고통을 수반하는 것', '학습 목표는 주어지는 것', '학습 과정은 초보자 상태에서 완성적 수행자 상태로 이행시키는 과정' 등은 모두 학습의 자기 주도성을 포섭하지 못하고 있는 데서 비롯된 것임을 지적하는 것이다(1996: 28-29).

5) 자기 주도적 학습은 구성주의 학습과 양면 관계에 있는 것으로, 위에서 논의한 교수 · 학습 방법의 (3)항과 관련을 맺는 동시에 (5)항 "학습자의 요구, 수준, 능력, 적성 등을 고려한 학습을 전개한다."와 관련을 맺는 준거이다.

이에 반해 자기 주도적 학습은 형식화된 학교 교육에서와 같이 선행적으로 조직화된 학습을 따르는 것이 아니라, 스스로 자신의 요구와 이유 동기에 의해 학습을 주도해 간다. 학습자는 본질적으로 이유 동기에 근거하여 학습 목표와 내용, 형식, 속도, 평가 등을 스스로 주도하고 제어할 수 있는 능력을 지니고 있다. 일종의 수수께끼를 푸는 것과 같이 학습에 임하는 것이다. 그러나 이것이 처음 대하는 낯설음에 당황하고 좌충우돌하는 것을 의미하는 것은 아니다. 자기주도적 학습에는 왜 학습해야 하는지에 대한 이유 동기가 전제되기 때문이다.

있는 그대로의 삶은 복잡성과 전체성을 지니는데 비해 이러한 삶에 대한 관심과 인식의 측면은 개인에 따라 개별적이고 차별적이기 때문에 개별적인 삶의 주체로서의 학습자는 자기주도적인 학습을 필연적으로 요청하게 된다. 학습자의 문제의식은 교사에 의해 주어지는 것이 아니라 학습자의 현재적인 인식틀에서 비롯된다. 학문적인 논리에 따를 때, 교과서는 위계와 범주에 따라 체계화된 지식의 구조를 차례로 제시하는 방식을 취하게 되지만, 자기주도적 학습의 세계에서 교과서는 학습자의 문제의식과 요구에서 학습의 시작이 이루어질 수 있도록 하는 방식을 취한다. 학습은 자기 스스로 만들어내는 변화 과정이며 자신에 대한 의식의 발달을 지향하는 과정이다. 이러한 변화와 지향 과정은 주어진 삶과 관련된 지식, 방법, 그리고 이유에 대한 앎(know-what, know-how, know-why)을 학습자 스스로 확대하고 심화시키는 과정으로 나타나는 것이다.[6)]

## ■ 통합학습을 진작시키는 교과서

통합 학습은 여러 수준의 의미를 지니고 있으나, 교과서 준거와 관련해서 요구되는 통합은 학습자의 경험에 근거한 광범위한 현상계의 문제 및 주제를 중심으로 학습

---

6) 자기 주도적 학습을 위한 보다 구체적인 하위 준거로 다음과 같은 원리를 제시할 수 있다.
  ① 학습자 스스로 문제를 제기할 수 있도록 다양하고 다원적인 문제(질문 거리)가 들어 있는 소재(자료)를 통해 학습 문제(학습 과제)를 탐색하도록 한다.
  ② 학습하는 방법을 학습(Learn How to learn)할 수 있도록 하는 절차와 과정을 안내한다.
  ③ 학습자 스스로 자신의 학습 활동에 동원된 사고 과정을 분석(Metacognition)할 수 있도록 하는 기회와 필요한 기능을 안내한다.
  ④ 주요 학습 내용을 핵심 개념이나 아이디어를 중심으로 구성하되, 최종적으로 습득되기를 기대하는 결과로서의 지식 형태로 구성하지 말고, 그러한 핵심 개념과 아이디어를 깨달을 수 있도록 하는 과정을 안내하는 내용으로 구성한다.

내용을 구성하는 것을 의미한다. 삶은 전체적(holistic)인 것이며, 실제 세계는 추상으로 분절되어 있는 것이 아니라, 복잡하고 있는 그대로의 던져진(complex & narrative) 것이다. 지식은 문화적 맥락이나 현실 생활 속에 있는 것이니 만큼 학습 내용은 학습자의 경험 세계와 실제 세계이어야 한다는 논리가 따라 나온다.

이러한 통합을 통하여 학생들은 단순하고 분절적인 학문적 지식을 암기하고 복습하는 것으로부터 벗어나 사물의 관련과 아이디어의 통합을 이해할 수 있게 된다. Lipson(1993: 252-264)이 말하듯이 통합학습은 기능을 적용하는데 도움을 주고, 지식과 정보를 빠르게 조회할 수 있도록 해주며, 깊고 넓은 학습을 가능하게 하여, 복합적인 관점과 적극적이고 긍정적인 태도를 지닐 수 있도록 해 준다. 그리고 이러한 기능은 곧 사회과에서 요구하는 탐구 능력이나 가치 판단 능력, 비판적 사고력, 창의적 사고력, 메타 인지 등과 같은 고급 사고력의 근간이 되기도 한다.

교육과정의 교수 · 학습 방법에서 제시하고 있는 "학습자가 사회 현상에 대한 흥미와 관심을 넓히고, 인간 생활과 사회 현상의 원리를 발견하며, 이를 실생활에 적용할 수 있도록 학습을 전개한다."는 지침은 바로 이러한 통합 학습이 이루어질 수 있도록 하는데 있다. 즉, 교육과정의 내용을 교과서에 구현하는 과정에서 통합 학습의 원리에 적합하도록 시 · 공간적 맥락과 관련짓고, 관련된 학문의 연관 개념을 연루시키며, 이를 다시금 학습자의 경험에 대응하도록 재구성하는 등의 후속적인 처방이 이루어져야 한다.[7)]

---

7) 통합 학습과 관련된 교과서의 구체적 준거를 제시하면 다음과 같다.

① 소재 중심으로 내용을 선정하되, 줄거리와 드라마(narration: 상황과 맥락이 역사적으로 전개되는 이야기)가 있는 일차 자료(primary & authentic source)를 중심으로 구성한다.

② 주제 또는 개념과 관련된 윤리적 쟁점(또는 관점)을 통합적으로 다루는 내용을 선정하도록 한다.

③ 역사적 사례를 다룰 때는 대표적인 비극적 또는 희극적 사건으로서 지속적으로 인류의 주의를 끌고 있는 사례를 중심으로 다룬다.

④ 다양한 관점에서의 이해가 가능하도록 내용을 구성한다. 문명사적 관점, 근대적 관점, 지배적 관점 등과 같은 일방적이고 대립적인 관점을 독립해서 다루기보다는 하나의 주제에 대한 다양한 관점 즉, 여성과 남성, 어린이, 종교인, 노인, 자민족, 타민족, 근대, 중세 등의 관점을 이해하도록 함으로써 다중적 관점(multiple perspective)을 지닐 수 있도록 내용을 구성한다.

⑤ 사실이나 개념, 인물 및 사건 등이 그 자체로 중요하다 할지라도, 피상적으로 단순하게 구성함으로써 탈맥락적으로 조직되지 않도록 한다. 학습을 위한 모든 내용은 심층적으로 그리고 시종의 연속선상에서 맥락적으로 다루어 질 수 있도록 제시되어야 한다.

## ■ 교사의 실제적 지식에 기초한 교과서[8)]

실천적인 전문성에 주목하는 Shon(1987: 3-4)에 의하면, 추상의 수준이 상대적으로 높은 이론의 차원에서 문제 해결과정과 구체적인 실행의 차원에서 문제 해결과정이 서로 다른 방식으로 인식되는 것으로 알려지고 있다.[9)] 이론의 차원에서는 문제 해결과정이 기술적인 지식을 조작적으로 적용하는 과정으로 나타나기 때문에 문제의 구조와 해결 과정이 명료하게 인식되는데 비해, 실천적인 차원에서는 문제와 관련된 변인과 상황이 복잡하고 고려해야 할 조건이 복합적이기 때문에 문제의 구조와 해결 과정이 혼란스럽고 불분명한 상태로 인식되는 경우가 일반적인 것으로 보고되고 있다.

예를 들어 교실 수업의 경우, 수업의 환경적 여건과 학습자 여건을 고려해야 하는 실행자로서 교사에게 인식되는 양상은 복잡함과 혼란스러움으로 나타난다. 준비한 수업을 전개하는 데 필요한 시간, 보조 학습 자료의 준비, 평등성에 대한 시비, 적합한 평가 자료와 기준의 선정, 입시와의 관련, 학생과 학부모의 인식, 학생 수, 교장의 기대 등과 같은 실제적인 문제들이 복합적으로 작용하는 상황에 대응해야 하는 어려움에 직면하게 된다. 이로 인해 교사는 이론 수준에서 논의되는 교실 수업을 위한 고려 요인보다는 이러한 복합적인 문제에 대응하는 것에 일차적인 관심을 갖게 된다. 따라서 교실 수업에 있어서 교사의 전문성은 교실 수업과 관련된 이론적 내지는 기술적 지식을 어느 정도 알고 있는 지뿐만 아니라 교실 수업과 관련해서 실제적으로 작용하는 복합적 문제들을 어느 정도 잘 조작해 가는가에 달려있는 것으로 볼 수 있다. 즉, 교사의 전문성은 실천가로서의 경험과 실제에 관한 자신의 판단 즉, 교사 자신의 실제적인 지식에 의존하여 나타난다는 것이다.

이러한 관점에서 교과서를 개발하는 일은 교육과정 또는 교과서에 담을 내용과 관련해서 교사가 지니고 있는 실제적 지식에 기초하여 이루어져야 한다. 교사의 실제적 지식과 유리된 교과서는 그것이 아무리 교육적이고 과학적 근거를 갖추고 있다 할지라도 교육이라는 활동 양식의 전통 내지는 교사의 반성적인 실행 과정으로 투입되기

8) 본 준거는 교육과정의 교수 · 학습 방법 중, (4)항 "사회과 학습 목표와 주어진 학습자 여건 및 교육 환경을 고려하여 가장 효과적인 교수 · 학습 방법을 자율적으로 선택하여 실시하고, 이를 반성적으로 개선해 나가도록 한다."와 관련된 준거로 볼 수 있다.

9) 이와 관련해서, 학교교육의 진화는 실행의 유능성(practical competence)과 전문가적인 예술성(professional artistry)에 의해 이루어진 것으로 보는 Schön(1983: vii)의 관점은 커다란 시사를 준다.

어렵게 된다. 교육 문제는 새로운 지식의 발견을 통해 해결되는 것이 아니라, 문제와 관련된 실천적인 판단과 실행에 의해 해결되며, 실천적인 판단과 실행에 있어 중심이 되는 것은 교사의 실제적 지식이다.[10] Raymond(1988: 89)가 "교사의 교육 행위 현상의 본질을 탐구하기 위해서는 교사의 시각이 필요하다"라고 주장하는 이면에는 바로 이러한 문제의식이 들어 있기 때문인 것으로 볼 수 있다. 교과서 개발 과정에 교사의 협동적 참여가 요구되는 것도 이러한 맥락에서 이해될 수 있다.

교사는 주어진 처방에 따라 수동적으로 행동하는 전달적 행위자가 아니다. 교사는 자신의 실제적 시식에 의존하여 실천적으로 판단하고 선택하는 해석적 참여자다. McCutcheon(1995: 34)이 말하듯이 교사는 개념과 믿음, 그리고 이미지로 상호 연관되어 있는 실제적 지식에 의존해서 교실 수업 이전의 의사결정에서부터 교실 수업이 진행되는 과정에서 즉흥적으로 이루어지는 학생과의 상호작용에 관한 의사결정, 그리고 교실 수업 이후의 반성적 행위에 이르기까지 일체의 행위를 수행한다.

교과서와 교사의 실제적 지식은 성격에 있어서 동형관계에 있다. 양자는 모두 무엇을(what) 어떻게(how)해서 무엇 때문에(why) 가르치고 배우는지에 대한 처방으로 작용한다는 점에서 공통점을 지닌다. 다만 교과서와 교사의 실제적 지식의 관계가 상위와 하위, 전체와 부분, 외연과 내포, 선언과 실행, 간접과 직접 등의 관계를 지니고 있다는 면에서 나름대로의 차별성을 지니고 있을 뿐이다. 이러한 가운데 교과서는 교실 수업의 근거와 원천에 있어 교사의 실제적 지식에 선행한다. 그리고 여기서 말하는 선행의 의미 또는 근거의 의미는 제도 수준에서의 우선성에 있어 선행하고 근거가 됨을 의미하는 것이지, 수업의 논리에서 선행하고 근거가 됨을 의미하는 것이 아니다. 실제 교실 수업의 측면에서는 오히려 교과서에 비해 교사의 실제적 지식이 선행하고 우선한다. 요컨대, 제도의 측면에서는 교과서에 근거해서 교실 수업이 연역되지만, 학습 논리의 측면에서는 교사의 실제적 지식에 근거해서 교실 수업이 연역된다. 따라서 교과서가 교사의 실제적 지식과 유리될 경우 교육과정은 교실 수업의 현장에서 교사에 의해 해체된다. 이러한 맥락에서 교과서의 개발 과정 및 내용은 교실 수업과 관련된 여러 변인들을 포함하여 교사의 실제적 지식에 관한 이해를 토대로 이루어져야 하는 것으로 볼 수 있다.

10) 교사들이 사용하는 언어, 태도, 가치 등은 문제 해결 과정에서 실제적인 요인으로 작용하며 바로 이러한 요인들의 복합체가 곧 교사의 실제적 지식이 된다.

## ■ 다중 시민성을 함양할 수 있는 교과서[11)]

세계화 현상과 관련해서 세계 시민으로서 지니게 되는 정체성은 지역, 국가, 세계 간의 관계가 병렬적인 포함 관계 속에서 중층적으로 중첩되는 특성을 보인다. 국가화 또는 국제화 단계에서 단일 국가의 법률적인 권리와 의무를 중심으로 형성되는 정체성을 대신하여, 타인의 배려(care), 신뢰(trust), 책무(responsibility) 등과 같은 비계약적 가치(non-contractual value)를 중심으로 불특정 다수의 타인을 전제로 한 자기 정체성이 자리하게 되는 것이다. 초국적 사회 세력을 중심으로 환경에 대한 관심, 인권을 위한 노력, 다양한 문화의 통합에 기초한 인류 공동체에 대한 비전 등을 요구하는 것도 이와 맥락을 함께하는 것으로 볼 수 있다.[12)]

세계화와 관련해서 지구적 관점을 중시하고 있는 NCSS(Merryfield, 1997: 183-184)는 다음과 같은 다섯 가지 준거를 고려할 것을 요구하고 있다.

① 세계화는 인간 경험의 세계를 초국가적, 교차 문화적, 다문화적 상호작용의 세계로 이끌었다.

② 개인, 다국가적 비정부 집단(교회, 국제기구, 학회 등), 지방정부 및 민족 지도자 등은 모두 세계를 형성하고 움직이는 현재적 행위자들이다.

③ 과거와 현재의 사회적 정치적, 경제적, 생태적 실체(realities) 그리고 대안적인 미래는 상호 연관되어 있다.

④ 인간과 환경은 제한된 자원에 처해진 유일한 상호 의존적인 시스템을 구성한다.

⑤ 모든 사람은 세상사에 참여(관여)하는 방식에 있어 선택적으로 반응한다.

---

11) 본 준거는 개정 사회과교육과정(2007)의 성격에 규정된 "한국인으로서의 정체성과 세계 시민으로서의 가치, 태도 등에 관한 요소를 중시한다." 및 검정도서 편찬상의 유의점(2007)의 내용의 선정과 조직에 규정된 "(7) 지방화, 세계화 시대의 흐름에 맞도록 지방, 국가, 세계에 관한 다양한 내용 요소를 선정 · 조직한다."와 관련된 준거이다.

12) 이와 관련해서 세계 시민 교육을 영역별로 제안하고 있는 Lynch(1987)에 의하면, 세계 시민 교육은 발달 교육(development education), 환경 교육(environmental education), 인권 교육(human-right education), 평화 교육(peace education), 다문화 교육(multicultural education), 국제 이해 교육(education for international understanding) 등의 영역으로 구성되어야 하며, 각 영역들이 상호간에 유기적인 관련을 맺는 가운데 통합적으로 수행되어야 한다고 본다. 예를 들어, 다문화교육은 세계적 인식이 수반되어야 하는 바, '타인의 고려(인간 존중)는 국가 또는 지역 수준에서 끝나는 것이 아니고', '다문화 사회는 타인들에 의해 구성되는 것인 만큼, 개인으로서의 시민은 타인들로부터 많은 것을 배울 수 있으며', '그러한 타인과 나는 상호 의존적으로 존재하며', '편견과 차별에 대한 투쟁은 국가 수준을 뛰어 넘어 이루어져야 하며', '모든 윤리적 행위는 국가 수준을 초월하여 수행되어야 한다.' 등에 대한 인식이 일관되게 적용되어야 함을 강조한다.

이러한 세계화는 공간에 의해 삶의 관계가 제한되는 상황으로부터 정보와 정보 능력에 의한 관계가 새로운 삶의 관계로 자리하게 되면서 더욱 빠르게 진행된다. 따라서 다중 시민성 개념에 이러한 정보 능력이 포함되어 있음은 물론이다. NCSS에서 제안하고 있는 5가지 준거가 모두 정보화에 기인하고 있는 세계화 현상을 포섭하고 있음을 알 수 있다.

뿐만 아니라 NCSS에서 보다 명시적으로 제시하고 있듯이 세계화는 인간 중심의 관점으로부터 생태주의 관점으로 패러다임을 달리할 것을 요구한다. 생태주의는 사회환경을 포함한 환경의 지속가능성을 전제로 이를 위한 사회의 지속가능성에 관심을 갖는다. 즉, 자연 환경과 사회 환경을 포함하는 넓은 의미에서의 환경을 하나의 살아있는 생태(Eco-system, Biosystem)로 보아 전체로서의 환경의 기능과 행태가 유지될 수 있어야 한다는 생각이다. 따라서 생태주의는 환경오염을 방지할 수 있는 공학적 접근을 포함하여, 생활방식, 교육, 제도, 가치관 등을 포괄하는 정치적 접근을 강하게 요구한다.

이러한 맥락에서 '지속가능한 사회' 개념은 대안적인 정치적 해석을 파생한다. 정치생활은 사회적 필요에 의해 운영되어야 하는 것이 아니라, 자연적인 한계에 의해 평가되고 제한되어야 한다는 것이다. 전통적인 의미에서의 정치는 집단간의 이해관계를 조정하고 구성원의 요구를 수렴하여 사회 체계(social system)를 유지 발전시키는 기능을 수행하는 것으로 인식되어져왔다. 이에 반해, 생태론적 정치 개념은 자연을 포함한 환경 전체에 관한 체계적 관점을 전체로 하여, 생태의 한계와 기능에 대응할 수 있는 접근을 요청한다.

생태주의는 인간이 내적 존재 가치를 지니고 있는 것으로 인정하는 것과 마찬가지로, 자연 환경 역시 내적인 존재 가치를 지니는 것으로 인식하고 이러한 내적 존재가치에 의존하여 도덕적(규범적)인 평가가 이루어져야 한다고 본다. 그래서 일체의 인위적인 정치적 행동과 제도적 장치는 자연의 존재 가치를 규범적 기준으로 삼아 평가되고 계획되어야 한다고 볼 수 있다. 이러한 관점에서 세계적 관점, 생태주의, 비계약적 가치 등을 중심으로 하는 다중 시민성 관점을 교과서 개발 준거의 설정하기로 한다.

## 내용의 제시 방식과 관련된 준거

학습 내용의 제시는 일반적으로 두 가지 방식으로 이루어진다. 하나는 주제 또는 제재의 학습 절차(과정 또는 순서의 체계)와 관련된 형식적 의미로서의 제시 방식과 다른 하나는 학습 내용의 서술 방식이나, 조직의 맥락, 질문의 성격, 삽화의 성격 등과 관련된 내용의 구조적 의미로서의 제시 방식이다. 이러한 제시 방식은 학습의 의미 및 이해도와 직접적인 관련을 맺는 것으로서 단순히 내용 요소의 많고 적음이나 위계 수준보다 학습 내용의 적정화 및 학습 가능성에 더 큰 요인으로 작용한다. 이러한 관점에서 우리나라 사회과 교과서들에서 일반적으로 나타나는 형식적 제시 방식을 전제로, 각 단계에서 요구되는 구조적 제시 방식의 준거를 논의하기로 한다.[13] 공통적으로 취하고 있는 형식적 제시 방식은 3~4개의 주제를 담고 있는 단원을 단위로 하여, 각 주제별로 도입, 본문 내용 및 용어 해설, 탐구 활동 및, 사례 읽기, 학습 정리, 등의 순서로 끝을 맺는다. 이러한 관점에서 각 단계를 따라 구조적 의미의 제시 방식과 관련지어 분석적 논의를 전개하기로 한다.

### ■ 선행 조직자 기능의 수행: 도입

일반적으로 도입은 주제 전체 내용을 간단하게 소개하는 개요 부분과 학습 목표에 대응하는 학습 과제 형식의 질문 부분으로 이루어져 있다. 개요 부분은 주제의 학습을 성공적으로 마친 학생에게 주제의 내용을 요약해 보라는 질문에 모범적으로 답변할 것으로 예상되는 내용을 미리 제시해 놓은 것과 동일한 의미를 지닌다. 즉, 학습 활동 이후에 학생들이 귀납적으로 일반화하게 되기를 기대하는 내용을 학습 활동에 임하기 앞서 미리 제시하고 있는 것이다.

교수 계획 과정과 학습 과정은 연역과 귀납으로 비교된다. 교수의 계획은 학습이 수행되고 난 최종적인 상태를 먼저 생각하고 역으로 선행 학습 단계와 내용 등을 연

13) 현재 7차 교육과정에 따라 검정 기준을 충족하여 학교에서 사용하고 있는 사회과 교과서는 총 6종으로 구성되어 있는데, 출판사에 따라 의미 있는 차별성을 지니지 못하고 있다는 평가를 받고 있다. 그 이유는 사회과교육과정 자체가 내용 중심으로 규정되어 있으면서 규정의 범주와 수준이 세분화되고 구체적이어서 교과서 내용의 선정 및 조직에 있어 출판사의 자율성이 매우 제한을 받고 있음을 들 수 있으며, 다른 한편으로 교과서 분량이나 내용 구성 방식 등과 관련된 검정 기준이 제한되어 차별적인 교과서를 만들기 어렵다는 점을 들 수 있다. 이러한 측면에서 교학사에서 출판된 교과서를 임의로 선택하여 내용 제시 방식을 분석하기로 한다.

역해 내는 과정을 따르는 반면에, 실제 학생들이 학습하는 과정은 교수 계획 과정과는 정 반대로 구체에서 추상으로, 단순에서 복잡으로, 개별에서 체계로 즉, 교수 계획의 최종 단계가 최초의 학습 단계로 그리고 교수 계획의 최초 단계가 학습의 최종 단계로 나타나는 귀납적 과정을 따른다. 이러한 관점에서 볼 때, 주제의 도입 부분을 개요 성격의 내용으로 제시하는 것은 도입 단계 이후 이루어지는 학습 과정을 안내하고 구성하는 선행 조직자 역할을 할 수 있기를 기대하고 있는 것으로 판단된다.

학습은 단원 또는 주제 전체의 윤곽을 선행적으로 구성한 다음, 이를 토대로 부분을 구성하는 방식으로 진행된다. 즉, 부분과 부분의 집적을 통해 전체가 구성되는 것이 아니라, 선행적으로 구성된 전체에 능동하고 순행하는 방식으로 부분이 구성된다. 따라서 도입은 후행적으로 학습하게 될 부분들을 안내하고 제어하는 선행 조직자 기능을 수행할 수 있도록 제시되어야 하는 것으로 볼 수 있다.

### ■ 의미의 구성을 위한 텍스트: 본문 내용

일반적으로 교과서의 본문 내용은 전형적인 서술 형식의 텍스트로 제시되어 있다. 사실적인 정보를 나열하거나 개념의 의미를 설명하는 텍스트 형식을 취하고 있는 것이다. 실제 교학사에서 발행한 교과서 중학교 사회3(김왕근 외, 2002: 8-37)의 1단원 내용의 일부를 직접 인용해 보기로 하자.

> 민주주의는 어느 날 갑자기 나타난 것이 아니라, 오랜 역사를 통해 인간 스스로의 반성과 노력에 의해 만들어진 삶의 방식이다. 그러나 오늘날과 같이 민주주의가 모든 사람들에게 보편적으로 받아들여지게 된 것은 그다지 오래된 일이 아니다. 고대 그리스에서 민주주의란 한 사람이나 소수에 의한 지배가 아니라, 다수의 민중이 지배하기도 하고 지배받기도 하는 정치 형태를 의미하였다. 17, 18세기 근대 시민 혁명으로 다시 등장한 민주주의 사상은 천부 인권 사상을 바탕으로 하여 정치 부문뿐만 아니라 모든 사회의 구성과 운영에 있어서 민주적인 절차와 원리를 중요시하는 제도라는 의미로까지 확대되었다.

위 내용에서 알 수 있듯이, 현상의 인과 관계에 대한 설명이나, 이유와 근거의 분석적 제시, 문제 제기와 갈등의 유발 등과 같은 내용을 찾기 어렵다. 단편적인 정보를 나열하고 있는 사전의 전형과도 같다. 학습자 스스로 생각하고 담론적인 상호작용에 참여하는 가운데 개인적 지식을 주도적으로 구성할 수 있게 하는 텍스트로서의 의미를 찾아 볼 수 없는 것이다. 이렇듯 학습 내용의 맥락성이 결여되고 학습자의 경험 및 인식 틀과 유리된 상태에서는 그만큼 학습의 부담을 증가시키고 관련적인 의미에서의 난이도를 더할 가능성이 높다고 볼 수 있다.

이에 비해 미국의 사회과 교과서(Ahmad, 1996)를 통해 의미 있는 차이를 발견할 수 있다.

> 국토의 80% 이상이 산지인 일본의 인구는 미국의 절반에 해당하는 1억 2천 5백만 명인데 비해 면적은 몬타나주와 비슷하여 상대적으로 면적이 좁은 나라이다. 지층이 단단하기 때문에 평야는 해안이나 하천을 따라 좁게 발달해 있다. 이로 인해 거주와 경작이 가능한 지역이 매우 좁고, 인구 밀도 또한 높다. 예를 들면 뉴욕의 인구 밀도는 360명/㎢ 인데 비해 일본의 간토 평야 지역의 인구 밀도는 20,000명/㎢으로 매우 높은 실정이다. --- 중략--- 앞으로 일본은 노동력 부족에 직면하게 될 것이다. 왜냐하면 낮은 출생률과 인구의 노령화가 계속될 것이기 때문이다. 또한 인구의 노령화는 생활비와 의료비 등과 같은 공적 서비스를 제공하는 데 필요한 사회적 비용의 부담을 증가시키게 될 것이다.

위 내용은 지형의 특성 및 면적과의 관계 속에서 인구 및 토지 이용 실태를 파악하도록 함으로써 인구 밀도 현상과 집약적 토지 이용 현상을 관계적으로 이해할 수 있도록 제시하고 있다. 즉, 산지가 많고 평야가 해안선을 따라 좁게 발달해 있기 때문에(원인) 자연히 토지를 집약적으로 이용할 수밖에 없게 되고 따라서 인구 밀도 또한 높게 될 수밖에 없다는(결과) 일반화에 도달할 수 있도록 하는 것이다. 뿐만 아니라 면적과 인구수의 관계(인구 밀도)를 설명함에 있어서도 추상적으로 면적이 얼마이고 인구가 얼마이니 그래서 인구 밀도가 얼마라는 방식의 서술을 지양하는 대신, 학습자의 선행적인 개념 틀과 경험 세계에 근거하여 면적을 몬타나주에 비교하고 인구수를 미국의 인구에 비교하는 방식으로 설명한다. 즉, 학습자의 선행적인 스키마에 새로운 정보가 편입되고 재조정될 수 있도록 하는 구성주의 학습을 적극적으로 지향하는 것으로 볼 수 있다.

텍스트는 진리를 담고 있는 그릇이 아니라 내러티브(구성된 이야기)와 이미지를 제공한다. 내러티브와 이미지는 해석의 대상으로서의 의미를 지닌다. 사회과 텍스트는 전통적으로 피상성, 부정확성, 그리고 왜곡 등의 문제를 안고 있는 것으로 지적되어왔다. 또한 학생들로 하여금 사소한 정보를 암기하도록 하는데 경사되어 왔다.

사회과 교실 수업에서 다루어지는 학습 자료는 전체적 윤곽을 구성하도록 학습되어야 한다. 내용은 이유 동기를 진작시키는 내용 즉, 개념과 개념의 관계 형식을 담고 있어야 한다. 다만, 제시 방식에 있어서 귀납적 학습을 통해 일반화를 만들도록 하는 자료 제시형 또는 일반화 지식을 제시하되 학습자의 선행 지식 및 경험과 관련지어 쉽게 구성되도록 하는 논리적 설명형의 차이가 있을 수 있을 뿐이다.

예를 들어, 지역 사회 단원에서, 위치 개념을 다룸에 있어 "주소가 어디냐?, 왜 그 주소에 사느냐?" 등과 같은 질문을 통해, 주소는 위치를 나타내는 개념이고 위치는 지구상의 어떤 부분을 가리키는 의미를 담고 있음을 알도록 하는 방식이 있을 수 있는데, 이는 논리적 설명형에 해당하는 것으로 볼 수 있다. 또한 촌락의 유형을 제시함에 있어 "왜 물 주변에 촌락이 형성되는가?"라는 이유 동기(일반화를 구성하도록 하는 학습 문제)를 제시하고, 이와 관련된 사실적 정보들을 논리적으로 설명하는 유형에 해당된다. 이와는 달리 물 주변에 촌락이 형성되어 있는 여러 사진 및 촌락 주민의 삶과 관련된 일차자료(Raw Data: 사례, 일기, 기사, 통계 자료 등)를 제시하고, 공통된 현상 및 그러한 현상의 원인을 가설적으로 생각한 뒤, 이를 검증하도록 하는 자료 제시형으로 교과서를 구성할 수도 있다.

### ■ 고급 사고 경험을 제공하는 탐구 학습: 탐구 활동 및 사례 읽기

사례 읽기는 본문 내용과 관련된 사례들을 제시하고 본문 내용을 이해하는 데 도움을 줄 수 있는 질문을 제시함으로써 귀납적인 구성으로서의 학습 가능성을 높일 수 있다. 예를 들면, 페리클레스의 연설문과 프랑스 인권 선언문을 제시하고, 두 사례에 들어 있는 민주주의의 의미를 비교 · 분석하게 함으로써, 본문 내용과의 적합성을 충족하는 가운데 학습 가능성을 높일 수 있을 것으로 보인다. 다만 사례를 선정할 때, 질문의 양호도와 질문의 목적 조건이 충족될 수 있는 학습 소재를 선정하고 관련된 질문을 제시해야 한다. 예를 들면, 학습 소재에 들어 있는 중심적인 아이디어와 관련된 질문, 명확한 질문, 학습자의 경험과 관련을 맺는 질문, 질문의 범위와 수준이 상세하고 구체적인 질문, 맥락적 사고를 가능하게 하는 질문, 도전적이고 확장적이며 상황 지향적인 질문을 통해 고급 사고력을 진작시키는 질문 등을 들 수 있다.

탐구 활동 역시 사례 읽기 활동과 동일한 성격을 지닌다. 사례 읽기 활동이 본문 내용과 동형적인 의미를 지니면서 사례를 통한 의미의 분석 및 구성에 초점을 두는 데 비해, 탐구 활동은 보다 폭넓게 탐구력이나 문제해결력, 의사결정력 등과 같은 고급 사고력 신장에 보다 큰 비중을 두고 있다는 차이점을 보인다. 특히 탐구 활동은 본문 학습의 심화 또는 발전 학습으로서의 의미를 지닌다는 점에서 사회과의 기능 학습이 통합적으로 이루어질 수 있도록 제시되어야 한다. 정보 기능의 예를 들자면, 정보의 의미, 정보의 정확성과 객관성, 정보의 의도(inferred and explicit massage), 설득 방식 등을 분석할 수 있도록 탐구 자료를 구성할 필요가 있다.

### ■ 자기 평가를 통한 의미의 재구성을 위한 학습: 학습 정리

정리 단계는 기본적으로 학습 결과에 대한 자기 평가로서의 의미를 지닌다. 즉, 일반적으로 말하는 형성 평가와 유사한 의미를 지니되, 학습자 스스로 평가할 수 있도록 제시한다는 차별적 의미를 지닌다. 평가의 내용은 단순히 본문의 내용에만 그치고 있는 것이 아니라, 기능과 고급 사고력을 포함하는 것으로서 퀴즈, 퍼즐, 문장 만들기, 빈칸 채우기, 표 만들기 등과 같은 다양한 유형으로 제시함으로써 사회과 기능과 사고, 그리고 지식을 통합적으로 학습하는 데 도움을 줄 수 있다.

## 결 론

교과서에 관한 관점은 크게 내용 중심 교과서(또는 닫힌 교과서)와 형식 중심 교과서(또는 열린 교과서)로 나누어진다. 전자의 경우 교과서는 교육과정 내용의 범주를 수평적 수직적으로 더욱 세분화하여 학습자의 수준에 맞도록 구성해 놓은 학습 자료로서의 성격을 지닌다. 이에 비해, 후자의 경우 교과서는 학습자내지는 학습의 논리를 중시한다. 학습 자료로서의 우선적 준거를 내용이 아니라 학습에 두는 것이다. 따라서 학습자가 지닌 잠재력으로서의 인지적 판단 능력을 발달시키는데 주안점이 있는 것으로 볼 수 있다.

형식 중심 교과서에 있어서 교과서의 목적은 형식 능력으로서의 일반적인 학습 능력을 더욱 발달시키는 것 즉, 학습의 목적은 보다 높은 수준의 학습 에 있는 것이 된다. 따라서 형식 중심의 교과서를 학습하는 과정에서 학습의 목적은 숨겨진 교과 내용을 추적하는 과정에서 요구되는 일반적인 학습 능력을 토대로 더욱 높은 수준의 학습 능력을 발휘할 수 있도록 하는데 있다고 말할 수 있다. 소위 말하는 '학습의 학습(learning to learn)'의 요구에 부응하는 교과서로서 지니는 주요한 특징이 곧 형식 중심 교과서로 나타난다.

이에 본 장에서는 학습 내용(subject or lesson)과 관련지어 학습자를 바라보는 내용 중심 교과서로부터 학습(learning) 자체의 맥락 속에서 학습자를 바라보는 형식 중심 교과서의 특징을 중심으로 개정 사회과교육과정에 대응하는 교과서 준거를 논의하였다. 보다 구체적으로 제시하면 첫째, 교과서 준거와 관련된 교육과정 내용으로 내용 구성의 대강화, 적정화, 교수·학습의 원칙 등을 논의하였고 둘째, 교과서 내용 선정과 관련된 준거로 지식의 구성에 대응하는 교과서, 자기주도적 학습을 담보하는 교과서, 통합학습을 진작시키는 교과서, 교사의 실제적 지식에 기초한 교과서, 다중 시민성을 함양하는 교과서 등을 논의하였으며 셋째, 내용의 제시 방식과 관련된 준거로 선행 조직자 기능을 수행하는 도입 단계, 의미를 구성하는 본문, 고급 사고 경험을 제공하는 탐구 학습, 의미를 재구성하는 정리 단계 등으로 논의하였다.

교육과정은 최종적으로 학습자의 학습 경험을 겨냥하여 선행적으로 규정된 문서로서의 의미를 지닌다. 그리고 교과서는 이러한 선행 규정에 순응하면서 동시에 교실 수업에 능동하는 텍스트로서의 의미를 지닌다. 학습자는 교과서를 매개로 보다 의미 있는 학습 경험을 함으로써 이해와 성장의 상승적인 순환 세계를 주도할 수 있다. 교과서는 학습자가 어떤 내용을 학습하는가에 관심이 있을 뿐만 아니라 학습자가 어떻게 학습하는가에 보다 큰 관심이 있다. 그리고 이러한 관심이 구성주의 학습과 자기 주도적 학습을 파생하고, 나아가 삶의 구성과 주도로 연결될 수 있기를 기대한다.

Chapter VIII

# 수준별 교육과정에 따른 텍스트의 성격

- 단계형 수준별 교육과정의 성격
- 심화 보충형 수준별 교육과정의 성격
- 심화 보충형 텍스트 내용 구성의 기본 원리
- 사회과 텍스트의 기본 모형
- 결 론

VIII장

# 수준별 교육과정에 따른 텍스트의 성격

수준별 교육과정은 학습자의 학습 능력 수준과 요구에 대응하여 학습 내용을 차별적으로 그리고 선택적으로 제공한다는 데 근본적인 의의를 두고 있다. 즉, 학습 능력과 학습 내용 간에 상승적인 상호작용이 일어날 수 있도록 교육과정을 적용한다는 것이다. 학습 능력에 비해 학습 내용이 어렵거나 쉬울 경우에는 상승적인 상호작용이 이루어지지 않는다. 상승적인 상호작용은 학습자의 학습 능력 수준과 학습 내용 수준이 대응할 때 비로소 가능해 진다.[1)]

개념적으로 학습 능력이 뛰어나다는 것은 이해(학습)의 속도가 빠르다는 측면과 이해의 깊이가 깊다는 측면 즉, 난이도가 높은 내용을 상대적으로 쉽게 이해한다는 측면을 지닌다. 물론 이는 개념적으로 구분되는 것으로서 실제적으로는 두 측면이 분리되는 관계에 있는 것이 아니라 통합적인 관계에 있다. 따라서 학습 능력에 대응하는 학습 내용을 제공한다는 것은 학습의 속도(속진 또는 지진)에 대응하는 학습 내용을 제공하는 동시에 학습의 깊이(심화 또는 보충)에 대응하는 학습 내용을 제공함을 의미한다. 여기서 학습 속도에 대응하는 학습 내용을 제공한다는 것은 빠른 학습 속도를 보이는 학생에게는 그에 알맞는 차상급 단계의 학습 내용을 학습 속도에 맞추어 제공하는 것을 말하고, 학습의 깊이에 대응하는 학습 내용을 제공한다는 것은 이해도가 깊은 학생들에게는 동일한 또는 관련되는 학습 내용을 보다 심도 있게 학습할 수 있도록 제공

1) 물론 이러한 주장이 내용과 능력이 실제적으로 분리되어 있음을 전제하는 것은 아니다. 다만 개념적으로 내용과 능력의 관계 - 이는 곧 객관(대상)과 주관(인지구조)의 관계이기도 함 - 를 구분해서 볼 때 그러하다는 뜻이다. 양자의 관계를 엄밀하게 말하자면, 교과 내용을 통해 학생의 능력 수준이 향상되며, 동시에 높아진 학생의 능력을 기초로 보다 더 높은 수준의 교과 내용을 학습할 수 있는 관계에 있는 것으로 보아야 한다. 즉, 교과 내용과 학습 능력은 상호 간에 침투와 매개가 상승적으로 일어나는 관계에 놓여 있는 것이다. 학습 능력은 교과 내용을 수단으로 삼아 더 높은 학습 능력을 배태(胚胎)하고, 교과 내용은 학습 능력의 주사(注射)를 받아 더욱 수준 높은 교과 내용을 지향하는 것이다.

하는 것을 말한다. 즉, 학습 속도는 선형적으로 위계화 된 학습 내용을 보다 얼마나 빠르게 또는 느리게 학습하는가와 관련되고, 학습 깊이는 정해진 학습 내용을 얼마나 깊이 있게 또는 피상적으로 학습하는가와 관련된다. 이러한 맥락에서, 단계형은 학습의 속도에 대응하는 유형에 속하고 심화·보충형은 학습의 깊이에 대응하는 유형에 속하는 것으로 볼 수 있다. 따라서 수준별 교육과정에 대응하는 교과용 도서는 교과별로 어떤 유형의 수준별 교육과정을 적용할 것인지에 따라 기본적인 특성을 달리하게 되는 바, 단계형이 적용되기로 되어 있는 교과의 경우에는 교과 내용의 난이도 위계나 논리적 위계에 따라 학습 내용을 구성·제시하는 것이 적합한 반면, 사회과와 같이 심화·보충형을 적용하는 교과의 경우에는 교과 내용의 계열적 또는 영역 합산적 통합을 토대로 확산적인 또는 심도 있는 학습이 가능하도록 학습 내용을 구성·제시하는 것이 적합하게 된다.

## 단계형 수준별 교육과정의 성격

단계형 수준별 교육과정은 영어와 수학 교과에 적용하는 것으로 되어 있으며, 그 이유는 두 교과가 다른 교과에 비해 교과 내용의 난이도가 상대적으로 어렵다는 데 두고 있다. 단순히 교과 내용의 난이도가 어렵다는 것만으로는 학습 능력과 관련지어 볼 때 정확히 무엇을 말하는지 명료하지 않을 수 있다. 학생들의 평균적인 학습 능력 수준에 비해 교과 내용이 어려움을 의미할 수도 있고, 동일 학년에 제공되는 교과 내용의 난이도 수준의 차가 심해서 그에 대응해서 수행하게 되는 학업 성취 수준의 차가 크게 나타나게 된다는 뜻일 수도 있으며, 또는 양자를 동시에 의미하는 것일 수도 있다. 그럼에도 불구하고 단계형 수준별 교육과정은 엄밀하게 말해 편성과 관련되어 있는 것이 아니라 운영과 관련되는 성격이 강하다. 왜냐하면, 단계형 수준별 교육과정은 속진 또는 지진 등과 같은 학습의 속도에 대응하는 교육 과정의 의미를 지니고 있기 때문이다. 다시 말해 단계형은 빠른 또는 느린 학습 속도를 보이는 학생에게 그에 적합한 단계의 교육 내용을 학습 속도에 맞추어 제공한다는 데 취지를 두고 있다는 것이다.

교육과정 수준에서 속진 또는 지진 학습이 가능하도록 교육과정을 운영하는 방법은 두 가지로 대별된다. 하나는 계열화(tracking)의 방법이고 다른 하나는 학급 간 동질 능력별 집단화(homogeneous ability grouping between classes)의 방법이다.

첫째, 계열화는 무학년제 개념에 기초해서, 학습 능력(학습 속도)에 따라 선택적으로 적용할 수 있도록 여러 계열의 교육과정을 마련하여 운영하는 것을 의미한다. 이 때 계열이 다르다고 해서 각 계열별로 편성된 교육 내용이 다른 것은 아니고, 동일한 교육 내용을 학습 능력에 따라 빠르게 또는 느리게 학습할 수 있도록 운영한다는 차이점을 지니고 있을 뿐이다. 예를 들면, 아래 그림에서와 같이 일정한 기간 동안 A계열에 있는 학생은 1단계에서 9단계까지 학습하는 반면 B계열에 있는 학생은 1단계에서 7단계까지 학습한다는 차이점이 있다. 물론 A계열과 B계열의 1단계부터 7단계까지의 학습 내용은 같은 내용으로 편성된다. 다만 운영에 있어서 상대적으로 속진 또는 지진 형태의 교육과정을 제공한다는 차이점이 있을 뿐이다.

〈교육과정의 계열화: 학습 기간이 동일한 경우〉

| A계열의 단계 | 1단계 | 2단계 | 3단계 | 4단계 | 5단계 | 6단계 | 7단계 | 8단계 | 9단계 |
|---|---|---|---|---|---|---|---|---|---|

| B계열의 단계 | 1단계 | 2단계 | 3단계 | 4단계 | 5단계 | 6단계 | 7단계 |
|---|---|---|---|---|---|---|---|

〈------------- 학습 기간(9년) ----------------------------------------〉

위와 같이 주어진 일정한 기간에 속진 또는 지진 형태의 교육과정을 운영하게 되면 결과적으로 속진 계열에 있는 학생들은 지진 계열에 있는 학생들보다 더 높은 난이도의 교육내용(그림에서는 8단계와 9단계의 교육내용이 됨)을 추가적으로 학습하게 된다.

위와는 달리 계열화 방법을 그대로 유지하면서 최종적인 학습 내용을 동일하게 하고자 할 경우에는 학습 시간의 양을 달리하는 방법을 사용할 수 있다. 아래 그림에서와 같이 일정한 교육내용을 학습함에 있어 A계열에 있는 학생들은 7년이라는 기간이 요구되는 반면, B계열에 있는 학생들은 9년의 기간이 요구되는 차이점이 있게 된다.

〈교육과정의 계열화: 학습 내용이 동일한 경우〉

| A계열의 단계 | 1단계 | 2단계 | 3단계 | 4단계 | 5단계 | 6단계 | 7단계 |
|---|---|---|---|---|---|---|---|

〈------------- 학습 기간(7년) -----------------------〉

| B계열의 단계 | 1단계 | 2단계 | 3단계 | 4단계 | 5단계 | 6단계 | 7단계 |
|---|---|---|---|---|---|---|---|

〈------------- 학습 기간(9년) --------------------------------------〉

이상에서와 같이 계열화의 방법은 학습량의 차별화 또는 학습기간의 차별화를 통해 속진 및 지진 학습이 가능하도록 교육과정의 운영에 중점을 두고 있다는 면에서 공통점을 지닌다. 즉, 같은 기간에 학습하는 양에서 차이가 있거나 또는 같은 내용을 학습하는 기간에 있어서 차이가 있기는 하지만, 최소한 1단계에서부터 7단계까지의 교육내용 자체는 두 계열이 같도록 편성된다. 따라서 계열화의 방법은 무학년제를[2] 기초로 하여 교육과정 운영의 차별화를 통해 학습자의 학습 능력(학습 속도)에 대응하는 교육과정을 적용하는 데 의의가 있다고 볼 수 있다.

따라서 단계형 수준별 교육과정을 적용하는 경우와 그렇지 않은 경우에 따라 국가 수준의 교육과정 차원에서 차별적으로 교육 내용을 편성하게 되는 것은 아니다. 확대해서 말하자면 수준별 교육과정으로 규정되지 않았던 다른 시기의 교육과정도 편성에 있어서는 단계형 교육과정과 다를 바 없으며[3], 다만 운영을 단계형으로 하지 않았다는 차이를 지닌다고 말할 수 있다. 필요하다면 단계형으로 규정되지 않은 교육과정도 운영을 달리함으로써 단계형 교육과정의 취지를 살릴 수가 있는 것이 된다.

그렇다 하더라도 단계형 수준별 교육과정의 취지에 비추어 볼 때, 교육과정의 수준에서는 현행과 같은 교육과정을 가지고도 교육과정의 운영을 통해 단계형의 취지를

2) 계열화의 방법이 무학년제를 기초로 할 수밖에 없는 이유는, 한 계열에서 다른 계열로 이동하는 계열의 환승 과정에서 새로 속하게 될 계열에 있는 학생들의 학년이 다르게 되기 때문이다. 예를 들어, 학습 기간을 9년으로 동일하게 하면서 교육과정을 계열화하는 경우, A계열의 7단계는 7학년부터 시작되지만 B계열의 7단계는 8학년말부터 시작된다. 따라서 A계열의 6단계를 마친 학생이 학습능력의 부족으로 인해 학습 속도가 느린 B계열의 7단계로 환승하게 되면, 자신의 학년은 7학년인데 비해 B계열의 7단계에 있는 학생들의 학년은 9학년이기 때문에 서로 다른 학년의 학생들이 같은 단계에서 학습하는 무학년제가 되는 것이다. 이러한 계열 환승은 비단 7단계에서만 이루어질 수 있는 것이 아니라 논리적으로 모든 단계에서 이루어질 수 있는 것이기 때문에 매 단계마다 서로 다른 여러 학년의 학생들이 함께 학습하는 경우가 나타날 수밖에 없을 것이다.

3) 이 말은 교육과정을 단계형으로 새롭게 편성한다 할지라도 다른 조건이 같다면 단계형이 아닌 교육과정과 동일하게 편성하게 된다는 것을 의미한다.

구현할 수 있겠지만, 교과서의 수준에서는 단계형이 아닌 교과서를 통해 단계형 교육과정의 취지를 구현하기가 쉽지 않게 된다. 즉, 단계형이 아닌 교과서는 기본적으로 동일한 집단을 대상으로 평균적인 학습 능력에 대응하는 학습 자료로서의 성격을 지니고 있기 때문에 학습자 간의 차별적인 학습 능력(학습 속도)에 대응하는 교과서로서 기능하기 어렵다는 것이다. 따라서 단계형 수준별 교육과정에 부응하는 교과서는 학습자의 차별적인 학습 능력에 대응할 수 있는 교과서로서 자기주도적인 개별화 학습을 가능하게 하는 교과서가 되어야 한다고 말 할 수 있다.

이를 위해서는 교과서 내용이 학습자의 차별적인 학습 속도에 대응할 수 있도록 차별적으로 구성·배열되어야 할 것이다. 차하급 단계의 학습에서 차상급 단계의 학습으로 이행하는 것은 동일한 내용을 깊이 있게 학습하는 것이기보다는 학습의 속도를 빠르게 하여 난이도가 높은 다른 내용을 학습하는 것으로 보아야 한다. 이를 달리 말하면, 차상급 단계로 진급하는 것은 동일한 교과 내용을 보다 심도 있게 학습하는 것이 아니라, 차하급 단계의 내용에 비해 상대적으로 난이도가 높은 새로운 내용을 학습하는 것이 된다. 요컨대 단계형 교육과정에 대응하는 교과서는 교과 내용을 선형적으로 위계화 해서 속진 또는 지진 학습이 가능하도록 구성해 놓은 교과서가 되는 것이다.

결국 단계형 수준별 교육과정을 따라 제공되는 교과서는 학년에 대응해서 제공되는 것이 아니라 학년과 무관하게 단계에 대응해서 제공된다. 예를 들어 같은 5학년이라 할지라도 10단계용 교과서를 배우는 학생이 있는 반면, 9단계 또는 8단계를 배우는 학생이 있을 수 있다. 즉, 한 학년에 여러 단계의 교과서가 동시에 제공되는 현상이 나타나는 것이다. 따라서 교과서는 현행과 같이 학년 또는 학기를 기준으로 편찬하는 대신 단계를 기준으로 편찬한다는 것 외에는 기본적으로 차이를 지니지 않는다.

# 심화 보충형 수준별 교육과정의 성격

## 심화보충의 기본 성격과 텍스트의 관계

심화보충형 교육과정은 기본과정으로 주어진 선행 학습을 토대로 학습 능력에 따른 차별적인 개별화 학습으로서의 후속 학습이 심도 있게 또는 보충적으로 이루어질 수 있도록 하는 교육과정으로서의 성격을 지닌다. 여기서 차별적이라는 말은 교육과정 내용 범주가 차별적임을 의미하는 것이 아니라, 동일한 학습 내용에 대해 학습자에게 요구하는 학습 능력이 다르다는 면에서 차별적이라는 의미를 지닌다. 즉, 학습 능력의 차별화에 대응하는 차별화된 교육과정이 곧 심화보충형 교육과정이 되는 것이다. 따라서 심화보충형 교육과정에 대응하는 교과서는 학습 능력의 차별화를 중심으로 심화 학습과 보충 학습이 이루어질 수 있도록 하는 텍스트가 된다.

이와 관련해서 다음 그림에서와 같이 독립적으로 이원화된 교육과정에 기초하여 각 과정 별 학습 활동의 시작과 끝이 서로 다르게 독립적으로 진행되는 것으로서 심화보충의 의미를 해석하는 경우가 있다. 즉, 전 단계 또는 전 학년에서 이루어진 학습을 선행 학습으로 간주할 수 있으며, 따라서 전 학년의 선행 학습에 대한 심화 보충의 의미로 간주할 수 있다는 것이다. 그러나 이 경우에 전 단계 또는 전 학년에서 이루어진 선행 학습의 내용 범주는 현 단계 또는 현 학년의 내용 범주와 다르다. 때문에 심화 보충의 의미에 내포된 동일한 내용 범주에 대한 선행의 의미가 아니라 단순한 시간적 선행의 의미를 지니고 있을 뿐이다. 그렇지 않고 동일한 내용 범주의 선후 관계를 의미하는 것이라면, 엄밀하게 말해 전 학년의 성취 결과를 토대로 능력별 우열반을 편성·운영하는 것에 지나지 않는 것으로 볼 수 있다.[4)]

심화와 보충은 선행 학습 활동에 관한 심화와 보충이라는 의미를 내포한다. 즉, 심화학습 및 보충학습의 의미는 기본적으로 공통적으로 적용되는 기본과정에 대한 선

4) 이처럼 학습 능력을 학습 내용(교과 내용)으로 환원해서 학습 능력의 차별화를 학습 내용의 차별화로 대신하려는 입장은 기본적으로 심화 과정과 보충 과정을 다른 범주의 내용을 학습하도록 하는 과정으로 본다. 그러나 내용의 차별화 방식은 기본적으로 단계형과 관련을 맺는 방식이다(단계형의 설명 참조). 즉, 내용에 의한 차별화는 심화 또는 보충의 의미를 구현하는 것이 아니라, 속진 또는 지진의 의미를 구현하는 것이 된다.

수 학습이 이루어졌음을 전제하는 것으로서, 무엇 무엇을 학습한 연후에 그 무엇 무엇에 대한 심화 또는 보충이 따라 나오는 것으로 보는 것이다. 이미 학습한 내용에 대한 이해 또는 성취 수준의 차이가 나타날 때, 그러한 차이에 대응하여 심화 또는 보충 학습이 가능하도록 하기 위해 교육과정의 차별화를 기하는 것이다. 따라서 심화 보충의 의미는 기본과정의 하위과정으로서의 심화 보충 과정에 기초하는 후자와 같은 하위과정 방식을 의미하는 것으로서 일정한 기간 동안 기본과정을 공통적으로 적용한 연후에 심화 과정과 보충 과정을 독립적으로 진행하는 방식을 말하는 것으로 보아야 한다.

〈 독립적 방식 〉

〈 하위과정 방식 〉

이러한 맥락에서 심화보충형 텍스트를 단일형 텍스트와 비교해서 말하자면, 단일형 텍스트는 단편적이고 개별적인 정보와 지식을 나열하고 있는 내용중심의 텍스트임에 반해, 심화보충형 텍스트는 내용과 학습 능력이 통합되어 있는 텍스트라는 차이점을 지닌다. 요컨대 심화와 보충을 구별하는 기본적인 기준은 교과 내용의 범주가 아니라 차별적인 학습 능력이 된다.

따라서 심화와 보충의 관계는 학습 내용의 범주가 동일하다는 공통점을 지니면서 동시에 요구하는 학습 능력의 수준이 차별화 되는 관계에 있기 때문에, 기본적으로 내용과 능력이 결합된 형식을 취한다. 따라서 심화학습과 보충학습 사이에 나타나는 수준 차는 동일한 범주의 교과 내용(기본 과정)을 학습하는 학생들 간에 나타나는 학습 능력의 차이를 의미하는 바, 보충학습은 기본 과정의 내용을 동일하게 또는 단순화한 상태에서 학습자에게 요구하는 학습 능력 수준을 낮춘 학습이 되고(예를 들면, '단순히 이해하거나 또는 암기'하는 과정), 역으로 심화학습은 기본 과정의 내용을 동일하게 또는 복잡·확대한 상태에서 학습자에게 요구하는 학습 능력 수준을 높인 학습이 된다(예를 들면, '외삽적 추론이나 분석, 적용, 종합'하는 과정). 즉, 아래 그림에서와 같이 일정한 단계 또는 학년에서 심화학습과 보충학습의 차이는 동일한 학습 내용 범주 하에서 요구되는 학습 능력의 수준을 차별화한 것으로 나타나는 것이다.

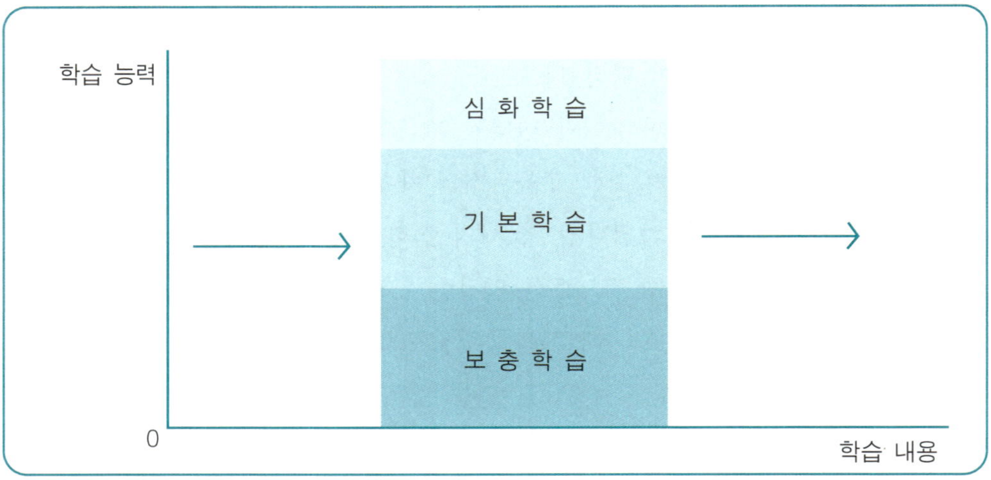


물론 이러한 주장이 내용과 능력이 실제적으로 분리되어 있음을 전제하는 것은 아니다. 다만 개념적으로 내용과 능력의 관계 - 이는 곧 객관(대상)과 주관(인지구조)의 관계이기도 함 - 를 구분해서 볼 때 그러하다는 뜻이다. 양자의 관계를 엄밀하게 말하자면, 교과 내용을 통해 학생의 능력 수준이 향상되며, 동시에 높아진 학생의 능력을 기초로 보다 더 높은 수준의 교과 내용을 학습할 수 있는 관계에 있는 것으로 보아야 한다. 즉, 교과 내용과 학습 능력은 상호 간에 침투와 매개가 상승적으로 일어나는 관계에 놓여 있는 것이다. 학습 능력은 교과 내용을 수단으로 삼아 더 높은 학습 능력을 배태하고, 교과 내용은 학습 능력의 주사를 받아 더욱 수준 높은 교과 내용을 지향하는 것이다.

따라서 심화 보충형은 학습 내용과 학습 능력의 상승적인 매개 관계를 고려하는 동시에 학습 내용 수준을 학생의 능력 수준에 대응하도록 함으로써 그 의미를 구현할 수 있게 된다. 즉, 학생의 능력 수준이 교과의 내용 수준을 따라 가도록 하는 동시에 교과의 내용 수준이 학생의 능력 수준을 따라가도록 하여, 각각의 과정에서 양자 간에 경험하고 경험 당하는 과정이 연속적으로 일어날 수 있도록 해야 하는 것이다.

특별히 현재 적용 중에 있는 텍스트의 내용 구성에 따르면, 보충 학습은 교사 수준에서 기본과정을 복습하거나 재구성하여 가르치도록 되어 있고[5], 텍스트 수준에서는

5) 교사 수준에서 결정하는 것으로 되어 있는 보충과정의 경우는, 무조건 기본과정의 난이도만 낮추어 평이하고 반복적인 학습이 이루어지는 것을 지양하고, 학습자의 오류와 이해의 부족에 대한 개별적 진단을 토대로 허점을 보완해 줄 수 있는 실질적인 보충학습이 이루어질 수 있도록 해야 한다. 특별히

심화 학습을 위한 내용을 제시하는 것으로 되어 있다. 이와 관련해서 볼 때, 심화 학습 자료는 기본적으로 간학문적 통합 원리와 맥락적 구성 원리를 따라 심화 학습 자료를 제공함으로써 차별적인 학습 능력에 대응하는 개별화 학습이 가능할 것으로 생각된다. 즉, 기본과정에 대한 통합적 이해와 맥락적 이해를 통해 심화학습을 도모할 수 있는 것이다.[6)]

## 심화 보충형 텍스트 내용 구성의 기본 원리[7)]

### 학습자의 경험 세계와 연계

학습은 경험의 폭을 넓히는 동시에 그 깊이를 더해가는 과정으로서의 의미를 지닌다. 학습자 자신의 현재적인 경험 세계와 학습 내용으로서의 새로운 경험 세계와의 상호작용[8)]을 통해 자신의 경험을 성장시켜 나가는 것이 곧 학습이 되는 것이다. 따

---

보충학습이 필요한 학생의 경우 학습에 대한 흥미나 의욕이 낮다는 점을 감안하여 퍼즐이나, 활동, 실생활의 응용 등과 같은 다양한 방식과 자료를 활용하여 지도할 필요가 있다.

6) 예컨대, 문화라는 학습 내용을 중심으로 기본과정을 편성하는 방식과 이에 대한 심화학습을 비교해보면 다음과 같이 제시할 수 있다.
- □ 기본과정: 문화의 개념과 다양성에 대한 분석을 통해 문화 상대주의적인 태도를 지니도록 한다.
- □ 심화학습: 문화의 다양성과 관련된 통합적인 소재에 대한 평가를 분석하고, 문화 상대주의적 관점이 지니고 있는 제한점을 추론한다.
  (여기서 통합적인 소재에 대한 평가를 분석하도록 하는 것은 문화뿐만 아니라 문화에 대한 평가 역시 역사성과 사회성을 지니고 있음을 이해하도록 하는데 있으며, 이러한 학습은 소재 중심 학습 자료의 제공을 통해 자기주도적인 개별화 또는 협동학습의 형태로 진행되게 된다.)

7) 전통적인 학습관은 미리 정해진 객관화된 논리를 추적하는 것을 학습으로 간주하여, 인식을 학습자에 의해 구성되는 것으로 보는 것이 아니라 실재 또는 현상을 표상하는 것으로 본다. 따라서 교과서는 진리를 담고 있는 그릇으로 정의되며, 학생들에게는 교과서에 담겨 있는 이러한 객관화된 논리를 추적하기를 요구하게 된다. 그러나 의미 있는 학습은 '학습자가 흥미를 가지고 자신의 경험 세계를 재구성해 가는 과정'으로 정의된다. 즉, 자기주도적인 과정으로서의 학습의 의미(Bradely, 1996)와 주체적인 해석 과정으로서의 학습의 의미(Cennamo et al., 1996; Yang, 1996)를 중시하는 것이다. 그리고 이러한 주체적인 해석 과정은 창의적 사고를 비롯한 고급 사고력의 동원을 요구한다. 예를 들어, 학습자 자신의 사고 과정을 분석하는 과정을 중시하는 것이나, 학습자의 인지 갈등의 의도적인 유발, 통합적인 학습자료의 제공, 학습자의 문제의식에서 제기되는 탐구 기회의 부여 등은 모두 이와 같은 학습의 의미를 구현하기 위한 원리들이다. 이러한 맥락에서 교과서는 객관화된 형식 논리를 담는 그릇이 아니라, 인식의 단서와 인식의 과정, 해석의 소재와 재해석의 여지를 담고 있는 텍스트로의 전환이 요구된다.

8) 상호작용을 한다는 것은 학습자와 학습 내용 사이에 경험하고 경험당하는 양상이 상승적인 순환 과정으로 나타나는 것을 의미한다.

라서 학습으로서의 경험의 성장은 학습자의 현재적인 경험 세계와 새로운 경험 세계가 어떤 관련 속에서 어떻게 상호작용하는가에 의해 좌우된다. 학습자의 경험 세계와 새로운 경험 세계가 불일치하거나 일치할 경우 의미 있는 학습 활동이 일어나지 않는다. 적절한 일치와 불일치가 동시에 조건 지워질 때 비로소 의미 있는 학습 활동이 가능해진다. 따라서 의미 있는 학습 활동을 매개하고 촉진할 수 있는 텍스트는 학습자의 경험 세계에 기초하는 동시에 적절한 불일치를 담고 있는 텍스트라고 말할 수 있다.

학습자의 경험에 근거한 구체의 추상 과정을 통해 결과로서의 지식을 자신의 경험으로 변환시킬 수 있도록 하는 텍스트가 되기 위해서는 구체적이고 실제적인 학습 소재를 담아야 한다. 여기서 '구체적이고 실제적'이라는 말과 '학습 소재'라는 말은 사실은 동어 반복적인 의미를 담고 있다. 왜냐하면 학습 소재는 필연적으로 현상과 구체에 원천을 두고 있기 때문이다. 다시 말해 학습 내용과 대비되는 것으로서 학습 소재는 그 차체로서는 어떤 규정적인 의미를 담고 있지 않다. 학습 내용은 그 차체로서 학습 목표와 수단적인 관련을 맺는 것으로서 학습의 결과를 선행적으로 조직해 놓은 것임에 반해, 학습 소재는 학습 목표 또는 학습 내용과 도구적인 관련을 맺는 것으로서 그 차체로서는 학습의 결과에서 직접적으로 도출되는 것이 아니다.

예컨대, 자유의 의미를 이해시키기 위한 학습 내용은 자유의 속성, 자유의 조건, 자유의 정의, 자유와 구속의 관계, 자유와 방종의 차이점 등과 같은 추상적이고 규정적인 지식들로 구성되는 것으로서 이러한 내용과 범주를 달리하는 다른 학습 내용이 동시에 끼어드는 것을 허락하지 않는다. 그러나 학습 소재는 '새장 속에 갇혀 있는 새 소리와 자연 속에 있는 새 소리를 담고 있는 청각 자료'나 '노예들의 일상생활을 담고 있는 사례' 등과 같은 구체적인 것으로서 자유과 관련지을 수 있는 어떤 다른 소재도 학습 소재로 다루어지는 것을 허락한다.

따라서 학습 내용 중심의 텍스트를 학습하는 과정은 설명적이거나 연역적인 과정이 중심이 된다. 학습 내용은 학습의 출발점이자 곧 학습의 종점이 된다. 다만 출발점에서는 이해하지 못한 내용을 종점에서는 이해할 수 있게 된다는 차이점이 기대되고 있을 뿐이다. 이에 반해 학습 소재 중심의 텍스트를 학습하는 과정은 탐구적이면서 귀납적인 과정이 된다. 학습의 출발점에는 학습 소재가 놓여 있지만 종착점에서는 소재와는 논리적으로 무관한 숨어 있던 학습 내용을 발견하게 된다. 요컨대, 학습 내용 중심의 텍스트는 교사 중심의 일제식 또는 설명식 교육에 보다 적합한 반면에, 학습 소재 중심의 텍스트는 학습자 중심의 개별화 또는 구성적 발견 학습에 보다 적합하다고 말할 수 있다.

이러한 맥락에서 학습의 본래적 의미에 충실 하는 동시에 이러한 의도를 지향하고 있는 자기 주도적인 개별화 학습의 의미에 충실한 텍스트는 구체적이고 실제적인 학습 소재 중심의 교과가 된다. 이에 이러한 소재 중심의 텍스트로서 지녀야 할 몇 가지 기준을 제시하기로 한다.

- 줄거리와 드라마(narration: 상황과 맥락이 역사적으로 전개되는 이야기)가 있는 일차 자료(primary & authentic source)를 통해 흥미를 유발하고 지적 판단 활동을 가능하게 하는 소재 중심으로 교과서 내용을 구성한다.
  ☞ 자서전이나 판례, 일기, 수필, 영화, 소설, 기사 등을 학습자의 경험을 중심으로 구성하여 통합적인 학습이 이루어질 수 있도록 한다.

- 학습자의 감각 기관으로 감지할 수 없는 추상적인 주제보다는 학습자의 경험세계를 중심으로 구체적인 상황이나 사례를 통해 추상적 의미를 구성할 수 있도록 소재 중심의 탐구 자료를 제공한다.

- 사실이나 개념, 인물 및 사건 등이 그 자체로 중요하다 할지라도, 피상적으로 단순하게 구성함으로써 탈맥락적인 학습 소재가 되지 않도록 한다. 학습을 위한 모든 소재는 심층적으로 그리고 시종(始終)의 연속선상에서 맥락적으로 다루어 질 수 있도록 선정·구성되어야 한다.[9)]

9) 교육이라는 활동양식뿐만 아니라 일체의 활동양식은 역사적 산물이자 동시에 사회적 산물이다. 활동양식은 '사회적'으로 형성된 것이며, 동시에 활동양식의 표준과 그 표준에서 비롯된 목적 가치가 유기적으로 그리고 체계적으로 '확장'되어 간다. 요컨대, 활동양식은 유기체적인 전통으로 존재하는 셈이다. 따라서 활동양식으로서의 공동체에 참여하는 구성원(학생)은 자신이 관여하는 활동양식의 구조와 기능을 파악함에 있어 그 역사와 사회의 통합적 맥락을 선행적으로 이해해야 한다. 왜냐하면, 역사성과 사회성에 대한 이해가 결여된 상태에서는 활동양식의 유기체적인 전통을 이해할 수 없게 되고, 나아가 구성원으로서 요구되는 행위의 표준이 공동체의 구조 및 기능과 어떤 관련을 맺고 있는지를 알 수 없기 때문이다. 이러한 측면에서 일체의 학습 소재는 사회적 맥락과 역사적 맥락을 이해할 수 있도록 선정·조직되어야 한다고 말할 수 있다.

- 학습 소재에 들어 있는 중심적인 아이디어와 관련된 질문, 명확한 질문, 학습자의 경험과 관련을 맺는 질문, 질문의 범위와 수준이 상세하고 구체적인 질문, 의미 있는 사고(맥락적 사고)를 가능하게 하는 질문, 고급 사고력(도전적이고 확장적이며 상황 지향적인 질문)을 진작시키는 질문 등을 제시하도록 한다.

- 사진과 삽화뿐만 아니라, 도표, 지도, 그래프, 다이어그램 등을 통해 마음의 눈(visualization)을 동원하여 의미 있는 학습 활동이 이루어질 수 있도록 조작 지향적인 자료를 다양하게 제공한다.

## 학습자의 문제의식에 근거한 탐구 및 사고 기회 부여

의미 있는 학습 활동은 객관화된 정답이 미리 정해져 있는 종착점을 향해 가는 것이 아니라, 학습자 스스로 자신의 능력과 요구에 따라 탐구하고 자신의 세계를 구성해 가는 학습 활동을 의미한다. 이른바 자기 주도적 학습 활동을 하게 되는 것이다. 자기 주도적 학습 활동을 통해서 학생들은 열린 세계를 경험하게 되고, 교과에 들어 있는 교육 내용과의 상호작용을 통해서 자신의 적성과 흥미를 스스로 인식하게 되며, 자신의 학습 능력에 맞는 학습 활동을 함으로써 학습 능력을 더욱 발달시킬 수 있게 된다. 따라서 학습자 자신의 문제의식과 시각에 따라 학습 소재에 들어 있는 문제를 탐구하고 사고할 수 있도록 텍스트를 구성하는 것이 요청된다. 정답이 들어 있는 텍스트가 아니라 확산적이고 개방적인 궤적을 학습자 스스로 그려나갈 수 있도록 하는 텍스트를 요청하는 것이다.

Resnic(1987: 3)이 말하는 사고력의 특성을 보면, (1) 사고의 과정은 정해진 특정한 방법을 따르는 것이 아니고 (2) 복잡하며 (3) 상황에 적합한 미묘한 판단과 해석을 따라 다양한 해결 방안을 모색하며 (4) 때로는 서로 모순되는 다양한 기준을 적용하며 (5) 자기 규제적이고 자기 수정적인 과정을 통해 스스로 혼란을 명백히 하는 것으로 알려져 있다. 이러한 Resnic의 주장 역시 사고의 과정은 확산적이고 상황 지향적인 과정으로 나타난다는 것을 지지한다.

Newmann(1991 a: 324-340)은 이러한 사고력 중심의 수업을 실험하기 위해 15개에 이르는 학급 사고력 지표를 사용하였는데 그 중 학습 자료와 밀접한 관련을 맺고 있는 지표를 보면, (1) 피상적인 다수의 항목보다 소수의 항목에 대한 철저한 학습 (2) 도전적인 질문과 구조화된 과제 (3) 학습자의 독창적인 사고와 해결 방안의 유도 (4) 결론에 필요한 설명과 이유의 요구 등으로 요약할 수 있는 바, Newmann의 주장 또한 학습자 스스로의 문제의식과 시각을 통한 사고와 탐구 학습의 중요성을 말하는 것으로 볼 수 있다.

이러한 Resnic과 Newmann의 요구는 결과적으로 학습 자료 선정과 질문 구성의 적합성에 따라 달성 여부가 좌우된다. 즉, 어떤 학습 자료를 선정하여 어떤 질문을 제시하느냐에 따라 학습자의 문제의식과 사고를 통한 탐구 학습 여부가 좌우된다. 개념을 학습함에 있어 학습자의 문제의식과 사고를 통한 탐구 학습은 탐구의 대상이 되는 개념을 직접적으로 제시하는 것이 아니라[10], 개념과 간접적으로 관련된 '소재를 제시하고 질문을 부과하여' 학습자 스스로 개념을 탐구하고 의미를 구성해 가는 것을 의미하는 것이다.

이러한 맥락에서 학습자의 문제의식과 시각을 통해 사고하고 탐구할 수 있도록 하는 학습자료를 전통적인 내용 중심 텍스트와 비교하여 예시적으로 살펴보기로 한다. 비교를 위한 학습 개념은 '지위'와 '역할' 개념으로 선정하고, 비교의 방법은 학습 자료의 구성 방식과 질문의 제시 방식을 중심으로 두 관점의 차이점을 드러내 보이는 것으로 한다.

---

10) 내용 중심 교과서는 학습의 결과로서 얻어질 것으로 기대되는 개념을 교과서에 바로 제시하고, 제시된 개념의 속성과 관계를 직접 설명하는 방식으로 구성되어 있다. 학습자 스스로 개념의 의미를 구성하는 것이 아니라, 교사에 의한 주입식 설명을 통해 개념을 이해 또는 암기하도록 구성되어 있는 경우가 대부분이다.

| 구 분 | 텍스트의 구성 | 질문 제시 방식 |
|---|---|---|
| 교사 중심 (설명식) | 사람은 사회에서 아버지, 교사, 학생 등 일정한 자리를 가지고 있는데, 이와 같이 한 개인이 사회 내에서 차지하는 위치를 사회적 지위라고 한다. -- 지위와 떼어 놓을 수 없는 것이 역할이다. 일정한 지위가 있으면 반드시 그 지위에 따라서 기대되는 행위가 있는데, 그것을 역할이라고 한다. --- 이처럼 모든 지위에는 그 지위에 기대되는 역할이 따르게 된다. | · 지위는 무엇인가?<br>· 역할은 무엇인가?<br>· 여러분의 지위와 역할은 무엇인가? |
| 학습자 중심 (탐구식) | 〈A 유형〉<br>(1) 한국인의 가정에서 남자들은 대개 밖에서 일하고 집안일은 주로 여자가 한다.<br>(2) 미영이와 형철이는 수업 시간에 떠들다가 선생님께 꾸지람을 들었다.<br>(3)태식이는 군에 입대하기 위해 학교에 휴학계를 제출했다. | · 수업 시간에 떠들 때 꾸지람을 주는 이유는?<br>· 남자가 군에 가야 하는 이유는?<br>· (1) (2) (3)에 들어 있는 공통점은? |
| | 〈B 유형〉<br>(저녁을 지으시던 어머니가 현주를 부른다.)<br>어머니: 얘, 현주야!<br>현주: 예. 바쁜데 왜 부르세요?<br>어머니: 응, 오늘 교회에서 철야 기도가 있어서 내일 새벽에나 돌아 올테니, 아빠 돌아오시면 저녁상 차려드리고, 동생 울지 않게 잘 돌봐 주거라.<br>현주: 엄마는 요즘 시험 기간인 거 몰라? 매일 공부 열심히 하라고 할 때는 언제고, 나보고 어떻게 하란 말이야? 난 몰라.<br>어머니: 도대체 너는? … 자식이 부모 말을 이렇게 안 들어서야, 큰일이야 큰일. | · 현주가 안고 있는 문제는 무엇인가?<br>· 문제가 비롯된 원인은 어디에 있는가?<br>· 내가 현주라면 어떻게 행동할 것이며, 그 이유는 무엇인가?<br>· 현주의 입장과 비슷한 다른 상황을 생각해 보자. |

## 학습자의 인지 구조 및 수준의 차이 고려

Rest(1974: 241-259)는 Kohlberg 이론의 기본적이고 핵심적인 아이디어를 구조적 조직(structural organization), 발달의 계열성(developmental sequence), 상호작용주의(interactionism)로 구분한다. 구조적 조직이란 자료를 분석하고 해석하며, 개인이나 사회의 문제에 대해서 결정을 내리는 방식을 말한다. 발달의 계열성은, 인지구조의 발달은 단계에 따라 일어난다는 것을 의미하며, 이는 발달상으로 초기이고 덜 복잡한 '낮은' 단계는 보다 '높은' 단계로 이행하는 데 필수적인 선행 요건이 됨을 의미한다. 즉, 구조의 발달은 특수한 상황을 제외하고는 누구에게서나 동일한 방향으로 발전하며, 낮은 단계를 뛰어 넘거나 역행하는 경우가 일어나지 않음을 의미한다.

상호작용주의는 인간의 인지구조가 발달해 가는 과정을 설명하는 방식으로 볼 수 있는데, 특별히 Piaget는 구조적 조직을 스키마로 명명하면서, 지식(개념)을 획득, 응용하는 과정을 상호작용에 맞춰 설명한다(Woolfolk, 1980: 40-41). Piaget 따르면 인지의 구조는 일정한 단계를 거쳐 발달해 가는 바, 개념 변화와 같은 지식 교육은 가르치고자 하는 지식과 인지 구조 간에 상호작용이 가능하도록 학습자의 인지 발달 단계에 맞게 이루어져야 한다.[11] 다시 말해, 개념의 발생과정은 인지구조의 발생과정이며, 지적 발달은 구조와 경험의 상호작용[12]을 통해 이루어지는 것이 된다. 즉, 가르치고자 하는 지식을 정신 구조(mental structure)에 종속시키는 것이 곧 교육에 해당된다.

이렇듯 인지 구조 또는 인지 수준의 고려를 요구하는 것이 앞에서 논의한 원리와 구별되는 독립적인 원리를 의미하는 것은 아니다. 그보다는 상호 섭동하는 가운데 서로 겹쳐지면서 나름대로의 의미를 지니고 있는 것으로 보아야 한다. 그럼에도 불구하고 학생들의 인지 발달 단계의 고려를 별도로 언급하는 이유는 교과 내용의 추상성이나 복잡성으로 인해 교과 내용이 학습자의 인지 구조나 수준에 대응하지 못할 경우 심화보충형 교육과정에서 의도하는 심화 또는 보충 학습이 실현되기 어렵게 되기 때문이다.

이러한 맥락에서 수준별 교육과정에 대응하는 텍스트는 학습자의 수준에 따라 선택적인 학습을 가능하게 하는 차별적이고 선택적인 학습 코너를 담는 동시에 오류나 오판을 구별해 내는 비판적 사고력 함양을 위한 학습 소재를 다양하게 활용할 필요가 있는 것으로 볼 수 있다.

---

11) 인지 심리학에서 보는 발달은 이전의 단계에 비해 보다 복잡하고(complex) 효과적(effective)인 그리고 조직화(organized)된 모습으로 적응(adaptive)해 가는 것을 의미한다.

12) 여기서 상호작용이라 함은 구조를 중심으로 이루어지는 적응활동(동화)과 경험을 중심으로 이루어지는 적응활동(조절)을 말함

## 학습자의 수준에 따라 선택적인 학습을 가능하게 하는 코너 제공

기본과정의 학습은 공통 학습의 성격을 지닌다. 즉, 전통적인 일제식 수업이 중심이 되고, 심화 및 보충학습은 학습자의 능력과 요구에 의해 선택적인 활동 중심(사고, 탐구, 의사결정 등)의 자기 주도형 그룹 단위 학습이 이루어지게 된다. 선택적인 학습 코너를 제공한다고 할 때의 코너는 일반적으로 열린 교육에서 말하는 학습 집단 조직 방식 즉, 공간적인 의미에서의 코너를 의미하는 것이 아니다. 심화보충형 수준별 교육과정의 의미가 학습 능력에 대응하는 교육과정의 편성을 의미하는 것인 만큼, 이에 따른 교과서 역시 학습 능력에 대응하는 교과서로서의 의미를 지니는 바, 이러한 전제를 고려할 때 학습자의 수준에 따라 선택적인 학습을 가능하게 하는 학습 코너의 의미는 텍스트 내에 학습 능력에 대응하는 차별적인 학습 자료를 담아야 한다는 의미에서의 학습 코너를 말한다. 즉, 차별적인 학습 능력에 따라 서로 다른 학습 활동을 가능하게 하는 학습 자료로서의 코너를 의미한다. 즉, 텍스트의 체제를 별권으로 하느냐 아니면 단일권으로 하느냐와 관계없이 모든 학생들에게 공통적으로 제공되는 기본과정에 해당하는 학습 코너 외에, 수준별 학습에 해당하는 학습 코너를 제공하여 학습자의 인지 수준과 구조에 따라 차별적인 학습이 가능한 텍스트가 요청되는 것이다. 예를 들어 문화 상대주의를 학습하도록 하는 수준별 텍스트를 개발할 경우 다음과 같은 기본 학습에 이어 심화 학습을 위한 선택적 코너를 제시할 수 있다.

- 기본 학습: 문화의 사회성과 역사성에 관련된 통합적인 소재를 분석 · 평가하고, 제3자(학습 동료 및 평론가 등)의 분석 · 평가와 비교하는 학습 코너를 제시한다.
- 심화 학습: 기본 과정에서 제시된 통합적 소재와 관련된 평론가의 평가를 분석 대상으로 삼아 평론 역시 사회성과 역사성의 영향을 받고 있음을 분석하는 학습 코너를 제시한다.

## 비판적인 사고의 기회를 부여하는 학습 소재의 제공

현대 사회에서 비판적 사고는 삶의 윤리라고 말해질 정도로 그 중요성이 높아지고 있다. 비판적 사고의 기회를 부여하는 학습 소재를 제공해야 하는 이유가 비단 이러한 중요성에 근거하고 있기 때문만은 아니다. 그보다는 학습 능력으로서의 사고력에 있어서 비판적 사고가 차지하는 비중이 높다는 데서 근거를 찾을 수 있다. 다시 말해 학습의 과정에서 요구되는 논리적 추론이나 반성적 사고 그리고 가치의 판단 등은 모두 비판적 사고의 범주에서 논의되고 있는 것들이기 때문이다.[13] 예컨대 Eniss (1962: 32)가 말하는 비판적 사고의 12개 관점[14]이나 Bayer(1988: 57)가 말하는 비판적 사고의 규칙들[15]은 학습 과정에서 학생들에게 제시할 수 있는 유용한 질문의 준거가 될 수 있는 바, 그런 만큼 비판적 사고를 동원한 학습을 가능하게 하는 학습 소재를 구성하고 그에 적합한 질문을 제공하는 것이 요구된다고 하겠다.

---

13) Feely(1976: 3-5)는 비판적 사고를 Dew가 말하는 반성적 사고와 같은 정신과정(mental process)으로 보는 관점과 Ennis가 말하는 논리과정(logical process)으로 보는 관점으로 나누어지는 것으로 본다. 전자는 일반 능력으로서의 비판적 사고를 지칭하고 있는데 반해, 후자는 판단 과정과 관련된 정신작용 즉, 진술을 올바르게 평가하는 것을 비판적 사고로 규정한다.

14) Ennis가 말하는 12개 관점은 다음과 같다.
① 진술의 의미는 무엇인가?
② 추론과정에 모호한 점은 없는가?
③ 진술 간에 모순되는 점은 없는가?
④ 결론이 타당하게 유도되었는가?
⑤ 진술은 충분히 구체적인가?
⑥ 진술은 어떤 특정한 원리를 사실대로 적용한 것인가?
⑦ 관찰에 의한 진술은 신뢰로운 것인가?
⑧ 결론은 귀납적으로 타당한 것인가?
⑨ 문제가 확인되었는가?
⑩ 가정(assumption)이 무엇인지 알고 있는가?
⑪ 권위를 기초로 이루어진 진술일 경우 받아들일 만한 것인가?
⑫ 정의가 타당하게 이루어졌는가?

15) Beyer가 말하는 비판적 사고의 규칙은 다음과 같다.
① 입증할 수 있는 사실과 가치를 구별하기
② 관련되지 않은 정보나 주장 및 전제로부터 관련된 것을 구별하기.
③ 어떤 진술의 사실 여부를 결정하기
④ 출처의 신뢰성을 결정하기
⑤ 애매한 주장이나 논증을 확인하기
⑥ 진술되지 않은 가정을 확인하기
⑦ 편견을 탐지하기
⑧ 논리적 오류를 확인하기
⑨ 추론의 과정에서 논리적인 모순점을 찾아내기
⑩ 논증이나 주장의 강도를 결정하기

이와 관련해서 사회과 내지는 과학과의 교과 내용과 관련을 맺고 있는 핵에너지의 이용이라는 주제를 놓고 비판적 사고를 가능하게 하는 학습 소재의 구성 방식과 그에 적합한 질문 제시 방식을 예시적으로 살펴보기로 하자.

### 〈읽기 학습 소재〉

□ 핵에너지의 평화적 사용은 가능한가?

에너지 확보는 현대 생활을 유지하는 데 있어 절대적인 조건이 되고 있다. 산업사회로의 이행과 더불어 산업 에너지에 대한 수요가 가속적으로 늘어나는 한편, 편리한 생활을 위한 각종 편의 시설과 생활 도구들이 보급되면서 생활 에너지에 대한 수요도 급증하고 있는 추세이다. 이로 말미암아 화력이나 수력과 같은 전통적인 에너지원을 대신할 새로운 에너지원의 개발에 많은 사람들의 관심이 모아지게 되었으며, 이러한 요구에 부응하는 가장 효과적인 에너지 개발의 한 가지 유력한 가능성으로 핵에너지의 평화적 이용을 주장하고 있다. 핵에너지 개발론자들에 따르면, 인류는 핵에너지를 통해 무한한 에너지를 확보할 수 있다는 것이다.

하지만 이에 반대하는 사람들은 최근의 몇 건의 사고들을 통해 충분히 입증되었다 시피 핵에너지의 이용에 따른 엄청난 위험성에 대해 주목하고 있다. 예를 들어 1986년 4월 26일 발생한 소련의 체르노빌 원자력 발전소 사고는 확률상의 논리에 따를 경우 결코 일어나지 않으리라는 확신이 있었음에도 불구하고 실제로 일어나고 말았으며, 이로 인한 인적·물적 피해는 막론하고 전 세계를 방사능의 공포 속으로 몰아넣기에 충분한 사고였다.

반면에 핵에너지의 평화적 이용을 옹호하는 사람들은 전혀 상반된 입장을 취하고 있다. 에너지의 사용은 선택의 여지가 없는 불가피한 것이므로 어느 정도의 위험성은 감수할 수밖에 없다는 것이다. 예를 들어 교통사고로 인한 사상자 수는 매년 수십만 명에 달하지만, 어느 누구도 자동차를 더 이상 이용하지 말자고 주장하지는 않는다는 것이다. 마찬가지로, 설사 핵에너지의 이용이 위험을 수반한다 하더라도 현대 생활에 필수적인 에너지원의 확보를 위해서는 핵에너지의 개발이 불가피하다는 논리를 펴는 것이다.

### 〈비판적 사고를 안내하는 질문〉

- 학습 소재의 논점에 관한 비판적 사고를 위한 질문
  - ☞ 위 글에서 대립하고 있는 논점과 대상은 무엇인가?[16)]

- 핵에너지 개발 찬성론에 대한 비판적 사고를 위한 질문
  - ☞ 핵에너지가 '가장 효과적인 에너지원'이라는 진술은 구체적으로 무엇을 의미하는가?
  - ☞ 핵에너지 사용에 따른 부수적인 결과들은 충분히 고려되었는가?
  - ☞ 오늘날과 같은 생활양식이 계속되는 한 새로운 에너지원의 개발은 불가피하다. 하지만 에너지를 절약할 수 있는 새로운 생활양식을 도입함으로써 에너지 문제를 해결할 수 있지 않은가?[17)]
- 핵에너지 개발 반대론에 대한 비판적 사고를 위한 질문
  - ☞ 반대론은 얼마나 구체적인 자료에 근거하여 핵 개발에 따르는 위험성을 제시하고 있는가?
  - ☞ 찬성론에서의 주장과 같이 에너지원의 확보가 불가피하다면, 핵개발에 따른 위험성을 감수해야 되는 것이 아닌가?

---

16) 위 글은 핵에너지 개발과 관련된 찬성과 반대에 관한 주장으로 구성되어 있다. 찬성론에 의하면 핵에너지는 에너지의 현재적인 조건에 비추어 가장 효과적인 에너지원이 되나, 반대론에 의하면 핵의 개발은 대량 파괴의 위험을 수반할 수밖에 없는 바, 위험 요소를 제거해야 한다는 측면에서 핵에너지 개발의 중단을 요청하고 있는 것이다.

17) 첫 번째 질문에서는 '가장 효과적인'이라는 진술이 무엇을 의미하는지 또는 사실적으로 얼마나 효과적인지를 비판적으로 따져보는 데 의의가 있는 질문이다. 즉, 찬성론을 정당화하기 위한 주장으로서 '가장 효과적인'이라는 진술이 얼마나 애매한 진술인가를 드러내는데 의도를 두고 있는 질문이다. 이는 비판적 사고 기능 중에서 진술의 사실적인 의미를 따지는 기능과 관련된다. 두 번째 질문은, 찬성론이 핵에너지의 필요성에만 근거하고 있는 주장임을 비판하기 위한 질문으로서, 찬성론이 핵에너지 개발에 의해 나타날 수 있는 부수적인 결과를 고려하고 있는지 여부를 알아보기 위한 질문이다. 아울러 비교를 위한 예로써 자동차의 예가 핵에너지에 적용될 수 있는 동일한 성격을 지니고 있는지 등을 비판하는 것이다. 즉, 찬성론의 논점에 결과 예측에 관한 논점이 들어 있는지, 그리고 그러한 결과와 관련해서 어떤 관점을 견지하고 있는지를 알아보기 위한 질문인 것이다. 세 번째 질문은 찬성론에 들어 있는 전제 또는 가정을 비판적으로 살펴보기 위한 질문이다. 즉, 찬성론은 현재와 같은 에너지 소비형 생활양식을 당연한 가정으로 삼고 있는 바, 이러한 가정 자체가 논리적으로 정당화될 수 있는지 여부를 알아보기 위한 질문인 것이다. 그리고 이와 같은 전제는 논점의 관점 또는 논리의 원리에 해당하는 것으로서, 이러한 전제를 의심하는 것은 원리 또는 관점의 적절성을 따져보는 일에 해당한다.

☞ 핵에너지 개발에 따른 위험 요소가 제거되어야 한다는 반대 주장은 어느 정도의 타당성을 갖는가?[18)]

□ 양자의 논점의 종합적으로 사고하기 위한 질문

☞ 핵에너지 개발에 따른 장단점을 비교하고 그 개발이 낳을 수 있는 결과들을 예측해 보라.[19)]

위에서 살펴보았듯이 학습은 지식의 단편을 암기하거나 왜곡해서 이해하는 것으로부터 벗어나, 학습 소재 또는 학습 내용을 매개로 학습자의 사고 능력이 발달하고 발달된 사고 능력에 의거하여 더욱 수준 높은 학습 소재 또는 내용과 상승적인 상호작용을 일으키는 것을 의미한다. 학습자는 학습 내용을 매개로 새로운 지평을 경험하게 되고, 그러한 지평은 발달된 사고 능력에 의해 지양(止揚)되고 지향(指向)하는 연속적 과정에 놓이게 된다. 그리고 이러한 의미 있는 학습 과정을 가능하게 하기 위해서는 사고와 내용이 통합된 학습 자료의 개발이 적극적으로 요청된다고 말할 수 있다.

## 창의성에 근거한 자기 주도적 학습의 진작

일반적으로 창의적 사고력을 정의함에 있어. 창의적 사고 자체에 내포된 사고의 속성을 포섭하여 정의하는 개념적 정의가 명확하지 않은 것으로 알려져 있다. 즉, 고급 사고력의 일종으로 알려진 비판적 사고나 메타 인지, 의사결정력 등과 구별되는 배타적인 속성을 지니는 것이 아니라는 것이다. 예컨대 Lipman(1991: 193)이 말하듯이, "창의적 사고는 비판적 사고와 다른 요소로 구성된 사고가 아니라, 동일한 요소로 구성

18) 첫 번째 질문은 반대론이 근거하고 있는 정보의 신뢰성을 비판적으로 따져 보기 위한 질문이다. 즉, 핵에너지 개발로 인한 위험의 정도가 얼마나 사실에 근거한 주장인지를 알아보기 위한 질문이다. 두 번째 질문은 반대론에 들어 있는 관점 또는 논리의 원리를 비판적으로 따져보기 위한 질문이다. 즉, 핵에너지 개발을 대신할 수 있는 선택적인 에너지원이 없다면, 핵에너지 개발의 필요성 자체를 문제 삼을 수 없는 바, 관리와 대처에 초점을 두어야 함을 반문하는 질문인 것이다. 세 번째 질문은 첫 번째 질문과 유사한 성격의 질문으로서 진술의 사실 문제를 알아보기 위한 질문이다. 핵에너지 개발에 따른 위험의 정도가 개발의 필요성을 능가할 만큼 큰 것인지, 만약 크다면 구체적으로 어느 정도인지를 사실적으로 확인할 수 있는 근거를 지니고 있는지를 묻는 질문인 것이다.

19) 본 질문은 찬성론과 반대론에 대한 비판적 사고를 기초로 양자의 논점을 종합 · 평가하도록 유도하는 질문이다. 이러한 질문을 통해 학생들은 문제 해결을 위한 의사결정을 합리적으로 하는 한편, 자신의 결정을 정당화할 수 있는 논리적인 사고 능력을 갖출 수 있게 된다.

되어 있는 가운데 다만 그 구성 방식에 있어 차이점을 지닌다."라고 하여 고급 사고력의 요소가 공유되고 있음을 지적하고 있다. Torrence(1996)나 Davis & Rimm(1985)이 창의적 사고의 속성 또는 요소를 제시하지 않고 대신 창의적 사고력을 발휘하는 사람이 보이는 사고의 특성을 제시하는 것도 이러한 맥락에서 이해될 수 있다.

Lipman(1991: 193-194)은 비판적 사고와 창의적 사고의 유사점과 차이점을 설명하면서, 비판적 사고가 의미의 정확성 내지는 객관성을 우선시하는데 비해 창의적 사고는 의미의 해석성 내지는 주관성을 우선시하는 것으로 본다. 즉, 비판적 사고와 창의적 사고는 모두 사고의 대상이 지니는 의미를 판단하는 의식적 활동이라는 공통점을 지니면서 객관성과 주관성에 관한 상대적인 관심에 있어 차이점을 지닌다는 것이다. 따라서 창의적 사고는 비판적 사고에 비해 상대적으로 상황지향적(Governed by context)이고, 자기초월적(Self-transcending)이며, 서로 다른 기준을 동시에 고려(Sensitive to contrasting criteria)하는 판단 작용으로 볼 수 있다.

이러한 맥락에서 의사결정과정에 동원되는 비판적 사고와 창의적 사고의 측면을 살펴보면, 의사결정을 위한 탐구 과정에서 요구되는 절차와 기준은 비판적 사고에 의존하는 반면에 해결의 방향과 아이디어의 모색은 창의적 사고에 보다 크게 의존한다. 그리고 이러한 고급 사고력을 동원한 학습(탐구)이 이루어지는 일체의 과정은 자기주도적인 학습 과정으로 나타난다. 만약 교사의 주도 또는 정해진 절차와 논리를 유도하는 텍스트에 의한 탐구가 수행된다면, 이는 자기주도적인 학습을 불가능하게 하여 비판적 사고와 창의적 사고를 동원하지 않는 결과를 가져온다.

창의적 사고는 조작적으로 사고하는(Manipuoative thinking) 동시에 상황지향적으로 사고하는(Context-driven thinking) 것을 의미한다. 이에 대비되는 것으로서 비판적 사고는 동화적으로 사고하는(Assimilative thinking) 동시에 기준지향적으로 사고하는(Criterion-driven thinking) 것을 의미한다. 물론 여기서 말하는 조작적 / 동화적, 상황지향적 / 기준지향적 대비는 이분법적 분리를 전제로하는 대비가 아니라, 연속적 관계 속에서의 상대적 대비로 보아야 한다. 요컨대 창의적 사고는 사고 주체의 해석적 측면과 사고 대상의 맥락적 측면을 중시하는 사고인 셈이다(Lipman, 1991: 196-197). 이와 유사한 대비로서 발명적 / 발견적, 부연적(Amplicative) / 기술적(explicative) 대비가 있는데 이 역시 창의적 사고가 지니는 발생적 특성과 초월적 특성을 겨냥하고 있는 대비로 볼 수 있다(Kagan, 1989: 206).

이러한 맥락에서 볼 때, 학습자의 외부에서 주어지는 논리 또는 기준을 일방적으로 요구하는 전통적인 텍스트는 창의적 사고를 억압할 수밖에 없는 것으로 볼 수 있다. 주어진 목표와 내용을 따라 선행적으로 계획된 절차와 방법을 동원하기를 요구하는 텍스트에 의해서는 해석적이고 조작적인 그리고 초월적 지평을 경험할 수 없기 때문이다. 한편에서는 개별화 학습 또는 자기주도적 학습 등을 선언적으로 요구하는 가운데, 다른 한편으로는 객관성 기준과 논리를 요구하는 텍스트를 고집한다면, 이는 모순 그 자체에 지나지 않는다. 창의적 사고는 자기주도적 학습에서 따라 나오는 학습경험을 공유한다. 이를 거꾸로 말하면, 자기주도적 학습을 통하지 않고서는 창의적 사고의 경험이 이루어지지 않는다.

자기주도적 학습(Self-Directed Learning)은 학습자 스스로 학습을 계획 · 수행하고 그 과정과 결과를 평가하는 학습을 의미한다. 외부에서 주어진 형식 논리를 따라 객관화된 지식을 체계적으로 습득해 가는 과정을 중시하는 것이 아니라, 학습자 스스로 문제를 제기하고(문제의식을 갖고) 학습의 과정과 절차를 계획하여 실행할 수 있는 과정을 중시한다. 따라서 자기주도적 학습은 인식의 객관성을 배척한다.

학문의 논리에 따라 지식의 체계를 습득시켜주는데 목적을 두고 있는 전통적인 텍스트의 경우 '지식은 질문에 대한 답'으로서의 의미를 지니나, SDL을 지향하는 텍스트의 경우 '지식은 질문을 하기 위한 수단'으로서의 의미를 지닌다(Bradely, 1996: 39-40). 즉, 전자에 있어 지식은 학습자에게 던져진 질문을 해결하기 위해 학문의 논리를 추적하여 도달하게 되는 종착점인 동시에 학습의 결과 도달할 것으로 기대되는 정답으로서의 의미를 지니는 반면에, 후자에 있어 지식은 학습자 스스로 자기주도적인 학습을 수행하는데 필요한 도구 또는 절차로서의 의미를 지닌다.[20] 이러한 관점에서 SDL에 도움을 줄 수 있는 텍스트로서 전통적인 텍스트와 차별화 되는 기준들을 제안해 보기로 한다.

① 학습자 스스로 문제를 제기할 수 있도록 다양하고 다원적인 문제(질문 거리)가 들어 있는 소재(자료)를 통해 학습 문제(학습 과제)를 탐색하도록 한다.

② 학습하는 방법을 학습(Learn How to learn)할 수 있도록 하는 절차와 과정을 안내한다.

20) SDL 이론과 관련해서 보다 근본적인 의문을 제기할 수 있다. 즉, SDL 자체가 교육적으로 의미를 지니고 있는 지에 관한 선행적인 논의를 요구할 수 있다. 이와 관련해서 본고에서는 지면의 한계를 벌어 구체적인 논의를 피하고 관련 문헌(Bradely, 1996; Zimmerman, 1990)을 소개하는 것으로 대신하기로 한다.

③ 학습자 스스로 자신의 학습 활동에 동원된 사고 과정을 분석(Metacognition)할 수 있도록 하는 기회와 필요한 기능을 안내한다.

④ 주요 학습 내용을 핵심 개념이나 아이디어를 중심으로 구성하되, 최종적으로 습득되기를 기대하는 결과로서의 지식 형태로 구성하지 말고, 그러한 핵심 개념과 아이디어를 깨달을 수 있도록 하는 과정을 안내하는 내용으로 구성한다.

## 사회과 텍스트의 기본 모형

이상에서 살펴본 텍스트 내용 구성의 여러 원리가 교과서로 구현되는 상황자에서는 상호보완적인 관련을 맺으면서 통합적으로 작용한다. 즉 각각의 원리가 분리되어 독립적으로 작용하는 것이 아니라 다른 원리들이 충족되는 과정을 통해 각각의 원리가 구현되는 것이다. 다만 학습 현상을 보는 관점 내지는 측면에 따라 개념적으로 각각의 원리들이 조망되는 것으로 볼 수 있다. 이에 이제까지 살펴본 학습 원리와 이에 가정된 학습 상황을 고려하면서 그에 따른 텍스트 모형을 제안해 보기로 한다. 텍스트의 모형은 변화 개념을 스트랜드로 하여 예시안을 소개하기로 한다.

〈텍스트의 구성 및 학습 과정〉

도입 → 문제탐색 → 학습문제/방법모색 → 학습 수행 → 자기평가

자기주도적 학습 과정

**도입(안내)** 학습 문제와 배경, 그에 따른 학습 내용과 학습의 의미 등을 개방적으로 안내한다. 개방적인 안내는 학습 내용과 활동 등을 제한하는 안내를 지양하는 대신 안내 단계 이후 학습자가 스스로 학습을 주도해 갈 수 있도록 절차와 요령 등을 안내하는 것을 말한다.

예시안 : 변화와 관련된 몇 가지 함축적인 사진, 일화, 도표 등을 제시하고 의미를 탐색하도록 함.

문제 탐색 본 학습 단위는 변화의 원인(기술/희소성)과 성격(지속성/갈등유발), 삶의 방식과의 관계(변화의 원인/ 결과) 등을 이해하고 관련된 기능과 태도를 지닐 수 있도록 하는데 목표를 두고 있다. 교사 입장에서 학습 목표를 명시적으로 드러내어 제시하기 보다는 학생 입장에서 학습 목표와 관련해서 학습 문제를 스스로 설정할 수 있도록 생활 주변의 적합하고 다양한 소재 또는 질문을 중심으로 내용을 구성한다.

예시안 : 아침 8-9시경의 도시와 농촌, 서양(첨단 도시와 원시 부족) 등의 생활 모습을 담은 사진을 제시한다.

- 사진의 공통점과 차이점은 무엇인가?/ 차이점이 나타나는 까닭은 무엇인가?/ 우리가 사는 지역의 어제와 오늘 그리고 내일의 모습을 비교해 보자./ 생활의 변화로 인해 나타날 수 있는 문제들은 어떤 것인가? 등과 같은 질문과 토론을 통해 학습 문제와 방법으로 연결될 수 있도록 한다.

학습 문제 및 방법 모색 앞 단계의 학습을 토대로 논의된 문제들을 해결하기 위해 필요한 학습 문제와 학습 활동(학습 방법 또는 학습 기회)을 탐색할 수 있도록 몇 가지 관련된 내용과 질문을 제시한다.

예시안 : 대표적인 몇 개의 도시를 선정하여 크기, 인구 등이 변화해 온 추세를 간단하게 제시한다.

- 텍스트의 내용에서와 같이 우리지역의 변화를 알아볼 수 있는 것에는 어떤 것이 있는가?/ 그러한 변화를 알아보기 위해서는 어떤 준비와 활동이 필요한가?/ 등의 질문에 대한 탐색을 통해 학습 문제와 방법을 개별적으로 또는 그룹별(협동학습)로 설정할 수 있도록 안내한다.
- 토론을 통해 삶의 방식/ 자원의 이용/ 사고방식 및 가치관/ 의식주/ 교통 · 통신 수단 등의 학습 문제가 모색될 수 있도록 토론을 안내할 수 있어야 한다. (교사용 지도서에 안내)
- 토론을 통해 비교 조사(시간 · 공간)/ 문헌 탐색/ 면접/ 견학/ 협동 학습 등과 관련지어 학습 활동이 모색될 수 있도록 안내한다. (교사용 지도서에 안내)

학습 수행 앞 단계에서 모색된 학습 문제 및 학습 활동에 따라 실제 학습이 이루어 질 수 있도록 한다. 특별히 수행과정에서 요구되는 학습 기능 또는 태도의 포인트를 안내하여 관련 기능이 통합적으로 습득될 수 있도록 한다.

예시안 : **정보의 수집은 다양한 자원을 활용하되 신뢰성에 유의해야 한다.**(정보수집기능) / **수집된 정보를 사실과 의견으로 구분한다. 참조체제를 확인한다.**(정보사용기능) / **변화에 요구되는 태도를 생각한다.**(자기조절) **등을 제시한다.**

자기 평가 앞 단계의 수행 과정 또는 수행 결과를 학습자 스스로 평가할 수 있는 기준을 제시하여 수행에 관한 자기 분석 또는 자기반성(Metacognition)이 이루어질 수 있도록 한다.

예시안 : **내가 수행하고 있는 학습 문제를 명료하고 깊이 있게 해결하였는가?/ 관련된 사례를 얼마나 수집하였나?/ 수집한 정보는 믿을 만한 근거를 갖추고 있는가? / 변화로 인해 발생하는 문제를 해결할 수 있는 방안을 제시할 수 있는가?**

토론 및 정리 교사는 이상의 학습 수행 결과를 정리하여 토론하는 과정을 통해 학습을 마무리하도록 한다. 토론을 위한 질문은 질문의 양호도와 질문의 목적을 고려해서 제시하도록 한다.[21]

21) ☞ 양호한 질문: 학습 내용과 관련된 질문, 명확한 질문, 학습자의 경험과 관련을 맺는 질문, 질문의 범위와 수준이 상세하고 구체적인 질문, 의미 있는 사고(맥락적 사고)를 가능하게 하는 질문, 고급 사고력(도전적이고 확장적인 질문)을 진작시키는 질문.
☞ 목적에 따른 질문의 분류: 학습자의 경험이나 사전 지식을 동원하는 질문, 학습할 내용에 관한 선행적인 질문으로서 주의를 환기시키는 질문, 학습할 내용에 관한 선행적인 질문으로서 질문에 답하는 과정 자체가 학습 내용(학습과정)이 되는 학습 내용을 제시하는 질문, 학습한 내용에 대한 요점을 확인하고 강조하기 위한 질문, 학습한 내용을 적용하고 평가, 종합하기 위한 확장적인 질문.

## 결 론

사회과 수준별 교육과정은 학습자의 학습 능력과 경험의 차이에 따라 차별적이고 선택적인 학습이 이루어지도록 하는 학습 기회를 제공하는데 목적을 두고 있다. 즉, 자기주도적인 학습을 겨냥하고 있는 교육과정이다.

자기주도적 학습은 창의적 사고 또는 비판적 사고 등과 같은 고급 사고력을 동원하도록 요구한다. 고급 사고력은 학습자의 현재적인 인지 수준 또는 주관적 경험 세계에 적당한 일치와 불일치가 동시에 유발되어 학습자 스스로 인지적인 긴장과 경험 세계의 긴장 상태로부터 벗어나기 위한 시도에서 나타나는 사고로서, 자기주도적 학습은 바로 이러한 긴장을 학습자 스스로 해소해 가는 과정으로 나타난다. 따라서 창의적 사고와 같은 고급 사고력은 자기주도적 학습 과정에서 동원되는 고급 사고력의 일종인 셈이다.

이러한 자기주도적 학습은 인식론적으로 구성주의 학습관을 전제하고, 동시에 통합적인 학습 경험으로 나타난다. 즉, 객관적인 논리와 분과 학문적인 추상으로부터 비켜나, 맥락적인 해석과 구체적인 현상에서 출발해서 주관적인 구성과 재구성의 연속적인 순환의 세계로 나아간다. 그리고 이러한 과정에서 창의적 사고를 비롯한 일체의 고급 사고력이 동원 · 신장된다.

이제 텍스트는 더 이상 객관화된 학문적 논리를 담고 있는 말씀으로 간주될 수 없다. 텍스트의 지평과 학습자의 지평이 충돌하는 과정을 통해 해석과 구성이 상승적인 순환 과정으로 나타날 수 있도록 하는 텍스트가 요청된다. 그리고 이러한 해석과 구성의 상승적인 순환 과정이 다름 아닌 자기주도적인 학습 과정이 되는 것이다.

Chapter IX

# 사회과 교과서 국제 비교

# IX장

# 사회과 교과서 국제 비교

대개의 경우 교육적 노력의 성패는 학생들의 배움의 양과 질에 의해서 결정된다. 교육을 위하여 아무리 많은 노력을 기울였다 해도 학생들이 결과적으로 배운 것이 별로 없거나, 배웠다고는 하더라도 그 배웠다는 내용의 질이 좋지 않다면 그러한 노력 역시 성공한 것이라고 볼 수는 없기 때문이다. 이와 관련해서 학생들이 배우는 교육 내용의 양과 질은 대부분 교과서에 의해서 결정된다. 즉, 교과서는 교육과정이 최종적으로 구체화되는 임지(任地)이자 학습의 직접적인 도구로 기능한다. 따라서 교과서는 교사와 함께 학생의 학습 경험에 가장 중요한 작용 요인으로 간주된다.

이러한 관점에서 동일한 범주의 내용을 교과서에 따라 어떻게 차별적으로 구성하고 제시하고 있는 지를 비교하는 일은 교과서와 학습의 관계에 대한 보다 구체적인 이해를 위한 지평을 제공할 수 있을 것으로 판단된다. 이러한 맥락에서 한국과 미국의 사회과 교과서를 비교해 보기로 한다. 한국과 미국의 교과서 비교 • 분석은 기본적인 양적인 비교를 포함하여 내용 전체의 구조 및 학습 가능성 등과 같은 질적인 측면을 중심으로 비교하기로 한다. 기본적인 양적 비교는 단원 수준의 분량과 배치 등을 중심으로 하고, 질적인 비교는 학습 내용의 구성 방식과 제시 방식을 중심으로 하기로 한다. 비교 대상 교과과서는 다음과 같다.

〈비교 대상 교과서〉[1]

- 한국 : 교육부(1995). 중학교 사회 1. 대한 교과서.
- 미국 : Ahmad. I.(1996). World Cultures : A Global Mosaic. Englewood Cliffs. Prentice Hall.

1) 한국 교과서의 발행 연도가 오래된 이유는 최근에 사회과 교과서 제도가 검정 제도로 전환되면서 전에 비해 개선되었다는 평가를 받고 있으나, 커다란 틀에서 보면 예전과 다르지 않다는 점을 들 수 있으며, 보다 중요한 이유는 한국 교과서를 평가하는 데 목적이 있는 것이 아니라, 본 장에서 논의하는 교과서 비교 · 분석에 대비되는 예시 사례로서 적합성을 충족하기 때문이라는 점을 밝힌다.

## 학습 내용 요소의 구성

학습 내용 요소는 학생들이 학습하게 될 실제적이고 최종적인 구체물의 의미를 지닌다. 학생들은 내용 요소를 학습함으로써, 결과적으로 상위 수준의 제재, 주제, 그리고 단원의 의미를 이해하게 된다. 학생들은 내용 요소를 학습한 다음에 제재를 별도로 배우는 것이 아니라 언제나 내용 요소들을 학습하는 것이며, 이러한 내용 요소를 연속적으로 학습하는 가운데 제재에 대한 이해가 결과적으로 이루어지는 것이며, 이러한 과정이 주제와 단원, 그리고 학년 수준으로 연결되는 것이다. 요컨대 제재, 주제, 단원 등은 실제적인 학습물의 의미를 지니는 것이 아니라, 학습 요소를 선정하기 위해 교수 계획 단계에서 연역적으로 조직한 상위 수준의 범주로서의 의미를 지닌다. 따라서 학습량의 과다 및 난이도 등과 같은 문제는 최종적으로 학습 내용 요소 수준에서 분석될 수 있는 것으로 볼 수 있다. 이러한 맥락에서 동일한 제목(범주)에서 어떤 학습 요소가 얼마나 구성되어 있는지를 비교해 봄으로써 보다 의미 있는 해석이 가능해 질 것으로 판단된다.

다음 표에서 볼 수 있듯이 전체적으로 보면 한국은 일본에 관한 내용을 지리 영역과 역사 영역에서 별도로 다루고 있는데 비해, 미국은 통합적으로 다루고 있다. 한국은 지리 영역에서 1개의 주제를 3개의 하위 제재와 8개의 하위 항목으로 편성하고, 역사 영역에서는 시대별로 일본 관련 내용을 산발적으로 6개의 항목으로 편성하여 총 14개 항목으로 일본에 관한 내용을 다루고 있다. 이에 비해 미국은 지리 영역과 역사 영역, 일반 사회 영역을 통합적으로 다루는 가운데, 2개의 주제를 각각 4제제 21항목, 4제재 16항목으로 구성하여 총 37개 항목으로 일본에 관한 내용을 다루고 있다.

한국과 미국 교과서의 학습내용 구성 비교

| | 주제 | 제재 | 항목 | 내용 요소 |
|---|---|---|---|---|
| 한국 | 경제 대국으로 성장한 일본 (지리 영역) | 자연환경과 문화적 배경 | 자연환경 | 섬나라/ 해안선 / 산지 / 평야 / 지진 / 난류 / 기후 / 세계의 지진대와 생활 |
| | | | 문화적 배경 | 외세 관계 / 앞선 근대화 / 문화 수용 / 한국 침략 / 태평양 전쟁 |
| | | 현대적 농 · 수산업 | 발달한 농업 외 1개 항목 | |
| | | 첨단공업과 무역 | 공업의 발달 외 3개 항목 | |
| | (세계사 영역) | 동북아시아 사회 발전 | 일본의 성립 외 1개 항목 | |
| | | 한국과 일본의 변화 | 막부 정치 외 1개 항목 | |
| | | 근대화 운동 | 메이지 유신 외 1개 항목 일본 | |
| 미국 | 일본의 지리와 유산 | 자연환경과 문화적 배경 | 열도 | 섬나라 / 격리(외세 관계) / 불리한 자연 조건 |
| | | | 지형 · 기후 | 산지 / 평야 / 단단한 암석층 / 기온/ 강수량/ 토지 이용 / 어업 |
| | | | 광물 자원 | 자원 부족 / 해외 의존 |
| | | | 민족성 | 정체성 / 국수주의 |
| | | 초기 역사 | 초기 사회 외 5개 항목 | |
| | | 전 통 | 종교 외 3개 항목 | |
| | | 세계 강국 | 문호개방 외 6개 항목 | |
| | 현대 일본 | 정부와 사회 | 정부형태 외 4개 항목 | |
| | | 경제 성장 | 산업발달 외 3개 항목 | |
| | | 세계 관계 | 안전보장 외 2개 항목 | |
| | | 문학과 예술 | 문학 외 3개 항목 | |

주제 수준의 전체적인 구성 방식을 보다 자세하게 살펴보면 다음과 같다. 제재별 하위 항목을 중심으로 제시하기로 한다.

〈한국: 총 16쪽 분량〉

■ 지리 영역

- 자연환경과 문화적 배경(제재): 자연 환경 / 문화적 배경

- 현대적 농 · 수산업: 발달한 농업 / 세계적인 수산업국
- 첨단 공업과 무역: 공업의 발달과 특색 / 공업 지역 / 세계적 무역 / 인구와 도시

▪ 역사 영역: 역사 영역에서는 일본을 별도로 다루지 않고 제재 또는 항목 수준에서 시대에 따라 관련되는 내용을 산발적으로 다룸

- 제재 / 항목: 일본의 성립과 발전 / 봉건사회 / 에도 막부 / 새로운 움직임(상품화폐 경제발달)

〈미국: 총 40쪽으로 한국 교과서 판형으로 환산하면 55쪽에 해당함〉

- 자연환경과 문화적 배경: 열도 / 지형 · 기후 / 광물자원 / 민족성
- 역사: 초기 사회 / 중국 관계 / 헤이안 시대 / 봉건제도 / 통일 / 고립
- 전통: 종교 / 가족제도 / 봉건주의 / 생활양식
- 현대: 문호 개방 / 메이지 정부 / 경제의 근대화 / 사회변화 / 팽창정책 / 국수주의 / 태평양 전쟁
- 정부와 사회: 전후 개혁 / 정부 형태 / 사회 변화 / 교육 / 서구의 영향
- 경제 성장: 경제 기적 / 산업 발달 / 성공의 이유 / 미래의 대응
- 세계와의 관계: 안전 보장 / 일본과 세계 경제 / 주변국과의 경제 관계
- 문학과 예술: 영상 예술 / 문학/ 행위 예술 / 대중문화

다음으로, 한국과 미국은 공통적으로 일본에 관한 부분에서 자연 환경과 문화적 배경을 제재 수준에서 다루고 있다. 한국은 이를 다시 두 개의 항목(자연 환경/문화적 배경)으로 구분하여 2쪽 반에 걸쳐 13개 내용 요소로 제시하고 있는데 비해, 미국은 3쪽 반에 걸쳐 4개의 항목(열도/지형 · 기후/광물자원/민족성)으로 구분하여 14개 내용 요소로 제시한다.

한국은 2쪽 반에 걸쳐 13개 내용 요소를 다루고 미국은 3쪽 반(한국 판형으로 환산하면 5쪽)에 걸쳐 14개 내용 요소를 다룬다는 점에서, 단위 학습 요소와 관련된 설명 또는 이해를 위한 보충 자료가 한국보다는 미국이 많다는 것을 알 수 있으며, 이는 곧 학습의 이해도를 높이고 결과적으로는 내용의 적합성을 기하는 것으로 해석될 수 있다. 또한 항목과 내용 요소를 관련짓는 방식에 있어 제재 명이 자연환경과 문화적 배경

으로 되어 있는 만큼, 자연환경과 문화의 관련성을 보여주는데 초점이 있는 것으로 볼 수 있다. 이와 관련해서 볼 때, 한국은 문화적 배경 항목의 내용 요소(외세 관계 / 앞선 근대화 / 문화 수용 / 한국 침략 / 태평양 전쟁)와 자연환경과의 관련성이 상대적으로 희박함을 알 수 있다.

이에 비해 미국은 단원과 주제 수준에서의 통합정신이 내용 요소 수준에까지 일관되게 적용되어 내용 요소와 항목 수준에서도 통합 학습이 가능하도록 내용이 구성되어, 자연환경과 문화적 배경과의 관련성이 높게 나타나고 있음을 알 수 있다. 자연조건(열도 / 격리 / 산지 / 암반)이 생활(토지 이용 / 어업)과 문화(인구밀도 / 민족성)에 어떤 영향을 주고 있는지를 즉, 자연 환경과 인문환경의 인과적 상호 관련을 이해할 수 있도록 내용 요소를 구성하여 내용의 구조와 학습 가능성을 높이고 있다는 것이다.

## 학습 내용의 제시 방식

학습 내용의 제시는 일반적으로 두 가지 방식으로 이루어진다. 하나는 주제 또는 제재의 학습 절차(과정 또는 순서의 체계)와 관련된 형식적 의미로서의 제시 방식과 다른 하나는 학습 내용의 서술 방식이나, 조직의 맥락, 질문의 성격, 삽화의 성격 등과 관련된 내용의 구조적 의미로서의 제시 방식이다. 이러한 제시 방식은 학습의 의미나 이해도와 직접적인 관련을 맺는 것으로서 단순히 내용 요소의 많고 적음이나 위계 수준보다 학습 내용의 적정화에 더 큰 요인으로 작용한다. 즉, 평면적인 양적 비교의 한계를 벗어나 질적인 비교를 가능하게 하는 의미를 지닌다. 이러한 관점에서 한국과 미국의 일본 관련 교과서에 나타난 학습 내용 제시 방식을 비교하기로 한다.

### 한국

우선, 한국 교과서 내용의 학습 절차 즉, 형식적 의미에서의 제시 방식은 다음 그림과 같이 주제 수준의 학습 단위를 중심으로 이루어져 있는 것으로 나타났다. 하나의 주제는 도입으로 시작되어 본문 내용, 도움 글, 탐구 활동, 주요 활동 순서로 끝을 맺는다. 각 절차의 내용적 제시 방식을 살펴보기로 하자.

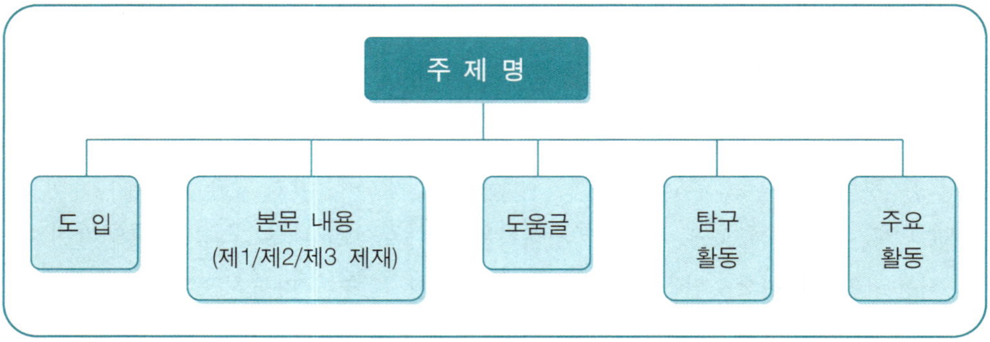


[그림] 한국의 제시 방식: 학습 절차

첫째, 도입은 주제 전체 내용을 간단하게 소개하는 개요(또는 요약) 부분과 학습 목표에 대응하는 학습 과제 형식의 질문 부분으로 이루어져 있다. 개요 부분은 주제의 학습을 성공적으로 마친 학생에게 주제의 내용을 요약해 보라는 질문에 모범적으로 답변할 것으로 예상되는 내용을 미리 제시해 놓은 것과 동일한 의미를 지닌다. 즉, 학습 활동 이후에 학생들이 귀납적으로 일반화하게 되기를 기대하는 내용을 학습 활동에 임하기에 앞서 미리 제시하고 있는 것이다.

일반적으로 교수 계획 과정과 학습 과정을 비교할 때 연역과 귀납으로 비교하는 경우가 많다. 교수의 계획은 학습이 수행되고 난 최종적인 상태를 먼저 생각하고 역으로 선행 학습 단계와 내용 등을 연역해 내는 과정을 따르는 반면에, 실제 학생들이 학습하는 과정은 교수 계획 과정과는 정 반대로 구체에서 추상으로, 단순에서 복잡으로, 개별에서 체계로 즉, 교수 계획의 최종 단계가 최초의 학습 단계로 그리고 교수 계획의 최초 단계가 학습의 최종 단계로 나타나는 귀납적 과정을 따른다. 이러한 관점에서 볼 때, 주제의 도입 부분을 개요 성격의 내용으로 제시하는 것은 학습의 흥미와 이유 동기를 부여해야 한다는 학습 논리에 역행하는 것으로서 학습의 적합성을 그 만큼 상실하고 있는 것으로 볼 수 있다.

둘째, 본문 내용[2)]은 전형적인 서술 형식의 문장으로 제시되어 있다. 사실적인 정보를 나열하면서 문장의 형식을 취하고 있는 것에 지나지 않고 있는 것이다. 실제 교과서 내용의 일부를 직접 인용해 보기로 하자.

> 일본은 국토의 80% 이상이 산지이며, 후지산, 아소산 등의 많은 화산과 온천이 있다. 평야는 간토 지방을 제외하고는 대체로 미약한 편이다. --- 중략 --- 일본의 인구는 국토 면적에 비해 많으며, 1992년 현재 1억 2천만 명이 넘는다. 그러나 근래에는 인구 증가 현상이 거의 나타나지 않고, 노년 인구의 비율이 점점 높아지고 있다. 인구 분포는 대부분 공업이 발달하고 생활이 편리한 태평양 연안에 밀집되어 있다.

내용에서 알 수 있듯이, 현상의 인과 관계에 대한 설명이나, 이유와 근거를 생각하게 내용, 문제 제기와 해결 등과 같은 내용을 찾아 볼 수 없다. 단편적인 정보를 나열하고 있는 사전의 전형과도 같다. 학습자 스스로 생각하고 담론적인 상호작용에 참여하는 가운데 개인적 지식을 주도적으로 구성할 수 있게 하는 텍스트로서의 의미를 찾아 볼 수 없는 것이다. 그런 만큼 학생들로 하여금 지루함과 고통을 인내하는 가운데 암기하고 침묵하도록 요구하는 결과를 가져오게 된다. 이렇듯 학습 내용의 맥락성이 결여되고 학습자의 경험 및 인식 틀과 유리된 상태에서는 그만큼 학습의 부담을 증가시키고 관련적인 의미에서의 난이도를 더할 가능성이 높다고 볼 수 있다.

셋째, 매 주제마다 반쪽 내지는 한쪽 분량의 도움 글을 싣고 있는데, 도움 글은 크게 두 가지 성격으로 대별된다. 하나는 학습 목표의 수준과는 무관하게 교양이나 홍

---

2) 본 제재(자연환경과 문화적 배경)의 본문 내용은 13개의 주요 내용 요소를 담고 있으며, 내용 요소별 세부 내용은 다음과 같다.
- 자연환경: 섬나라(홋카이도, 혼슈, 시코쿠, 규수, 류큐열도)/ 해안선(길고 복잡함)/ 산지(국토의 80%이상, 화산: 후지산, 아소산, 온천)/ 평야(간토 지방)/ 지진/ 난류(쿠로시오, 온난)/ 기후(다우, 다설, 남북 기온차)
- 문화적 배경: 외세 관계(외침이 적음)/ 앞선 근대화 / 문화(서양과 전통의 결합, 대륙 문화의 수용, 임진왜란 때 한국의 문화재 약탈)/ 한국의 침략(상품시장, 대륙진출의 발판)/ 태평양 전쟁(한국인의 징집, 70만 재일 교포)
- 도움글(세계의 지진대와 일본): 환태평양 조산대(안데스 산맥, 로키 산맥, 일본 열도, 필리핀 제도, 뉴질랜드: 지작 불안정, 화산, 지진 발생), 알프스 히말라야 조산대, 지진과 해일의 피해, 생활과 건축 양식에 영향.

cf: 도움글은 형식적으로는 본문 내용과 다른 의미를 지니나, 실제적인 내용에 있어서는 본문 내용과 동일한 성격을 지니기 때문에 주요 내용 요소로 소개하였다.

미 등의 성격을 지닌 것이고, 다른 하나는 학습 목표에서 따라 나오는 주요 학습 내용의 성격을 지니는 것으로서 본문의 학습 내용과 동일한 것이 있다. 특별히 후자의 성격을 띠고 제시되고 있는 도움 글은 주요 학습 내용이라는 점에서뿐만 아니라 내용의 제시 방식에 있어서도 본문의 학습 내용과 같은 특징을 지니기 때문에 그 만큼 학습 부담을 증가시키는 요인으로 작용한다. 본 주제에서도 '세계의 지진대와 일본'이라는 제목의 도움 글을 제시하고 있는데, 이는 본문의 학습 내용과 동일한 성격을 지닌 것으로서 도움 글로서의 차별적인 의미를 지니지 못하고 있다. 즉, 학습의 의미나 내용의 적합성 등과 특별한 관련을 맺는 것으로 볼 수 없다는 것이다.

넷째, 탐구 활동은 6차 교육과정 개정과 더불어 교과서에 처음 제시되는 부분이다. 탐구력이나 문제해결력, 의사결정력 등과 같은 고급 사고력을 강조하는 당시의 시대적인 요구를 수용하려는 노력의 결과로 볼 수 있다. 본 주제에서도 탐구 활동을 제시하고 있는데, 세계적 무역국으로서의 일본이라는 본문 학습 내용과 관련해서 제시되고 있다. 이러한 본문 내용에 비추어 볼 때, 탐구 자료는 세계 무역과 일본의 관계와 관련된 자료일 것으로 기대되나, 실제 교과서에 제시된 탐구 자료는 일본과 중국 간의 무역액 변화 자료와 한국과 일본 및 중국과의 무역 상품에 관한 자료로서 본문 내용과의 관련성이 부족한 것으로 나타났다.

더욱이 자료를 탐구하기 위해 제시하고 있는 질문을 보면 학습의 적합성을 더욱 결여하고 있음을 알 수 있다. 실제 질문 내용을 보면 "위의 자료와 교과서 241쪽의 자료를 이용하여 최근 <u>우리나라와 일본과의 무역 수지 관계를 알아보고(A)</u>, 그 <u>원인과 대책을 조사(B)</u>, 발표해 보자."라고 제시되어 있다. 질문의 밑줄 친 (A) 부분은 단순한 통계 능력을 요구하는 것이기는 하나 그래도 본문의 학습 내용과 부분적으로 관련을 맺는 질문으로 볼 수 있다. 그러나 밑줄 친 (B)의 질문은 교과서에 제시된 자료와는 전혀 무관한 질문으로서 수업 시간을 이용하여 학생들 스스로 생각하고 토론하는 과정을 통해 해결할 수 있는 것이 아니라, 다른 문헌이나 자료를 통해 별도로 준비해야 하는 탈맥락적인 질문으로 볼 수 있다. 즉, 본문 학습 내용과도 무관하고 탐구 자료와도 무관한 질문으로서 단편성에서 벗어나지 못한 대표적인 예로 볼 수 있다. 나아가 본 질문에서 요구하는 원인과 대책은 난이도의 수준이 상식적으로 판단해도 대학교육의 수준에 버금간다. 왜냐하면, 대일 무역 수지 적자의 원인을 묻는 질문에 수출보다 수입이 많기 때문이라고 답한다면(이러한 답변을 기대하는 질문인지는 모르지만), 이 답변은 순환의 오류에 지나지 않을 것이고[3], 결과적으로 질문이 요구하는 정확한 답변을 그리 쉽게 구할 수 없을 것으로 보인다. 독자들 스스로 답변을 해보면 중학교 1학년이 쉽게 해결할 수 없는 질문이라는 것을 이해하는데 도움이 될 수 있을 것이다.

다섯째, 주요 활동 부분은 주제의 학습 내용을 정리하고 스스로 심화 또는 발전 학습을 할 수 있도록 질문 및 관련된 자료를 제시한 부분으로서 나름대로 학습의 의미를 지니는 것으로 판단된다. 다만 질문의 수가 3개 내외로 적은 편이며, 질문의 내용이 대체로 본문 학습의 일반화적 지식을 응용하게 하는 질문이기보다는, 이해의 확인을 요하는 성격을 지니고 있어 취지에 충분히 부응하지 못하고 있는 것으로 생각된다.

여섯째, 삽화, 사진, 제도 등이 매 쪽 당 평균 1.5컷 정도 제시되어 있다. 일반적으로 삽화나 사진 등은 본문 내용을 함축적으로 이해할 수 있는 내용으로 구성하거나, 확산적인 사고를 자극할 수 있는 열린 이미지를 담고 있어야 하는 것으로서 또 하나의 학습 자료라는 의미를 지닌다. 이러한 요구가 충족될 때 학습의 이해도와 적합성이 높아짐은 물론이다. 이러한 관점에서 볼 때, 한국 교과서의 삽화와 사진 등의 자료는 비판의 여지가 가장 많은 부분으로 생각된다. 극단적으로 가정해서, 현재 교과서에 제시된 삽화나 사진 등을 전부 삭제해도 학습에 차별적인 영향을 주지 않는다고 말할 수 있는 정도이다. 예를 들면, 일본의 자연 환경을 다루는 지면에서 후지산 전경을 사진으로 제시하고 있는데, 사진의 내용은 일본에 후지산이 있고 후지산의 전경은 이러하다는 것 외에 아무런 추가적인 정보나 함축적인 의미 등을 담지 않고 있다. 본문 내용은 일본의 자연환경이 80% 이상이 산지이고, 섬나라이며, 해안선이 길고 복잡하며, 화산이 많고 평야가 미약하다는 내용을 나열하고 있는데, 후지산 사진이 이러한 본문 내용과 관련해서 무엇을 의미하는지를 즉, 후지산이 있다는 사실을 사진으로 보여 주는 단편적인 정보 이상의 의미를 읽어낼 수가 없는 실정이다. 교과서가 열악한 행·재정적인 여건에서 개발되었기 때문에 피할 수 없는 결과일지 모르나, 누구에게 책임을 묻자는 것이 아니라 단지 사실적인 현상이 그러함을 지적하는 것이다.

3) 무역수지 적자의 원인을 묻는 질문은 수출보다 수입이 많은 원인을 묻는 질문이기 때문에 이러한 답변은 답변을 질문에서 구하는 것으로서 순환의 오류는 범하는 것임

## 미국

미국 교과서 역시 한국과 마찬가지로 주제 수준 학습 단위를 중심으로 학습 절차를 제시하고 있다. 도입, 본문 내용, 탐구 활동, 도움 글, 정리 등의 순서를 제시하고 있다는 점에서 한국과 유사한 제시 방식을 취하고 있으나, 이러한 제시 순서가 매 제재 수준에서 반복해서 이루어지며, 제1 제재가 시작되기 전에 주제 수준의 도입과 마지막 제재가 끝난 다음에 주제 정리가 이루어진다는 점에서 한국과는 다른 방식을 취하는 것으로 볼 수 있다.

다시 말해 한국의 경우에는 하나의 주제 속에 3개의 제재를 포함하고 있으며, 본문 내용을 제시할 때 3개의 제재를 순서대로 연속해서 제시하는데 비해, 미국은 하나의 주제 속에 4개의 제재를 포함하고 있으나, 매 제재마다 도입, 본문 내용, 탐구, 도움 글, 정리 등의 순서가 제시되기 때문에 전체적으로는 이러한 순환이 한 주제 속에서 4번 반복해서 이루어지는 차이점을 지닌다.

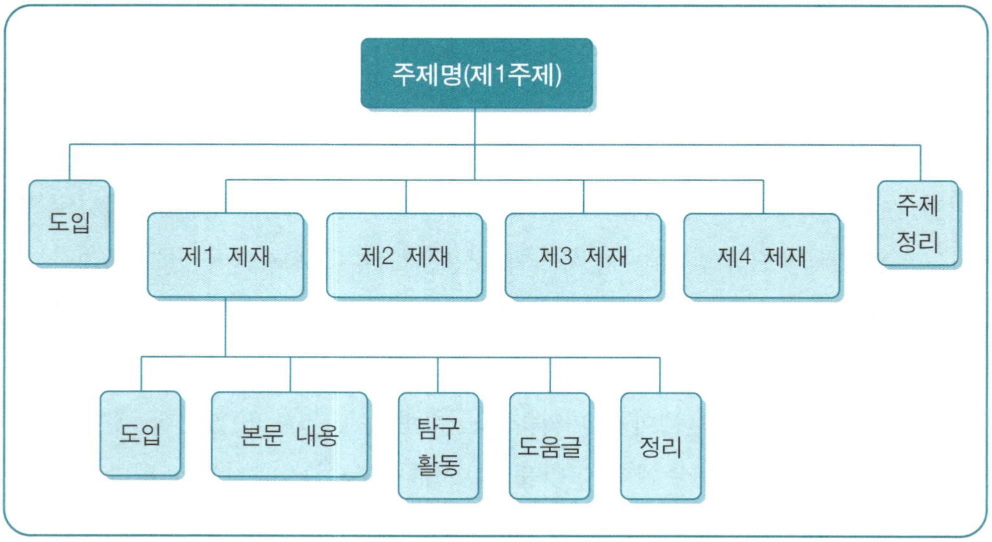


[그림] 미국의 제시 : 방식 학습 절차

학습 절차를 따라 제시되는 각 요소의 성격을 살펴보기로 하자. 첫째, 주제 수준의 도입은 한국에서 주제 내용의 개요를 제시하는 방식과는 달리, 1281년 몽고의 일본 침략을 방어했던 역사적 사례와 관련된 전설적인 일화[4]를 소개하는 것으로 시작한다. 흥미를 유발할 수 있는 내용이면서 동시에 일본의 자연 조건과 민족성 그리고 대륙과의 관계 등을 함축함으로써 학습의 이유 동기를 유발하는 내용이기도 하다. 이러한 도입을 통해 학생들은 일본에 관한 간접적인 경험을 하게 되고, 그러한 경험에 근거한 인식 틀(스키마)에 기초해서 후속적으로 제시되는 학습 내용을 주도적으로 구성할 수 있게 될 것이다.

도입에 이어 주제 학습의 관점을 제시하고 있다. 이후 본문에서 제시될 내용을 학습함에 있어 유의해야 할 학습 관점 즉, 자연조건과 생활양식의 인과 관계나, 민족성과의 관계, 대외 관계 등에 관한 준거를 앞서 제시함으로써 선행 조직자로서의 기능을 수행할 수 있도록 하고 있다.

둘째, 제재 수준의 도입은 제재의 본문 학습 내용과 관련된 학습 목표를 제시한다. 학습 목표를 진술함에 있어 단순히 단편적이고 사실적인 지식을 파악하도록 하는 것이 아니라, 현상을 관계적으로 파악하도록 함으로써 일반화 및 개념 등과 같은 상위 지식과의 관련적 체계 속에서 이해할 수 있도록 진술하고 있다. 한 예를 들면, "일본의 어떤 지리적 특성이 생활에 영향을 주었는가?"라는 학습 과제 형식의 학습 목표에서 알 수 있듯이, 단순히 일본의 지리적 특성이 무엇인지를 묻거나, 일본의 생활이 어떠한지를 묻는 것이 아니라, 양자의 관계를 물음으로서 환경과 생활과의 관계에 관한 일반화 및 개념의 맥락 속에서 사실적 지식을 습득할 것을 요구하고 있는 것이다.

---

4) 도입 부분에 소개되고 있는 일화 내용은 다음과 같다.

"고려에서 활동하고 있던 일본 첩자로부터 몽고군이 출범(침략) 준비를 끝냈다는 첩보가 전해져왔다. 일본은 몽고 황제 쿠빌라이가 영토를 확장하고 싶어 함을 잘 알고 있었다. 일본인은 해안을 따라 성벽을 쌓고 경계를 강화했다. 그들은 가미(kami: 영혼, 정신)에게 보호를 기원했다. 1281년 6월, 몽고군의 침략이 시작되었다. 군사들은 7주 동안 강력한 몽고 함대에 맞서 용감하게 싸웠다. 50일 째 되던 날, 갑자기 검은 구름이 태양을 드리우고, 바다는 칠흑 같은 어둠에 휩싸였으며, 천지를 날려버릴 듯한 태풍이 불었다. 역사는 이렇게 전한다. 광풍이 불고, 파도가 하늘로 치솟으며, 천둥과 번개가 천지를 뒤흔들어, 하늘이 곤두박질하는 것 같았다라고. 이틀이 지나자 이윽고 바다는 잠잠해졌고, 몽고군은 모두 바다로 침몰했다. 일본 사람들은 모두 기뻐서 어쩔 줄 몰랐다. 가미께서 신성한 바람(kami-kaze)을 일으켜 침략자를 물리쳤다고 믿었기 때문이다. 그 후로 일본 사람들은 항상 신이 자신들을 보호해 준다고 믿어 오고 있다.

셋째, 본문 내용[5)]은 앞서 제시한 학습 목표를 달성할 수 있도록 관련된 내용과 자료를 제시하여 맥락적인 이해와 구성적인 이해가 가능하도록 제시된다. 맥락적 이해와 관련해서 보면, 자연 환경에 관한 사실적인 정보를 제시하되 상위의 개념이나 일반화의 맥락 속에서 이해가 가능하도록 인과 관계, 이유, 근거 등을 설명하거나 추론을 유도한다. 아울러 구성적 이해와 관련해서 보면, 학습자의 선행적인 경험에 근거한 학습이 가능하도록 경험적 소재에 기초한 비교와 대조 등의 구문을 통해 내용을 제시한다. 앞에서 살펴본 한국 교과서의 내용과 동일한 내용을 예로 살펴보자.

> 국토의 80% 이상이 산지인 일본의 인구는 미국의 절반에 해당하는 1억 2천 5백만 명인 데 비해 면적은 몬타나주와 비슷하여 상대적으로 면적이 좁은 나라이다. 지층이 단단하기 때문에 평야는 해안이나 하천을 따라 좁게 발달해 있다. 이로 인해 거주와 경작이 가능한 지역이 매우 좁고, 인구 밀도 또한 높다. 예를 들면 뉴욕의 인구 밀도는 360명/㎢ 인데 비해 일본의 간토 평야 지역의 인구 밀도는 20,000명/㎢으로 매우 높은 실정이다. --- 중략--- 앞으로 일본은 노동력 부족에 직면하게 될 것이다. 왜냐하면 낮은 출생률과 인구의 노령화가 계속될 것이기 때문이다. 또한 인구의 노령화는 생활비와 의료비 등과 같은 공적 서비스를 제공하는 데 필요한 사회적 비용의 부담을 증가시키게 될 것이다.

한국의 교과서에서는 단편적으로 인구가 얼마인지를 서술하고 있는데 비해, 미국 교과서에서는 지형의 특성 및 면적과의 관계 속에서 인구 및 토지 이용 실태를 파악하도록 함으로써 인구 밀도 현상과 집약적 토지 이용 현상을 관계적으로 이해할 수 있도록 한다. 즉, 산지가 많고 평야가 해안선을 따라 좁게 발달해 있기 때문에(원인)

---

5) 본 제재(자연환경과 문화적 배경)는 14개 주요 학습 내용 요소를 담고 있으며, 내용 요소별 세부 내용은 다음과 같다.
- 열도: 동아시아 해안에서 격리/ 3000 여개의 섬(규수, 시코쿠, 혼슈, 홋카이도)/대륙으로부터 격리/ 불리한 자연조건(화산, 지진, 태풍)
- 지형과 기후: 산지; 국토의 4/5/ 단단한 지층(해안과 하천변 경작)/ 평야(간도 평야: 인구밀도; 20,000/㎢, 뉴욕; 360/㎢)/기온(온화; 봄가을은 미국 동부해안과 같음, 난류의 영향; 덥지 않은 여름, 춥지 않은 겨울, 경작일수)/강수량 풍부/ 토지 이용(구릉지를 깎아 초지 조성, 이모작, 관개 시설, 농업 기술 발달, 농업인구 8%, 식량의 75% 자급, 유대감과 공동 목표의식이 강함)/ 수산업(생선 위주의 식생활 문화, 양식업 발달)
- 자원: 산업화로 인한 광물 자원(철, 석탄, 원유) 부족/ 해외 의존 심화(국제 정세에의 영향)
- 민족성: 동질 사회(단일 언어, 문화의 공유, 단일 민족)/ 격리된 자연 조건(우리 정체 의식, 국수주의로 발전; 시민권 획득의 어려움, 이이누 족과 부라쿠민 족에 대한 배척과 멸시)

자연히 토지를 집약적으로 이용할 수밖에 없게 되고 따라서 인구 밀도 또한 높게 될 수밖에 없다는(결과) 일반화에 도달할 수 있도록 하는 것이다. 뿐만 아니라 면적과 인구수의 관계(인구 밀도)를 설명함에 있어서도 추상적으로 면적이 얼마이고 인구가 얼마이니 그래서 인구 밀도가 얼마라는 방식의 서술을 지양하는 대신, 학습자의 선행적인 개념 틀과 경험 세계에 근거하여 면적을 몬타나주에 비교하고 인구수를 미국의 인구에 비교하는 방식으로 설명한다. 즉, 학습자의 선행적인 스키마에 새로운 정보가 편입되고 재조정될 수 있도록 하는 구성주의 학습을 적극적으로 지향하는 것으로 볼 수 있다. 본문의 학습 내용을 이러한 방식으로 제시하는 것은 앞서 살펴본 도입 단계에서의 학습 목표에 대응하는 것으로서 제시 과정에서도 일관성이 유지되고 있는 것으로 판단된다.

넷째, 탐구 활동은 본문 학습 내용과 관련해서 비판적 사고나 문제 해결력, 의사결정력 등과 같은 고급 사고력을 신장시킬 수 있도록 심화 학습 또는 발전 학습 자료로서 제시된다. 예를 들면, 일본의 지형이라는 제목 하에 일본의 지형을 채단식으로 나타낸 지도와 "일본은 남북으로 길게 늘어선(2080㎞) 섬나라이며, 국토의 대부분이 산지이고, 해안을 따라 좁은 평야가 발달해있다."라는 간단한 설명을 제시한 다음 탐구 문제를 해결하도록 한다. 탐구 문제는 일본의 위치를 묻는 질문과(사실 확인), 지도상에 나타난 주요 4개의 섬을 큰 순서대로 나열하도록 하는 질문, 그리고 일본이 주변국과 분리된 이유를 묻는 질문으로서, 앞의 두 질문은 지도상에 나타난 사실을 판단하고 확인하는 지도 기능을 요하는 문제이고 마지막 질문은 인과 관계의 추론을 요하는 질문이다.

이러한 탐구 활동 자료는 두 가지 성격을 지니는 것으로 판단된다. 하나는 탐구 자료 및 탐구 과제가 본문 학습의 심화 또는 발전 학습으로서의 의미를 지니는 것이며, 다른 하나는 사회과교육이 지향하는 기능과 고급 사고력을 신장시킬 수 있도록 사고와 내용을 통합적으로 다루고 있다는 성격을 지닌다.

다섯째, 도움 글은 본문 학습 내용에 대응하는 실제적인 사례를 통해 현실 관련 문제의식을 지닐 수 있도록 하는 심화 학습 자료로서의 의미를 지닌다. 한국 교과서의 도움 글이 교양이나 본문 내용의 추가 성격을 지니는 것에 비해 미국 교과서의 도움 글은 실제로 본래 취지에 부응하는 것으로 볼 수 있다. 도움 글이라고 해서 단순히 심화 학습을 위한 정보를 제공하는 것으로 그치는 것이 아니라, 탐구 자료에서와 마찬가지로 질문을 제시함으로써 현실 관련 문제 해결력을 신장시킬 수 있도록 하고 있다. 예를 들어, 복잡한 동경이라는 제목으로 제시된 도움 글 자료를 보면, 동경에 거주하는 한 인물(기라사키 도시로)의 새벽 5시부터의 하루 생활을 사실적으로 묘사하여 복잡한 동경의 특성과 생활 방식을 제시하는 한편, 인구 밀도 지도를 제시하여 질문으로 연결하고 있다. 질문은, 많은 사람들이 교외에서 거주할 수밖에 없는 이유를 묻는 질문과 그러한 문제를 해결할 수 있는 방안을 묻는 질문인데, 전자의 경우는 인과 관계를 묻는 것이고 후자는 문제 해결을 요하는 문제에 해당한다. 이렇듯 도움 글은 도입 단계에서부터 본문 내용 학습, 탐구 활동에 이르기까지 일관되게 적용되고 있는 맥락적 이해와 구성적 학습 논리의 선상에서 보다 심화된 이해와 고급 사고력의 신장이 가능하도록 제시되고 있는 것으로 볼 수 있다.

여섯째, 제재 단위에서 제시되고 있는 정리 단계는 기본적으로 학습 결과에 대한 자기 평가로서의 의미를 지닌다. 즉, 일반적으로 말하는 형성 평가와 유사한 의미를 지니되, 학습자 스스로 평가할 수 있도록 제시하고 있다는 차별적 의미를 지닌다. 평가의 내용은 단순히 본문의 내용에만 그치고 있는 것이 아니라, 기능과 고급 사고력을 포함하는 것으로서 본문 내용을 확인하는 성격을 지니는 한국 교과서의 경우와 대조를 보인다.

일곱째, 사진, 삽화, 제도 등은 매 쪽 당 1컷 정도를 제시하고 있다. 한국 교과서와는 달리, 본문 내용에 대한 함축적 이해나, 확산적인 사고와 관련된 이미지의 내포와 같은 조건을 충족하는 것으로 볼 수 있다. 즉, 또 하나의 학습 자료라는 의미를 지니고 있는 것으로 판단된다. 예를 들어, 해안가의 삶이라는 제목으로 일본의 지형과 삶의 방식의 관계를 이해할 수 있도록 상공에서 찍은 사진을 제시하고 있는데, 이는 높은 산지와 복잡한 해안 지형을 배경으로 좁은 해안에 밀집해 있는 항구 도시를 보여준다. 이러한 사진 내용은 "일본의 지형이 산지 중심이면서 복잡한 해안선을 따라 평야가 미약하게 발달해 있기 때문에 해안을 중심으로 토지 이용이 집약적으로 이루어질 수밖에 없다는, 그래서 해안을 따라 도시가 발달해 있다"는 본문 내용을 모두 함축한다. 이와 같은 사진을 통해 학생들은 의미의 구성과 재구성을 연속적으로 할 수 있게 되는 바, 그런 만큼 교과서 내용은 학습 가능성을 높여 주게 되고, 결과적으로는 내용 자체의 많고 적음이나 난이도와는 무관하게 내용 적합성을 충족하게 되어 학생들은 보다 쉽게 의미 있는 학습을 경험할 수 있게 될 것으로 생각된다.

끝으로, 주제 정리는 위에서 살펴 본 제재 학습이 모두 끝난 뒤, 주제 전체의 내용을 정리하는 방식으로 제시된다. 본문 내용과 관련된 개념, 일반화, 핵심 주제(또는 아이디어) 등을 요약한 부분과 비판적 사고 기능, 지도 기능 등을 학습하는 부분으로 구성되어 있다. 한국 교과서의 주요 활동 부분과 유사한 성격을 지니나, 한국 교과서에 비해 보다 종합적이고 체계적인 구성이라는 차별성을 지니는 것으로 판단된다.

## 결 론

한국과 미국의 교과서 국제 비교를 통해 드러난 결과를 보면 첫째, 단원의 구성과 관련해서 한국은 지리 영역과 역사 영역, 그리고 일반 사회 영역 등 3분법적 사고방식에 따라 영역별로 분과적인 성격을 띠고 구성되어 있는데 비해, 미국은 세 영역이 화학적 결합 수준의 통합을 유지하며 구성되어 있는 것으로 나타났다.

둘째, 학습 내용 요소의 구성과 관련해서 '일본의 자연 환경과 문화적 배경'이라는 동일한 제재 속에 한국 교과서에는 13개 내용 요소가 들어 있는데 비해, 미국 교과서에는 14개 내용 요소가 들어 있는 것으로 드러났다. 또한 이러한 내용 요소를 구성하는 방식에 있어 한국은 개별적인 사실적 지식(정보)을 나열하는 방식으로 2쪽 반에 걸쳐 구성하고 있어는 데 비해, 미국은 5쪽에 걸쳐 일반화, 개념 등과 같은 상위 수준의 지식과의 맥락 속에서 관련된 사실적 지식들을 구성하는 방식을 취한다는 면에서 차이를 보이고 있다.

셋째, 학습 내용의 제시 방식과 관련해서 한국은 사실적 지식 그 자체를 서술하는 방식으로 제시하고 있으나, 미국은 사실적 지식과 관련된 인과 관계, 비교, 대조 등의 내용 구조 속에서 학습자의 경험을 근거로 귀납적인 인식이 이루어질 수 있도록 설명하거나 추론을 요구하는 방식으로 제시하고 있는 것으로 나타났다.

모든 학습과 인식은 구성과 재구성의 연속적인 순환 과정으로 나타난다. 구성과 재구성은 외부로부터의 자극을 자신의 선행적인 인식 틀에 기초하여 자기 주도적으로 기존의 인식 틀 속으로 편입해 가는 것을 의미한다. 물론 인식 틀은 선험적인 판단 형식과 경험의 산물로서 이 역시 인식 주체에 의해 구성된 것으로 볼 수 있다. 이러한 맥락에서 인식의 구성성은 무엇을(what) 학습하게 할 것인가와 관련된 규범적인 성격을 지닌 것이기보다는 어떻게(how) 학습하는가와 관련된 사실적인 성격을 지닌 것으로 볼 수 있다.

교과서 국제 비교에서 취했던 문제의식은 이러한 학습의 구성성이라는 측면에서 이해될 수 있다. 즉, 어떤 내용을 학습하게 할 것이냐에 문제의식을 두고 있는 것이 아니라 어떻게 의미 있는 학습이 가능하도록 할 것이냐에 문제의식을 두고 있는 것이다. 소위 교육 내용의 적합성 또는 적정화로 대변되는 문제의식인 셈이다. 학습 부담을 경감해야 하는 이유는 무엇인가? 교육 내용을 축소하라는 발언은 무엇을 겨냥하고 있는가? 학습 내용 요소를 전체 내용의 구조적 맥락 속에서 구성해야 하는 이유는 무엇인가? 내용 구성의 통합성을 요구하는 이유는 무엇인가? 학습자의 경험에 근거한 귀납적 사고가 가능하도록 내용을 제시해야 하는 이유는 무엇인가? 이유 동기를 유발시켜야 하는 이유는 무엇인가?

일견 이러한 질문들이 서로 다른 답을 요구하는 것으로 보일 수 있으나, 이들은 모두 공통된 문제의식에서 비롯된 질문으로서 동일한 성격의 답변을 요구하는 것으로 보아야 한다. 이들은 모두 구성적 학습에 학습 가능성을 정초하고자 하는 질문들이다. 교과서 내용의 국제 비교 결과 역시 학습의 구성성 즉, 자기주도적인 학습의 가능성의 비교로 귀착되는 것으로 보아야 한다.

기존의 역사, 지리, 일반 사회 영역의 교과 전문가들은 무엇이 바람직한 학습 내용인가에 대한 답변에 매달리는 한 더 이상 교과서의 의의를 담보하지 못할 가능성이 있다는 점을 고려해야 할 시점에 있다. 사회 현상에 관한 능력은 교과서를 통해 제시되는 지식에 의해 주어지는 것이 아니라, 생래적인 사회적 능력(social faculty)이 있어서 이를 학습자 스스로 자신의 선험적인 판단 형식과 경험의 상호작용을 통해 발달시켜 가는 것일지도 모른다는 생각에 보다 적극적일 필요가 있다. 간접 전달로서의 교육적 의미는 내용이 방법을 지배하는 것이 아니라 방법이 내용을 지배하는 것이며, 곧 교수가 학습을 지배하는 것이 아니라 학습이 교수를 지배함을 내포하는 것이며, 이는 곧 학습의 의미에 교육의 의미를 정초하는 것으로 볼 수 있다.

Chapter X

# 시민성의 형식과 내용

# X장

# 시민성의 형식과 내용

시민성은 일종의 방법적 원리인가? 아니면 구체적인 행위와 관련된 규범적 가치인가? 즉, 인지적 능력인지 아니면 정의적 기준인지를 묻는 말이다. 예를 들어, 비판적 사고, 보편화 가능성을 충족하는 판단, 합리적 사고, 의사결정 등은 전자와 관련되는 반면 공동체 의식, 준법, 타인의 배려, 정직 등은 후자와 관련된다. 그리고 이러한 차이는 형식과 내용의 대비로 환원된다. 형식 관점은 어떻게 하는 것이 옳은지 문제가 되는 사태에서 문제를 해결하는 데 요구되는 절차나 원리 등을 적용할 수 있는 지적 능력을 시민성으로 보는 입장으로서 주체의 자율성에 기초한 합리적 판단 능력에서 시민성을 구한다. 이에 비해 내용으로 보는 관점은 좋은 행위와 나쁜 행위를 구별해 주는 규범적 기준에 따라 해야 할 행위와 하지 말아야 할 행위를 구체적으로 제시하는 입장으로서 사회적 실행이나 도덕적 관례, 덕목 등에 시민성을 정초한다.

형식과 내용의 대비는 자유주의와 공동체주의의 대비와 동형적이며 이성과 전통, 그리고 옳음과 선의 대비와도 동형적이다. 또한 이러한 대비는 시민성의 성격에 관한 오랜 논쟁의 토대로 작용해왔다. Kohlberg가 말하는 '도덕적 판단 능력'에서 논쟁의 전선을 확인할 수 있다. Kohlberg에 의하면 가치를 내면화 하는 것은 교화에 지나지 않는 것으로서 현실에서 직면하는 도덕적 문제 사태에 대응할 수 없게 될 뿐이기 때문에 문제 사태에 대응할 수 있는 보편화 가능성이 높은 판단 능력이 요구된다고 본다.

시민성에 대한 형식 관점과 내용 관점은 교육의 장에서 발달주의와 덕목주의(또는 사회화)로 연장된다. 형식주의는 학습자가 지닌 잠재력으로서의 생래적인 능력을 확대·심화하는 것을 교육으로 보는데 비해 덕목주의는 사회에서 요구하는 덕목을 학습자의 품성으로 내면화하는 것을 교육으로 본다. 시민교육에 관한 이러한 관점의 차이는 다음과 같은 문제의식을 수반한다. 형식과 내용은 어떤 관계에 있는가? 예를 들어, 상보적인가? 변증법적인가? 대립적인가? 위계와 포함관계인가? 아니면, 무관한가? 이를 살펴보기로 하자.

## 사회적 관계의 표준

민주정치의 전형으로 전해지는 고대 그리스인들의 삶은 폴리스(polis)를 기초로 해서 이루어졌다. 시민은 폴리스라는 전체와의 관계 속에서 동형성을 지닌 부분으로 존재했다. 오늘날 시민성 또는 시민 자질로 번역되고 잇는 citizenship이라는 용어의 어원인 CIVITAS에도 이러한 의미가 잘 나타나 있다. 라틴어로서 CIVITAS는 '국가나 공동체를 구성하며 이를 위해 기능하는 개인이나 제도의 역할'이라는 뜻으로 사용되었다. 다시 말해 공동체의 구성원으로서 지녀야 할 책임, 공동목적, 공동체 의식 등의 의미를 담고 있었다(Butts, 1991, xix).

citizenship이라는 말은 시민이라는 citizen과 자질, 조건이라는 ship이 합성되어 만들어진 만큼 그 말 속에는 다름 아닌 시민으로서 요구되는 자질이라는 뜻이 담겨 있다. 개인으로서 요구되는 자질이 아니라 특정한 공동체의 구성원, 즉 시민이라는 지위에서 요구되는 자질을 지칭하는 개념인 셈이다. 시민성이라는 말이 이러한 특성을 지니고 있음은, citizenship에 friendship과 membership의 의미가 들어 있다는 점에서도 읽을 수 있다(Proctor, 1988: 164-166). 여기서 말하는 friendship이나 membership은 공동체의 구성원으로서 요구되는 자질이라는 공통적인 의미를 갖고 있다. Proctor에 의하면, Socrates가 공동체로부터 추방당하기 보다는 죽음을 선택한 이유가 공동체에의 소속감을 삶보다 더 중시했기 때문이며, 이것이 곧 membership이 된다. friendship 역시 오늘날 단순히 우정을 의미하는 것과는 다른 의미를 지니고 있었다. MacIntyre(1984: 155-156)에 따르면, Aristoteles가 제시하는 friendship은 자신이 속해 있는 공동체가 추구하는 목적에 대한 인식의 공유와 목적 달성에의 헌신을 토대로 맺어진 유대감을 의미한다. 이렇듯 시민성은 분리된 개인에게 요구되는 자질이 아니라 공동체의 구성원으로서의 시민에게 요구되는 자질임을 알 수 있다.

이러한 측면에서 시민성이라는 개념은 독립된 개인을 전제하는 것이 아니라, '관계'로 묶여진 사회의 구성원임을 전제한다. 즉, 시민성의 구체적인 모습은 비록 시대와 장소에 따라 서로 다르게 그려질 수 있을지 모르지만, 그럼에도 불구하고 특정한 시대와 특정한 사회에서 형성된 사회적 관계에 근거해서 요청된 자질이라는 점에서 공통점을 지니고 있다. 달리 말해 시민성은 곧 '사회적 관계'에서 요구되는 행위의 표준, 즉 사회적 관계의 맥락에 비추어 요구되는 행동방식인 셈이다. Proctor의 표현을 빌려 말하자면, 관계 또는 사회는 전체(whole)에 해당되고 행위의 표준 또는 시민은 부분(part)에 해당된다. 그리고 여기서 말하는 전체와 부분의 관계는 완성품과 부품의 관계가 아니라 우주와 소우주내지는 원형과 예의 관계에 있다. 즉, 전체에 포함된 요소가 부분에도 포함되어 있음을 뜻한다. 다만 사회에 대응하는 전체가 그 자체로 완전하고 완성적이냐 아니면 변증 과정에 있느냐 하는 문제가 남을 뿐이다.

만약 특정한 상황에서 주어진 사회가 그 자체로 완전하고 완성적인 것으로 간주된다면 주어진 사회가 안고 있는 비합리적인 요소를 드러낼 수 있는 인지적 판단 작용이 원천적으로 거부된다. 구성원으로서의 시민은 오로지 주어진 사회 즉, 전체를 모방하고 지향하는 부분으로서의 역할 이외에 달리 전체에 관여할 여지가 없다. 이러한 사고방식은 Aristoteles나 Cicero등에서 볼 수 있듯이 고대사회에서 일반적으로 받아들여진 사고방식이기도 하다.[1)]

다른 사고방식이 없을 수 없다. Aristoteles나 Cicero와 같이 전체를 그 자체로 완전하고 완성적인 것으로 보는 것이 아니라, 전체가 부분과의 관계에서 부분의 표준으로 작용하기는 하나, 전체는 부분에 의해 재평가되고 재해석되어야 하는 불완전하고 진행 중인 것으로 간주되기도 한다. 이러한 사고방식은 이하에서 논의될 시민성의 형식 측면이 전체를 재평가하는 데 작용하게 되며, 아울러 이 때 부분에게 요구되는 시민성이 바로 형식 측면에서의 시민성이 될 것이다. 전체는 부분의 표준이면서 동시에 부분은 전체를 평가의 대상으로 삼는 것으로 보는 것이다. 그리고 여기서 말하는 전체로서의 사회는 공동체 관계, 가족관계, 사제 관계, 동료 관계 등 MacIntyre가 말하는 온갖 활동양식(practice)을[2)] 통해 형성된 모든 관계를 포함한다. 시민성은 나와 타인 관계, 타인과 타인 관계, 나와 공동체 관계, 타인과 공동체 관계 등, 삶의 과정에서 나타나는 일체의 '관계'에서 요구되는 행위의 표준을 의미한다. 가족의 구성원으로서 가족관계에서 요구되는 행위의 표준이 시민성이며, 동료관계에서 요구되는, 교육

1) 이러한 사고방식은 전체주의로 연장되는 경우가 많으며, 실제로 현대 정치 사상가 중에는 Aristoteles에게 전체주의적이라는 비판을 가하는 이가 적지 않다.

2) MacIntyre는 practice를 사회적으로 형성된 공동적인 인간 활동의 일관되고 복합적인 양식으로 본다. 아울러 활동 양식에 적합한 탁월성의 기준을 추구하는 과정에서 활동 양식에 내재되어 있는 가치가 실현되며, 그 결과로써 탁월함에 도달하는 인간의 능력이 확장되고 또한 활동 양식에 내재된 목적가치에 대한 사람들의 의식이 체계적으로 확장되는 것으로 본다.

관계에서 요구되는 행위의 표준이 곧 시민성이며, 그리고 지역주민 관계에서 요구되는 행위의 표준이 시민성인 것이다.

이러한 관점에서 시민성이라는 개념은, '사회적 관계에서 요구되는 행위의 표준'으로 정의할 수 있다. 이러한 정의는 시민성이 '관계'와 '행위' 그리고 '표준'의 세 요소로 구성됨을 의미한다. 그리고 이와 같은 세 요소는 다음과 같은 구체적인 의미를 지니고 있다.

첫째, '관계'에 대해 말하자면, 시민성은 사회와 분리되어 있는 개인을 상정하는 것이 아니라, 사회적 관계 속에서 간주관적으로 상호작용하는 주체를 상정한다. 시민성은 고도에서 사는 사람이나, 수도 정진하는 사람 또는 사회로부터 격리된 정신 질환자를 상정하여 요구하는 행위의 표준이 아니다. 나와 너의 관계에서부터 나와 공동체의 관계, 그리고 너와 공동체의 관계에 이르기까지 공유하는 전통으로 전해지고 있는 삶의 형식에서 행위의 표준이 구해진다. 요컨대, 전체와 부분과의 관계에서 전체를 지향하는 부분에게 요구되는 것이 시민성인 셈이다.

둘째, 시민성은 궁극적으로 '행위'로 나타나야 함을 전제한다. 그 행위가 생각에서 비롯된 것인지, 아니면 품성에서 비롯된 것인지를 따지는 것은 다음의 문제다. 마치 전혀 모르는 어떤 사람의 행위를 설명해야 하는 관찰자가 일차적으로 의존해야 하는 정보는 자신이 관찰하고 있는 행위 외에 달리 무엇이 있을 수 없는 것처럼, 시민성은 행위자의 의도나 믿음 또는 이유 등에 우선하여 행위를 문제 삼는다. 물론 행위를 보다 정확하게 설명하기 위해서는 행위와 관련된 맥락을 알아야 하지만 이때의 맥락 역시 맥락 자체를 설명하기 위함이 아니라 행위를 설명하기 위해 요구되는 것이다.

셋째, 특정한 사람의 행위를 시민성의 맥락 속에서 평가할 수 있다는 말은 같은 맥락 속에서 타인의 행위 역시 시민성에 비추어 동일하게 평가할 수 있음을 전제한다. 이 말은 A에게 적용되는 행위의 표준과 B에게 적용되는 행위의 표준이 같아야 함을 의미한다. 즉, 나에게 적용되는 평가의 틀이 타인에게도 마찬가지로 적용될 수 있어야 한다는 뜻이다. 자신에게 적용되는 시민성과 타인에게 요구되는 시민성간에 통약성이 존재하지 않는다면 이미 그것은 시민성의 세계를 벗어나 있는 것으로 보아야 한다. 즉, 시민성과 아닌 것을 구별해 주는 기준이 있어야 그 기준에 따라 행위를 평가할 수 있다는 뜻이다.

이렇듯 시민성은 '관계'와 '행위', 그리고 '표준'을 의미 요소로 성립한다. 따라서 시민성에 대한 특정한 관점을 설명하고 평가한다 함은, 그러한 관점에 관계와 표준, 행위 등의 요소가 어떻게 가정되어 있는지, 다른 관점과는 어떤 관련을 맺고 있는지 그리고 그러한 입장을 따를 때 실제적으로 시민교육에 주는 시사는 무엇인지 등을 따지는 일이 될 것이다. 이러한 관점에서 시민성을 '내용'으로 나타내는 관점과 '형식'으로 나타내는 관점으로 구분해서 논의를 전개해 하는 한편, 각각의 관점이 지니는 가정들을 드러내어 그것이 시민교육에 시사하는 바를 살펴보기로 하자.

## 내용 관점

Warnock(1974: 467-471)은 시민성에 대한 관점을 심리의 반영(psychological penumbra)으로 보는 관점, 개인에게 실제적으로 중요한 것(actual importance in the individual)으로 보는 관점, 보편화 가능성(universalizability)으로 보는 관점, 그리고 일반적 주제(general topic)로 보는 관점으로 분류한다. 그리고 첫째 관점을 느낌(feel)과 관련된 것으로, 두 번째와 세 번째는 지적 형식에 기초한 원리와 관련된 것으로, 마지막 네 번째는 내용과 관련된 것으로 간주한다. 아울러 자신의 관점이 네 번째 관점 즉, 시민성을 내용으로 보는 과점에 기초해 있음을 덧붙인다. Chazan(1945: 4-5) 역시 시민성을 내용으로 보는 관점과 형식으로 보는 관점으로 대별하고 있는데, 구체적인 덕목이나 규범 등을 시민성으로 보는 관점을 전자로 분류한다. 물론 내용으로서의 시민성에 담겨있는 구체적 의미는 시대와 상황에 따라 다르게 나타날 수 있다. 예를 들어 희랍 사회에서는 사회적 역할을 수행하는 데 요구되는 자질에서 덕을 추구했으며, Aristoteles는 종으로서의 인간에게 부여된 목적(the telos of man)을 지향하는 데 내재된 수단에서, Franklin은 공리(utility or social well-being)에서, MacIntyre는 활동 양식에 내재된 목적에서 각각 덕목 내지는 시민성을 추구했다.

이와 같이 내용에서 시민성을 추구하는 관점들이 그 내용의 구체와 의미를 차별화하고 있기는 하지만, 시민성을 개인에서 비롯되는 것 즉, 행위 주체의 합리적인 판단과 선택에 시민성을 정초시키는 형식 관점으로 보는 것이 아니라, 외부에서 제시되는 표준으로서의 시민성을 전제한 뒤 그러한 시민성을 내면화하여 개인이 지녀야 할 품성으로 본다는 점에서 공통된 뿌리를 두고 있다. 판단에 관심이 있는 것이 아니라 내면화된 품성에서 우러나오는 행위에 관심이 있는 것이다. 한 개인의 품성은 삶의 시작과 더불어 시작되고 삶과 더불어 존재하다가 삶이 끝나는 곳에서 함께 소멸하지만, 한 개인의 원리는 삶의 시작과 더불어 시작되는 것이 아니라 보편성과 규정성 그리고 공정성을 판단과 추론에 적용할 수 있는 지적인 능력이 갖추어질 때 비로소 시작될 수 있는 것이기 때문에 품성에 근거한 행위가 판단에 우선해야 한다는 생각이다.

덕목과 같은 내용으로서의 시민성은 한 개인의 삶이 시작되기 이전에 이미 역사와 사회 속에 존재해 있으며, 개인의 삶은 그러한 역사와 사회가 지향하는 표준을 좇아 의미 있는 시작과 끝을 만들어 가는 것이다. 시민은 빈손으로 왔다가 빈손으로 가는 사람이 아니라, 삶의 표준을 물려받고 물려주는 사람인 것이다. 물론 물려받은 표준과 물려주는 표준이 같이 않을 수도 있다. 예컨대, 물려받은 표준이 사회의 변화에 적합하지 않거나 또는 비합리적인 경우에 그것은 더 이상 표준으로 작용하지 못하게 되고, 시민은 대신할 수 있는 새로운 표준을 만들어 그 표준에 자신들의 삶을 종속시키고 그리고 그 표준을 후대에게 물려준다. 그러나 이러한 경우에서조차 시민으로서의 삶의 시작은 전대에서 물려받은 표준과 함께 시작되며, 비록 그 표준이 변할 수 있다 하더라도 후대의 시민 역시 같은 과정을 따르게 된다.

이렇듯 삶의 방식으로서 요구되는 행위의 표준을 역사와 사회 속에서 구하는 입장은 판단에 앞서 따르고 내면화해야 할 구체적 덕목과 같은 내용에서 시민성을 구하는 입장이다. 다만 시민이 따라야 할 행위의 표준으로서의 시민성이 새롭게 변화해 갈 수 있는 여지가 있음을 받아들이는 한편, 그러한 변화의 여지를 판단과 선택의 합리성에 맡긴다.

## 형식 관점

시민성을 형식으로 보는 관점은, 특정한 가치나 덕목 등을 시민성으로 표준화해서 행위 주체에게 전달(transmission)할 수 없다는 데 공통된 문제의식을 갖고 있다. 그리고 이러한 문제의식에는 다음의 두 가지 문제의식이 포함되어 있다. 우선, 특정한 가치나 덕목을 객관화시켜 모든 사람, 모든 사회에 적용시킬 수 있느냐 하는 것이다.

다시 말해 특정한 가치나 덕목은 그러한 덕목이 적용되는 특정한 사회에 한해서 표준으로 적용될 수 있을 뿐이라는 즉, 상대주의에서 벗어날 수 없음을 의심한다. 예컨대, Kohlberg는, 평가 행위의 사실에 관한 진술내지는 가치에 관한 사실적 진술이 사회에 따라 다르다는 것에 근거하여 가치의 상대성을 도출하고 있는 Skinner의 주장을 문화적 상대주의와 윤리적 상대주의를 혼동하는 자연주의 오류로 간주한다. 즉, Kohlberg는 윤리적 상대주의를 자연주의 오류를 범하는 것으로 비판하면서 윤리적 절대주의를 주장하는 셈이다.

다음으로 시민성을 형식으로 보는 관점은, 특정한 가치나 덕목을 시민성으로 내세울 경우 그것이 시민성으로 성립할 수 있는 타당한 근거를 갖추지 못했음에도 불구하고 그것을 외적으로 강요하는 교화에 빠져 버린다는 비판을 제기한다. Kohlberg가 덕목과 같은 내용을 가르치는 입장을 덕목주의(bag of virtue)로 비판하는 것도 이러한 문제의식을 지니고 있기 때문이다.

이러한 연유로 해서 시민성을 형식으로 보는 관점은 외부로부터 주어지는 내용을 거부하는 대신 모든 판단과 선택의 권위가 개인으로부터 비롯되어야 한다는 대안적인 입장을 내세우게 된다. 즉, 일정한 절차와 원리에 따라 주어진 사태에서 요구되는 시민성이 무엇인지를 판단하고 선택하는 지적 능력을 시민성으로 간주하는 것이다.

판단과 선택은 인지적 활동 영역에 속한다. 특정한 상황에서 특정한 방식으로 행동하게 되는 성향 또는 품성과 달리, 어떻게 행동할 것인가를 자율적인 숙고와 추론을 토대로 결정할 수 있는 지적 능력이 시민성이 된다. 따라서 어떠한 판단이 옳은 판단이며 어떠한 선택이 정당화될 수 있을 것인지를 결정할 수 있는 지적 능력의 발달을 곧 시민성의 발달로 보는 셈이다. 즉, 시민성은 지적 능력이라는 형식이며, 이러한 형식 속에 담긴 내용은 처음부터 주어지는 것이 아니며 행위 주체의 지적 능력에 의해 결정되는 것이다. 따라서 이러한 입장은 행위주체의 자율적 판단에 의한 선택을 어떻게 정당화할 수 있느냐라는 비판에 직면하게 되기도 하는데, 이 입장은 이러한 비판에 대한 답변을 합리성에서 구한다. 즉, 판단의 옳음과 선택의 정당화를 합리성으로 환원하는 것이다. 바꾸어 말하자면, 합리성의 조건을 충족하고 있는 판단과 선택이 옳음과 정당성을 보장받는다. 이렇게 볼 때, 형식에서 시민성을 추구하는 관점은 선택의 합리성을 추구하는 관점으로 부를 수 있다.[3)]

이렇게 시민성을 형식으로 보는 관점이 합리성을 근거로 삼고 있음에도 불구하고 여전히 선택의 합리성에 대해 의문을 제기할 수 있는 여지가 있다. 선택을 합리적으로 한다는 것이 어떤 것이냐 하는 물음이 바로 그것이다. 이에 대해 선택의 합리성을 중시하는 관점은, 판단 주체가 따라야 할 절차나 원리를 제시한 뒤 그러한 절차나 원리를 충족하고 있는 선택을 합리적인 선택이라고 답변한다(Chazan, 1985: 4). 예컨대, 선택: 자유로운 상황에서 다양한 대안에 대한 충분한 검토를 거친 선택, 소중화 : 선택을 공적으로 언명하고 소중하게 여김, 행동: 실행으로 옮김이라는 절차를 제시하는 Raths(1977)나, 보편성(universality)과 규정성(prescriptiveness) 그리고 공정성(impartionality)을 따라야 할 판단 기준으로 내세우는 Kohlberg(1981), 그리고 무지의 베일(veil of ignorance)을 원초적 입장으로 전제한 뒤 평등한 자유(equal basic liberties), 최소 수혜자의 최대이익(the greatest benefit of the least advantaged), 기회의 균등(a equality of opportunity)을 합리적 행위자가 따라야 할 원리로 제시하는 Rawls(1971) 등이 바로 이러한 입장에 있는 것으로 분류될 수 있다.

이렇듯 선택의 합리성을 추구하는 입장은 좋은 행동과 나쁜 행동을 구별해내는 데 관심을 갖기보다는 옳은(right) 판단과 그릇된(wrong) 판단을 구별해내는 데 주된 관심을 둔다. 예컨대, '정직은 덕목이고 거짓은 악덕이다.'라는 진술을 회피하는 대신, '다른 사람에게도 마찬가지로 적용할 수 있는 조건이 충족될 수 있는 입장을 선택하라'와 같은 보편화 가능성 원리를 충족하는 진술을 요청하게 되는 것이다.

## 형식과 내용의 관계

이렇게 시민성을 구하는 입장이 구분되기는 하지만, 두 입장의 관계가 대립되거나 배타적인 관계에 놓여 있는 것은 아니다. 그보다는 시민성의 측면을 달리하는 관계에 놓여 있는 것으로 보아야 한다. 이하에서 논의될 일이지만, 내용으로서의 시민성이 특정한 사회에서 행위의 표준으로 자리하기까지 합리적 판단 능력에 의존하였음은

3) 합리성과 관련된 관점은 크게 두 가지로 나누어진다. 하나는 지식의 합리성(rationality of knowledge)이고 다른 하나는 선택의 합리성(rationality of choice)이다. 전자는 주로 실재를 문제 삼는 인식론과 관련되어 있는 반면, 후자는 윤리적 행위를 정당화하기 위한 근거를 제시하는 것과 관련되어 있다. 본장에서 사용하는 합리성은 별도의 언급이 없는 한 후자를 의미하는 것임을 밝혀둔다.

물론이며, 형식으로서의 시민성 역시 전통으로 내려오고 있는 내용으로서의 시민성에 포함된 합리적 요소를 기초로 하여 시민성의 새로운 합리적 지평을 추구하는 것이기 때문이다. 즉, 형식은 내용을 지향하고, 다시금 내용은 형식의 판단 대상이 되어 형식의 소재로 전환된다. 요컨대, 두 측면은 상보적이며 변증적인지를 각각의 관점에 들어 있는 가정들을 중심으로 시민성의 요소인 관계와 표준, 그리고 행위와 관련지어 보기로 하자.

첫째, '관계'와 관련해서 각각의 관점은 서로 다른 가정을 지닌다. 우선, 덕목 등과 같은 내용으로 시민성을 나타내는 관점은 관계를 사회와 관련지어 그 속에서 구한다. MacIntyre(1984: 191-192)가 말하듯이, 삶의 형식으로서의 활동양식에는 구성원들이 따라야 할 좋고 나쁨과 우열의 기준이 들어 있으며, 활동양식 그 자체는 유기적인 삶의 모습을 취하는 가운데 내재적인 가치와 목적을 추구한다. 그리고 활동양식은 그러한 가치와 목적을 달성하는 데 필요한 일정한 관계를 구성원들이 받아들이도록 요구한다. 따라서 활동양식에 참여한다 함은 활동양식이 요구하는 관계를 표준으로 받아들임을 의미하며, 전통으로 내려오는 삶의 방식에 자신을 종속시키는 것이 된다.

이에 반해, 합리성에 근거하는 지적 판단 형식에서 시민성을 구하는 입장은 관계를 사회 속에서 구하지 않는다. 그 보다는 그러한 관계를 비판하거나 뛰어넘어 자율적이고 독립적인 판단과 선택을 통해 새로운 관계를 모색하고 그 속에 자신을 종속시킨다. 전통으로 전해지는 일체의 관계를 따라야 할 표준이 아니라, 해방적 합리성[4]을 위한 평가의 대상이 된다. 기존의 관계에 들어있는 '그른' 관계를 비판하고 '옳은' 관계를 만들어 가는 선택과 창조의 세계인 셈이다. Kohlberg가 말하는 정의의 세계(6단계)가 그렇고, Rawls의 정의의 원칙이 그러하며, Kant의 자율성의 세계가 그렇다.

이렇게 관계를 사회와 분리시키느냐 아니냐에 따라 마음의 통일성과 계속성을 유지해 주는 역할을 하는 자아에 관한 관점 역시 달라진다. 만약 관계를 사회 속에서 구하는 내용 측면의 시민성을 중시한다면, 자아는 외부에서 주어지는 관계를 받아들이는 외부 지향적인 자아로 존재하게 된다. 자아의 뿌리와 원천은 공동체와 분리된 단독자의 판단과 선택에 있는 것이 아니라, 사회적 정체성과 역사적 정체성이 교차하

4) 해방적 합리성은 비판철학 분야에서 중요하게 다루는 개념이다. 모든 사회는 불평등한 권력 관계에 기초한다는 문제의식에 근거해서, 현존하는 사회구조 및 사회적 관계에 들어 있는 비합리적인 측면을 비판할 수 있는 판단력을 해방적 합리성으로 정의한다.

는 유기체적인 전통에 있다. 요컨대, 전통을 자신에 선행하는 것으로 받아들여 우리와 공동체에 대한 소속감에서 자아의 정체성이 형성되는 것이다. 모든 사람은 자신이 속해 있는 활동양식의 구성원으로서 활동양식이 요구하는 자아를 지니게 된다. 시민이 된다는 것은 학생으로서의 자아와 어머니로서의 자아, 직업인으로서의 자아, 그리고 정치인으로서의 자아 등등 일체의 삶의 형식에 담겨 있는 정체성을 내면화하여 그 속에서 자아를 추구하는 공동체의 구성원이 되는 것을 의미한다.

그러나 관계를 사회와 분리된 판단과 선택 속에 위치시킬 경우에는, 주체로서의 개별성과 개체성을 중시하기 때문에 자아는 내부 지향적이 된다. 숙고와 반성을 통한 선택이 없이 자아는 존재할 수 없으며, 역으로 그러한 존재를 인정하지 않는 한 선택은 이루어질 수 없다. 전체를 지향하는 부분으로서의 자아가 아니라, 자체로서의 완전과 완성을 지향하는 자아를 내세우는 셈이다. "나는 회의한다. 고로 나는 존재한다(cogito, ergo sum)."는 Descartes(1637)의 말이 생각나지 않을 수 없다.

이렇듯 시민성을 보는 측면에 따라 관계와 그에 관련된 자아를 구하는 원천이 달라진다. 그러나 관계와 자아의 원천이 다르다는 것을 시원적으로 근거를 달리하는 대립의 입장에 있는 것으로 해석할 수는 없다. 역사가 그래 왔듯이 내부 지향적인 자아는 외부 지향적인 자아가 끝나는 지점에서 시작한다. 축을 달리하는 것이 아니라 같은 축에 있으면서 시작하는 지점이 다르고 지향하는 방향이 다를 뿐이다. Kierkegaard가 말하는, '내부 지향적 자아(A Self)를 위한 외부 지향적 자아(The Self)의 파괴'에 담겨 있는 자아의 의미는, A Self가 공허한 백지 상태에서 출발하는 자아임을 의미하는 것이 아니라 The Self의 세계를 딛고 새로운 지평을 지향하는 자아를 의미하는 것으로 보아야 한다(Rosenow, 1989: 3-8). 즉, 자아는 전체를 지향하는 부분으로 시작하여 다시금 전체를 뛰어 넘어 부분 그 자체로서 완전과 완성을 지닌 자아의 세계로 나아가는 것이 된다.

둘째, '표준'에 있어서 역시 각각의 관점은 서로 다른 가정을 한다. 덕목을 중시하는 입장은, 행위 주체가 따라야 할 규범적 표준이 있음을 가정한다. 하지 말아야 할 행위와 해야 할 행위를 구별해주는 기준 즉, 좋고 나쁨의 기준에 의해 설정된 표준적인 행위가 있다고 보는 것이다. 따라서 시민은 그러한 표준적인 행위를 내면화하고 있는 사람이 된다.

이에 반해 합리적인 판단 능력에서 시민성을 구하는 입장은 규범적 표준을 따르기보다는, 어떤 행위가 옳은 행위인지를 판단하고 선택하는 인지적 능력을 중시하기 때문에 판단과 선택 과정에서 요구되는 도덕적 원리나 절차와 같은 인지적, 기술적 표준을 따른다. 판단 주체의 선택과 결정이 합리적이기 위해서는 이유와 근거가 정당화될 수 있어야 함을 요구하기 때문이다.

이렇게 두 관점은 표준의 가정을 달리하고 있지만, 합리성은 규범적 표준의 산실이면서 동시에 무덤이 된다. 덕목이 규범적 표준으로 자리하기까지 그 기초는 합리성의 주사를 받으면서 만들어진다. 시민성으로서의 덕목은 시원적 또는 선험적인 완전과 완성함을 전제하지 않는다. 그보다는, 우연적이며 상황적으로 시작된 삶이 합리성의 주사를 받으면서 정련되고 표준화된 삶의 형식으로 탄생하고, 다시금 기존의 삶의 형식은 합리성의 조사와 평가를 받으면서 삶의 저편으로 밀려난다. 그러나 현재적 삶의 형식이 역사의 저편으로 밀려가기까지 구성원들의 관계를 유지해 주고 의미와 맥락을 제공해 주는 원천은 바로 그 현재적 삶의 형식이다. 그리고 구성원들은 그러한 삶의 형식을 표준으로 내면화하는 한편, 그 표준이 끝나는 지점에서 합리성의 세계로 들어간다.

셋째, 시민성에 대한 두 관점은 '행위'와 관련해서 차별되는 가정을 지닌다. 우선 덕목과 같은 내용을 중시하는 입장은 시민성에 행위가 포함되어야 함을 주장한다. 생각이나 판단을 시민성의 한 측면으로 보는 관점을 배척하는 것은 아니지만, 생각이나 판단이 궁극적으로 지향하는 것은 역시 행위라고 본다. 이러한 맥락에서 이 입장은, 덕목을 지닌다는 말은 덕을 내면화하여 품성으로 만들었다는 것을 의미하기 때문에, 덕목에는 행위로 나타난다는 의미가 포함되어 있다고 말한다(MacIntyre, 1984; Frankena, 1989).

MacIntyre가 말하듯이 덕목은 활동양식의 목적을 달성하는 데 요구되는 내재적 수단의 의미를 지닌다. 따라서 덕목은 행위를 이해하고 설명할 수 있는 맥락 즉, 사회적 배경을 제공해준다. 왜냐하면 활동양식에는 지향하는 목적을 지니고 있는 동시에 목적에서 연역되는 우열과 선악을 구별해 주는 기준을 지닌다. 아울러 그러한 활동양식은 시간적 전통과 공간적 전통을 이어가는 유기적 전통으로 존재하는 것이기 때문에, 활동양식에 참여하는 구성원들의 행위는 시작과 줄거리가 있는 이야기적 삶의 한

토막으로서 설명과 이해가 가능해진다. 이렇듯 덕목은 행위로 실천된다는 의미와 행위에 대한 설명과 이해를 가능하게 해주는 맥락을 담고 있다.

반면에 시민성을 형식으로 보는 관점은 행위로 실천되어야 함을 전제하지 않는다. 합리성은 이유나 근거와 관련한다. 판단과 선택의 '옳고 그름'을 따지는 것이지 '앎과 실천의 일치' 여부를 따지는 것은 아니다. 특정한 행위를 두고 합리적이라고 평가한다 할지라도 그것은 행위를 평가하는 말이 아니라, 행위의 이면에 들어 있는 이유와 근거가 합리적임을 말하는 것이다.

이렇듯 합리성이 행위를 포섭하는 것은 아니라 할지라도, 합리성이 행위와 무관한 것은 아니다. 전통적인 방식들 간에 갈등을 일으키거나 전혀 새로운 방식의 행위가 요구되는 상황이 발생하여 전통으로 내려오는 삶의 형식이 당장에 요구되는 행위의 지침을 제공하지 못하게 되거나, 전통적인 삶의 형식이 외래의 삶의 형식과 접촉하게 될 경우, 그러한 전통은 합리성에 의한 조사와 평가의 대상이 되어야 하며, 이러한 과정을 통해 전해오던 전통으로서의 삶의 형식은 새로운 전통으로서의 삶의 형식으로 변화한다. 즉, 합리성은 현재의 행위를 평가 대상으로 삼아 장래의 행위를 위한 방향을 안내하는 것으로 볼 수 있다.

## 결 론

시민성 개념은 두 측면으로 나누어지며 각각의 측면에 들어있는 가정들이 서로 다르지만, 양자의 관계는 갈등적이거나 배타적이기보다는 변증적이며 상보적인 관계에 있다. 아울러 양자의 관계를 어떻게 규정하느냐에 따라 그것이 시민교육에 시사하는 의미는 달라진다. 양자를 배타적인 관계에 있는 것으로 볼 경우, 시민성을 사회에 근거하는 것으로 보느냐 아니면 개인성에 근거하는 것으로 보느냐에 따라 그것이 교육실천에 지니는 함의는 차별화될 수밖에 없을 것이다. 시민성이 본질적으로 사회적인 것이라는 입장을 취하는 것은, 시민교육은 활동양식에 내재된 덕목과 사회적 실행에 담겨 있는 관례를 따르도록 하는 데 목적을 두어야 함을 주장하는 것이 되며, 반면에 개인의 사고와 선택 속에 시민성을 정초하는 것은, 시민교육은 덕목과 관례를 목적으로 삼기보다는 이들을 판단과 평가를 위한 소재로 삼아 합리성을 지니게 하는 데 목적을 두게 될 것이다. 따라서 위와 같은 경우에 시민교육은 어느 한편에서 다른 한편을 배척해야 하는 선택을 피할 수 없게 된다.

이에 반해, 양자를 모두 시민성으로 간주한다면 어떻게 되겠는가? 즉, 덕목을 목적으로 삼으면서 동시에 합리성을 목적으로 삼는 것이 가능한지를 묻는 말이다. 이 말은, 덕목을 목적으로 삼음은 덕목을 지향함이고 합리성을 목적으로 삼음은 덕목을 수단으로 삼음을 의미하는데, 그럼에도 불구하고 양자가 배타적이지 않으면서 동시에 시민교육의 목적이 될 수 있는지를 의심하는 질문이다. 그리고 이 질문은 시민성과 시민교육의 목적을 같은 것으로 보는 것과 관련된다. 즉, "시민교육의 목적은 시민성을 기르는 데 있으며, 시민성은 덕목과 합리성이다."라는 진술에서 비롯된 질문이다.

얼핏 패러독스처럼 보이지만 이는 풀리지 않은 갈등의 패러독스가 아니라 변증 관계에 있는 패러독스다. 더 적극적으로 말하면 어느 한 쪽도 다른 쪽에 의존하지 않고서는 그 자체로 완성과 완전함을 구가할 수 없다고 말할 수 있다. 앞에서 살펴보았듯이 덕목과 합리성은 축을 달리하는 것이 아니라 시작을 달리한다. 덕목은 합리성의 주사를 받아 삶의 형식으로 자리하게 되며, 다시금 덕목은 합리성의 조사를 받아 보다 완전하고 보다 완성된 삶의 형식으로 자리하게 된다. 그리고 이러한 과정은 세대를 이어가는 유기적인 전통의 양식 속에서 변증적으로 통합된다.

따라서 시민성으로서 덕목과 합리성을 배운다는 것은 현재적인 삶의 형식으로서의 덕목을 배우면서 동시에 그러한 덕목에 들어 있는 합리성을 함께 배우는 것이 된다. 덕목에 내재되어 있는 합리성에 의존하지 않은 채 덕목의 껍질만 배운다는 것은 바둑을 배우는 사람이 정석을 기계적으로 암기하는 것과 다를 바 없다. 하나의 정석이 바둑계의 표준이 되었다는 것은, 그것이 흑백 간에 최선의 경쟁을 벌였을 때 얻을 수 있는 결과라는 의미를 전제하는 것이며, 이는 그만큼의 합리성을 내포하고 있음을 의미한다. 따라서 바둑계에 입문하는 사람에게 있어 정석은 따라야할 표준이 되며, 정석을 표준으로 삼는다는 것은 정석의 수순에 들어 있는 최선의 판단 형식 즉, 합리성을 함께 배움을 의미한다.

그러나 정석은 당분간의 표준이다. 표준으로서의 정석을 끝낸 사람에게 있어 정석은 표준이 아니라 판단과 평가의 대상이 된다. 그는 정석을 수단으로 삼아 보다 완전하고 완성된 새로운 정석을 지향하는 세계로 입문하여 합리성을 끊임없이 추구하게 될 것이다. 시민성으로서 덕목 또한 마찬가지다. 시민은 덕목을 표준으로 삼되 합리성에 의존하여 덕목을 배워야 한다. 그리고 덕목과 그 속에 내포된 합리성을 배우고 난 연후에는, 덕목은 더 이상 표준이 되는 것이 아니라 뛰어넘어야 할 대상이 되며, 이제 그 일은 합리성에 맡겨진다.

Kohlberg가 말한 3단계(상호 기대 및 동조의 단계)는 2단계가 지향하는 표준이며, 동시에 4단계의 판단 대상이다. 그리고 각각의 단계는 그만큼의 합리성을 지니고 있으며 또한 그러한 합리성의 주사를 받아 형성된 전통으로서의 삶의 형식이 공존한다. 3단계는 상호 기대와 동조라는 삶의 형식과 그에 대응하는 합리적 판단 형식이 공존한다. 3단계의 삶의 형식을 배운다는 것은 그에 대응하는 합리적인 판단 형식에 의존해야 함을 요청하며, 그런 연후에 3단계의 삶의 형식은 4단계의 합리성과 삶이 형식을 위한 수단이 되어야 한다. 요컨대, 일체의 삶의 형식에 입문하는 사람에게 있어 표준은 전통으로서의 삶의 형식이며 그러한 표준에 도달하는 방법은 합리성이라고 말할 수 있다.

Socrates는 사약을 마시며 삶의 형식 즉, 시민이 따라야 할 표준은 덕목이나 관례 등과 같은 사회적 실행임을 보여 주었으며, 동시에 그러한 삶의 형식이 비합리적임을 악법이라는 말로 대신했다. Toulmin(1989: 85-88) 역시, 사회를 평가하는 틀은 합리성이지만 개인의 행위를 평가하는 틀은 사회적 실행이라며, 삶의 형식에 입문하는 시민이 따라야 할 표준이 사회적 실행에 있음을 주장한다. 이렇듯 Toulmin이 말하는 사회적 실행과, Socrates가 말하는 악법은 시민성의 표준이 된다.

그러나 사회적 실행과 악법은 평가되고 개정되어야 한다. 평가와 개정은 표준을 따르는 것을 의미하는 것이 아니라 표준을 판단하고, 새로운 표준을 선택하는 것을 의미한다. 그리고 이 일은 합리성을 추구하는 일 외에 다름이 아니다. 시민은 표준을 따르는 세계로 들어가서 표준을 극복하는 세계에 존재한다. 따라서 시민교육은 바로 이와 같은 세계로 사람들을 안내하는 것이며, 그러한 세계로 안내하는 방법은 개별자로서의 시민에게 생래적으로 잠재해 있는 합리성에 의존하는 것이어야 한다.

Chapter XI

# 세계 시민성의 직물짜기

- 다중시대
- 세계화의 관점
- 다중 시민성
- 결 론

# XI장

# 세계 시민성의 직물짜기

교통 통신 수단의 발달과 함께 나타난 국제 사회는 현대로 넘어오면서 세계 공동체(global community)로 이행하고 있다. 공간적인 거리가 더 이상 소통과 관계를 규정짓는 주요 요소로 작용하지 못하게 됨에 따라, 공간(지역)을 바탕으로 하는 국가의 의미와 역할이 점차 축소되는 반면, 자본, 정보, 그리고 미디어를 중심으로 하는 관계가 전면에 부상하면서 세계 전체가 하나의 공동체로 나아가고 있다. 즉, 국가를 단위로 하는 국제화의 단계를 넘어 지구 전체를 통일된 단위로 하는 세계화의 단계로 이행하고 있는 것이다. 이러한 세계화는 체계의 보편성과 동질성을 지향하는 동시에 구성원의 개별적이고 이질적인 해석(의식)을 지향한다. 이른바 기술적, 경제적 측면에서의 수렴 현상과 사회적, 관계적 측면에서의 산종 현상이 동시적으로 진행된다.

세계화 현상과 관련해서 세계 시민으로서 지니게 되는 정체성은 지역, 국가, 세계 간의 관계가 병렬적인 포함 관계 속에서 중층적으로 중첩되는 특성을 보인다. 국가화 또는 국제화 단계에서 단일 국가의 법률적인 권리/의무를 중심으로 형성되는 정체성을 대신하여, 타인의 배려(care), 신뢰(trust), 책무(responsibility) 등과 같은 비계약적 가치(noncontractual value)를 중심으로 불특정 다수의 타인을 전제로 한 자기 정체성이 자리하게 되는 것이다.

이와 관련해서, 시민성으로서의 '규범적 행위'와 '인지적 판단 형식'은 상호 간에 매개되는 관련을 맺으면서 세계 시민성으로 자리할 수 있을 것으로 보인다. 규범적 행위는 역사적으로 인지적 판단 형식에 의해 매개되어 삶의 방식 즉, 시민성으로 구체화된다. 규범적 행위는 당대의 구성원들의 인지적 판단 형식을 통해 만들어져 후대에 전해지고, 후대는 규범적 행위를 물려받으면서 행위 자체만을 물려받는 것이 아니라 그러한 행위 속에 들어 있는 선대의 판단 형식을 동시에 깨닫게 되며, 그런 연후에 물려받은 규범적 행위를 다시금 자신의 판단 형식에 기대어 조사하고 평가하여 보다 합리적인 규범적 행위를 만들어 후대에 물려주게 된다. 즉, 규범적 행위는 역사적으로 인지적 판단 형식에 의해 매개된 주름으로 존재하는 것이 된다. 마찬가지로 인지적 판단 형식 또한 규범적 행위와 분리되어 그 자체로 존재하는 것이 아니라, 인지적 판단의 결과는 현실적으로 규범적 행위로 구현될 수밖에 없다. 즉, 인지적 판단 형식은 규범적 행위의 주사(注射)를 받아 보다 완전하고 완성된 표준을 지향하게 되는 것이다.

이러한 맥락에서 세계 시민성은 특정한 규범적 행위와 관련된 가치를 중시하기보다는, 타인의 고려와 같은 원리적 가치와 가치 자체에 헌신하려는 가치 즉, 일종의 초가치(meta-value), 그리고 그러한 가치와 관련해서 자신을 판단하는 반성적 가치 등을 중시하며, 이는 곧 문제 상황에서 요구되는 가치를 판단하는 과정에서 적용해야 할 인지적 기준을 중시함을 의미한다고 볼 수 있다.

국가 시민을 초월한 세계 시민으로서 지니게 되는 정체성은 다중적일 수밖에 없다. 그런 만큼 이에 대응할 수 있는 교육 즉, 세계 시민 교육은 '행동은 지역적으로 사고는 보편적으로'라는 슬로건에 들어 있듯이 현재적으로 국가 또는 지방 차원의 규범적 행위를 잠정적인 시민성의 표준으로 삼되 보다 높은 수준의 합리성에 의해 매개되어 보편적인 행위의 표준을 지향할 수 있도록 해야 할 것이다. 따라서 국가 수준의 요구가 세계 수준의 보편적 도덕적 명법에 어긋날 경우 이를 해결하는 방법은 궁극적으로 입법자로서의 개인의 판단과 선택에 맡겨져야 하며, 교육적으로는 이유와 근거를 좇아 숙고하여 판단하고 선택할 수 있는 지적 능력을 발달시키는데 있다고 볼 수 있다.

## 다중시대

근대 이후 교통 통신 수단의 발달과 함께 나타난 국제 사회는 현대로 넘어오면서 세계 공동체로 이행하고 있다. 미디어의 기술과 자본의 힘이 상호 관계의 장을 세계 단위로 확산시키게 되면서 공간적인 거리가 더 이상 삶과 문화의 폐쇄적 토대로 작용하지 못하게 되는 동시에 지역을 바탕으로 하는 국가의 규범적 통제 기능이 점차 축소되는 현상이 전개되고 있는 이른바 국가를 단위로 하는 국제화의 단계를 넘어 지구 전체를 통일된 단위로 하는 세계화의 단계로 이행하고 있는 것이다.

지구 이편에서의 삶의 방식과 저편에서의 삶의 방식이 통일적인 표준으로 수렴되고 있으며, 한편에서의 문제와 다른 편에서의 문제가 섭동 작용을 통해 공동의 문제로 되어 가고 있다.[1)] 폐쇄된 단위로서의 국가가 국제화되는 단계에서는 경쟁의 의미가 중심이 되는 반면에, 개방된 단위로서의 국가가 세계화되는 단계에서는 협력의 의미가 중심이 된다. 그래서 국지적으로는 국가와 국가 간에 서로의 기준을 내세워 상호 경쟁하는 국면이 전개되기도 하지만, 그러한 경쟁이 궁극적으로는 합리적이고 보편적인 기준을 따라 상호 협력하는 방향으로 수렴하게 된다. 요컨대, 통일적인 표준을 지향하는 상호 의존적인 관계가 전 지구적인 범위로 확산되고 있는 것이다.

세계화가 세계 속의 세계인을 기초 구성단위로 삼는다면, 국제화는 세계 속의 국민을 기초 구성단위로 삼는 것이며, 세계인은 국민을 전제로 발달하는 것이 된다. 그래서 세계화를 지향함에 있어 일견 모순처럼 보이는 인류화와 한국화가 동시에 추구되거나 보편화와 지방화(특수화)가 병렬적인 목표로 제시되기도 한다. 이러한 연유에서, 한 개인에게 서로 다른 여러 개의 시민성을 동시에 요구하게 되는 다중 시민성(multiple citizenship) 문제가 현실적으로 제기된다. 세계화 시대에 한 시민은 국민(national citizen)이면서, 세계 시민(world citizen)이며, 동시에 지역 주민(municipal citizen)이 된다. 그래서 그에게는 국민으로서의 표준과 세계인으로서의 표준, 그리고 지역 주민으로서의 표준이 동시에 요구된다. 한 사람에게 여러 수준의 시민성을 요청하게 되는 것이다.

이러한 연유에서, 한 개인이 이와 같은 서로 다른 수준의 시민성을 지니는 것이 실제적으로 가능한 일인지, 상이한 수준의 시민성 간에 갈등과 모순이 있는 것은 아닌지, 만약 갈등과 모순이 있다면 이를 해결할 수 있는 방안은 무엇인지 등의 문제가 제기된다. 요컨대, 다중 시민성 개념의 의미와 상이한 수준의 시민성 간의 관계 등을 논리적으로 분석하고 그에 터해 세계화의 맥락 속에서 이에 대응할 수 있는 교육적 처방을 구해야 하는 문제가 야기되는 것이다.

---

1) 세계화와 관련해서 전개되고 있는 수렴 현상 및 섭동 현상의 기저 부위에서는 산종 현상과 개별화 현상이 동시적으로 진행된다. 이는 국가 중심의 표준이 약화됨으로 인해 나타나는 현상으로서, 예를 들면 자본에 대한 국가 규제가 약화되면서 세계 수준의 표준이 만들어지는 수렴 현상과 개인이나 집단에 대한 국가 규제가 약화되면서 개인이나 집단 수준에서 수많은 표준이 양산되는 산종 현상이 이에 해당한다.

# 세계화의 관점

## 수렴과 산종

Merryfield(1997: 184-186)는 20세기 이후 세계 변화 추세를 기술의 세계화와 쟁점의 세계화로 규정하면서, 이는 곧 구성원 간의 상호 의존성이 증대되어 개인으로서의 삶의 방식이 더 이상 단위 국가의 독립성에 기초하여 존재할 수 없게 되는 현상을 초래하는 것으로 본다. 즉, 새로운 기술의 매체는 현재의 정치적 또는 공간적 경계의 제한을 초월하여 지구 수준의 쟁점과 관련된 아이디어와 정보를 동시적으로 공유할 수 있도록 하고 있으며, 이로 인해 개인으로서의 정치 행위자의 영향이 국가를 초월하여 자국과 타국의 정치에 영향을 주게 됨을 의미한다. 뿐만 아니라 경제, 과학, 음악, 미술, 기술, 패션, 매체 등과 같은 지구적 차원의 문화와 지역, 인종, 언어 등을 바탕으로 하는 지역 차원의 수많은 문화 사이에 중첩과 갈등 관계가 복잡 다양하게 형성된다. 이러한 맥락에서 현재와 같이 지형적 공간과 정치적 단위를 중심으로 하는 세계 지도보다는 상호의존적인 삶의 방식을 중심으로 재구성된 세계 지도가 이러한 현상적 의미를 포섭하는데 더욱 의미 있게 기능하게 되며, 바로 이러한 현상을 세계화 현상으로 볼 수 있다.

McLuhan이 말하는 '지구촌(The global village)' 개념이 매체의 동시적 공유 즉, 시간적 공간적 관계의 동일함을 의미하는 것으로 볼 때, 세계화는 한편으로 체계의 보편성과 동질성을 지향하고 다른 한편으로 구성원의 개별적이고 이질적인 해석을 지향하는 결과를 가져온다(Robertson, 1992: 4).[2] 이른바 Baum(1974: 4)이 말하는, 사회의 변화는 기술적, 경제적 측면에서 수렴현상을 보이고, 사회적, 관계적 측면에서 산종 현상을 보이게 되는 것이다.

이러한 세계화 개념은 궁극적인 지향점을 의미하며, 그러기에 동시에 발달적인 의미를 지닌다. 국가화로부터 시작된 삶의 단위로서의 공동체는 국제화를 거쳐 세계화로 수렴되며, 동시에 이러한 과정은 어느 한 단계를 뛰어 넘거나 생략할 수 없는 발

2) 이와 관련해서 Robertson(1992: 10)은, 세계화의 의미를 단일 세계 또는 세계주의(one-worldism, cosmopolitanism)의 측면에서 부정적으로 보는 관점이 있으나, 이 역시 세계화의 담론 속에 내포된 것으로서 해석의 개별화 현상의 하나로 보아야 한다고 주장한다.

달적인 과정으로 전개된다. 즉, 개방화가 폐쇄 상태를 전제하듯이, 세계화는 국가화와 국제화를 전제로 하는 것이다. 한국화의 단계를 생략한 채 인류화로 이행하는 것은 실제적으로 불가능한 일이다. 인류화는 한국화(국제화)를 선행적으로 요구하며, 한국화는 인류화를 지향한다고 말할 수 있다. 요컨대 세계화는 거부할 수 없는 시대의 흐름이자 역사의 지향점이라 말할 수 있다.

다른 한편으로 세계화는 국가화의 약화 현상과 더불어 개별화 또는 집단화의 확산으로 인한 산종 현상을 가져온다. 국가 중심 권력의 약화는 개인과 집단에게 작용했던 국가 중심의 표준성의 해체 현상을 초래하고 이는 개인이나 집단 수준에서의 선택이 보다 중요해지는 삶의 장을 형성한다. 그리고 선택의 이면에는 문화라는 배경이 작용한다. 보다 엄밀하게 말하면 선택은 국가 중심의 표준에 의해 가려져있던 문화의 표현으로 이해된다. 왜냐하면 선택의 주체로서 개인이나 집단은 이미 문화에 오염된 문화적 주체이며 그런 만큼 선택은 곧 문화적 선택의 성격을 지닐 수밖에 없다. 세계화와 관련해서 수많은 문화가 차이 속에 공존하는 다문화 사회 현상이 나타나는 이유도 이러한 맥락에서 이해될 수 있다.

## 지양과 지향

세계화에 관한 논의는 기본적으로 자본주의 경제를 중심으로 진행되고 있는 지구 규모의 단일 경제화와 관련되어 있다. 정치 이데올로기를 초월한 상호 의존적인 통합 경제 체제로의 이행과 관련하여 세계무대에서의 행위의 표준이 보편적인 기준을 따라 단일화 되는 현상과 관련해서 논의가 전개되고 있는 것이다. 예컨대, 정치적 이념이 중심이 되었던 20세기 중반까지만 해도 세계 인권 선언과 같은 보편적인 기준은 형식적이고 규범적인 선언에 지나지 않았으나, 유럽 연합이나 GATT 체제 등에서 볼 수 있듯이 자가발전적인 경제력이 확장되면서 이념 연관적이며 폐쇄적인 정치 논리가 사장되는 가운데 단일 국가들의 인권 규정이 세계 인권 선언에 수렴하는 현상을 보이는 것을 들 수 있다.

그러나 이러한 단일화 또는 표준화로서의 세계화 현상에 대해 관점을 달리하여 쟁론을 제기하기도 한다. 경제 단위의 통합과는 별도로, 특정한 문화의 패권적인 지위를 인정하는 중심과 주변 문명과 야만 등과 같은 이분법적인 세계관을 대신하여, 문화와 문화 간에는 동일함과 서로 다름 즉, 차이에 의한 구별만이 존재는 가운데 공유와 공존의식이 확산됨을 지적한다. 그리고 이러한 차이의 관점이 확산되는 과정에서 단기적으로는 서로 다른 문화 간의 공존보다는, 그동안 주변적인 문화로 취급되어왔던 소수 민족의 문화가 전면에 부상하면서 문화 간의 충돌이 불가피 할 것으로 보는 관점도 있다(Walzer, 1994: 89-91). 즉, 경제 단위의 단일화로 인해 정치 이념이 퇴색할지는 몰라도 문화의 지역화 현상은 더욱 가속화 될 것이며, 이로 인해 문화 충돌이 불가피해 질 것으로 보는 것이다. 이와 관련해서 Robertson(1992: 4-7)은 세계화 현상을 다음과 같이 설명한다.

> 국가 수준에서의 관계에 있어 경제적 문제가 세계적인 중요성을 띠게 되었으나, 보다 근본적으로는 문화적인 사건 또는 문화적인 규준과 관련된 이슈가 개입되어 있다. 즉, 국익의 충돌은 경제적 원인에 의한 것이 아니라 이면에 숨어 있는 문화적인 특성의 차이에서 비롯된다. --- 중략 --- 현재 논의되고 있는 세계화는 지구 수준에서의 상호의존성에 초점을 맞춘 체계 통합(system integration) 및 세계 구성원들 간의 규범적 결속 관계에 관심을 둔 사회 통합(social integration)에 경사되어 있으나, 이와 같은 체계/사회의 이분법적인 구분은 문화적인 문제를 포섭하지 못한다. --- 중략 --- 이로 인해 Comte, Saint-Simon, Marx로부터 시작된 세계화에 대한 분석은, 19세기 이후 민족주의 현상으로 인해 나타난 작금의 문화 민족주의화와 세계화의 동시적인 현상을 설명해야 하는 딜레마에 빠지게 되었다.

Robertson은 세계화를 보편적 표준으로의 수렴으로 간주하는 견해를 단견으로 평가하는데 주저하지 않고 있다. 세계화는 단선적으로 진행되는 것이 아니라 문화와 결부된 가운데 중층적이고 확산적인 현상으로 전개된다는 것이다.

세계화에 대한 또 다른 관점을 견지하고 있는 Hirsch(1978: 57-107)에 의하면, 국가는 자본(경제)의 요구와 논리에 따라 움직이는 것이 아니라, 경제로부터 분리된 정치의 층위로 이해된다. Hirsch는 국가의 상대적 자율성을 인정하면서, 국가는 경제적 관계와 밀접한 결합을 보이는 동시에 일정한 분리를 유지하고 있는 것으로 본다. 따라서 경제 단위가 국가 수준을 뛰어 넘는다 할지라도 국가는 여전히 복수 국가 체제 속에서 하나의 단일 국가로 존재한다고 볼 수 있다. 국가 수준을 뛰어 넘는 경제 단위는 경제적 동인에 의해 연계와 분할을 거듭하는 속성을 지니고 있으나, 그러한 연계와 분할의 강화는 정치적 단위인 국가에 의해 매개됨을 지적한다. 예컨대, 초국가적 기업의 경영 전략은 세계적인 차원에서 수행되고 있지만, 그럼에도 불구하고 경영 연구와 신제품 개발 및 정밀 기술 연구 등과 같은 핵심 분야는 더욱더 국가적인 차원에서 창출되고 있음을 지적한다. 이러한 관점에서 Hirsch는, 경제는 국가를 지양하는 것이 아니라, 오히려 국가의 경제구조나 가치관, 문화, 제도, 역사 등에 의해 매개되고 있음을 강조한다.

이렇듯 현재 진행되고 있는 세계화 현상과 관련해서 정치적 단위로서의 국가와 삶의 방식으로서의 문화가 어떻게 개입하고 기능하는가에 관해 관점이 다르고, 이와 관련해서 차이와 공존 그리고 중층화 등의 문제가 제기되기는 하나, 세계화 현상 자체를 의심하거나 또는 거부해야 한다는 논리가 개입되어 있는 것은 아니다. 즉, 세계화를 일종의 허구적이고 규범적인 요청으로 보는 것이 아니라, 하나의 역사적인 현상으로 인식하고 있다는 점에서 사실적인 것으로 받아들이고 있음을 알 수 있다.

따라서 국가나 문화와 관련된 상이한 관점에 따른다 하더라도, 개별 국가는 세계화의 장애가 아니라 일종의 징검다리로서 기능하는 것으로 해석되고, 전통에 근거한 문화는 보편적 기준과 배타적인 관련을 맺는 것이 아니라, '문화는 행위의 표준으로서 보편은 사고의 표준'으로서 작용하는 가운데 양자는 상호보완적인 관련을 맺는 것으로 해석될 수 있다.

## 다중 시민성

### 규범과 인지

Rogers(1992: 104)는 시민성을 권리와 책무의 양면으로 나누어 구분하고 있는데, 권리는 사회적 제도를 통해 구현되는 것으로 보고 책무는 권리의 행사에 수반되는 것으로서 타인과의 사회적 관계에서 요구되는 것으로 본다. 그리고 이러한 권리와 책무를 양면적 관계를 사회적 범주와 정치적 범주, 그리고 공민적 범주로 나누어 시민성을 제안한다.[3)]

---

3) Rogers가 말하는 시민성의 세 범주는 다음과 같다.
- 사회적 범주: 공동체의 참여를 가능하게 하는 조건으로서 보건권, 교육권, 경제보장권 등을 말한다.
- 정치적 범주: 시민 자치 원리를 구현하기 위한 것으로서 참정권과 같은 권력 행사의 공유권을 말한다.

특별히 Rogers는 이러한 시민성이 성립하기 위한 형식 요소로서 공동체[4](사회, 전체)와 구성원(개인, 부분), 그리고 자격(membership)을 열거하고 있는바, 이는 마찬가지로 시민성을 전체와 부분의 관계에서 부분에게 요구하는 표준을 의미하는 것으로 볼 수 있다.

이렇듯 전체의 부분으로서 요구되는 표준을 시민성으로 정의할 수 있는데, 이러한 시민성은 관점에 따라 크게 두 가지로 구별해서 설명할 수 있다. 하나는 '규범적 행위'로 설명하는 관점이고 다른 하나는 '인지적 판단 형식'으로 설명하는 관점이다. 전자는 공동체의 구성원으로서 사회적 관계에서 구체적으로 요구되는 좋은 행위를 중심으로 시민성을 그려낸다. 예컨대, 정직, 공동체 의식, 관용, 애국심, 준법 등과 같이 좋은 행위와 나쁜 행위를 구별해 주는 규범적 기준에 따라 시민성을 규정하는 경우가 이에 해당한다.

이에 비해 인지적 판단 형식으로 시민성을 설명하는 관점은 갈등이 적재된 문제 사태에서 어떻게 하는 것이 옳은 것인지를 스스로 판단할 수 있는 지적인 능력을 시민성으로 간주한다. 즉, 논리적 일관성의 원리와 보편화 가능성의 원리, 공정성의 원리 등과 같은 형식적 원리를 판단 기준으로삼아 요구되는 행위의 준칙을 스스로 입법할 수 있는 능력을 시민성으로 보는 것이다.[5]

이렇듯 시민성에 관한 관점이 규범적 행위로 보는 관점과 인지적 판단 형식으로 보는 관점으로 대별되고 있으나, 양자가 사실적으로 분리되어 있음을 의미하는 것은 아니다. 왜냐하면 규범적 행위는 역사적으로 인지적 판단 형식에 의해 매개되어 나타나는 것이며, 인지적 판단 형식이 삶의 방식으로 구체화할 때는 규범적 행위로 치환되어 나타나기 때문이다. 규범적 행위는 당대의 구성원들의 인지적 판단 형식을 통해 만들어져 후대에 전해지고, 후대는 규범적 행위를 물려받으면서 행위 자체만을 물려받는 것이 아니라 그러한 행위 속에 들어 있는 선대의 판단 형식을 동시에 깨닫게 되며, 그런 연후에 물려받은 규범적 행위를 다시금 자신의 판단 형식을 빌어 조사하고

· 공민적 범주: 자유의 이념을 구현하기 위한 것으로서 사고와 믿음권, 의사의 자유권, 계약의 자유권, 공정권(Right to justice in dispute) 등을 말한다.

4) Rogers는 공동체의 의미를 구성원의 행위와 의사결정에 있어 상호간에 영향을 주고받는 공동 단위로 정의한다.

5) 규범적 갈등 사태에 대처할 수 있는 일련의 절차적 능력을 중시하는 Wilson(1967)이나, 독립된 개인의 내부에서 작용하는 판단 형식을 중시하는 Kohlberg(1981)와 Rawls(1971) 등이 이 경우에 해당하는 것으로 볼 수 있다.

평가하여 보다 개선된 규범적 행위를 만들어 후대에 물려주게 된다. 즉, 규범적 행위는 역사적으로 인지적 판단 형식에 의해 매개된 흔적으로 존재하는 것이 된다. 마찬가지로 인지적 판단 형식 또한 규범적 행위와 분리되어 그 자체로 존재하는 것이 아니라, 인지적 판단의 결과는 현실적으로 규범적 행위로 구현될 수밖에 없다. 즉, 인지적 판단 형식은 규범적 행위의 주사(注射)를 받아 보다 완전하고 완성된 표준을 지향하게 되는 것이다.

이와 관련해서 MacIntyre가 말하는 활동 양식(practice) 개념은 커다란 시사를 준다(1984: 191). MacIntyre는 활동 양식을 사회적으로 형성된 공동적인 인간 활동의 일관되고 복합적인 양식 또는 활동 단위로 본다. MacIntyre에 의하면, 규범적 행위는 이러한 활동 양식에 참여하는 과정에서 후천적으로 획득된 품성으로서 활동 양식이 지향하는 내재적 가치에서 비롯되는 것을 의미한다. 그리고 이러한 활동 양식의 내재적 가치를 구현하는 과정에서 활동 양식의 내재적 가치에 관한 구성원의 의식이 확장되는 것으로 본다. 즉, 활동 양식의 내재적 가치에서 비롯되는 규범적 행위와 구성원의 의식은 서로가 서로를 매개하는 관련을 맺는 것이 된다. 그리고 여기서 MacIntyre가 말하는 내재적 가치와 구성원의 의식은 시민성에 있어서 규범적 행위와 인지적 판단 형식에 대응한다. 이렇듯 시민성으로서의 규범적 행위와 인지적 판단 형식은 세대를 이어 가는 유기적인 역사적 맥락 속에서 상승적인 상호작용을 통해 매개되고 매개하는 변증법적인 관련을 맺는 것으로 볼 수 있다.

## 다중 시민성

세계화 개념은 기술적(記述的) 개념이면서 동시에 규범적(規範的)인 개념이다. 다시 말해 세계화는 피할 수 없는 자연스러운 역사적 현상이며, 그러기에 거부할 수 없는 마땅히 받아들여야 할 현상이라는 것이다. 그리고 다중 시민성은 세계화와 관련해서 나타나는 또 하나의 부차적인 사회 현상이다.

다중 시민성은 동일한 개인에게 서로 다른 수준의 시민의 지위가 중층적으로 주어지는 것을 말한다. 그리고 서로 다른 시민성 간의 관계가 어떻게 되느냐에 따라 시민으로서의 한 개인이 따라야 할 행위의 표준이 좌우된다. 예를 들어, 세계 시민으로서의 지위와 국가 시민으로서의 지위를 동시에 지니고 있을 경우 양자의 관계가 어떻게 되느냐에 따라 - 예를 들면, 배타적인 관계, 상보적인 관계, 주종의 관계, 병렬적 관계 등 - 한 개인에게 요구되는 행위의 표준이 달라지게 된다.

시민성 개념이 국가를 기초 단위로 하는 국제화 시대에는, 국가의 구성원으로서의 시민(national citizen)을 의미하였으며, 나아가 이러한 의미에 기초해서 시민의 지위와 자질을 정초하는 데 장애가 없었다. 다만 시민성으로서, 지위에 따르는 권리가 선행한다는 자유주의 입장(Forsyth, 1981; Macfarlane, 1970; Marshall, 1950)과 공동체를 위한 자질이 우선적으로 요구된다는 공동체주의 입장(Oldfield, 1990; O'Gorman, 1986; MacIntyre, 1984)이 대립되어 왔을 뿐이다.

그러나 최근 세계화 현상이 전개되면서, 대립의 양상은 새로운 국면을 맞이하고 있다. 한 개인이 세계 시민의 지위와 국가 시민의 지위를 동시에 지닐 수는 없으며 단지 시민은 국가 시민으로서만 존재한다는 입장(Aron, 1994; Taylor, 1989; Lepsius, 1990)과 시민은 한 국가의 시민일 뿐만 아니라, 여러 국가가 연합된 연합 국가의 시민으로서, 그리고 세계 시민으로서의 지위를 동시에 다중적으로 지닐 수 있으며, 궁극적으로는 세계 시민으로 수렴된다는 입장(Habermas, 1992; Heater, 1990; Turner, 1986; Barbalet, 1988)이 대립하고 있는 것이다.

시민은 한 국가의 시민으로서만 존재한다는 전자의 입장은, 시민의 지위는 제도적으로 보장되는 법률적인 지위이며, 현재 시점에서 법률적인 지위를 부여하는(또는 할 수 있는) 정치 공동체는 국가밖에 없다는 점을 강조한다. 설령 유럽 연합(EU)과 같이 여러 국가가 연합된 형태를 통해 통일된 경제 제도를 마련하고 EU가 규제하는 단일한 화폐 제도를 마련한다 할지라도, 개개의 시민에게 법률적 권리를 보장하고 그러한 권리를 보장하기 위해 노력해야 할 법률적 의무를 지니고 있는 주체는 여전히 국가이기 때문에 시민은 국가의 구성원으로서만 존재한다는 것이다. 예컨대, UN평화유지군과 같이 국가 수준을 넘어선 군대 조직을 만들 경우, 개개의 군인이 세계 시민의 차원에서 세계 평화를 지향하는 활동을 하는 것처럼 보이지만, 그러한 경우에서 조차 실제로 개개의 군인은 조국의 이름으로 조국의 명령을 따르는 국가의 시민일 수밖에 없다는 것이다.

이에 반해, 시민은 서로 다른 수준의 여러 시민의 지위를 지닐 수 있으며 궁극적으로는 세계 시민으로 성장한다는 입장은 시민의 지위를 국가에서 부여하는 법률적인 지위로 한정하지 않는다. 비록 역사적으로는 시민의 지위가 독립된 국가로부터 부여되는 법률적인 지위로 존재해 왔다고 할지라도, 지구 단위(global unity)의 경제 활동이 가속화되고, 환경 문제, 세계 평화 문제, 인권 문제 등과 같은 지구적 규모의 문제가 현안 문제로 되고 있으며, 그리고 서로 다른 전통적 기반을 지니고 있는 개별적인 국가내의 생활 방식이 보편성과 합리성의 기준을 따라 변화해 가고 있다는 점을 고려할 때, 더 이상 시민의 지위를 법률적인 지위로만 간주할 수는 없다는 것이다. 국가로부터 부여된 법률적인 시민의 지위를 지니고 있는 시민이라 할지라도, 국가 수준을 넘어선(supranational) 세계 규모의 비정부 조직에의 가입을 통해 세계 시민 의식을 지닐 수 있으며, 이 경우에 시민의 지위는 다중적(multiple)인 것이 된다는 것이다. 예컨대, Green Peace나 Amnesty에 소속된 구성원들은 국가 시민의 지위와 세계 시민의 지위를 동시에 지니게 되며, 양자의 지위에서 요구되는 행위의 표준이 갈등을 일으킬 경우에는 보다 높은 수준에서 요구되는 표준, 즉 세계 시민의 지위에서 요구되는 표준을 지향함을 보여 준다.

Habermas는, 사회주의의 몰락과 EC와 같은 초국가적 조직의 탄생, 그리고 이민의 증대 등으로 인해 특수한 이해(particularistic claims)와 보편적 원리가 갈등을 일으키고 있음을 지적하는 한편, 이러한 갈등으로 인해 개별적인 시민들은 다중적인 정체성(multiple identity)을 지니게 된다고 본다(1992: 341). 그리고 이러한 현상은 自家發電的인 힘으로 보다 확대된 통합을 지향하는 경제적 단위와 대내적인 통합을 요구하는 정치적 통치 단위로서의 국가 사이의 갈등으로 인해 더욱 가속화되는 가운데, 다중적인 정체성은 보편성의 원리를 따라 통합되는 과정을 밟게 된다고 본다(1992: 345-348). 요컨대 Habermas는, 지구 규모의 단일 시장을 향한 경제의 자가 발전적 운동이 지속되는 가운데, 서로 다른 국가 시민의 지위를 지니고 있는 시민 사이에 단일한 표준을 매개로 하는 계약적 관계가 확대되면서 국가 수준의 시민성을 뛰어 넘는 시민으로서의 정체성이 가시화될 것으로 보는 것이다.

세계 시민은 동서고금을 막론하고 존재해왔던 공통된 시원적인 개념이다. 세계 시민 의식은 일종의 우주적 의식(cosmic consciousness) 또는 보편적 인류애(universal brotherhood of man), 세계동포주의(cosmopolitanism) 등의 형태로 인류 역사와 함께 존재해왔다(장형근, 1997: 349-350). 스토아학파의 '세계 시민(kosmopolites)'을 필두로 '초국가적 시민 사회', '국경을 초월한 참여 민주주의' 등의 용어 등에서 볼 수 있듯이 법률적인 의미와는 무관하게[6] 의식으로서 또는 정체성의 근원으로서 세계 시민은 역사와 기원을 함께하는 개념으로 볼 수 있는 것이다.

Heater(1990: 318-319) 역시 시민의 지위를 다중적으로 보고 있는데, 시민성이 개입되는 공간적인 차원을 지방 수준과 국가 수준, 지역(국가 연합) 수준, 그리고 세계 수준으로 구분하여, 시민으로서의 정체성은 다중적일 수밖에 없으며 또한 다중적이어야 한다고 말한다. 고대 로마 시대부터 존재해왔던 다중적 시민권(라틴 시민과 로마 시민)이 중세의 농노(man to lord) 지위와 신민(subject to king) 지위가 다중적으로 존재하는 것으로 이어져 왔듯이, 세계 정부와 개별 국가 간의 관계는 중앙 정부와 지방 정부 간의 관계와 같은 부차의 원리(the principle of subsidiarity)에 따라야 한다고 본다(Heater, 1990: 321-322).

이렇듯 시민이 지니게 되는 정체성은 다중적일 수밖에 없다. 심리적 측면에서 볼 때 다중적인 지위에서 요구되는 정체성과 충성심은 국가라는 단일한 집단의 관계 속에서만 배타적으로 요구되는 것이 아니라, 상이한 수준의 다양한 공동체에의 참여를 통해서 보다 강화될 수 있다. Durkheim(1961: 74)이 말하듯이, 충성심이나 의무감과 같은 공동체 의식은 근본적으로 도덕적인 문제로서, 가족, 국가, 인류는 도덕적 사회적 발달의 상이한 국면을 대변하는 것으로서 인간은 이러한 세 국면의 상호 동시적인 영향을 받는 가운데 도덕적으로 완성 단계에 도달하게 된다. 요컨대 다중 시민성은 현상적이면서 동시에 규범적인 것으로서 더 이상의 논란을 요구하지 않는 것으로 볼 수 있다.

## 세계 시민 교육

시민의 다중적 지위를 인정할 수 있는지, 그리고 궁극적으로는 세계 시민의 지위를 받아들일 수 있는지 등과 관련해서 입장이 대립하고 있는 만큼, 이와 관련해서 세계 시민 교육을 바라보는 관점 역시 대립적인 국면을 보인다.

찬성하는 입장은, 시민성과 관련된 지식과 기능, 가치, 그리고 참여 등의 교육 내용을 세계 수준에 기초해서 구성해야 하는 것으로 본다(Berman & Miel, 1983: 5).

6) 세계시민은 국가에 충성하고 국가의 부름을 받아 제도화된 폭력에 동참하는 국가 시민의 한계를 뛰어넘어 자율적이고 보편적인 입법의 명령을 따르는 특성을 보인다. 따라서 세계 시민 의식은 제도와 법률의 문제가 아니라 주관적인 사고와 판단의 문제로 간주되어야 한다.

Anderson & Becker가 말하듯이(Heater, 1990: 244에서 재인용), 세계화 시대에 시민 교육은 학습자로 하여금 지구적 관점에서 공적인 문제에 영향력을 행사하고 국내 문제와 지역 사회 문제와의 관계를 비판적으로 이해할 수 있는 안목과 능력을 길러줄 수 있어야 한다는 것이다. 예컨대, '보편적으로 사고하고, 지역적으로 행동하는 시민'을 그려내는 입장이 이에 해당되는 것으로 볼 수 있다.

이에 반해 반대하는 입장은, 세계 시민 교육 내용은 학습자의 경험과 유리되어 있으며 지구 규모의 문제가 복잡하고 복합적인 관계로 얽혀 있기 때문에 오히려 미숙하고 불완전한 이해를 초래하고 나아가 애국심을 경원시 하게 될 우려가 있음을 지적한다(Stevens, 1982: 168-171). 예컨대, 한국 시민, 프랑스 시민, 미국 시민 등과 같이 개별 국가의 시민만이 존재할 뿐이며, 유럽 시민, 세계 시민 등과 같은 개념은 허구적이고 추상적인 것에 지나지 않는 다는 것이다.

이러한 쟁점과 관련해서, 앞에서 논의한 시민성에 관한 관점을 상기해 보자. 필자는 시민성에 관한 관점을 규범적 행위로 보는 관점과 인지적 판단 형식으로 보는 관점으로 대별한 뒤, 규범적 행위는 당대의 구성원들의 인지적 판단 형식을 통해 만들어지고, 인지적 판단 형식은 규범적 행위의 주사를 받아 보다 완전하고 완성된 표준을 지향하게 되는 것으로 논의를 전개했다. 그래서 규범적 행위와 인지적 판단 형식은 세대를 이어 가는 유기적인 역사적 맥락 속에서 상승적인 상호작용을 통해 매개되고 매개하는 변증법적인 관련을 맺는 것으로 간주했다.

이러한 논의는 Heater의 관점과도 맥을 같이 한다. Heater는 다중 시민성의 형식을 세 가지로 제시하고 있는 데[7], 법률적인 지위를 지닌 실제적인 세계 시민은 존재하지 않는다 할지라도, 고대 그리스 - 로마 시대의 스토아 철학자들이나 18세기 계몽 사상가들이 보여 주었듯이 범세계적이고 보편적인 표준을 지향하는 행위는 법률적인 지위와는 무관하게 세계 시민의 지위에서 나오는 행위로 간주해야 한다고 본다(1992: 23-25). 그리고 그러한 세계 시민의 차원에서 이루어지는 행위에 담겨 있는 기준과 국가 시민의 차원에서 이루어지는 행위에 담겨 있는 기준 사이에 상승적인 변증법적

7) Heater가 제시하는 다중 시민성의 세 형식은, 법률적으로 부여되는 국가 시민의 지위를 복수로 갖는 경우(예: 이중 국적)와, 법률적인 지위와는 무관하게 스스로 세계 시민임을 천명하고 보편적 이상을 지향하는 경우, 그리고 연방 국가에서처럼 피라미드식의 다중적 지위를 갖는 경우로 나누어진다.

상호작용이 일어나 보다 보편적이고 합리적인 표준이 시민의 실제적인 정체성으로 자리하게 된다고 본다.

이러한 Heater의 주장은, Peters(1965: 108)가 말하는 "교육의 목적은 습관(전통)의 뜨락을 지나 이성의 궁전으로 들어가는 데 있다."는 말과 Socrates가 자신에게 내린 사약을 받아 마시며 남긴 "악법도 법이다."는 말에 담긴 교육의 의미와 같은 의미를 지닌다. 즉, 교육의 목적은 출발점에 서있는 학습자로 하여금 현재적인 삶의 수준으로 안내하고, 나아가 스스로 현재의 수준을 뛰어 넘어 보다 높은 수준으로 들어갈 수 있는 능력을 길러 주는데 있다는 것이다.

여기서 말하는 '현재적인 삶의 수준'은 Peters가 말하는 습관의 뜨락이나 Socrates가 말하는 악법, 그리고 앞에서 살펴본 시민성으로서의 규범적 행위, 전통적 행위 등에 대응하는 의미를 지닌다. 그리고 '보다 높은 수준'은 Peters가 말하는 이성의 궁전이나 Socrates가 말하는 법, 그리고 앞에서 살펴본 시민성으로서의 인지적 판단 형식, 보편적 사고 등에 대응하는 의미를 지닌다. 나아가 이를 시민의 다중적 지위와 관련지어 적용해 보면, 국가 시민으로서 요구되는 시민성은 현재적인 삶의 수준에 근거하는 것으로 그리고, 세계 시민으로서 요구되는 시민성은 보다 높은 수준에 근거하는 것으로 간주할 수 있다.[8)]

Robinson은 경제적 또는 기술적 영역에서 세계화는 빠른 속도로 진행되고 있으나 이에 대응할 수 있는 사람들의 의식 수준은 매우 느리게 변화하는 일종의 의식 지체 현상이 나타나고 있다고 지적한다. 세계화 시대의 정체성은 다중적이며, 지역, 국가, 세계 간의 관계를 주종 관계로 보는 관점을 지양해야 한다고 말한다. 따라서 단일 국가의 법률적인 권리 / 의무를 중심으로 시민성을 규명할 것이 아니라, 불특정 다수의 타인을 전제로 한 자기 정체성의 확립이라는 측면에서 시민성을 규명할 것을 요구한다. 예컨대, 타인의 배려(care), 신뢰(trust), 책무(responsibility) 등과 같은 비계약적 가치(non-contractual value) 등이 요구된다는 것이다(1997: 457-462).

8) 여기서 말하는 현재 수준과 보다 높은 수준은 이분법적인 분리 관계에 있는 것이 아니라 연속선상에서의 상대적인 관계 즉, 개념적인 구분을 의미한다. 따라서 시민성을 공간적인 차원에서 지방, 국가, 지역, 세계 등과 같은 다중적으로 구분할 경우, 현재 수준 및 보다 높은 수준의 의미가 어느 특정한 차원에 한정적으로 제한되는 것이 아니라, 지방 차원에서 세계 차원으로 이행하는 과정에서 상대적으로 보편성과 합리성을 따라 보다 높은 수준을 지향하게 됨을 의미한다.

위로부터의 세계화(globalization from above)[9]에 대응하여 아래로부터의 세계화(globalization from beliow)를 요청하는 정수복(1997: 399)에 의하면, 초국적 사회 세력을 중심으로 환경에 대한 관심, 인권을 위한 노력, 다양한 문화의 통합에 기초한 인류 공동체에 대한 비전 등에 대한 공동의 노력이 이루어져야 한다고 본다. 이는 곧 국경 없는 민주주의 정신의 표현으로서 지구적 시민 사회의 확장을 의미하는 것이며 도덕적, 환경적 책임을 요구하는 것이기도 하다.[10]

이상에서 살펴보았듯이 국가 시민을 초월한 세계 시민으로서 지니게 되는 정체성은 다중적일 수밖에 없으며, 그런 만큼 이에 대응하기 위한 교육적 노력이 요구됨을 알 수 있다. 그리고 이를 위한 교육 즉, 세계 시민 교육은 '행동은 지역적으로 사고는 보편적으로'라는 슬로건에 들어 있듯이 현재적으로 국가 또는 지방 차원의 규범적 행위를 잠정적인 시민성의 표준으로 삼되 보다 높은 수준의 합리성에 의해 매개되어 보편적인 행위의 표준을 지향할 수 있도록 해야 할 것이다. 따라서 국가 수준의 요구가 세계 수준의 보편적 도덕적 명법에 어긋날 경우 이를 해결하는 방법은 궁극적으로 입법자로서의 개인의 판단과 선택에 맡겨져야 하며, 교육적으로는 이유와 근거를 좇아 숙고하여 판단하고 선택할 수 있는 지적 능력을 발달시키는데 있다고 볼 수 있다.

세계 시민 교육과 관련해서 지구적 관점을 중시하고 있는 NCSS(Merryfield, 1997: 183-184)는 사회과교육과정을 편성함에 있어 다음과 같은 다섯 가지 준거를 고려할 것을 요구하고 있다.

① 세계화는 인간 경험의 세계를 초국가적, 교차 문화적, 다문화적 상호작용의 세계로 이끌었다.

② 개인, 다국가적 비정부 집단(교회, 국제기구, 학회 등), 지방정부 및 민족 지도자 등은 모두 세계를 형성하고 움직이는 현재적 행위자들이다.

---

9) 위로부터의 세계화는 소비위주의 에토스를 퍼트리고 초국적 기업과 정치 엘리트들의 영향력을 키우는 결과를 가져온다. 자본과 이미지와 정보의 세계적 흐름으로서 민족국가, 공동체, 사회조직 등의 구속력을 약화시켜, 결과적으로 사회는 파편화되어 공적 문화가 후퇴하고 도덕적 상대주의가 만연하여 공적문제에 대한 개인적 대응이 주류를 이루게 된다(정수복, 1997: 398).

10) 이와 관련해서 정수복(1997: 418-419)은 요구되는 세계 시민 의식을 평화, 정의, 지속 가능성에 대한 소망, 현실 변화(경제적 통합)에 관한 인식, 공동 활동의 필연성에 대한 인식, 초국적 사회 세력에의 참여와 헌신 등으로 제시하는 한편, 이를 위한 세계 시민 교육으로서 국제 이해 교육, 평화 교육, 환경 교육, 문화 교육, 미래 교육, 지구적 관점의 함양을 위한 교육 등을 요구하고 있다.

③ 과거와 현재의 사회적 정치적, 경제적, 생태적 실체(realities) 그리고 대안적인 미래는 상호 연관되어 있다.

④ 인간과 환경은 제한된 자원에 처해진 유일한 상호 의존적인 시스템을 구성한다.

⑤ 모든 사람은 세상사에 참여(관여)하는 방식에 있어 선택적으로 반응한다.

이러한 준거들은 국가 수준을 뛰어 넘는 세계 수준을 전제로 하여 그에 대응하는 관점을 강조하는 것임을 알 수 있다. 즉, 세계 시민으로서의 의사결정은 그것이 수행되는 차원(지방 또는 국가 또는 세계 등)이 무엇이냐와 무관하게, 그 결과가 세계 차원에서 나타나고 나타날 수 있음을 전제로 이루어져야 함을 강조하는 것으로 볼 수 있다.

특별히 세계 시민 교육을 영역별로 제안하고 있는 Lynch(1987)에 의하면, 세계 시민 교육은 발달 교육(development education), 환경 교육(environmental education), 인권 교육(human-right education), 평화 교육(peace education), 다문화 교육(multicultural education), 국제 이해 교육(education for international understanding) 등의 영역으로 구성되어야 하며, 각 영역들이 상호간에 유기적인 관련을 맺는 가운데 통합적으로 수행되어야 한다고 본다. 예를 들어, 다문화교육은 세계적 인식이 수반되어야 하는 바, '타인의 고려(인간 존중)는 국가 또는 지역 수준에서 끝나는 것이 아니고', '다문화 사회는 타인들에 의해 구성되는 것인 만큼, 개인으로서의 시민은 타인들로부터 많은 것을 배울 수 있으며', '그러한 타인과 나는 상호 의존적으로 존재하며', '편견과 차별에 대한 투쟁은 국가 수준을 뛰어 넘어 이루어져야 하며', '모든 윤리적 행위는 국가 수준을 초월하여 수행되어야 한다.' 등에 대한 인식이 일관되게 적용되어야 함을 강조한다.

다중 지위를 지닌 시민으로서 세계 시민 교육의 가능성을 탐색하고 있는 Heater는 세계 시민성 함양을 위한 학습 요소 범주를 지식, 가치, 기능으로 구분하여 아래와 같이 제시한다(1992: 337-338).[11]

11) Heater는 이러한 시민 자질 요소를 구안하기 위한 일환으로 시민에 대한 분석적 정의를 다음과 같이 내린다. 시민은 공적 영역과 관련된 지식을 갖추고 가치에 헌신하며 참여에 필요한 기능을 지니고 있는 사람을 의미한다는 것이다(1992: 336). Heater는 시민 자질을 지식과 가치 그리고 기능으로 구분하고 있는 데, 이러한 구분은 개념적 구분을 의미하는 것이지 사실적 분리를 의미하는 것은 아니다. 왜냐하면, 지식은 가치와 기능의 습득으로 연계되어야 하며, 지식(이해)이 수반되지 않은 가치는 편견에 지나지 않을 수 있으며, 가치와 지식이 동원되지 않은 행동은 무책임하고 불완전하게 될 우려가 있기 때문이며, 또한 시민의 자질이 최종적인 행위로 나타날 때는 지식과 가치 그리고 기능이 통합적으로 작용하여 나타나는 것이기 때문이기도 하다.

〈시민성 함양을 위한 학습 요소〉[12)]

| 지식 요소 | 가치 요소 | 기능 요소 |
|---|---|---|
| 사실(fact)<br>이해(interpretation)<br>개인적 역할(personal role) | 자기 이해(self understanding)<br>타인 고려(respect for others)<br>가치 존중(respect for values) | 판단(judgement)<br>의사소통(communication)<br>행동(action) |

이러한 Heater의 제안은 앞에서 논의한 시민성의 관점으로서 규범적 행위와 인지적 판단 형식의 관계를 변증법적인 관계로 보는 관점과 맥락을 같이 한다. Heater는 특정한 규범적 행위와 관련된 가치를 중시하기보다는, 타인의 고려와 같은 원리적 가치와 가치 자체에 헌신하려는 가치 즉, 일종의 초가치(meta-value), 그리고 그러한 가치와 관련해서 자신을 판단하는 반성적 가치 등을 중시하고 있는 바. 이는 곧 문제상황에서 요구되는 가치를 판단하는 과정에서 적용해야 할 인지적 기준을 중시하는 것을 의미한다.[13)]

12) 학습 요소의 구체적인 내용은 다음과 같다.

□ 지식(시민으로서 알아야 할 지식)
- 사실: 국가와 시민의 역할에 관한 역사적 맥락 / 상이한 공간 차원에서 나타나는 주요 문제와 쟁점 / 정체성, 애국, 자유, 권리, 의무, 정의, 사회적 정의, 대의제 등과 관련된 헌법적 사실
- 이해: 위의 사실과 관련해서 자신이 개인적으로 특정한 법률이나 쟁점에 의해 어떤 영향을 받을 것인지, 자신이 처해 있는 지역은 국가 또는 지구적 맥락에서 어떤 위치에 있는지 등에 대한 이해
- 개인적 역할: 위와 관련해서 개인적으로 요구되는 역할

□ 가치(시민으로서 지녀야 할 가치)
- 자기 이해: 자신의 편견을 인식하고, 합리적이고 유연한 사고의 추구
- 타인 고려: 자기 이해의 거울상으로서의 타인에 대한 관용 및 이를 위한 다양한 관점에서의 조망 추구
- 가치 존중: 증거의 신뢰, 자유, 정의, 공정, 이타심 등에의 헌신, 자유와 권리의 상승적인 순환 관계의 중시

□ 기능(시민으로서 지녀야 할 기능)
- 판단: 자료 수집, 조직, 분석, 평가, 비판적 사고, 감정 이입
- 의사소통: 토의 토론 기능
- 행동: 참여, 로비, 청원

13) Heater는 지식 요소와 기능 요소에서도 이러한 관점을 견지하고 있다. 예컨대, 헌법적 사실을 이해해야 한다는 측면에서 일차적으로는 국가 시민을 겨냥하고 있는 것처럼 보이지만, 헌법적 사실을 단순히 따라야 하는 것으로 보는 것이 아니라, 역사적 맥락과 지구적 맥락에서의 이해를 요구하고 있다는 점에서 여전히 인지적인 판단 형식을 지향하고 있는 것으로 보아야 한다. 기능의 경우에 있어서도 특정한 구체적인 가치와 관련된 기능을 중시하는 것이 아니라, 비판적 사고, 토의 토론 기능 등과 같은 판단 또는 의사결정 과정에서 요구되는 인지적인 기능을 중시하는 것으로 볼 수 있다.

이렇듯 Merryfield와 Lynch, Heater 등에서 볼 수 있듯이, 세계 시민 교육은 구체적인 내용이 무엇이냐와 무관하게 일정한 원리나 관점, 방향, 형식 등의 측면에서 교육과정 차원의 처방을 제안하는 공통점을 보인다. 자국의 헌법 정신이나 사회적 관례, 전통적인 삶의 방식 등을 중심으로 하는 규범적 처방에서 벗어나, 전체와 부분의 관계(세계와 자국의 관계, 세계와 시민의 관계, 국가와 국가 시민의 관계 등)에 관한 인식, 시간적 공간적 맥락의 이해, 차이에 관한 상대주의적 이해 등을 토대로 보편적이고 합리적인 기준을 적용할 수 있는 인지적 판단 형식을 중시하는 동시에 집단 과정에서 요구되는 절차적 기능 등을 중심으로 하는 처방[14)]으로 전환하고 있는 것이다.

## 결 론

세계화는 체계의 보편성과 동질성을 지향하고 한편 구성원의 개별적이고 이질적인 해석을 지향한다. 이른바 기술적, 경제적 측면에서의 수렴 현상과 사회적, 관계적 측면에서의 확산 현상이 동시적으로 진행된다. 이에 따라 현재의 정치적 또는 공간적 경계의 제한을 초월하여 지구 수준의 쟁점과 관련된 아이디어와 정보를 동시적으로 공유할 수 있도록 하고 있으며, 이로 인해 개인으로서의 정치 행위자의 영향이 국가를 초월하여 자신과 타인에 영향을 주는 현상이 나타나고 있다.

이러한 세계화 현상과 관련해서 세계 시민으로서 지니게 되는 정체성은 지역, 국가, 세계 간의 관계가 병렬적인 포함 관계 속에서 중층적으로 중첩되는 특성을 보인다. 국가화 또는 국제화 단계에서 단일 국가의 법률적인 권리 / 의무를 중심으로 형성되는 정체성을 대신하여, 타인의 배려(care), 신뢰(trust), 책무(responsibility) 등과 같은 비계약적 가치(non-contractual value)를 중심으로 불특정 다수의 타인을 전제로 한 자기 정체성이 자리하게 되는 것이다.

14) 이러한 처방과 관련해서 세계 시민 교육에 부응하는 학습 방법의 하나로 논쟁점 학습이 주목을 받고 있는데, 그 이유는 논쟁점 학습은 쟁점에 관한 이해를 토대로 타인의 관점을 해석, 평가하고 이와 관련지어 자신의 관점을 반성적으로 이해하도록 하는데 도움을 주는 동시에 쟁점과 관련된 '지식과 근거의 탐색, 가치의 명료화, 언어 분석' 등을 통해 세계 시민으로서 요구되는 판단 능력을 길러 주기 때문으로 볼 수 있다.

이러한 현상과 관련해서 볼 때, 시민성으로서의 '규범적 행위'와 '인지적 판단 형식'은 상호 간에 매개되는 관련을 맺으면서 세계 시민 의식의 형성에 크게 기여할 수 있을 것으로 보인다. 규범적 행위는 역사적으로 인지적 판단 형식에 의해 매개되어 삶의 방식 즉, 시민성으로 구체화된다. 규범적 행위는 당대의 구성원들의 인지적 판단 형식을 통해 만들어져 후대에 전해지고, 후대는 규범적 행위를 물려받으면서 행위 자체만을 물려받는 것이 아니라 그러한 행위 속에 들어 있는 선대의 판단 형식을 동시에 깨닫게 되며, 그런 연후에 물려받은 규범적 행위를 다시금 자신의 판단 형식을 기대어 조사하고 평가하여 보다 개선된 규범적 행위를 만들어 후대에 물려주게 된다. 즉, 규범적 행위는 역사적으로 인지적 판단 형식에 의해 매개된 흔적으로 존재하는 것이 된다. 마찬가지로 인지적 판단 형식 또한 규범적 행위와 분리되어 그 자체로 존재하는 것이 아니라, 인지적 판단의 결과는 현실적으로 규범적 행위로 구현될 수밖에 없다. 즉, 인지적 판단 형식은 규범적 행위의 주사를 받아 보다 완전하고 완성된 표준을 지향하게 되는 것이다.

이러한 맥락에서 세계 시민 교육은 특정한 규범적 행위와 관련된 가치를 중시하기보다는, 타인의 고려와 같은 원리적 가치와 가치 자체에 헌신하려는 가치 즉, 일종의 초가치(meta-value), 그리고 그러한 가치와 관련해서 자신을 판단하는 반성적 가치 등을 중시하며. 이는 곧 문제 상황에서 요구되는 가치를 판단하는 과정에서 적용해야 할 인지적 기준을 중시하는 교육을 의미한다고 볼 수 있다.

또한 세계 시민 교육의 일환으로 발달 교육, 환경 교육, 인권 교육, 평화 교육, 다문화 교육, 국제 이해 교육 등이 이루어지고 있는데, 이 역시 세계적인 관점 하에서 통합적인 관련을 맺는 가운데 보편적으로 사고하고 합리적으로 판단할 수 있도록 하는 학습 기회를 부여해야 한다. 예를 들어, 세계적 관점에 따른 다문화교육은, "타인의 고려는 국가 또는 지역 수준에서 끝나는 것이 아니며, 다문화 사회는 타인들에 의해 구성되는 것인 만큼 그러한 타인과 나는 상호 의존적으로 존재하며, 편견과 차별에 대한 투쟁은 국가 수준을 뛰어 넘어 이루어져야 하는 바, 모든 윤리적 행위는 국가 수준을 초월하여 수행되어야 한다."는 인식이 일관되게 적용되어야 한다. 요컨대, 세계 시민으로서 요구되는 의사결정은 그것이 수행되는 차원(지방 또는 국가 또는 세계 등)이 무엇이냐와 무관하게, 그 결과가 세계 차원에서 나타나고 나타날 수 있음을 전제로 이루어져야 하는 것이다.

국가 시민을 초월한 세계 시민으로서 지니게 되는 정체성은 다중적일 수밖에 없다. 그런 만큼 이에 대응할 수 있는 교육 즉, 세계 시민 교육은 '행동은 지역적으로 사고는 보편적으로'라는 슬로건에 들어 있듯이 현재적으로 국가 또는 지방 차원의 규범적 행위를 잠정적인 시민성의 표준으로 삼되 보다 높은 수준의 합리성에 의해 매개되어 보편적인 행위의 표준을 지향할 수 있도록 해야 할 것이다. 따라서 국가 수준의 요구가 세계 수준의 보편적 도덕적 명법에 어긋날 경우 이를 해결하는 방법은 궁극적으로 입법자로서의 개인의 판단과 선택에 맡겨져야 하며, 교육적으로는 이유와 근거를 좇아 숙고하여 판단하고 선택할 수 있는 지적 능력을 발달시키는데 있다고 볼 수 있다.

Chapter XII

# 환경의 정치적 이해

# XII장

# 환경의 정치적 이해

생태주의는 환경의 지속가능성을 전제로 이를 위한 사회의 지속가능성에 관심을 갖는다. 즉, 자연 환경과 사회 환경을 포함하는 넓은 의미에서의 환경을 하나의 살아 있는 생태(eco-system, bio-system)로 보아 전체로서의 환경 기능과 행태가 유지될 수 있어야 한다는 생각이다. 따라서 생태주의는 환경 파괴를 방지할 수 있는 기술적 내지는 공학적 접근을 포함하여, 생활방식, 교육, 제도, 가치관 등을 포괄하는 정치적 접근을 요구한다. 이러한 맥락에서 '지속가능한 사회' 개념은 대안적인 정치적 해석을 파생한다. 첫째, 정치생활은 사회적(또는 정치적) 소망(요구, 필요)에 의해 운영되어야 하는 것이 아니라, 자연적인 한계에 의해 평가되고 제한되어야 한다. 전통적인 의미에서의 정치는 집단 간의 이해관계를 조정하고 구성원의 요구를 수렴하여 사회 체계(social system)를 유지 발전시키는 기능을 수행하는 것으로 인식되어져왔다. 즉, 사회 체계를 전제로 한 구성원들 간의 간주관적 상호작용에 관심을 두어왔던 것이다. 이에 비해, 생태론적 정치 개념은 자연을 포함한 환경 전체에 관한 체계적 관점을 전체로 하여, 생태의 한계와 기능에 대응할 것을 요청한다. 사회를 전제로 한 구성원들의 간주관적인 행위에 관심을 갖는 것이 아니라, 생태계의 한계와 기능을 전제로 한 구성원들의 행위에 관심을 갖는다는 것이다.

둘째, 인간이 내적 존재 가치를 지니고 있는 것으로 인정하는 것과 마찬가지로, 자연 환경 역시 내적인 존재 가치를 지니는 것으로 인식하고 이러한 내적 존재 가치에 의존하여 도덕적(규범적)인 평가가 이루어져야 한다. 우리는 다른 사람의 생명을 해치는 행동이 나쁘다는 것을 당연한 것으로 받아들인다. 그러나 그러한 생각이 당연한 것으로 받아들여지는 이면에는 인간의 내적 존재 가치를 인정한다는 인식과 그러한 존재 가치를 해치는 행위를 나쁜 행위로 규정하는 규범적 기준을 받아들인다는 인식이 숨어 있다. 그러나 자연의 경우에는 어떠한가? 낚시꾼이 고기를 낚으면서 도덕적으로 죄의식을 가져야 하는가? 또는 죄의식을 느낀다고 할 수 있는가? 나아가 죄의식을 가져야 한다고 규정할 수 있는가? 상업적으로 많은 사람들이 대규모로

낚시를 하는 경우에는 또 어떠한가? 그리 간단한 문제로 보이지 않을지 모르지만, 적어도 대부분의 사람들은 도덕적인 죄의식과 관련짓기를 거부한다고 볼 수는 있을 것이다.[1] 왜냐하면 근대적인 사고방식 즉, 인간중심의 합리적 계몽주의의 전통을 계승하고 있는 당대의 사람들에게 있어 자연은 주변적인 대상으로 간주될 뿐 더 이상 내적 존재 가치를 지니고 있는 것으로 보지 않기 때문이다.

그러나 생태론적 정치 개념은 자연의 내적 존재 가치를 인정하고 이를 보전하는 것이 도덕적이며 정의로운 것이라는 생각을 내포한다. 그래서 일체의 인위적인 정치적 행동과 제도적 장치는 자연의 존재 가치를 규범적 기준으로 삼아 평가되고 계획되어야 한다고 볼 수 있다.

## 생태주의의 정치적 기초

### 생태적 소비

생태주의는 자연의 한계와 기능을 전체로 하기 때문에, 자연의 한계를 초월한 인간의 개입을 거부한다. 현재와 같은 인구 성장과 인구 밀도는 이미 이러한 자연의 한계를 초월하는 지경에 이르렀다는 문제의식에 따라, 생태주의는 소비에서 해결책을 구한다. 즉, 생태계의 임계 수위를 넘는 자원 이용과 환경 개발의 근본적인 원인으로 소비를 지목한다. 한편으로는 인구의 절대수가 증가하고 다른 한편으로는 소비의 질과 형태의 변화가 발생하고 있으며, 이러한 소비 이면에는 성장위주의 경제 정책이 배경으로 작용하고 있다. 이러한 맥락에서 생태주의는 소비의 절대 수준을 감소시킬 것을 제안한다. 유물론적인 사회적 가치의 청산, 소비 절약, 인구 감소 등과 같은 쉽

1) 이와 관련해서 법률적인 제한이 가해지는 경우를 거론할 수 있다. 즉, 대규모의 상업적인 낚시 행위가 환경 관련법에 저촉될 경우, 죄의식을 동반할 것이라는 점이다. 그러나 이 경우에는 도덕적인 죄의식(내적 존재 가치를 훼손했을 때 따라오는 죄의식)과는 달리 기술적인 규정(공공복리, 질서유지 등과 같은 도덕적 가치와 무관한 규정)으로서의 성격을 지니는 법을 어긴 것으로 간주해야 하며, 따라서 이 경우에는 도덕적인 죄의식이 수반되지 않는다고 말할 수 있다. 다만 이와 동일한 상황이라 할지라도, 자연 자체의 내적 존재 가치를 인정하는 개인적인 철학을 지니고 있는 사람이라면, 낚시를 포함한 일체의 환경 훼손 행위를 스스로 규제하고 타인들로 하여금 그러한 행위를 하지 말도록 설득할 것이다.

지 않은 정치적 전략을 추구하는 것도 소비 수준을 절대적으로 낮추기 위해서는 다른 방법이 있을 수 없다는 문제의식을 갖고 있음을 말해 준다.

그러나 이러한 생태적 사고방식에 대한 비판도 만만치 않다. 인구를 감소시키기 위해서는 산아제한정책을 채택해야 하는데, 역사적인 예에서 볼 수 있듯이 산아제한정책은 결과적으로 빈곤층에게 차별적으로 작용한다는 문제를 안고 있다. 즉, 정치적으로 가해지는 여러 가지 조치들이 기본적으로는 재산과 같은 물질적 가치를 압박하는 성격을 지니게 되기 때문에 그러한 압박을 상대적으로 잘 극복할 수 있는 중상류층보다 빈곤층에게 더 큰 효과를 가져 오기 때문이다. 생태주의가 자연에게까지 존재적 가치를 부여하자는 입장이라는 점을 고려할 때, 빈곤층이라는 이유 때문에 강제적으로 자녀를 제한할 수밖에 없다는 것은 또 다른 존재 가치의 상실을 의미하는 것이므로 자기모순에 빠지는 결과를 초래할 수 있다.

다른 한편으로 생태주의는 개인의 성취를 제한한다는 공격을 받기도 한다. 생태주의 스스로 유물적인 가치관과 결별할 것을 주장하고 있으나, 급진적인 자유주의자들은 유물적인 가치를 제한하는 자체를 정치적으로 허용할 수 없는 것으로 본다. 자유주의에 따르면, 개인의 성향과 취향에 따라서는 자신의 정체성을 심미적인 생활에서 추구할 수 있으며, 또한 그러한 심미적인 생활은 당연히 보장되어야 한다. 따라서 자신이 원하는 주택과 차량, 음식, 옷 등을 제한할 수밖에 없는 생태적 소비 개념은 개인의 자유와 권리의 보장이라는 측면에서 비판의 여지를 안게 된다.

## 공동체의 분권화

생태적 지역(bio-region) 개념이 삶의 기본 단위이면서 공동 단위가 되어야 한다는 Sale(1974: 224)은 분권화된 소규모 지역 공동체 생활만이 환경문제를 해결할 수 있는 것으로 본다. Sale의 주장을 인용해보자.

> 우리는 자연이 인간에게 주는 토양, 물, 공기와 접하면서 될 수 있는 한 자연과 밀착되어 삶을 영위해 나가야 한다. 우리는 자연의 방식과 능력, 그리고 한계를 배워야 한다. 자연의 리듬을 생활 패턴으로, 법칙을 안내자로, 그리고 열매를 하사품으로 만들어야 한다.

Sale은 인간들로 하여금 자연 속에서 자연의 일부가 되어 생활을 영위해야 하고, 자연에 스스로를 맡김으로써 보다 많은 지혜를 획득할 수 있는 것으로 본다. 인간 삶의 패턴이 인간에 의해 만들어지는 것이 아니라 자연에 의해 주어지는 것이며, 삶의 준칙이 자연에서 비롯되는 것으로 본다. 요컨대 환경에 영향을 주는 개입적 삶을 지양하는 대신, 인간 스스로 자연을 표준으로 삼는 적응적 삶을 지향해야 한다는 것이다. 이러한 맥락에서 Sale은 산, 하천, 평야 등과 같은 자연적으로 규정된 경계를 따라 공동체의 경계를 설정하고 자급자족할 수 있는 지역 공동체를 건설할 것을 요구한다.

Sale과 같은 입장에 따르면 역시 소규모 공동체는 대면적 접촉을 확대시켜 공동체 의식을 높여줄 수 있는데 반해, 대규모 공동체는 익명성을 증대시켜 유대감과 공동체에 대한 귀속의식을 저하시키기 때문에 공유성이 강한 환경 보전에 대한 의식보다 개인적인 이익을 추구하려는 생각이 우선적으로 작용한다고 본다.

Sale이 주장하는 자급자족형 지역공동체는 정치적으로 분권화를 요청한다. 왜냐하면, 분권화가 이루어지지 않은 상태에서는 자급자족형의 소규모 공동체 생활이 불가능하기  때문이다. 정치적으로 분권화된 공동체는 소규모이면서 동질적이다. 따라서 정치적으로 공동체 주민의 직접적 의사결정에의 참여를 가능하게 하고, 공동합의의 가능성을 높일 수 있다. 아직도 문명의 손길이 닿지 않는 세계 도처에서 생태론적인 삶을 유지하고 있듯이, Sale은 분권화된 지역 공동체적 정치 생활을 통해 생태주의적인 삶을 영위할 수 있을 것으로 기대한다.

그러나 환경주의 진영 내외에서도 이러한 분권화된 공동체 생활에 대한 우려의 목소리가 제기된다. 소규모 지역 공동체는 지역 공동체를 둘러싸고 있는 복합적인 상호의존성으로부터 벗어난 독립적인 생활을 영위할 수 없다는 것이다. 즉, 자급자족형 지역 공동체 생활이 현실적으로 불가능하다는 것이다. 왜냐하면 지역 시설이나 사회간접자본, 공공 서비스 등이 공동체 간에 불평등하게 누적되어 있을 뿐만 아니라 활용할 수 있는 자원 또한 지역 간에 불평등하게 부존되어 있기 때문에 이를 해결하기 위해서는 지역 간의 연계와 협력이 불가피하기 때문이다.

분권화와 관련된 문제로서 규모의 적성성에 대한 의문도 또 하나의 비판적인 시각의 빌미를 제공한다. 환경 문제와 같이 상호의존성이 높은 문제는 집권화된 기구나 제도의 조정을 통해 해결될 수밖에 없기 때문에 분권화된 소규모 지역 공동체 생활은 환경오염 문제에 대해 좌시할 수밖에 없는 무기력함에서 벗어날 수 없다는 것이다. 예컨대, CFC 나 이산화탄소 등과 같은 배기가스로 인한 지구온난화 및 오존층 파괴 문제는 단일한 자치 단체에 의해 해결될 수 있는 것이 아니라, 국가 또는 국제기구와 같은 지역 공동체를 뛰어 넘는 상위 수준에서의 통합되고 집권화된 조정을 통해 해결되어야 한다는 점에서, 환경오염 문제 해결에 있어서는 분권화보다 집권화가 오히려 유리한 것으로 본다.

## 생태주의와 이데올로기

### 보수주의

생태주의는 기본적으로 보수주의적인 성격을 지닌다. 보수주의는 진보적인 변화에 저항하면서 기존의 가치와 제도를 유지하려는 성향을 말한다. 보수주의를 전통, 계서제, 현상 유지 등과 관련지우는 것도 이러한 성향에 기인하는 것으로 볼 수 있다. 기존의 협의의 정치 개념에서 볼 때, 보수주의는 기득권을 장악하고 있는 정치 집단의 이해관계를 유지하기 위한 수단적인 이념으로 작용하기도 했다. 보수주의에 관한 부정적 정서는 바로 이러한 현실에서 비롯된 것으로 볼 수 있다.

그러나 이러한 인간중심의 보주주의를 뛰어 넘어 자연을 포함한 넓은 의미에서의 보수주의는 생태론자들의 매력을 끌 수 있는 충분한 요소를 제공한다. 근본적으로 생태론자들은 환경에 대한 새로운 변화를 초래할 수 있는 어떠한 유형의 개입적 행동도 반대한다. 생태 유지에 관심이 있는 것이지 생태의 변화에 관심이 있는 것이 아니다. 따라서 생태론적 보수주의는 인간의 과학 기술을 적용한 진보와 혁신의 가능성을 거부한다. 지난 수세기의 역사에서 볼 수 있듯이 진보의 명분하게 무차별적으로 적용된 과학 기술이 결과적으로는 생태계의 파괴를 가져오고 말았다는 점을 주시한다. 이러한 맥락에서 생태주의자들은 보수주의적 관점과 맥을 같이 하는 것으로 간주된다. 많은 환경주의자들이 산업 사회 이전의 농업 사회로의 회귀를 주장하고 있는 것에서 볼 수 있듯이 생태론이 보수주의의 유혹을 그리 쉽게 떨치지는 못할 것 같다.

## 자유주의

생태론이 자연의 내적 존재 가치를 중시한다는 점에서 자유주의적 이념을 내포하는 것으로 볼 수 있다. 사회와 정치에 있어서 보수주의와 자유주의는 상호 대립적이고 배타적이다. 이에 반해 생태계에서 보수주의와 자유주의는 상보적인 관련을 맺는다. 인간 사회에서 개인의 자유와 평등을 중시하는 자유주의를 생태계로 확장시키면, 자유주의는 인간을 포함한 자연의 자유와 평등을 중시하는 것이 된다. 즉, 자연 자체의 내적인 자연권을 보장하자는 것이다. 따라서 이러한 생태론적 자유주의는 인간의 개입적인 행위를 거부하고 생태계의 유지와 기능에 관심을 갖는 보수주의와 경계를 함께하게 된다.

급진적인 녹색주의자들은(Eckersley, 1992; Wells, 1978) 산업 사회가 지향하는 인간 중심의 경제 우선주의적인 가치를 부정하는 대신 평등과 자유의 이념을 강하게 요구한다. 즉, 환경 자체의 존재론적 가치를 주장하는 도덕적인 입장을 취한다. 자유와 평등과 같은 권리가 재산가로부터 노예와 여성에게 확대되었듯이, 이러한 권리가 생물과 무생물 그리고 미래와 후손이라는 시간에까지 확대되어야 한다는 것이다. 이렇듯 생태론은 자유주의가 타인의 권리를 침해하는 행동을 자유로 인정하지 않고 방종으로 규정하듯이, 자연의 권리를 침해하는 인간의 행동을 자유로 보지 않고 방종으로 간주하여, 인간중심의 개인주의를 허용하지 않으려 한다.[2)]

## 파시즘

생태론자들은 환경 문제가 사적인 이익을 극대화하려는 이기주의적 행동에서 비롯된 것으로 본다. 때문에 공동체의 생태계를 유지하기 위해서는 강력한 중앙 집권적인 통제 행위가 필요하다고 본다. 그래서 Ophuls(1977)나 Harden(1977)과 같이 중앙집권적인 강제적 해결책을 요구하는 급진적 생태론자들에게 권위주의적인 파시스트라는 비판이 가해지기도 한다.

2) 이러한 생태론적 자유주의는 개인의 자유와 권리의 배타성을 인정하는 급진적 자유주의와는 차이를 보이나, 공동체를 전제로 하여 구성원의 권리를 상호의존적인 맥락 속에서 보장하는 공동체적 자유주의와는 관점을 공유하는 것으로 볼 수 있다.

Harden이 말하는 '공유지의 비극'에서 이러한 사고방식이 잘 나타난다. Harden에 의하면, 공동 목장을 사용하고 있는 목동들이 자신의 사적인 이익을 위해 개인적으로 가축을 늘리려는 행동을 할 때에 비극이 발생한다고 한다. 목동들은 개인적으로 가축을 늘려 개인의 이익을 늘릴 수 있다고 생각하겠지만, 이러한 현상이 계속될 경우 마침내 공동 목장은 피폐해져서 결국은 목동들에게 돌아가는 이익이 줄어든다는 것이다. 여기서 Harden이 말하는 공동 목장은 자연환경에 비유되고 목동들의 가축은 자본이나 노동과 같은 개인들이 소유하고 있는 생산요소에 비유되는 것으로 볼 수 있다. Harden은 공동목장에서 비극이 나타나듯이 자연환경과 같은 공유 재산을 자유롭게 사용하게 하는 것이 모든 것을 파괴하는 결과를 초래하는 것으로 본다.

이러한 맥락에서 Harden은 사유재산제를 제한하고 인구를 억제해야 한다는 극단적인 입장을 견지한다. 개인의 이기적인 행위를 문제의 근원으로 진단하기 때문이다. 생태계의 보수성과 자연적 권리를 인정하고 있다는 점에서는 다른 생태론자들과 입장을 같이 하지만, 문제의 근원을 인간의 이기적인 행동에서 구한다는 점에서 인간의 자유권에 대해서는 회의적인 시각을 갖고 있는 것으로 볼 수 있다. 특별히 Harden은 이러한 제안들이 권고 또는 교육 수준에서 이루어질 수 있는 것이 아니라 강력한 통제를 통해 이루어져야 한다는 단호함을 보이는데, 이는 개인주의에 기초하는 인간 중심적 자유주의의 사고방식 속에서는 개인의 양심에 호소하는 것만으로 이러한 조치들이 효과를 달성할 수 없는 것으로 보기 때문이다.

## 사회주의

생태주의의 사회주의적 성격은 인간 중심의 사고방식에 대한 부정적인 시각을 지니고 있다는 점에서 발견할 수 있다. 사회주의의 공격 대상이 되고 있는 자본주의가 계몽사상과 인간 중심의 자유주의에 뿌리를 두고 있다는 점에서 자본 중심의 사고방식을 경계하는 생태주의에 사회주의적 요소가 들어오는 것은 자연스러운 일이기도 하다.

생태주의는 인간과 자연 간의 관계, 자본주의적 시장 구조에 대한 분석, 분권화된 공동체적 관점 등에 있어서 사회주의와 밀접한 관련을 맺는다. 첫째, 생태주의는 인간과 자연 간의 관계를 Marx의 시각으로 본다. Marx는 인간을 자신에 내재된 심리에 종속되는 존재가 아니라 사회 및 자연과의 관련 속에서 존재가 형성되는 것으로 본다. 즉, 자연과의 상호작용을 통해서 인간으로서의 의미와 존재 가치를 지니게 된다는 것이다. 그러나 자본주의 사회는 자연과 인간을 분리시켜 인간을 자연으로부터 독립된 존재로 인식하여 자연을 파괴하고 급기야는 자연으로부터 소외당하는 결과를 초래하였다고 본다. 이러한 Marx의 주장은 생태론자들이 갖고 있는 세계관과 맥을 같이 한다. 생태론자들이 인간중심적인 자유주의를 생태중심적인 자유주의로 전환할 것을 요청하고 있듯이 인간과 자연을 분리된 것으로 볼 것이 아니라 자연의 일부로 볼 것을 요청한다.

둘째, 자본주의 시장구조를 분석함에 있어 사회주의와 생태주의는 자본주의의 자가발전적인 확장적 성장주의에서 환경 문제가 비롯된 것으로 본다. 자본의 축적과 이윤의 극대화는 자원고갈과 환경오염과 같은 외부경제 효과를 초래한다. 다시 말해, 자본주의 역사에 있어서 기업가는 자연을 사용하기 위한 도구적 비용만 치르고, 고갈되고 훼손된 자연을 보전하기 위한 보전적 비용은 치르지 않았다. 요컨대 기업의 대차대조표 상에 자연을 사용한 대가 즉, 보전적 비용을 계상하지 않고 생산 활동을 계속해왔다. 마땅히 지불했어야 할 보전적 비용을 불특정한 대상인 미래 세대와 자연에 전가한 채, 환경을 파괴하는 행위를 지속적으로 자행해 왔다는 것이다.

또한 자본주의에 있어 생산 수단을 소유한 자본가는 권력관계에 있어 지배적인 지위를 차지하기 때문에 자신의 소유권을 확대시키기 위해 권력을 행사한다. 자본의 소유가 권력의 획득으로 이어지고 다시금 권력의 획득은 소유권의 확대로 이어져 소유권과 권력은 상승적인 상호작용을 일으킨다. 그리고 자본가는 자신의 소유권을 확대시키기 위해 획득한 권력을 동원하여 환경 파괴적인 과학 기술을 수단적으로 사용할 수 있게 된다. 이러한 관점에서 사회주의자들과 생태주의자들은 사적인 소유제도를 폐지하고 집단적인 소유제도가 필요함을 주장한다. 즉, 생산수단을 집단적으로 소유하는 것이 자본주의 국가의 사유재산제보다 환경문제를 해결하는데 더 적합하다는 것이다.

셋째, 분권화된 공동체적 관점을 견지하는 생태론자들의 주장은 분권적 사회주의와 맥을 함께 한다. 앞에서 살펴보았듯이 일부 녹색주의자들은 자립 경제적인 분권화된 공동체 생활만이 환경 문제를 해결할 수 있다고 주장한다. 이러한 주장은 프랑스의 공상적 사회주의자들(W. Morris; G. D. H. Cole; J. S. Mill; R. Owen)이 주장하는 분권적 사회주의 이론과 유사하다. 분권적 사회주의자들은 중앙집권적인 국가 단위의 공동체를 고집하는 한 지속가능성을 전제로 한 성장은 불가능하다고 본다. 중앙집권적인 통치 방식은 자본주의와 결합된 성장주의를 채택할 수밖에 없는데 이는 곧 환경의 지속 가능성을 보장할 수 없게 되고, 이로 인해 환경 파괴는 필연적인 결과로 나타날 수밖에 없는 것으로 보기 때문에 이를 해결하기 위한 대안으로서 분권화된 소규모 공동체를 요청하는 것이다.[3)]

## 페미니즘

생태론은 남성중심의 가부장적인 가치를 배격하는 대신 여성적인 가치를 지향한다는 점에서 페미니즘을 공유한다. 여성적인 가치를 지향한다는 점에서 일부 페미니스트들은 여성스러움으로의 복귀가 오히려 여성을 억압하는 결과를 초래할 수 있음을 비판적으로 지적하기도 한다. 즉, 여성스러움을 거론하는 자체가 성차별적인 사고방식에 지나지 않는 것으로 본다.

그러나 생태론자들이 말하는 여성스러움은 사회적인 역할 수행과 관련해서 고착적인 편견으로 작용하고 있는 여성스러움이나 생물학적이고 육체적인 우열의 의미에서의 유전적인 여성스러움이 아니다. 즉, 남성 위주의 가부장적인 가치에 순종하는 여성스러움이나 육체적으로 약한 존재로서의 여성스러움을 말하는 것이 아니다. 페미니스트들과 같이 생태론자들도 이러한 여성스러움이 남성 위주의 권력 관계에서 비롯된 것이라는 비판적인 문제의식을 공유한다.

생태론자들은 남성에게서는 나타나지 않는 해산, 수유, 월경, 양육 등과 같은 생물학적 과정을 경험하는 가운데 여성들만이 갖게 되는 정서, 느낌, 가치 등과 관련된 여성스러움에 주목한다. 여성들은 이러한 생물학적인 과정을 경험함으로써 균형과 상호관계, 인간중심을 초월한 자연주의, 보호와 겸손 등과 같은 비계약적 가치를 지니게 된다는 것이다. 비계약적 가치는 불특정 다수에 대한 사랑을 내포한다. 내 자식

---

3) 생태주의가 분권적인 공동체 생활을 주장하는 관점과 집권적인 중앙 통제를 주장하는 관점으로 분리되고 있는 것은 환경 문제에 대해 주목하는 대상이 다르기 때문인 것으로 보인다. 분권론자들은 예방적인 측면 즉, 환경오염을 방지하는데 주목하는데 비해, 집권론자들은 처방적인 측면 즉, 오염된 환경을 해결하는데 주목한다. 따라서 분권론과 집권론이 생태계에 관한 패러다임 자체를 달리하는 것으로 볼 수는 없다.

이기 때문에 사랑한다는 계약적이고 배타적인 사랑이 아니라 생명을 잉태하는 경험을 통해 체득한 생명 자체에 대한 사랑이다. 이러한 여성스러움에는 중심과 주변, 주와 종, 나와 너 등과 같은 이분법적이고 계약적인 그래서 배타적인 결과를 초래하는 폭력이 존재하지 않는다. 생태론자들은 통제당하고 지배당해야 할 비합리적인 것으로서의 여성스러움을 배격한다. 페미니즘과 마찬가지로 생태주의가 함의하고 있는 여성스러움은 개인주의에 기초한 계약주의와 도구적 합리주의, 인간중심주의 등을 극복할 수 있는 대안적인 가치를 지니는 존재로서의 여성스러움으로서, 이러한 여성스러움을 통해 생태론적인 삶이 구현될 수 있는 것으로 기대한다.

급진적인 생태-페미니스트들은 여성의 착취와 자연의 착취 사이에 밀접한 관련이 있음을 단언한다. 인간이 자연에 대해 위계적인 지배 구조를 통해 착취를 감행했듯이 남성이 여성에 대해 같은 방식으로 착취를 감행하는 것으로 본다. 요컨대 인간에 의한 자연의 정복이나 남성에 의한 여성의 통제는 모두 계몽사상에서 비롯된 도구적 합리성과 남성위주의 가부장제와 연결되어 있다는 비판이다. 이러한 맥락에서 여성의 해방적 관점과 생태계의 해방적 관점은 밀접한 관련을 맺을 수 있으며, 그런 만큼 여성운동과 녹색 운동은 정치적으로 동맹을 맺을 만한 이유를 충분히 공유하고 있는 것으로 볼 수 있다.

## 생태주의의 정치적 전략

### 녹색 소비 운동

사회운동은 기존에 확립된 제도에서 벗어나 공통된 관심사나 목표를 달성하기 위해 자발적으로 취하는 집단적인 행동이다. 즉, 집단적인 행동의 요소와 공유하는 이익과 목표의 요소, 그리고 제도권을 이탈한 변화 추구의 요소를 갖추게 될 때, 사회운동으로서의 의미를 지닌다. 사회 운동이 정치적으로 특별한 의미를 지니는 이유는 그것이 제도권의 이탈이라는 성격을 지니고 있기 때문이다. 따라서 특정한 사회 운동의 성격과 장래를 파악하기 위해서는 선행적으로 정치적인 관점에서 이해할 것을 요청한다. 정치적인 이해를 통해 정치제도의 특성과 사회운동의 정치적 조직화 역량의 관련을 이해할 수 있으며, 이는 곧 특정한 사회 운동의 활동성을 정치 제도의 개방성과의 관계 속에서 이해할 수 있게 한다.

최근에 사회 운동으로서의 성격을 띠는 녹색 운동은 정당과 같은 전통적인 정치 제도 밖에서 자발적으로 일어나는 시민사회의 성격을 지닌다. 즉, 공식적인 정치 과정에의 참여를 지양하는 대신 공동체의 문화와 구성원들의 생활 방식을 재규명하려는 자발적인 운동으로서의 특성을 지닌다. 제도권의 참여가 공식적이고 위로부터의 조직을 이용하는 성격을 지니는 데 반해, 녹색 운동은 풀뿌리 참여를 통해 비공식적이고 비조직적인 연결망을 이용하는 특성을 지닌다는 것이다. 그래서 녹색 운동가들은 새롭고 쇄신적인 직접적 행동을 통해 생태계와 삶에 관련된 문화의 의미와 상징적 대표성을 재규정하는 데 많은 노력을 기울인다.

녹색 운동과 같은 사회 운동은 기본적으로 정치 제도의 실패를 전제한다. 역사적으로 확인되듯이, 녹색 운동은 전통적인 정치 통로로부터 환경에 대한 요구가 배제되어 나타난 운동이다. 즉, 기존의 정치 제도가 환경적 관심에 대해 폐쇄적일 뿐만 아니라 그러한 정치적 요구에 기능할 수 없음을 확인하면서 녹색 운동이 시작되었다.

Scott(1990: 143-147)에 의하면, 녹색 운동은 배타적인 조합주의적 정치 제도가 강한 스웨덴, 오스트리아, 서독 등과 같은 국가에서 확산적으로 나타났다. 이들 국가들은 정당 중심의 의회정치를 실시하고 있는 국가들로서 정치인 집단과 기업 집단, 그리고 노동조합 집단 등의 연합에 의해 정부를 구성하는 조합주의를 채택하고 있다. Scott는 조합주의적 정치 제도가 환경 운동가들에게 정치 제도로서 실패임을 확인하게 한 요인을 두 가지로 설명한다.

첫째, 환경에 관심을 갖는 집단이 교육, 보건, 복지 등과 같은 공공 분야에 종사하는 전문가 또는 사무종사자로서 특성을 지니고 있는 집단임을 지적한다. 소위 신중산층으로 분류되는 이들은 교육을 많이 받은 고학력 집단이지만 교육 수준에 비해 경제적 또는 사회적 지위가 상대적으로 낮다. 뿐만 아니라 조합주의적 정치 제도에서는 이들의 정치적인 입지가 매우 좁아서 공식적인 정치 과정에 참여할 수 있는 기회가 제도적으로 차단되어 있다. 즉, 이들은 사회경제적인 지위가 낮은 가운데 정치적으로도 소외를 당하고 있기 때문에 환경 운동과 같은 대안적인 사회활동에 관심을 가질 수밖에 없는 것으로 본다.

둘째, 다른 한편으로 녹색 운동은 산업주의, 경제 성장, 기술주의, 과학주의 등에 강한 의문을 제기한다. 이른바 생태적 세계관은 자연주의 조화와 균형, 지속가능성 등과 같은 대안적인 가치를 추구하고 이에 대응하는 새로운 문화와 생활방식을 지향하는데, 이러한 시도들은 모두 기존의 조합주의 정치 제도에서의 행위 주체 즉, 정치인, 기업, 노동조합 등이 신봉하는 가치 체계와는 대립적이다. 즉, 생태주의와 산업주의가 대립하는 만큼 환경주의자들과 제도권 내부의 행위 주체 사이에 대립적인 현상이 나타날 수밖에 없게 된 것으로 본다.

녹색 운동이 시민 사회에 끼치고 있는 영향에 대해서는 평가가 엇갈린다. 긍정적인 평가를 보면 첫째, 생태 문제와 소비와의 관계에 관한 대중들의 인식 전환을 통해 환경 친화적인 생산을 유도하게 되었음을 들 수 있다. 지역적인 또는 세계적인 수준에서의 환경운동이 NGO로서의 성격을 지니게 되면서 정부를 비롯한 기업들의 인식을 새롭게 하는 효과를 나타내고 있다. 녹색 운동이 지속화 되면서 환경 친화적 상품에 대한 소비 의식이 확산되면서 기업들은 더 이상 환경에 대한 보전적 비용을 외면할 수 없음을 받아들이기 시작한 것이다. 둘째, 대중들의 인식 환산에 따른 정치적 투입 효과 제고를 들 수 있다. 환경에 대한 대중의 인식이 확산되면서 생태적 사고방식을 요구하는 대중들의 정치적 압력이 점점 더해감에 따라 더 이상 정치적으로 이를 외면할 수 없게 된 것이다. 실제로 환경에 대한 정책적 노력이 해마다 비중을 더해가는 것은 범세계적인 추세로 나타나고 있다. 셋째, 전통적인 정치권으로부터 소외된 신중산층의 운동 참여 기회를 제공한다. 신중산층의 운동 참여는 사회 체계의 탄력성과 자가발전성을 높이는 추가적인 효과를 가져 오며 이들로 하여금 삶의 의미와 자기 정체성을 확립하는데 크게 기여하기도 한다.

이러한 긍정적인 평가와는 달리 부정적인 측면이 지적되기도 한다. 녹색소비주의는 소비의 유형과 관련된 운동이다. 즉, 환경 친화적인 상품을 소비할 것을 권장하는 운동이다. 그러나 이러한 환경 친화적 소비 행위만으로는 환경 문제를 해결할 수 없다는 비판을 제기한다. 소비의 유형을 바꾸는 것이 중요한 것이 아니라 소비의 수준을 바꿔는 것 즉, 절대 소비 수준을 낮추고 절약하는 길만이 환경 문제를 해결할 수 있다는 것이다. 비판론자들이 보기에 환경 문제는 근본적인 가치 체계의 전환을 요구하는 문제다. 기존의 물질적 생활양식을 전환하지 않는 한 환경 문제는 해결되지 않는다. 녹색소비주의는 소비자들로 하여금 기존의 물질적 생활양식의 틀 속에서도 환경 문제를 해결할 수 있다는 낙관을 초래할 수 있다는 비판인 셈이다.

녹색 운동에 대한 또 다른 비판을 보면, 녹색 소비주의는 생산품의 환경 친화성 여부에 대한 정보가 공개되고 접근 가능함을 전제로 하나, 현실적으로 자본가는 생산수단과 정보 매체를 동시에 통제할 가능성이 있음을 지적한다. 즉, 자본가가 녹색 운동에 저항할 수 있는 힘을 지니고 있기 때문에 운동이 한계에 직면할 것이라는 비판이다. 경제적 불평등 구조와 관련된 비판이 제시되기도 한다. 환경 친화적인 제품은 환경에 대한 보전적 비용이 계상되는 경우가 많기 때문에 생산비가 높아진다. 따라서 상대적으로 많은 인구를 차지하는 저소득층에게는 녹색 소비주의에 따른 소비를 할 수 있는 선택의 기회가 제한된다. 즉, 환경에 대한 보전적 비용을 치르지 않아도 되는 저비용의 반환경적 상품을 소비하게 된다는 것이다. 이러한 맥락에서 녹색소비주의에 대한 한계론이 제기 되기도 한다.

## 정치 과정에의 참여

탈제도적인 녹색 운동과는 달리 조직적인 환경 운동 압력 단체 활동을 통해 정당에 정치적 압력을 행사하거나 직접 녹색당을 만들어 공식적으로 정치 과정에 참여하는 정치적 전략을 구사할 수 있다. 일종의 제도적이고 공식적인 정치 과정에의 참여를 통한 녹색 운동인 셈이다. 이러한 전략은 환경 운동을 정치적으로 고무시키고 입법을 통해 국가 권력이 뒷받침된 환경 정책을 추진할 수 있다는 특징을 지닌다. 독일을 비롯한 북유럽에서의 녹색당을 예로 들 수 있다.

그러나 사회운동으로서의 녹색소비주의 논리에서 제기되었듯이 환경 운동이 정치 제도권 속으로 들어갈 경우 본래의 취지를 상실할 가능성이 있다. 정치적 권력의 획득과 유지 자체에 우선적인 관심을 갖는 정당의 속성으로 인해 결과적으로는 녹색당과 같은 정당을 통한 활동이 환경 운동을 해체시키는 결과를 초래할 수 있음을 염려하는 것이다. 서독의 녹색당에서 활동했던 Bahro(1986: 210-211)가 1985년에 탈당을 선언하면서 남긴 연설이 이와 관련된 많은 시사를 준다.

> 정당인의 관심은 자신이 속해 있는 정당이 어떤 정당이건 또는 어떤 일이건 관계 없이 당 자체를 구하는 것밖에 없다. 당 자체를 구하는 일은 다가오는 1987년의 의회 선거에서 다시 승리하는 일을 의미한다. 선거에서 승리하고 당을 구하는 일 속에는 생태적인 관심이 작용하지 않는다. 거기에서는 처음에 녹색당이 창당되었을 때 가졌던 목표도 의도도 찾아볼 수 없다. 이제 내가 할 수 있는 일은 전통적인 정치적 존재의 종언을 고하는 일이다.

Bahro는 정당 정치에의 참여가 지니는 내재적 한계를 적시한다. 선거에서 승리하고 당이 유지되어야 한다는 관심이 당이 만들어진 근거와 이유를 압도하는 소위 정책 소외 현상을 적시하고 있는 것이다. 이러한 맥락에서 제도적인 정치 과정에의 참여를 통한 환경 운동은 정당의 속성으로 내재된 한계를 극복할 수 있는 대안적인 전략이 뒷받침되지 않는 한 의도와는 달리 또 다른 반환경적 결과를 초래할 수 있다는 점을 염려해야 할 것으로 보인다.

## 녹색 공동체

녹색 공동체는 소규모 자급자족형의 공동생활을 실제적으로 경험해야 한다는 점을 중시한다. 지구 전체를 녹색 공동체로 전환시키는 것이 궁극적인 목표이지만, 과도기적으로 녹색 공동체 생활을 경험함으로써 생태계에 관한 인식을 전환하고 관련된 생활 방식을 새롭게 할 수 있다는 비전이 들어 있다.

녹색 공동체 운동은 기존의 생활 방식이나 가치관, 정치적 경제적 제도 등을 전제한 상태에서 이루어지는 환경 운동이 지니는 한계에 주목한다. 운동의 방식이나 조직, 규모, 전략 등과 관계없이 생활 방식과 가치관의 근본적인 변화가 수반되지 않는 운동은 공통적으로 한계를 지닐 수밖에 없다는 문제의식을 갖고 있는 것이다. 이러한 관점에서 녹색 공동체론자들은 새로운 대안적인 가치와 이에 따른 삶의 방식의 전환을 요구한다. 이른바 소규모 단위의 자립 경제적이고 분권화된 공동체 생활을 강조한다.

그러나 이에 대한 반대의 목소리도 적지 않다. 익명성이 보장되지 않는 소규모 공동체일수록 일부 주도적인 세력에 의해 공동체 전체가 통제될 가능성이 보다 높다는 것이다. 이러한 비판론은 인간의 이기적인 속성에 대한 염려와 관련을 맺는 것이기도 하다. 다른 한편으로, 소규모 공동체 안에서는 자립적인 생활 자체가 불가능하다는 비판을 제기하기도 한다. 공동체가 일정한 수준의 규모를 충족하지 못하는 한 의료 기술과 같은 기본적인 공공 서비스를 생산하기 어렵게 된다는 점을 지적하는 것이다.

### 사보타지

사보타지는 황무지 개간 사업 등으로 인한 환경 파괴를 막기 위해 멍키렌칭(Monkey-wrenching)과 같은 전략을 사용하는 것을 말한다. 멍키렌칭은 기계의 작동을 멈추게 하는 기법을 말하는 것으로, 화물 차량의 바퀴에서 바람을 빼거나 연료 탱크에 설탕을 넣는 것, 나무에 못을 박아 두어 목재 절단기의 날을 상하게 하는 등의 행동을 함으로써 개발 사업을 지체시키거나 안전과 수리비용을 높여 기업으로 하여금 자진 철수하게 하는 것을 목적으로 한다. 따라서 사보타지는 특정한 사람을 대상으로 공격적인 행동을 하거나 사회의 변화를 추구하는 것이 아니라 기계와 도구를 망가뜨리는 저항 운동으로서의 성격을 지닌다. 그러나 사보타지는 근본적인 정당성의 문제를 안고 있는 것으로 비판을 받는다. 자신들이 행한 사보타지 행동과 유사한 행동을 다른 사람들이 그들 자신에게 행했을 때 그 것을 정당한 것으로 볼 수 있는지를 지적하는 것이다. 정당성을 인정하는 한 다른 사람들, 예컨대 자신들이 공격하고 있는 기업가들이 자신들을 대상으로 사보타지를 하는 것을 받아들여야 할 것이고, 만약 정당성을 인정하지 않으면 자신들 스스로 사보타지를 부정해야 할 것이기 때문이다.

## 결 론

산성비나 대기 오염, 오존층 파괴, 지구 온난화, 해양 오염 등과 같은 환경 파괴 현상에서 볼 수 있듯이 오늘날 환경 문제는 문제가 야기된 지역에 한정되어 나타나는 것이 아니라, 광범위한 대상과 지역에 확산적으로 영향을 끼친다. 파괴의 원인은 국부적일지라도 그 결과는 이웃하는 지역과 지구 전체에 파급되어 나타나는 특성을 지닌다. 즉, 환경 파괴는 지구 공간을 하나의 단위로 하는 국가 간의 상호 의존적인 네트워크 속에서 발생하는 세계적이고 다중적인 문제로 나타난다. 따라서 환경 문제의 예방과 해결은 지구적이고 다중적인 관점에서 접근될 수밖에 없는 특성을 지닌다. 오늘날 환경 문제가 세계화 시대의 중심적이고 공통적인 정책 현안으로 부상하고 있는 것도 이러한 맥락에서 이해될 수 있다.[4)]

환경 문제가 지구적 관점을 전제하는 것과 관련해서 지속가능한 개발(sustainable development) 개념이 대안적인 환경 정책의 기반으로 받아들여지고 있다. 이는 국지적이고 지역적인 해결 방안에서 벗어나 지구 전체를 하나의 체계(system)로 보는 동시에 다음 세대의 삶을 보장해야 한다는 관점에서 환경을 개발하는 것을 의미한다. 즉, 다음 세대가 그들 스스로의 삶을 영위하기 위한 노력과 능력을 발휘하는데 제한을 주지 않는 것을 전제로, 현 세대의 요구를 충족시킬 수 있는 개발을 의미한다. 따라서 지속가능성 개념은 수평적으로는 정치, 경제, 사회, 문화 등 모든 삶의 장을 포함하는 동시에 수직적으로는 정치적 의사결정에서부터 개인적이고 선택적인 의사결정에 이르기까지 환경에 관한 고려가 수반되어야 한다는 통합적이고 전체적인 관점(holistic perspective)으로 작용하는 개발 개념이다.

지속 가능성은 세 가지 의미를 내포한다. 첫째는, 외부의 충격과 변화를 견뎌낼 수 있는 안정성(stability)이고 둘째는, 단기적으로는 변화하더라도 가능한 한 쉽고 빠르게 원래의 상태로 돌아올 수 있는 회복능력(resilience)이며 셋째는, 외부의 변화에 대해 점진적으로 적응해 가는 적응능력(adaptability)이다. 따라서 지속가능한 개발이란 이러한 안정성과 회복능력, 그리고 적응능력의 한계 수준을 넘지 않는 상태 즉, 지속가능성이 유지되는 상태에서 환경 개발이 이루어져야 함을 의미한다. 환경 개발은 현재 세대의 필요와 요구에 맞추어 이루어지는 것이 아니라 환경의 지속가능성에 맞추어 이루어지는 것이며, 이러한 개발을 통해 다음 세대와 삶의 장을 공유할 수 있게 되는 것이다. 이렇듯 지속가능한 개발 관점은 자연 생태계에 우선적인 가치를 부여함으로써[5)] 생물과 생물, 인간과 환경, 현세대와 다음 세대 간의 조화와 균형 관계를 추구한

4) 환경 문제의 국제화 및 세계화는 지구 전체를 하나의 단일한 생태계(ecology system)로 간주하는 체계적 공간 개념을 인식과 처방의 전제로 요청한다. 국가 주권의 대외적인 독립성을 중심으로 성립하는 국제질서를 국제화라 한다면, 단위 국가의 주권을 초월하는 세계 수준의 단일한 규범적 표준이 단위 국가의 정책에 영향을 주는 국제질서를 세계화로 대비할 수 있다. 또한 이러한 세계화 현상을 야기하는 자가발전적인 동인을 경제로 간주한다면, 산업화(경제)에 수반되어 나타나는 파생적 산물을 환경 문제로 대비할 수 있다. 따라서 환경 문제는 국제 또는 세계 수준의 협력을 통한 해결 방안을 요청하게 되는 것이다.

5) 우선적인 가치를 부여한다 함은 환경 자체의 존재론적 가치를 전제함을 의미한다. 인간의 가치를 도구적으로 평가하는 것이 자연권 사상에 어긋나는 것과 마찬가지로, 자연의 가치를 도구적으로 평가할 것이 아니라 존재 그 자체의 자치를 인정하여 자연을 목적 존재로 평가하는 것을 말한다. 이러한 관점에서

다. 경제적인 성장을 위한 발전과 개발보다는 조화와 공존을 위해 위험성을 경계하는 가운데 제한적인 성장을 전제로 한 개발을 지향하는 특성을 지닌다.

지속가능한 개발 개념은 1992년 브라질의 리우에서 개최된 리우회의[6](유엔 환경과 발전에 관한 회의)에서 논의되기 시작했으며, 유엔경제사회이사회 산하에 지속개발위원회(CSD: Commission on Sustainable Development)를 설치함으로써 대안적인 지구 환경 질서 패러다임으로 확산되고 있다. 특별히 리우회의는 1972년에 스톡홀름에서 열린 유엔 인간환경회의의 합의가 남북 국가들 간의 이해관계 상충으로 인해 국제적인 협력이 제대로 이루어지지 않는 한계를 극복할 수 있는 계기를 마련하게 되었다는 의의를 지닌다. 이른바 환경 보전에 필요한 재원과 기술을 개도국·및 후진국에 이전해야 한다는 것과 자국의 이익을 침해하지 않는 가운데 지구환경문제를 해결해야 한다는 공감대를 형성하게 된 것이다.

이러한 국제적인 인식의 전환과 관련지어 우리나라에서는 그동안의 성장주의 경제 정책으로 인한 소극적 정책에 대한 비판과 더불어, 환경 보전에 대한 요구와 논의가 활발해지고 이와 관련된 정책적 노력이 가시화 되고 있다. 중앙 정부 수준에서 추진되고 있는 환경 정책의 대강은 다음과 같다. 첫째, 수질 환경 및 대기 환경에 관한 것으로 전국의 상수 취수원을 1등급 수준으로 개선하고 아황산가스 농도 기준을 선진국 수준인 0.03ppm으로 강화하는 것으로 되어 있으며, 이를 위해 각종 산업 폐기물, 공장 설립 인가 등과 관련된 규제 기준을 강화하는 정책을 추진하고 있다. 둘째, 자연 환경을 보전하기 위해 전국의 생태계를 11등급으로 분류하고 등급에 따라 개발의 정도를 차별화 하여 환경의 지속가능성을 유지한다는 것이다. 이러한 관점에서 볼 때, 최근에 추진되고 있는 개발 제한 구역 완화 정책은 환경 운동 단체를 비롯한 여러 시민 단체로부터 비판을 다. 셋째, 산업의 구조 조정을 통해 환경의 지속가능성을 유지하기 위한 정책을 들 수 있다. 이는 시멘트, 철강, 비철, 유화 등과 같이 에너지 효율성이 낮거나 대기 오염 물질을 양산하는 산업을 반도체, 통신, 인터넷 등과 같은 환경 친화적 내지는 환경 중립적 산업으로 전환하는 것으로 의미한다.

---

생태주의는 환경 개발에  따른 오염 문제를 도덕적이고 정치적인 시각으로 접근한다.

6) 리우회의는 178개국 대표가 참석한 가운데 열린 회의로서 기후변화협약(156개국 서명)과 생물다양성협약(158개국 서명)에 대부분의 국가들이 서명하는 한편, 21세기를 위한 실천 계획(Agenda 21)을 채택하여 새로운 국제 협력 실천 강령을 마련하였다.

이러한 정책적인 노력이 일시에 효과를 가져 오는 것은 아니지만, 기대했던 만큼의 효과를 거두지 못하고 있는 실정에 있다. 지역에 따라서는 그 어느 때보다 환경오염이 더욱 심해지고 있을 정도이다. 국가 수준의 정책적인 노력에도 불구하고 소기의 효과를 거두지 못하고 있는 이유는 근본적으로 시민의 의식 부족에 기인하고 있는 것으로 볼 수 있다. 최근의 쟁점이 되고 있는 개발 제한 구역 해제에서 볼 수 있듯이 재산권 행사의 자유를 보장한다는 명분으로 인해 환경 보전이 뒷전으로 밀쳐지고 있다는 지적이다. 물론 재산권 행사의 보장도 중요하지만, 환경 보전에 대한 인식이 선행될 경우 다른 방식으로 재산권 보장과 환경 보전이 동시에 충족될 수 있다는 비판에서 알 수 있듯이 환경 보전을 위한 의식의 제고 및 이를 토대로 한 상향식 환경 운동이 절실하다고 할 수 있다. 특히 지방자치제가 실시되면서 한편으로 환경 보전에 대한 인식이 확산되고 있으나, 다른 한편으로 지방 재정의 확충 및 지역 개발, 지역 경제의 성장 등과 같은 산업주의 정책이 경쟁적으로 추진되는 등[7] 반환경적 현상이 확산되고 있어 환경 파괴에 대한 또 하나의 우려를 자아내고 있다. 그런 만큼 환경에 대한 사회·정치적 인식과 연대가 보다 중요해지고 있다.

7) 지방자치제와 관련해서 개발우선주의(PIMTOO: Please In My Term Of Office)에 의한 환경 파괴를 우려하는 관점이 있다. 지방자치제가 실시되면서 지역 개발과 관련된 부서를 신설하거나 확대하는 경향이 높아지고 있는데, 이는 자치단체장의 성과를 평가하는 지표로서 경제 관련 지표가 우선적으로 작용하기 때문인 것으로 보인다. 즉, 지방자치제가 제대로 확립되지 않은 상태에서는 명목상의 분권화만 이루어지기 때문에 지방 재정이 빈약한 지방 정부로 하여금 지역 개발에 관심을 기울이게 만든다는 지적이다.

Chapter XIII

# 교실 수업 이해에 근거한 교육과정 개정

XIII 장

# 교실 수업 이해에 근거한 교육과정 개정

그 동안의 교육과정 개정은 개혁의 동인이 교육 외부의 권력에서 비롯되는 동시에 개정에 따른 실행이 하향식으로 추진되어왔다. 즉, 개발 관점에 근거한 개정이 지속되어왔던 것이다. 이로 인해 교육과정은 교사의 실제적 지식 및 교실 수업과의 적합성을 지니지 못하는 결과를 반복해왔다. 이러한 관점에서 교육과정 개정의 동인이 교육 내부에서 비롯되고 교사의 실제적 지식에 근거한 상향식 개정으로 전환되어야 할 것으로 보인다. 즉, 이해 관점에 따른 개정이 요구되는 것으로 볼 수 있다.

학습자가 실제적으로 경험하는 교육과정은 교사의 실제적 지식에 의존한다. 따라서 국가 수준의 교육과정이 교사의 실제적 지식과 유리될 경우, 국가 수준의 교육과정은 교사의 실제적 지식에 의해 해체되는 현상을 초래한다. 이러한 맥락에서 교육과정의 개정은 교사의 실제적 지식의 이해에 근거해서 이루어져야 하며, 이를 통해 개정의 동인을 내부에서 설정할 수 있게 된다. 이러한 관점에서 국가 수준의 교육과정 개정 방식을 다음과 같이 전환할 것을 제안하기로 한다.

첫째, 의사결정자로서의 교사상을 전제하여 상호적응적 관점에 따라 교육과정을 개정해야 한다. 둘째, 교육과정에 대한 연구 및 개발을 전담하는 상설 기구를 설치하여 기초 연구의 축적 및 교육적 관점에 입각한 개정이 이루어질 수 있도록 해야 한다. 셋째, 일시적이고 전면적인 개정을 지양하고 점진적, 부분적, 상시적, 개별적 개정 방식을 도입할 필요가 있다. 넷째, 교육과정 개정의 요구에 대한 대응 및 개정 동인의 내부화를 위해 개정과 관련된 조건, 근거, 개정 주체, 절차, 실행 등을 포섭하는 시스템을 만들어야 한다.

"교육과정의 개정은 점진 현상으로 나타난다."라는 말에서 알 수 있듯이, 그 동안의 개정이 전혀 무의미했던 것은 아니며, 따라서 앞으로 이루어질 개정 역시 이러한 제한에서 벗어나기 어렵다는 전망이 가능하다. 그러나 본 장에서 제안하는 여러 방안들이 구체화되는 과정을 통해 그 동안의 교육과정 개정에 비해 패러다임의 변화라고 칭할 만큼의 변화가 이루어지기를 기대한다.

## 교육과정의 권력성

교육과정의 개념은 조작적인 성격을 지니고 있다. 교육과정으로 개념화할 수 있는 실체로서의 교육과정이 선험적으로 존재하는 가운데, 그것의 본질과 성격을 드러내어 의미를 규정한 것이 아니라, 시공간적인 맥락 속에서 특정한 집단에 의해 인위적으로 설정한 준거에 의해 규정되어왔기 때문이다. 이러한 대부분의 조작적인 개념이 속성이나 본질적인 의미를 보여주지 못한다는 제한을 지니고 있으나, 인위적인 규정이라는 특징으로 인해 의사소통을 위한 용례에 있어서는 수렴적인 모습을 보인다. 그러나 이러한 조작적 개념이 지니는 수렴적 성격이 교육과정 개념과 관련해서는 수렴적이기보다는 확산적인 양상을 보인다. 즉, 교육과정 개념은 조작적인 성격을 지니고 있음에도 불구하고 합의된 개념으로 존재하는 것이 아니라 산종(散種)과 분열의 양상으로 존재하고 있다는 것이다.

이러한 현상이 나타나는 이면에는 교육과정 또는 교육의 기원이 권력에 근원하고 있었다는 점을 상기할 필요가 있다. 소위 말하는 검치 호랑이 교육과정(Saber-tooth curriculum)에서부터 1960년대 미국의 교육과정 개혁 운동, 한국의 제7차 교육과정에 이르기까지 국가 수준에서 추진된 모든 교육과정 현상은 권력 현상으로 환원된다. 권력은 존재하는 것이 아니라 산종과 분열의 양상으로 위치하고 있는 집단 또는 개인 간의 상호작용의 과정 또는 결과를 통해 끊임없이 변화하고 부유(浮遊)한다. 그러는 가운데 중심·주변 또는 지배·피지배라는 이분법적인 구조가 해체되어 간다. 교육과정 개념과 관련된 분열 양상 역시 같은 맥락에서 이해될 수 있다. 권력에 근거하는 교육과정의 중심·주변 또는 지배·피지배라는 이분법적인 구조가 변화와 부유를 따라 해체되어 가는 과정에서 교육과정에 대한 대안적인 관점을 지니고 있는 사람들이 교육과정 개념의 산종과 분열에 가담하게 된다.

이러한 사고방식은 국가의 본질이 권력 관계로 환원된다는 기본적인 원리를 교육과정에 적용한 지극히 단순한 사고방식일지도 모른다. 그럼에도 불구하고 우리의 역사를 보면, 교육과정과 관련된 논의 속에서 '교육은 정치로부터 분리되어야 한다.'라는 주장을 제기하지 않는 적이 없으며, 또한 아이러니 하게도 분리된 적이 없다는 것이다. 즉, 형식적인 언명과는 무관하게 교육은 정치로부터 분리된 적도 없고 분리될 수도 없다는 것이다.

교육과정이 지니는 이러한 권력 현상은 언제나 그렇듯이 새로운 정부 출범과 함께 개혁의 일환으로 추진되었던 교육과정 개혁에서 확인할 수 있다. 개혁의 동인뿐만 아니라 과정 모두에 있어 권력 현상이 재현되어왔다. 동인과 관련해서 보면, 교육계내의 전통의 맥락 속에서 개혁의 동인이 유발되는 것이 아니라 권력에 근거한 이데올로기의 맥락 속에서 개혁의 동인이 유발되는 한편, 과정과 관련해서는 개혁 팀의 구성에서부터 아이디어의 구안, 개혁안의 개발, 실행의 과정과 전략, 평가 등에 이르기까지 일체의 과정이 중앙 수준에서 교실 수준으로 하향식으로 추진되는 권력 현상이 나타났다.

이러한 권력 현상은 교육과정 분야에서 일반화되어 사용되고 있는 교육과정 개발 관점 또는 개발 패러다임이 안고 있는 공통된 현상이다. 교육과정 재개념 관점으로 불리우는 이해 관점이 지니고 있는 문제의식도 바로 이러한 권력 현상이 교육의 본질, 더 좁혀서 말하면 학습의 본질을 포섭하지 못해왔다는 것이다. 즉, 개발 관점에 들어있는 아이디어가 개발과 실행 과정을 거치면서 교실 수업에까지 연장되어 구현되지 못했다는 것이다. 왜냐하면, 중앙 수준에서 교실 수준으로 하향되는 권력은 침해 요인으로 작용하는데 반해 이러한 침해에 대해 교사와 학생은 끊임없이 해체적인 반응을 보이기 때문이다. 이로 인해 국가 수준의 문서화된 형식적 교육과정(formal curriculum)과 교실 수업에서 실제로 학생들이 경험하는 교육 과정(experienced curriculum)은 교육의 이중 구조를 형성하여 괴리, 대립, 분열 등의 현상을 야기하게 된다.

## 교사의 실제적 지식

문제 해결 과정에서의 실천적인 전문성에 주목하는 Shon(1987: 3-4)에 의하면, 추상의 수준이 상대적으로 높은 이론의 차원에서 문제 해결과정과 구체적인 실행의 차원에서 문제 해결과정이 서로 다른 방식으로 인식되는 것으로 알려지고 있다.[1)]

이론의 차원에서는 문제의 진단에서부터 해결을 위한 처방에 이르기까지 기술적인 지식을 조작적으로 적용하는 과정으로 나타나기 때문에 문제의 구조와 해결 과정이 명료하게 인식되는데 비해, 실제적인 활동 수준에서 문제 해결을 요하는 상황에 처해질 경우에는, 문제와 관련된 변인과 상황이 복잡하고 복합적이기 때문에 문제의 구조와 해결 과정이 혼란스럽고 불분명한 상태로 인식되는 경우가 일반적인 것으로 보고되고 있다.

수준별 학습의 예를 들자면, 이론 수준 또는 정책의 수준에서는 학습자의 학습 능력과 요구에 대응하는 개별화 학습(Differentiated learning)이 이루어지지 않고 있다는 문제에 대응하는 최적의 해결 방안으로 수준별 교육과정이라는 처방이 기술적인 지식에 의존해서 논리적으로 명료하게 인식될 수 있다. 즉, 수준별 학습의 성격, 유형, 편성 방법, 절차, 조건 등에 대한 처방이 논리적으로 그리고 조작적으로 그려질 수 있다는 것이다. 그러나 이러한 수준별 학습이 교실 수업에 적용되는 과정에서 실제적인 실행자로서 교사에게 인식되는 양상은 복잡함과 혼란스러움으로 나타난다. 교사는 수준별 학습을 실행하는데 소요되는 시간, 보조 학습 자료의 준비, 평등성에 대한 시비, 적합한 평가 자료와 기준의 선정, 입시 또는 표준검사와의 관련, 학생과 학부모의 인식, 학교의 환경 여건, 개별화 학습 대상으로서의 학생 수 등과 같은 실제적인 문제들이 복합적으로 작용하는 상황에 대응해야 하는 어려움에 직면하게 된다. 이로 인해 교사는 정책의 취지나 의의보다는 이러한 복합적인 실제 문제에 대응하는 것에 일차적인 관심을 갖게 된다.

---

1) 이와 관련해서, 학교교육의 진화는 실행의 유능성(practical competence)과 전문가적인 예술성(professional artistry)에 의해 이루어진 것으로 보는 Schön의 관점은 커다란 시사를 준다. Barrow(1990)가, "나는, 일체의 하찮은 잡동사니와 같은 모든 것을 무시하고, 학생들로 하여금 문학과 수학에 고무되게 하고, 학습과 연구에 매료되게 하며, 과학적 내지는 여러 다른 형식의 탐구에 주의를 기울이게 하고, 가치있는 교과 내용을 창의적이고 비판적으로 다루도록 하는 교사들이 있다는 사실을 높이 평가한다."는 주장 역시 문제의식을 공유하는 것으로 볼 수 있다.

이러한 관점에서 교육 행위를 예술(Artistry) 행위에 비유하는 관점은 많은 시사를 준다. 예술의 성격이 예술가 자신의 지식에 의한 구상 또는 비구상적 조작으로 나타나듯이, 교육 행위 역시 수업 현장에 작용하는 위와 같은 복합적 문제들을 교사 자신의 실제적 지식에 의존하여 조작적 변인으로 전환해 가는 과정으로 나타난다는 점에서 예술 행위와 유사한 성격을 지지게 된다. 따라서 교육 행위에 있어서 교사의 전문성은 국가수준의 형식적 교육과정에 대한 기술적 지식을 어느 정도 알고 있는지 뿐만 아니라 교실 수업과 관련해서 작용하는 교실 현장에서의 복합적 문제들을 어느 정도 잘 조작해 가는가에 달려있는 것으로 볼 수 있다. 즉, 교사의 전문성은 예술적인 과정으로 구현되며, 이러한 예술적 과정은 교사 자신의 실제적인 지식에 의존하여 나타난다는 것이다.

교사의 전문성은 Dewey(Archambault, 1974: 151에서 재인용)가 말하는 활동 양식의 전통(The Tradition of Practice)에 참여하는 과정을 통해 보다 확대되고 심화된다. 교사는 교육이라는 활동 양식에 입문하면서 가르침의 전통에 들어 있는 관례와 방법, 표준 등을 준거로 삼아 자신의 전통을 만들어간다. 즉, 교사는 활동 양식으로서의 전통에 참여하면서 자신의 전통을 만들어 가는 것이다. 이러한 과정에서 전통은 교사가 따라야할 표준적인 준거로 작용하지만 동시에 교사 자신의 반성적 실행(Reflective Practicum)에 의해 매개되며, 이러한 과정을 통해 교사 자신의 전통이 형성된다. 따라서 교사의 전문성은 추상화된 과학적 · 기술적 지식에 의존해서 형성되는 것이 아니라 활동 양식으로서의 전통을 실행하고 반성하는 과정을 통해 형성된다. 즉, 교사의 전문성은 전통과 교사의 반성적인 실행이 상승적인 순환 관계로 확대되는 과정을 통해 형성되는 것이다. 따라서 가르침과 관련해서 교사가 실제적으로 의존하는 지식(Practical Knowledge)은 실행과 반성의 순환 관계 속에서 전통이 매개되는 과정을 통해 교사 스스로 만들어낸 지식이 된다.[2)] 교실 수업에서의 교사의 행위는 매우 복잡한 변인들의 상호작용 속에서 이루어지며, 그러한 행위의 이면에는 교사 개인의 실제적 지식이 작용하고 있는 것이다.

---

2) 이와 관련해서 Raymond(1988: 89)는 “교사는 개별적, 실제적, 전문적 특성을 가진 실제 상황에서 개인적 상호 작용의 경험을 통해 만들어진 지식을 소유한다. 교사 지식의 맥락에서 이론과 실제 간의 관계는 수평적, 변증법적, 상호작용적이다”라고 말한다.

이러한 관점에서 교육과정을 포함한 학교 교육과 관련해서 교사들이 지니고 있는 실제적 지식을 규명하는 일은 다른 것에 앞서 선행되어야 할 필요가 있는 것으로 볼 수 있다. 교사의 믿음과 헌신의 이면에서 작용하는 것은 교사의 실제적 지식이다. 교사의 실제적 지식과 유리된 정책은 그것이 아무리 교육적이고 과학적 근거를 갖추고 있다 할지라도 교육이라는 활동 양식의 전통 내지는 교사의 반성적인 실행 과정으로 투입되기 어렵게 된다. 교육 문제는 새로운 지식의 발견을 통해 해결되는 것이 아니라, 문제와 관련된 실천적인 판단과 실행에 의해 해결되며, 실천적인 판단과 실행에 있어 중심이 되는 것은 교사의 실제적 지식이다.[3] Raymond(1988: 89)가 "교사의 교육 행위 현상의 본질을 탐구하기 위해서는 교사의 시각이 필요하며, 이는 교사와 연구자간의 협동적 대화적 접근을 요구한다"라고 주장하는 이면에는 바로 이러한 문제의식이 들어 있기 때문인 것으로 볼 수 있다.

교사는 주어진 처방에 따라 수동적으로 행동하는 전달적 행위자가 아니다. 교사는 자신의 실제적 시식에 의존하여 실천적으로 판단하고 선택하는 해석적 참여자다. McCutcheon(1995: 34)이 말하듯이 교사는 개념과 믿음, 그리고 이미지로 상호 연관되어 있는 실제적 지식에 의존해서 교실 수업 이전의 의사결정에서부터 교실 수업이 진행되는 과정에서 즉흥적으로 이루어지는 학생과의 상호작용에 관한 의사결정, 그리고 교실 수업 이후의 반성적 행위에 이르기까지 일체의 행위를 수행한다. 하향식 접근을 통해 교사에게 요구되는 처방적 정책들은 교사의 실제적 지식에 의해 변형, 첨삭, 재구성되어 수행된다. 따라서 정책의 성격과 내용이 교사의 실제적 지식과 유리되는 정도가 클 경우 한편으로는 변형, 첨삭, 재구성을 실행하려는 교사의 의도가 크게 작용하게 되고, 이로 인해 다른 한편으로는 교사의 의도를 저지하고 억제하려는 역 방향의 정책적 요구가 크게 작용하여 정책과 교사간의 긴장과 갈등이 증폭하게 된다.

국가 수준의 형식적 교육과정은 교사의 실제적 지식과 성격에 있어서 동형관계에 있다. 양자는 모두 무엇을(what) 어떻게(how)해서 무엇 때문에(why) 가르치고 배우는지에 대한 처방으로 작용한다는 점에서 공통점을 지닌다. 다만 교육과정과 교사의 실제적 지식의 관계가 상위와 하위, 전체와 부분[4], 외연과 내포, 선언과 실행, 간접과

3) 교사들이 사용하는 언어, 태도, 가치 등은 문제 해결 과정에서 실제적인 요인으로 작용하며 바로 이러한 요인들의 복합체가 곧 교사의 실제적 지식이 된다.

직접 등의 관계를 지니고 있다는 면에서 나름대로의 차별성을 지니고 있을 뿐이다. 이러한 가운데 국가 수준의 교육과정은 교실 수업의 근거와 원천에 있어 교사의 실제적 지식에 선행한다. 그리고 여기서 말하는 선행의 의미 또는 근거의 의미는 제도 수준에서의 우선성에 있어 선행하고 근거가 됨을 의미하는 것이지, 교육의 논리에서 선행하고 근거가 됨을 의미하는 것이 아니다. 교육 논리 내지는 실제 교실 수업의 측면에서는 오히려 교육과정에 교사의 실제적 지식이 선행하고 우선한다. 요컨대, 제도의 측면에서는 교육과정에 근거해서 교실 수업이 연역되지만, 학습 논리의 측면에서는 교사의 실제적 지식에 근거해서 교실 수업이 연역된다. 따라서 교육과정이 교사의 실제적 지식과 유리될 경우 교육과정은 교실 수업의 현장에서 교사에 의해 해체된다.

이와 같이 교육과정과 교사의 실제적 지식의 관계를 제도의 측면과 교육 논리의 측면에서 구분하는 것은 교육과정의 연구를 개발의 측면과 이해의 측면으로 구분하는 것에 비유된다. 개발의 측면에서 교육과정을 연구 대상으로 삼았던 사람들은 Bobbitt(1918)에서부터 Tyler(1949), Bruner(1960), 그리고 Schwab(1969)으로 대표된다.[5] 이 관점은 교육과정의 개선에 관심을 지닌 집단 내지는 실제 개발 과정에 참여하는 주체들에게 무엇을 어떻게 할 것인지에 대한 절차와 기준을 안내하고 처방한다는 공통점을 지니고 있다. 즉, 개발의 안내 및 처방의 관점에서 교육과정을 바라보고 있다는 것이다.

이에 비해 이해의 측면에서 교육과정을 바라보는 사람들은 개발 관점이 학교 교육과정과 관련된 문제를 제대로 해결하지 못했다는 문제의식을 공유한다. 학교 교육과정은 전통적인 개발 관점에 입각한 교육과정 전문가의 처방이나 아이디어보다는 학교가 처한 사회적 여건과 역사적 배경에 보다 민감하게 작용하고 실제적으로 영향을 받고 있다는 점에 주목하게 되었다. 재개념주의로 불리우는 이해의 관점은 학교 교육

4) 전체와 부분의 의미는 우주와 소우주의 관계 내지는 원형과 예의 관계를 의미하는 경우와 완성품과 부품의 관계를 의미하는 경우로 대별되는 데 본고에서의 의미는 두 경우를 모두 포함하는 것으로 사용되었다.

5) Bobbitt은 학교의 교육과정을 '사회의 요구와 필요에 순응하는 교육목표와 학습활동을 구성하는 원천'으로 보았고, Tyler는 Bobbitt의 관점을 보다 구체화하여 소위 목표 모형으로 널리 알려진 교육과정 개발 절차를 ① 교육목표의 설정, ② 학습 경험의 선정, ③ 학습 경험의 조직, ④ 평가의 네 단계로 제시하였다. 학문 중심 교육과정 또는 내용 모형으로 알려진 Bruner는 '무엇을 가르칠 것인가?'의 문제에 대한 답변으로 '학문 또는 지식의 구조'를 제시하고 있으며, Schwab은 교육과정에 대한 실천적 접근에 주목하여 숙의(deliberation)를 통한 문제 해결을 중시하고 있다.

과정을 텍스트라는 관점에서 접근하는 공통점을 지닌다. 여기서 말하는 텍스트의 의미는 단순히 문서로 형식화된 교육과정의 의미를 초월하여 학교 교육과정과 관련을 맺는 관행과 제도, 사고방식과 행동 양식, 문화적 배경 등을 포함하는 포괄적인 의미를 지닌다(Pinar et al., 1975)[6)]

이러한 맥락에서 문서화된 교육과정과 교사의 실제적 지식은 개발의 관점에 해당하는 교육과정과 이해의 관점에 해당하는 교육과정으로 환원되는 것으로 볼 수 있다. Cherryholmes(1988)의 사고방식을 빌리자면, 개발된 교육과정과 이해된 교육과정 사이에 침략과 해체가 연속적인 상승 과정으로 나타나듯이 문서화된 교육과정과 교사의 실제적 지식 사이에서도 침략과 해체가 연속적인 상승 과정으로 나타나는 것으로 볼 수 있다. 교육과정은 교사의 실제적 지식을 침략하지만 동시에 교사는 교육과정을 해체한다. 그런 만큼 개발과 이해 간의 괴리와 불일치가 불가피해 진다. 따라서 개발과 이해 간의 괴리와 불일치가 작아질수록 침략과 해체의 범위와 강도는 그만큼 비례적으로 작아지게 되고, 역으로 교육과정의 교실 수업 현실 적합성은 높아지게 된다. 이러한 맥락에서 교육과정의 개정은 교실 수업과 관련된 여러 변인들을 포함하여 교사의 실제적 지식에 관한 이해를 토대로 이루어져야 하는 것으로 볼 수 있다.

## 교육과정 개정 방식의 전환

### 숙의와 합의

중앙정부 수준의 지침에서 시작되어 시 · 도를 경유한 지침이 일방적인 전달 형식으로 단위 학교에 적용되는 한 교육 정책의 취지가 구현되기는 쉽지 않다. 그래서 모든 정책은 학교 수준에서 출발되고 교사의 실제적 지식에 근거해야 한다는 주장이

6) 이해의 관점으로 볼 수 있는 예를 들면, 학교 교육과정을 사회 구조 및 경제 구조 등을 역사적 맥락 속에서 규명해야 한다는 Kliebard(1968), 헤게모니, 이데올로기, 권력 관계 등의 구조와 관련지어 정치적 흔적 및 산물로 바라보는 Apple(1996), 학교 교육의 장에서 실제적으로 작용하는 경험, 느낌, 의미, 지향성 등과 같은 생활세계에서의 의미 체험을 현상적으로 기술하는 van Manen et al., 교육 내외의 정치적 사건과 지배 이데올로기의 반영 하에 교육과정 행위자들 간의 갈등, 불안전성, 불일치에 의한 구성 및 해체의 순환적이고 상승적인 침략으로 보는 Cherryholmes(1988), 그 외 자서전적 텍스트의 측면에서 보는 Pinar(1974), 심미적 텍스트의 측면에서 보는 Broudy et al., 그리고 제도화된 텍스트의 측면에서 보는 Schulman et al. 등이 있다.(양미경, 2003에서 재인용)

제기된다. 교육과정 개발과 관련해서 Schwab(1969)은 개발과정에 대한 실천적 접근에 주목하여 관련 집단 간의 숙의(Deliberation)와 합의를 중시하고 있는데 이 역시 교사를 중심으로 하는 교육 현장에 대한 정확한 인식이 선행되어야 함을 중시하는 것으로 볼 수 있다.

Elmore and Sykes(1992: 186)에 따르면, 교육과정 정책은 학교에서 가르쳐져야 할 것을 담고 있는 법과 규정의 형식체로 존재한다. 이 말을 분석하면, 교육과정은 학교에서 가르쳐야 할 지식으로 어떤 지식이 가장 가치 있는 지식인지를 결정하는 근거로 작용하며, 교육과정 정책은 이러한 교육과정을 입법으로 형식화하는 것을 의미한다. 일반적으로 말하는 국가 수준의 교육과정 내지는 개발 관점에서의 교육과정을 의미하는 것으로 볼 수 있다.

학교에서 가르쳐야 할 지식으로 어떤 지식이 가장 가치 있는 지식인지에 대한 견해는 누구나 제시할 수 있다. 정치인, 교육 관료, 교육학자, 교사, 학부모, 학생 등 어느 개인도 어느 집단도 이 문제에서 배척될 수 없다. 단지 어떤 견해가 보다 교육적이고 합리적인 근거와 이유를 지니고 있는지가 중요하다. 그러나 역사적으로 교육과정이 보다 교육적이고 합리적인 근거와 이유를 지닌 견해를 담아왔는지에 대해서는 회의적인 시각이 지배적이다. 우리는 그 원인을 Elmore and Sykes가 말한 교육과정 정책의 정의에서 찾을 수 있다. Elmore and Sykes(1992: 186)는 교육과정의 정책을 '법과 규정의 형식체'로 보기 때문이다. 법은 정치의 외연이다. 정치와 권력이 동치 관계에 있다는 측면에서 보면, 법은 권력의 외연으로 표현된다. 따라서 교육과정을 법 형식의 관점에서 보는 한 교육과정은 권력의 산물이라는 한계를 벗어날 수 없다. 결국 학교에서 가르쳐야 할 가치 있는 지식을 결정하는 과정에는 교육적이고 합리적인 근거와 이유보다는 정치 내지는 권력의 요구가 더 크게 작용하게 된 것이다. 일견 Elmore and Sykes의 견해가 교육과정이 지식의 가치를 문제 삼는다는 점에서 정치적인 중립성을 담보하고 있는 것처럼 보일 수 있으나, 바로 그러한 지식의 가치를 결정하는 힘이 개혁의 이름 하에 이념과 이해관계를 주도하는 권력에 근거하게 된다는 현실을 고려할 때, 오히려 Elmore and Sykes는 교육과정이 이념과 이해관계의 틀에서 벗어날 수 없음을 주장하는 것으로 간주될 수 있다.

법이 다양한 이해 관련 집단 간의 정치적 협상의 결과물로 존재하듯이 교육과정을 법 형식의 관점으로 보는 한, 교육과정 역시 이해 관련 집단 간의 정치적 협상의 결과물에서 벗어날 수 없다. 정치적 협상에 임하는 이해 관련 집단들은 이해관계를 이념으로 포장하고 주장의 근거와 이유를 이념으로 대신한다. 따라서 교육 내적인 동인에 의해서가 아니라 외적인 동인에 의해 교육 교육과정 개혁이 추진될 경우 교육과정은 이념으로 포장된 이해관계의 격투장이 될 수밖에 없다. 이러한 관점에서 국가 수준의 교육과정이 불가피하고 또한 정치적 협상으로 특징지어 질 수밖에 없다 할지라도, 내적인 동인에 의해 교육과정 개혁이 추진될 경우에는 이념으로 포장된 이해관계의 논리를 극복할 수 있는 교육적이고 합리적인 논리가 전면에 나설 수 있다. 즉, Schwab(1969)이 말하는 숙의에 터한 합의가 가능해 진다. 합의가 정치적이라면, 숙의는 교육적이다. 이는 정치적 협상을 배척하자는 것이 아니라 교육적 논리에 터 해 정치적 협상을 적극적으로 끌어들임을 의미한다. 이러한 맥락에서 교사의 실제적 지식에 근거하는 동시에 내적인 동인에서 비롯되는 교육과정 개혁을 위한 방안을 모색해 보기로 한다.

## 상호 적응적 실행

전통적으로 교육과정의 개발 과정은, 교육과정 개발의 개요를 탐색하고, 이를 토대로 절차와 역할을 설정한 다음, 관련된 자료를 수집하여 목표를 설정하고 교육과정의 초안 및 실행 계획, 평가 계획 등을 그려내는 일련의 과정으로 이루어진다. 동서고금을 막론하고 이러한 과정은 합리성(rationality)과 위계적 질서(order), 그리고 관료주의(bureaucratism)라는 공통된 특징을 지닌다. 선행적으로 설정된 목표에 적합한 수단을 모색한다는 점에서 목적-수단 합리성을 지니고, 일련의 과정이 선형적인 순차적 계열을 따른다는 점에서 위계적 질서의 성격을 지니며, 이러한 모든 과정이 국가 수준의 정책으로 취해진다는 점에서 관료적인 성격을 지닌다.

교육과정 개발에서 나타나는 이러한 성격으로 인해 교육과정의 개발에 있어 교육과정 전문가가 중심적인 역할을 수행하는 결과를 야기했다. 왜냐하면, 앞에서도 살펴보았듯이 이러한 개발 과정은 추상의 수준에서 과학적인 지식을 조작적으로 적용해서 문제 해결(교육과정 개발)을 연역하는 과정으로 나타나게 되고, 이러한 과정에는 교육과정 전문가가 적임자라는 생각이 개입하기 때문이다. 즉, 추상, 과학, 기술적 조작, 연역 등의 요인이 교육과정 전문가를 요구하게 된 것이다. 그러나 결과적으로 이러한 개발 관점으로 인해 국가수준의 형식적 교육과정은 교실 수업과 괴리를 보이고 침략과 해체가 확산적으로 순환하는 결과를 가져왔다.[7)]

이와 관련해서 Aoki(1986b: 10)의 주장은 심장한 의미를 던진다. Aoki에 의하면, 교육과정 전문가의 권위는 교육과정의 개발의 전문성에서 비롯되는 것이 아니라, 모든 가르침의 상황이 지니는 유일성을 인지하는 기지와 솜씨, 그리고 파장이 무엇을 의미하는 지에 대한 깊은 의식적 감각에서 비롯된다. Aoki는 교육과정의 전문성이 개발에 있는 것이 아니라 가르침의 상황에 대한 현상적이고 맥락적인 이해에 있다고 본다. 이를 환원해서 표현하면, 교육과정은 교실 수업에서 귀납되어야 하고, 바로 이러한 일을 잘 하는 사람이 교육과정 전문가라는 것이다.

이러한 관점에서 교육과정 전문가는 교사, 교육 행정가, 학부모 등 교육관련 집단들을 조작하고 인도하기보다는 협동하고 협상하는 것에서 전문성의 권위가 발휘될 수 있다는 인식의 전환이 요구된다. 1960년대 미국의 교육과정 개혁 운동에서 교사의 직접적인 참여를 배제하고 교사의 기계적인 수동성을 가정(teacher proof)함으로 인해 결과적으로 모든 것이 수포로 돌아간 예에서 알 수 있듯이[8)], 교육과정 전문가는 교육과정의 개발을 주도하기보다는 교사들에 의해 주도되고 있는 교육과정의 실행 과정에 협동적으로 참여하는 조언자로서의 전환이 요구된다. 아울러 이러한 역할 변화는 자연히 교육과정 개발 과정에 교사의 참여가 협동적으로 이루어져야 한다는 요구를 수반한다.

교육과정 전문가의 역할과 관련된 이러한 인식의 전환은 교육과정 실행과 관련된 교사의 역할에 대한 인식의 전환과 동형적인 관련을 맺는다. 교육과정의 실행 과정에서 교사의 역할에 관한 관점은 크게 두 타입의 이념형으로 구분된다. 하나는 전통적인 관점으로 교사의 기계적인 수동성을 전제하는 충실 관점(fidelity perspective)이고 다른 하나는 의사결정자로서의 교사상을 전제하는 상호 적응 관점(mutual adaptation perspective)이다.

---

7) "가르침은 그 자체로 관료주의의 희생이다."라는 Ayers(1992: 260)의 주장 역시 이러한 문제의식에서 비롯된 것으로 볼 수 있다.

8) 교육과정 개발에 있어 교사의 수동성을 가정하여 국가 수준에서 정책적으로 주도하는 교육과정이 그려내는 전형이 교실 수업에 그대로 이식될 것이라는 관점은 우리나라 교육과정 개정사에서도 일관되게 적용되어 왔던 것으로 평가된다.

충실 관점은 특정한 새로운 아이디어가 계획대로 실행된 정도를 측정하고, 실행 과정에서 나타나는 촉진 요인과 장애 요인을 분석하는데 중점이 있다. 이 관점은 교실 밖에서 전문가에 의해 개발된 교육과정이 교사에 의해 실행에 이르는 일련의 과정을 선형적인 과정(linear process)으로 간주하며, 따라서 교육과정의 평가는 계획된 목적이 어느 정도 달성되었는가를 측정하는데 의의를 두고 이루어진다. 즉, 계획을 실행하고 평가하는 일련의 과정에서 교사 요인을 종속 변인으로 간주하는 것이다. 이러한 관점은 그 동안 우리나라 교육과정 개발 관행의 이면에 들어 있는 사고방식이기도 하다.

이에 비해 상호 적응 관점은 교육과정 개발자와 교실 수업의 맥락 속에서 이를 실행하는 주체에 의해 조정을 통한 교육과정의 적응 과정이 이루지는 것으로 본다. 따라서 이 관점은 교육과정의 개발자와 실행가 사이의 상호작용을 통한 협상을 중시하며 양자 간의 유연한 관계를 전제한다. Fullan(1982: 41)은, "변화는 과정이지 사건이 아니다."고 말한다. 충실 관점이 변화를 사건으로 본다면, 상호 적응 관점은 변화를 과정으로 보는 것으로 비교되며, Fullan은 바로 이러한 점을 적시하고 있는 것이다.

교사는 교육과정의 사용자가 아니라 창조자이다. 교육과정 실행에 미치는 영향은 무수히 많다.[9] 교사는 교육과정을 포함한 교실 수업 외부에서 주어지는 일체의 요구

---

9) Snyder, Bolin, and Zumwalt(1992: 416-417)는 교육과정 실행에 영향을 미치는 요인을 다음과 같이 제시한다.

- 변화의 성격과 관련된 요인

  ① 변화에 대한 요구와 적합성, 요구에 대한 실행자의 인식도, ② 교육과정 개혁 목표의 명료성, ③ 요구되는 변화의 정도와 어려움에 대응할 수 있는 복합성(복잡성)의 정도 즉, 차별적인 요소의 고려 및 포함 정도, ④ 실용성과 질

- 지역 수준과 관련된 요인

  ⑤ 변화에 대한 지역 사회의 요구, ⑥ 적용 과정, ⑦ 자치 행정의 지원, ⑧ 스탭의 구성 및 참여(예측 가능성과 관련됨), ⑨ 일정 및 정보의 공유, ⑩ 위원회와 지역 사회의 성격(관계의 지속성에 대한 예측과 관련)

- 학교 수준의 요인

  ⑪ 교장의 역할 및 지원, ⑫ 교사 상호간의 관계(의사소통의 개방, 신뢰, 협력 등), ⑬ 교사의 성격과 정향(교수 효능성에 대한 믿음, 헌신 등)

- 외부 요인

  ⑭ 정부 기관의 조정(지역 사회의 요구, 개혁의 요소, 이해 관련 집단의 요구 등의 조화), ⑮ 외부의 지원

  Snyder, Bolin, and Zumwalt가 말하는 이러한 요인들은 교육과정 개정에 많은 시사를 준다. 즉, 실행에 영향을 주는 이러한 요인들을 가능한 한 선행적으로 많이 고려할수록 교실 수업 적합성이 높은 교육과정이 가능해 진다. 이 중에서도 교사와 관련해서 특별한 의의를 지니는 것으로 개발 단계에서 고려해야할 중요한 것으로 ① 변화에 대한 요구와 적합성, 요구에 대한 실행자의 인식도, ② 교육과정 개혁 목표의 명료성, ③ 요구되는 변화의 정도와 어려움에 대응할 수 있는 복합성(복잡성)의

와 영향을 교실 수업의 실행과 관련된 고려 요인으로 간주하고 실행을 구성하기 위해 사용하는 도구로 간주한다. Paris(1989: 2-3)의 말을 인용해 보자.

> 교육과정의 변화는 조직적인 도안 및 실행의 절차로 나타나는 것이 아니라 사고와 실행 속에서 개인의 성장과 변화 과정으로 나타난다. 즉, 교육과정에서 말하는 지식은 진행되고 있는 교실 수업 과정에서 만들어진 상황 지식으로 나타나는 것이다. 교육과정과 관련된 교사의 활동은 자신이 처한 맥락을 인식하고 그 맥락에 대한 반응 속에서 형성된다.

Paris의 이러한 주장은 바로 상호 적응 관점을 적극적으로 지지하는 것으로 볼 수 있다. 중요한 것은 실행이 아니라 변화이며, 실행과 관련된 교사의 역할을 수동적으로 간주하는 한 변화를 담보할 수 없다는 점을 인식할 필요가 있다. 충실 관점에 근거하여 하향식으로 개발하는 것을 지양하는 대신, 교육과정이 처해 있는 갈등적이고 다원적이며 복합적인 현실과 상황을 인식하는 일이 선행되고,[10] 이를 토대로 교육과정 개정 과정에 교사를 포함한 관련 집단의 주도적인 참여가 이루어질 수 있는 방안이 마련되어야 할 것이다.

## 상설 기구

교육 정책이 수립되고 실행되는 과정에서 나타나는 효과와 관련해서, 대부분의 하향식(top-down) 정책에서 볼 수 있듯이 교육정책 역시 하향식으로 추진될 경우 선행적으로 규정된 목적을 달성하기 위해 고안된 수단 즉, 목표 지향적인 행동의 형식에서 벗어날 수 없기 때문에 부정적 또는 소극적인 결과에 이를 수밖에 없다는 지적이 지배적이다. 이와 관련해서 Elmore, Sykes, etc..(1995: 665-666)는 정책과 실행의 관계를

---

정도 즉, 차별적인 요소의 고려 및 포함 정도, ⑧ 스탭의 구성 및 참여(예측 가능성과 관련됨), ⑬ 교사의 성격과 정향(교수 효능성에 대한 믿음, 헌신 등) 등을 들 수 있다.

10) 이와 관련해서 Eraut(1990)가 말하는 기능 교육과정(Functional curriculum)이 많은 시사를 준다. 기능 교육과정은 교사의 일상적인 수업 준비에 실제적으로 영향을 주는 여러 가정과 전제들의 총합을 말하는 것으로, 형식적 교육과정과 교과서를 비롯한 교육과정 관련 자료, 교육과정 전통 등이 주요한 전제로 작용하는 것으로 본다. 특히 교육과정 전통의 주요 변인으로 각 교과에 따른 차별적 성격, 지역사회와 학부모의 요구, 교육과정의 역사, 교사의 개인적 경험, 교육과정에 대한 교사의 실제적 지식과 문화적 인식 등을 꼽는다.

몇 개의 관점으로 분류하면서 어떤 관점에서도 하향식 접근이 취해질 경우 의도하는 결과를 얻기 어렵다는 입장을 제시한다. 각 관점을 살펴보면 다음과 같다.

① 파생 합리화(hyper-rationalization) 관점

Wise(1979: 65)에 의하면, 대부분의 교육 정책은 비현실적인 기대와 검증되지 않은 수단을 강제적으로 적용하고 이를 합리화하는 성격을 띤다. 즉, 현실적으로 획득될 수 없는 목적을 설정하고, 또한 설정된 목적을 달성하는데 관련이 없는 수단을 적용하고 있다는 것이다. 이러한 Wise의 주장은, 교육 정책이 가르침과 관련된 현실을 분리시킨 상태에서 추상적이고 형식적인 논리에 기초하여 추진됨으로 인해 가르침과 관련된 복잡하고 불확실한 수많은 변수를 포섭하지 못하게 되고 결과적으로는 교실 수업에 부정적인 영향을 끼치게 됨을 지적하는 것으로 볼 수 있다. 정책이 외부의 동인에 의해 추구될 경우 정책 추진을 위한 하향 압력은 강제적으로 작용한다. 그래서 정책의 추진력은 효율성 또는 효과성의 이름 하에 가속적으로 작용하지만, 결과적으로는 교사의 자율과 선택을 제한하게 되어 교실 수업에 부정적으로 작용하게 된다.

② 모순 관점

대부분의 교육 정책은 사회적 요구에 근거해서 추구되기 때문에 보다 광범위하고 기본적으로 추구되는 교육 목적 사이에 불일치와 대립이 나타나는 현상을 일컫는다. 예컨대 수준별 교육, 성취 수준의 등급화, 선발 중심의 입시제도, 직업 교육, 현장 지향 교육 등은 사회적 효용성을 중시하는 사회의 요구에 부응하기 위한 교육 정책 성격을 지니고 있음에 비해 인성 교육, 창의성 신장, 시민성 함양 등은 오랫동안 추구되어 온 기본적인 교육 목적의 성격을 지니고 있으며, 전자와 후자는 상보 관계 또는 병존 관계를 맺기보다는 지양하고 배척하는 모순 관계를 맺는다. 현재 많은 사람들의 관심을 끌고 있는 대안 교육이 후자와 같은 기본적 교육 목적을 추구하는데 공통점이 두고 있는 한편, 현재의 학교 교육이 교육 외적인 사회적 요구에 근거하는 교육 정책으로 인해 기본적인 교육 목적을 추구하기 어려운 모순에 직면해 있다는 문제의식을 공유하고 있다는 점이 이를 대변한다.

### ③ 적합성 상실 관점

하향식 정책은 교육 현실과의 적합성을 결여하고 있기 때문에 교실 수업에 아무런 영향을 주지 못한다는 관점이다. 교사는 교실 수업이 처해진 수많은 복합적인 요인을 예술적으로 조작하는 과정을 통해 교육을 실행하며, 교사에게 있어 정책은 이러한 수많은 요인 가운데 단지 하나의 병렬적인 요인으로 작용하기 때문에 교사는 정책에 별로 개의치 않는다고 보는 관점이다.

### ④ 교사 주도 관점

교사는 교육과정 정책을 수동적으로 실행하는 것이 아니라 숙고를 통해 판단하고 교육적인 옳음을 따라 선택적으로 실행하기 때문에 정책이 일방적으로 교사에게 영향을 주는 것이 아니라 교사의 능동적인 선택을 통해 변형되어 작용하는 것으로 보는 관점이다. 이러한 관계를 Shulman(1983: 501-502)은 "정책 및 교사에 의한 실행의 관계는 법률 및 판사에 의한 재판의 관계에 비유된다."고 보았다.

이와 같이 대부분의 교육 정책은 정책의 취지가 교육 외적인 요구를 추구하고 동인이 외부에서 비롯되어 하향식으로 추진되기 때문에 결과적으로는 정책의 효과가 부정적으로 나타나고 오히려 교실 수업에 어려움과 혼란만 가중시키는 것으로 볼 수 있다. 그렇다고 국가의 본질인 권력 현상 및 그에 수반되는 모든 정책을 거부할 수는 없다. 개념적으로는 권력적인 정책의 개입을 차단할 수 있을지 모르지만[11], 사실적으로는 불가능한 일이다. 따라서 중요한 것은 교육 외부의 요구와는 무관하게 교육 내부에서 교육의 본질과 관련된 문제와 쟁점을 숙의하고 합의하는 일이 상시적으로 이루어져야 한다. 이러한 과정에서 외부에서 비롯되는 정치적 요구가 교육 내부에서 이루어진 숙의의 틀 속에서 재해석되는 일이 가능해 질 것이다. 교육과정의 연구와 개발을 전담하는 조직의 상설화는 바로 이러한 문제의식에 대응하기 위함이다.

이러한 조직의 상설화와 관련해서 한국교육과정평가원이 바로 그러한 조직이라는 주장을 제기할 수 있다. 그러나 주지하듯이 실제로 한국교육과정평가원에서 본 장에서 제기하고 있는 문제에 부응하는 연구를 수행하고 있는지에 대해서는 회의적일 수

11) 실제로 이러한 문제의식을 지니고 있는 사람들은 학교 교육을 위해서는 교육인적자원부를 폐지하는 것이 필요하다는 주장을 하는 경우가 있으며, 현직 장관의 말을 통해 이러한 생각이 존재하고 있다는 사실이 확인되기도 했다.

밖에 없다. 하나의 질문만으로도 회의적인 시각이 분명해질 수 있다. 교육 개혁의 일환으로 제7차 교육과정이 개정된 이래 한국교육과정평가원에서 교육의 본질에 관한 논의를 토대로 실행에 대한 반성적인 연구가 축적되어 왔는지, 그래서 교육 과정 개정에 관한 내적인 요구와 논리가 정립되었는지?

만약 한국교육과정평가원이 교육과정 개정을 담당하는 법률적인 권한과 책임이 있는 기관이라면, 적어도 이상의 논리에 비추어 볼 때, 제 기능을 수행하지 못했다는 비판을 비켜가기 어려울 것이다. 이제부터라도 교육과정에 관한 연구와 개발을 전담하는 조직을 기관의 하부 조직으로 상설화해서 정치권력이 바뀔 때마다 한시적으로 집산하는 조직을 통해 교육과정 개정을 급조하는 우를 되풀이하지 않도록 해야 할 것이다.[12)]

## 점진적, 부분적, 상시적, 개별적 개정 방식

앞에서 살펴본 교육과정 정책과 실행의 관점에서 살펴보았듯이 대부분의 정책이 실패로 끝나거나 부정적인 영향을 가져오는 주요한 이유는 교사의 인식, 교사의 실제적 지식, 교육 여건, 교육 전통 즉, 교육 현실과의 적합성이 결여된 데 일차적인 원인이 있다. 아울러 이러한 현상은 하향식 정책이 공통적으로 지니고 있는 특징이라는 점도 밝혔다. 학습 차원에서 적용되는 돈오점수(頓悟漸修)의 의미는 실행 차원에서도 동일하게 적용된다. 일시적이고 총체적이며 주기적인 개정이 지니는 한계에 대해서 이미 공감대가 형성되어 있는 이면에는 바로 이러한 문제의식이 들어 있는 것으로 볼 수 있다.

정치권력에 근거하여 외부의 동인에서 비롯되는 교육 과정 개혁은 총체적이고 주기적이며 일시적인 개정 방식을 취할 수밖에 없다. 따라서 교육 내적으로 점진적, 부

12) 조직의 상설화와 관련해서 몇 가지 조건을 아이디어 수준에서 생각해 볼 수 있다.
- 조직의 구성원은 교과별 전공자를 반드시 1명 이상 포함하여 15명 내외로 구성한다. 이러한 구성 원칙은 특별히 총론 개발 과정에서 교육학자와 교과교육학자 간의 숙의와 합의가 선행되어야 한다는 문제의식에 대응하기 위함이다.
- 특별한 사유가 발생하지 않는 한 교육과정 연구에만 전념하도록 한다.
- 정부에서 지원하고 있는 학술 연구 지원 업무 중에서 교육과정과 관련된 지원 업무를 본 조직에서 수행하도록 한다.
- 협력 연구학교를 지정하여 현장 연구가 상시적으로 이루어질 수 있도록 한다.
- 현장 교사 및 교수, 경제인, 정치인, 학부모, 학생들로 구성된 자문 기구를 두도록 한다.

분적, 상시적, 그리고 개별적 개정 방식을 제도화하는 것은 이와 같은 외적인 요구와 개입에 의한 개혁을 차단하거나 최소할 수 있는 동시에, 외적인 충격을 점진화, 부분화, 상시화, 개별화를 통해 현실 적합성이 높은 정책으로 동화시킬 수 있는 가능성을 높이게 될 것이다.

- **점진적 개정:** 개정의 아이디어를 실현할 수 있는 여건을 선행적으로 조성하고, 여건의 조성과 더불어 개정안에 대해 교사를 중심으로 하는 관련 집단의 인식이 확산되는 현상이 병행적으로 이루어져야 한다.(여건의 조성과 인식의 확산은 점진적으로 이루어질 수밖에 없음) 이는 개혁안에 비추어 현실을 변화시킨다는 관점을 지양하는 대신, 현실에 근거한 개혁안이 마련되어야 현실의 변화가 가능해지며, 이럴 경우 변화의 양상은 점진 양상을 띠게 됨을 의미한다.
- **부분적 개정:** 부분적 개정은 시차적 의미와 양적인 의미를 지닌다. 즉, 개정의 아이디어를 시계열적으로 선형화해서 이를 시차적으로 적용해 가는 동시에 전체와 부분의 틀 속에서 특정한 부분부터 순차적으로 적용해 가는 것을 의미한다.
- **상시적 개정:** 상시적 개정은 주기적 개정을 방지하려는데 일차적인 목적이 있으나, 나아가 부분적 개정 및 개별적 개정과 맞물려 있는 것이기도 하다. 학교 교육현장에서 교육과정과 관련된 문제가 야기될 때 시기에 맞추어 적합한 해결 방안을 적용하기 위해서는 상시적 개정 방안이 이루어져야 할 것이다.
- **개별적 개정:** 그 동안의 우리나라 교육과정 개정사에서 드러났듯이 전면적인 개정이 이루어질 경우에는 개정의 필요를 공감하지 않는 교과의 경우에도 개정을 할 수밖에 없는 전도 현상이 반복되어 왔다. 교육과정의 개정은 예방 성격을 지니고 있는 것이 아니라 처방 성격을 지니고 있음에도 불구하고 모든 건강한 사람에게 예방 주사를 강요하는 것에 비유되는 현상이 나타난 것이다. 개정은 문제에 대한 해결 방안이며 요구에 대한 처방으로 이루어져야 한다. 이러한 관점에서 교육과정의 개정은 필요한 교과에 한해서 개별적으로 이루어져야 할 것으로 판단된다.

## 시스템

학교 교육 현장에서 교육과정 개정에 대한 요구가 있을 때, 이에 적절하게 대응할 수 있는 제도적 장치가 없다. 요구를 적법하게 표출할 수 있는 수단과 절차도 마련되어 있지 않다. 어떤 조건이 갖추어질 때 교육과정 개정이 추진되어야 하는지에 대한 준거도, 담당 기관도, 수단도 없다. 교육과정 개정이 이루어질 경우 개정과 관련을 맺는 집단 간의 상호관계와 권한, 책무 등에 관한 어떠한 장치도 갖추어져 있지 않다. 소위 말하는 교육과정 개정과 관련된 시스템이 없는 것이다.

교육과정 개정과 관련해서 시스템조차 마련되어있지 못하다는 것은 교육과정 정책이 정책적으로 추진될 수 있는 가능성이 원천적으로 봉쇄되어 있음을 의미한다. 권력적인 강제를 통해 특정한 사람이나 집단에 의해 좌우될 수밖에 없는 처지에 놓여 있는 것이다. 형식은 정책처럼 보이지만 내용은 권력자의 의지를 권위적으로 강행하는 것에 지나지 않는다. 현재와 같이 국가 수준의 교육과정 시스템이 전혀 마련되어 있지 않은 상황에서 추진되는 국가 수준의 교육과정 정책은 아무런 정책을 추진하지 않는 것보다 오히려 부정적일 가능성을 지닌다.

시스템은 구성 요소와 구성 요소의 기능적 관계가 유기적으로 체계화되어 있는 것을 말한다. 마치 인간의 신체가 여러 하위 기관으로 구성되어 있으면서 각 기관들이 기능적 체계를 이루는 유기체인 것과 마찬가지다. 시스템은 내적으로 유기적인 관련을 맺고 있으면서, 동시에 외부 환경에 대한 적응과 변화 반응을 동시에 나타낸다. 또한 시스템 내부의 문제를 스스로 제어하고 항상성을 유지할 수 있는 체제 유지 능력을 지닌다.

시스템이 지니고 있는 이러한 특징들로 인해 제3자로 하여금 시스템이 환경과의 상호작용을 통해 어떤 결과를 가져올지를 예측할 수 있게 하고, 시스템이 제대로 작동하지 않을 경우 그 문제가 시스템 내부에 있는 것인지 아니면 외부에 있는 것인지, 내부에 있다면 어떤 구성 요소에 문제가 있는 것인지 등을 정확하게 판단할 수 있게 한다. 위에서 요구한 교육과정 연구 및 개발을 위한 전담 기구 설치와 점진적, 부분적, 상시적, 개별적 개정은 시스템을 통해 이루어질 수 있는 일이다. 이제 더 이상 권력이나 특정한 개인 또는 집단에 의해 좌우되는 것에서 벗어나, 교육과정과 관련된 여러 문제들과 해결방안들이 다양한 구성 요소와 구성요소의 유기적인 상호 관계 등에 관한 준거를 지닌, 그리고 교육과정 개정과 관련된 자원의 기초를 축적하고 학교 현장과의 상보적인 상호 관계를 맺을 수 있는 시스템을 마련하는 일에 우선 순위를 두어야 할 것으로 생각된다.[13)]

## 문제 해결 접근법

변화의 요구에 대한 적합성의 문제는 교육과정 개정 목표에 대한 공유 및 명료성과 관련되는 동시에 요구 및 목표에 대한 실행자로서의 교사의 인식도와 관련을 맺는다. 교육과정의 개정의 정당화는 일차적으로 목적 또는 목표와 관련을 맺는다. 역사적으로 확인할 수 있듯이 교육과정 개정의 정당화 근거로서 학문적 능력, 직업적 유능성, 인성, 사회적 기능, 개인의 요구 등이 끊임없이 논의되어 왔다. 그러나 이들 중 어느 것도 다른 것에 대해 포괄적이지 못하며 또한 상호 모순 관계에 있는 것도 아니다. 이로 인해 논리적 정합성과 일관성을 충족하지 못한 채, 정치적 타협을 통해 이해할 수 없는 공존 내지는 기생하는 관계를 파생했다. 그래서 언제나 변화에 대한 요구 및 이에 대응하는 적합한 개정이 어려웠다. 이러한 맥락에서 여러 상충하는 또는 상보적인 목적을 추구하는 대상(또는 집단)들의 직접적인 참여를 통한 숙고와 합의가 선행되어야 하는 것으로 볼 수 있다.[14)] 교사를 중심으로 하는 가운데, 교과 전문

13) 시스템을 구축하기 위한 전략이나 방향, 절차, 시스템의 요소 및 준거 등에 대한 구체적인 논의가 본 장과 무관한 것은 아니나 별도의 준비와 노력이 요구된다는 점에서 개략적인 아이디어를 제시하는 정도로 대신하기로 한다.

- 개정의 요구를 자동적으로 수렴할 수 있는 절차와 기구를 마련해야 한다. 예를 들면, 위에서 제시한 교육과정 연구 및 개발 전담 기구를 중심으로 교과별 학회, 교과별 현장 교사 모임, 학부모 단체 등과 협력 네트워크를 구성하여 이들 단체로부터의 요구가 상시적으로 수렴될 수 있도록 하는 한편, 일정한 요건[1)]이 갖추어질 경우 해당 교과별로 개정 연구가 실행될 수 있도록 한다.
- 전담 기구를 중심으로 교육과정 실행과 관련된 평가 연구를 상시적으로 실시하고, 평가 결과를 환류시켜 교육과정의 개정 및 실행의 근거 자료로 작용할 수 있도록 한다.
- 학교 단위 또는 지역 수준의 학교 단위별로 교육과정 실행 연구 부서를 설치하여 교육과정평가원 전담 기구의 부속 기구로서 기능할 수 있도록 한다.
- 위에서 제시한 전담 기구의 구성 및 기능이 충족될 수 있도록 이를 위한 입법 조치가 선행적으로 이루어져야 한다.

14) 다소 급진적인 주장으로 볼 수 있으나, Nodding(1992a)이 주장하는 '보살핌(caring)에 근거한 교육과정의 기초'를 이러한 문제의식에서 이해할 수 있다. Nodding은 보살핌의 의미를 ① 규정적이고 통제적인 이념에서 벗어나 학습자가 바라는 학습이 이루어질 수 있도록 하는 교육과정, ② 무한한 인간 능력을 포섭할 수 있는 교육과정, ③ 여성에 대한 성 차별적인 관점을 지양하는 교육과정으로 규정하면서, 이를 위해서는 숙의 과정에 학생들의 참여가 이루어져야 하는 것으로 본다. 또한 변화에 대한 새로운

가, 교육과정 전문가, 학부모, 학생, 시민 단체, 경제 단체 등 가능한 한 학교 교육에 요구를 지닌 모든 집단의 참여와 합의가 이루어질 필요가 있다. Eraut(1990: 546-551)는 교육과정 설계와 관련해서 4 가지 접근법이 있으며, 이 가운데 문제 해결 접근법이 가장 적합한 것으로 주장한다. 각 접근법의 특징을 간략히 제시하면 다음과 같다.

■ 정치적 접근(political approach)

국가 수준의 형식적 교육과정의 개발에 주로 적용되어왔던 관점으로, 선행적으로 규정된 목적 및 목적에서 연역되는 목표, 내용, 평가 등을 문서화하는 성격을 지닌다. 설계의 내적인 정합성을 중시하기보다는 외부의 요구와 필요의 열거 및 우선 순위화를 중시하기 때문에, 정치적인 협상과 권력에 의한 지배 작용이 개발 과정의 주요한 특징으로 작용하게 된다. 소위 말하는 과목 및 내용의 팽창(syllabus inflation) 현상이 이 접근법에서 나타나는 경우가 많다. 왜냐하면 과목을 늘리고 내용을 부풀리는 방식이 관련 집단의 불만을 최소화하고 협상을 성사시킬 수 있는 효과적인 방법이기 때문이다. 정치 세력에 의해 주도되는 교육 개혁의 경우 대체적으로 관료적인 접근에 의존하게 되는데, 이 경우 규제와 조작, 쟁점의 협상, 결과의 형식화 등을 중시하게 되기 때문에 이러한 정치적 접근을 취하게 되는 경우가 많다. 시장의 논리 즉, 교사, 학생, 학부모 등의 교육 주체에 의한 판단과 선택, 평가적 아이디어가 등이 배제됨으로 인해, 교육에 전혀 도움을 주지도 못하고 필요하지도 않다는 비판에 직면하는 경우가 많다.

■ 공학적 접근(engineering approach)

교육과정 개정의 목표를 설정할 경우, 전형화 된 설계안에 따라 효과가 입증될 때까지 여러 차례의 시험과 수정 과정을 거쳐야 한다는 입장으로, 일종의 행동주의 입장으로 볼 수 있다. 따라서 이 접근은 행동주의 언어로 나타낼 수 없는 수많은 교육

---

요구로, Carson(1989: 55)은 교육과정 안은 기대되는 교육의 결과를 조정하고 통제하는 것으로서가 아니라 학습의 가능성을 제공하는 것으로 간주되어야 한다고 본다. 이는 Tyler와 Bruner를 비롯한 교육과정 개정의 전통적 관점인 RDD(research, development and diffusion) 모델이 안고 있는 한계를 지적하는 것으로서 학습 논리에 기초한 교육과정 개정이 이루어져야 함을 요청하는 것으로 볼 수 있다. 즉, 내용 중심의 교육과정을 학습 중심의 교육과정으로 전환해야 한다는 것으로서, 무엇을 가르칠 것인지를 우선적으로 결정해야 하는 것이 아니라, 학습 가능성을 높일 수 있게 하는 교육과정이 전형이 어떤 것인지를 우선적으로 결정해야 하는 것을 의미한다.

적 행위를 의식적으로 또는 무의식적으로 설계의 대상에서 배제하게 되는 결과를 야기한다. 또한 여러 차례의 시험과 수정에 따른 비용과 시간이 많이 들며, 모든 교육적 행위를 포섭하기 위해서는 많은 어려움과 번잡스러움이 뒤따른다는 비판을 안고 있다.

■ 예술적 접근(artistic approach)

교육과정 설계의 준거가 성취, 효과성 등에 있는 것이 아니라, 주의, 몰입, 충격의 경험 등과 같은 과정에 주목하여 교육과정의 의미를 추적한다. 학습은 학습자 스스로의 개입과 반성을 통해 일어난다는 가정에 근거하여, 내용에 주목하기보다 경험 자체에 주목한다. 다소 위험하고 모험적이라는 비판을 안고 있다.

■ 문제 해결 접근(problem-solving approach)

교육과정의 설계는 개정의 요구에 적합하고 바람직한 요소들이 통일성, 실행 가능성, 수용 가능성 등의 조건을 충족하도록 결합하는 것이라는 입장을 취한다. 권력적인 또는 관례적인 강제를 지양하는 대신, 분석적이고 창조적인 활동을 기반으로 문제 해결을 추구한다는 특징을 지닌다. 일반적으로 다음의 5 단계 모델을 기초로 한다.

① 문제의 공식화(problem formulation): 교육과정 개정과 관련된 문제의 변수 집단 및 필요 요소 집단이 포함된 설계팀을 구성하고, 선행적인 탐색을 통해 문제를 분석하고[15] 우선 순위화 한 연후에, 이를 토대로 설계의 해법을 모색한다.

② 브레인스토밍(brainstorming): 바람직한 설계 과정에 대한 이미지와 문제 해결을 위한 아이디어를 교환하는 단계를 말한다. 브레인스토밍 과정에서 평가가 개입되지 않도록 해야 한다.

③ 전형의 구성(creation of prototype designs): ②단계의 결과를 토대로 심층 논의를 통해 아이디어를 몇 개의 초안으로 발전시킨다. 각각의 초안에 대해 가능성을 확대하고 상세화 하는 과정 즉, 장단점, 한계, 의의 등을 상세화 하는 과정

15) 개정과 관련된 문제를 분석하는 과정에서 다음과 같은 일들이 선행될 필요가 있다. ①교육과정 개정 주도 집단 구성원의 관점, 성향, 경험, 선호, 전문성, 상호 관계, 영향력, 기여도 등과 관련된 선행 연구가 이루어져야 한다. ②정치, 행정, 법률, 재정 조건 등과 같은 교육과정 설계의 외적 조건에 대한 현상학적 분석이 이루어져야 한다.

을 거친다. 이 과정에서 팀을 세분화하거나 확대하는 등의 일들이 이루어지지 않도록 한다. 왜냐하면 세분화 또는 확대는 다음 단계에서 이루어지는 선택에 영향을 주게 되기 때문이다.

④ 전형의 선택(selection of prototypes): ①단계에서 공식화된 문제에 대응할 수 있는 최적의 해결방안을 선택하고 이를 전형안으로 발전시킨다.

⑤ 실행: 선택된 전형에 따라 수반되는 관련 과제를 수행한다. 수행 과정에 필요한 자원을 충분히 동원할 수 있도록 해야 한다.

Eraut의 제언과 마찬가지로 이러한 문제해결접근은 우리나라 교육과정 개정에도 적합성이 높은 방식으로 볼 수 있다. 앞에서 제시한 교육과정 개정 시스템이 선행적으로 마련되는 동시에, 문제해결접근 방식에 근거한 시스템의 운영이 이루어질 때, 교실 수업과 교사의 실제적 지식에 근거한 교육과정의 개정과 실행이 이루어질 수 있을 것으로 판단된다.

## 결 론

이제까지 제시되어 왔던 우리나라 교육과정 개정에 관한 여러 비판의 목소리를 한마디로 표현하면, "우리나라 교육과정 개정에는 정치만 있었지 교육은 없었다."라고 나타낼 수 있다. 본 고에서 일관되게 견지해왔던 문제의식이기도 하다. '교육 내부의 동인에 의한 개정'의 요구는 더 이상 정치의 논리에 종속되기보다는 교육의 논리에 근거한 교육과정 개정을 겨냥하는 것이며, '교실 수업과 교사의 실제적 지식에 근거한 개정' 요구는 현실 적합성을 충족하는 개정을 겨냥하는 것으로 볼 수 있다.

"교육과정의 개정은 점진 현상으로 나타난다."라는 말에서 알 수 있듯이, 그 동안의 개정이 전혀 무의미했던 것은 아니며, 따라서 추후에 이루어질 개정 역시 이러한 제한에서 벗어나기 어렵다는 전망이 가능하다. 그러나 본 장에서 제안한 여러 방안들이 구체화된다면, 그 동안의 교육과정 개정에 비해 패러다임의 변화라고 칭할 만큼의 변화를 가져올 것으로 예상된다. 여기서 말하는 패러다임의 변화가 점진적인 변화와 대립적인 것은 아니다. 왜냐하면, 패러다임의 변화가 괴리의 심화·확대를 의미하는 것이 아니라 관점의 변화를 의미하는 것이며, 이는 곧 그 동안 여러 차례의 개정을 통해 기대했던 변화가 기대만큼 실현되지 못했던 요인에 대한 처방을 담고 있는 것이기 때문이다.

추후 개정 과정에서 본 장의 제안이 구체화되기까지에는 관료적 저항, 하향식 교육과정 개정의 관행, 관련 이해 집단 간의 대립, 정치적 영향력의 불균형 등과 같은 여러 어려움이 나타날 수 있다. 그러나 이에 대한 공감대가 확산되고 이를 극복하기 위한 노력이 축적되는 과정을 통해 보다 나은 개정 현상이 착근하게 될 수 있을 것이다.

# 참고문헌


강석진(2000). 토론 과정에서 사회적 합의 형성을 강조한 개념학습 전략: 교수 효과 및 소집단 토론에서의 언어적 상호작용. 박사학위논문, 서울대학교 대학원.

교육부(2007). 『사회과교육과정』. 교육인적자원부 고지 제2007-79호. 대한교과서주식회사.

구정화(2003). 초등교사가 인식한 사회과 수업 환경과 논쟁 문제 수업, 『시민교육연구』, 제35권 1호. 한국사회과교육학회.

김왕근(1955). 시민성의 내용과 형식으로서의 덕목과 합리성의 관계에 관한 연구. 서울대 박사 학위 청구 논문.

김왕근 · 박인옥 · 은지용(2005). 초등교사의 사회과 수행평가 실행에 관한 사례 연구. 『교육과정평가연구』, 제8권 제1호. 한국교육과정평가원.

김왕근 · 박인옥 · 은지용(2005). 중학교 사회과 수행평가 실행의 교사의 실제적 지식에 관한 사례 연구. 『한국교원교육연구』, 제22권 제1호. 한국교원교육학회.

김태영(1997). 중학교 도덕과 교육을 위한 나선형 교육과정 구안, 『사회와교육』, 제28집. 한국사회과교육학회. 177-204.

김해성(1997). 합리적인 시민 사회를 위한 시민 교육, 『초은 윤용탁 교수 정년퇴임 기념 논문집』. pp. 3-22.

김형효(1994). 『데리다의 해체 철학』. 서울: 민음사.

노경주(2000). 초등 사회과에서의 쟁점 중심 교육. 『시민교육연구』, 제31집. 한국사회과교육학회.

노경주(1999). 교사-학생 상호작용에서 교환되는 교실 언어의 유형 연구. 『교육사회학연구』, 제9권, 제2호. 97-119.

박성혁(2001). 21세기 한국사회 변화와 사회과교육 내용 요구에 관한 연구, 『시민교육연구』, 제32집. 한국사회과교육학회.

박용익(2001). 『대화 분석론』. 역락.

박윤경(2003). 사회과 수준별 교육과정 실행에 관한 연구, 『시민교육연구』, 제35권 1호. 한국사회과교육학회.

손봉호(1988). Kohlberg와 자연주의 오류. 『청악 이영기 박사 정년 기념 논문집』, 서울: 서울 대학교 출판부. 495-510.

신지선 역(2006). 『협상이 즐겁다』. W미디어.

양미경(2003). 『교육과정 및 교수 방법』. 교육과학사.

이득연(1998). 『환경 운동의 사회학』. 민영사.

이상목 역(2002). 『정치적 자유』. 부산: 세종출판사.

이승종 (1997). 지방화 · 세계화 시대의 시민 의식. 『시민교육연구』, 제24집. 한국사회과교육학회. pp. 49-64.

이종일(1997). 사회과 간학문적 단원 구성을 위한 연구: 미국의 수업 사례를 중심으로. 『초등사회과교육, 제9집. 한국초등사회과교육학회』. pp. 237-274.

이진구 역(2003). 『신의 가면 Ⅰ: 원시 신화』. 서울: 까치. J, Campbell(1969). *The Masks of God Vol. Ⅰ: Primitive Mythology*.

이혁규(2001). 제7차 사회과교육과정 개정 과정에 대한 문화 기술적 연구. 『시민교육연구』, 제32집. 한국사회과교육학회.

이홍우(1984). 『교육의 목적과 난점』. 서울: 교육과학사.

장석훈 역(2007). 『SQ 사회지능』. 웅진지식하우스.

정기오(2001). 한국에서의 수행평가와 교육의 형평에 관한 연구. 서울대학교 대학원 박사학위 청구논문.

정기오(2006). 갈등을 극복하고 공존을 도모하기, 『차이와 공존의 사회과교육』, 2006년도정기학술대회자료집. 한국사회과교육학회.

정문성(2001). 사회과 수행평가의 의의와 전략. 사회교육연구회(편). 『지식과 사고: 사회과교육 인식의 전환』. 학문사. pp. 337-369.

조대훈(2002). 수준별 교육과정 담론의 분석, 『시민교육연구』, 제35권 1호. 한국사회과교육학회.

조영달(2001). 『한국 교실 수업의 이해』. 교육과학사.

조영달 외(200). 『교육과정의 정치학』. 교육과학사.

주형일 역(2000). 『중간예술』. 현실문화연구.

차경수(1993). 『현대 사회과교육의 이해』. 학문사.

차경수(2000). 『21세기 사회과교육과정과 지도법』. 학문사.

최명관 역(2005). 『방법서설. 성찰: 데까르뜨 연구』. 훈복문화사.

최종덕(1997). 민주주의 · 시민교육 · 사회과교육, 『초은 윤용탁교수 정년퇴임 기념 논문집』. pp. 43-64.

허종렬 · 장원순(1999), 1990년대 사회과교육 연구 동향 분석, 『초등사회과교육』, 제11집, 한국초등사회과교육학회.

홍성민(2000). 『문화와 아비투스: 부르디외와 유럽 정치사상』. 서울: 나남출판.

황경숙(2003). Social Studies Education in the Unified Korea, 『시민교육연구』, 제32권 2호. 한국사회과교육학회.

Adams, A. E.(1944). *Democratic Citizenship in Today's World*. San Francisco: Charles Scribner's Sons.

Ahmad, I.(1996). *World Cultures: A Global Mosaic*. Englewood Cliffs. Prentice Hall.

Ahmad, I.(et. al).(1995). World Culture: A Grobal Mosaic. N. J.: Prantice Hall

Anderson, R. C.(1984). Some reflection on the acqusition of knowledge. *Educational Researcher*, 13, PP. 5-10.

Aoki, T.(1986b). Teaching as in-dwelling between two curriculum words. *The B.C. Teacher*, 8-10.

Apple, M.(1996). *Cultural politics and education*. New York: Teachers college press.

Archambault, R. D.(ed.) (1974). *John Dewey on Education: Selected Writings*. Chicago: University of Chicago Press.

Argyris, C.(1978) *Organizational Learning: A Theory of Action Perspective*. Reading, Mass.: Addison-Wesley.

Aron, R.(1974). Is multinational citizenship possible?. In B. S. Turner and P. Hamilton(ed.), *Citizenship*, V. II. London: Routledge.

Ayers, W.(1992). The shifting ground of curriculum thought and everyday practice. *Theory Into Practice, XXXI(3)*.

Bruner, J. S.(1960). *The process of education*. New York: Vintage.

Baum, R. C.(1974). Beyond convergence: toward theoretical relevance in quantitative modernization research, *sociological inquiry*, 44.

Bahro, R.(1986) *Building the Green Movement*, London: Verso.

Banks, J. A. (1990). *Teaching strategy for the social studies*. 4th ed. New York: Longman.

Baron, M. A. & Boschee, F.(1995). *Authentic Assessment: The Key to Unlocking Student Success*. Lancaster, PA: Technomic Publishing Company Inc..

Barbalet, J. M.(1988). *Citizenship*. Bristol: Open University Press.

Baskerville, R. A. & Sesow, F. W.(1976). In defense of Hanna and the expanding communities approach to social studies. *Theory and Research in Social Education*, 4(1).

Baum, R. C.(1974). Beyond convergence: toward theoretical relevance in quantitative modernization research, *sociological inquiry*, 44.

Bobbit, F.(1918). *Curriculum*. New York: David Mckay company, inc..

Bradely, R. C. et al. (1996). *Learning for life*. Califonia: Corwin Press.

Bruner, J. S.(1960). *The process of education*. New York: Vintage.

Bull, B.(1979). Kohlberg's place in a theory of the legitimate role of value in public education. In Garry Fenstermacher(ed.), *Philosophy of Education.* Champaign: Philosophy of Education Society, 71-79.

Butts, R. F.(1991). A personal preface. In C. F. Bahmueller(ed.), *CIVITAS: A Frame Work for Civic Education.* Calabasas, C. A.: Center for Civic Education.

-------- (1988). *The Morality of Democratic Citizenship: Goals for Civic Education in the Republic's Third Century.* Calabasas, C.A.: Center for Civic Education.

Carr, D.(1991). *Educating The Virtues.* London: Routledge.

Carr, W. & Kemmis, S. (1986). *Becoming Critical: Education, knowledge, and action research.* London: Farmar Press.

Cennamo, K. S. et al.(1996) A "Layers of negotiation" model for designing constructivist learning materials. *Educational Technology*, July-August, 39-48.

Cherryholems, C. H.(1988). *Power and criticism: Postcultural investigation in education.* New York: Teachers college press.

Cochran, C. M., & Peterson, P. L. (1986). Teachers' Thought Process. In M. C. Wittrock ed., *Handbook of Research on Teaching(3rd ed.)*, New York: Macmillan.

Collingwood, R. G.(1977). *An Essay on Philosophical Method.* Oxford: Clarendon Press.

Corte, E. D.(1996) New perspective of learning and teaching in higher education. In A. Burgen(ed) *Goals and Pueposes of Higher Education in 21st Century.* London: Jessica Kingsley, 119-123.

Dewey, J.(1916). *Democracy and Education.* N. Y. : Free Press.

Dewey, J.(1916). *Democracy and Education.* 이홍우 역(1991). 『민주주의와 교육』. 서울: 교육과학사.

-------- (1922). *Human Nature and Conduct.* Carbondale: Southern Illinois University Press.

Darwall, S. G.(1989). Impartial reason. In J. P. Sterba(ed.), *Contemporary Ethics.* Englewood Cliffs, N.J.: Prentice Hall, 112-119.

Dearden, R. F.(1975). Autonomy as an educational ideal I. In S. C. Brown(ed.), *Philosophers Discuss Education.* London: Macmillan, 4-21.

Dewey, J.(1916). *Democracy and Education.* N. Y. : Free Press.

Dunlop, J.(1987) Multicultural education and development: convergence or divergence?, in R. Human(ed.), *Swann and the global dimension: Education for world citizenship.* London: Youth Education Service.

Duplass, J. A.(2004) *Teaching Elementary Social Studies: What Every Teacher Should Know*. Boston: Houghton Mifflin Co..

Durkheim, E.(1952). Moral Education: A Study in the Theory and Application of Sociology of Education. New York: Collier-Macmillan.

Easton, D.(1971). *The Political System*. N. Y.: Alfred A. knopf.

Eckersley, R.(1992). *Environmentalism and Political Theory*, London: U. C. L. Press.

Elmore, R., Sykes, G. etc.(1995). *Understanding curriculum as institutional text, Understanding Curriculum*. N.Y.: Peter Lang, 668-669.

Elmore, R. & Sykes, G.(1992). *Curriculum Policy*. N.Y: Macmillan.

Florio, Erickson & Schultz (1982). Where's the Floor?. In Children In and Out of School, *Language & Ethnography Series #2*. ed.. P. Gilm & A. Glattorn. Washington. D.C.: Center for Applied Linguistics.

Englund, T.(1989). Educational conception and citizenship education. In S. J. Ball and S. Larsson(eds.), *The Struggle for Democratic Education*. New York: The Falmer Press, 32-66.

Frankena, W.K.(1963). *Ethics*. Englewood Cliffs, N.J.: Prentice-Hall.

Frankena, W.K.(1989). A critique of virtue-based ethical systems. In L. P. Pojman(ed.), *Ethical Theory*. Belmont, C.A.: Wadsworth Publishing Co., 305-310.

Eraut, M. (1990). Approachs to curriculum design. In N., Entwistle(ed), *Handbook of Educational Ideas and Practies*. London: Routledge. pp. 539-553.

Fullan, M. (1982). *The Meaning of Educational Change*. N.Y.:Teachers College Press.

Glaser, R.(1988) *The Nature of Expertise*. Hillsdale, N. J: Lawrence Erlbaum Associates.

Goldsmith, E. et al., (1972). A Blueprint for survival, *The Ecologist 2(1)*, January. passim.

Gorden, C.(1982). *Selective interviews and other writings*. N.Y.: Pantheon.

Grabe, M. & Grabe, C.(1998) *Integrating Technology for Meaningful Learning 2e*. Houghton Mifflin.

Graham, K.(1986). *The Battle of Democracy*. Brighton: Wheatsheaf Books Ltd..

Gredler, M. E.(1999). *Classroom Assessment and Learning*. Longman.

Grimmett, P. P. & Neufeld, J. ed.(1994). *Teacher Development and The Struggle for Authenticity*. Teachers College Press.

Gutmann, A.(1987). *Democratic Education. Princeton*, N.J.: Princeton University Press.

Habermas, J.(1979). *Communication and the evolution of society*. Boston: Boston Press.

Hall, E. T.(1977) *Beyond Culture*. New York: Doubleday, Anchor Books, 173.

Hamilton, R. J. 외(1992). Psychology and epistemology. Richard A. Duschl and Richard J. Hamilton(ed), *Philosophy of Science, Cognitive Psychology, and Educational Theory and Practice*. Albany: State Univ. of N.Y. press.

Hampshire, S.(1978). Public and private morality. In S. Hampshire(ed.), *Public and Private Morality)*. Cambridge: Cambridge University Press, 23-53.

Habermas, J.(1992). Citizenship and national identity: some reflection on the future of Europe. In B. S. Turner and P. Hamilton(ed.), *Citizenship*, V. II. London: Routledge.

Harden, G.(1977). *The Tragedy of Commons in G. Harden and J. Baden(eds.), Managing the Commons*. San Francisco: W. H. Freeman Co..

Heater, D.(1990). *Citizenship: The Civic Ideal in World History, Politics and Education*. New York: Longman.

Heffner, F. D.(1993). More said than done. in D. Diss(ed.). *The History of Educational Reform in United States*. University of South Dakota.

Heffner, F. D. (1993). More Said Than Done: *The History of Educationa Reform In United States, ed.*D. diss., University of South Dakota.

Hibbard, K. M. et. al.(1996). *Performance - Based Assessment*. ASCD.

Hirsch, J.(1978). The State Apparatus and Social Reproduction: Elements of a Theory of the Derivation of the Bourgeois State, in Holloway and Sol Pocciotto(ed.), *State and Capital*. London: Edward Arnold LTD.

Holt, M. (1990). Agencies and strategies for curriculum change. In N. Entwistle(ed), *Handbook of Educational Ideas and Practies*. London: Routledge. pp. 615-624.

Howard, R. W.(1987). *Concept and Schema*. London: Cassel.

Hurst, J. B.(1983). The decision making process. *Theory and Research in Social Education*, XI(3), 17-43.

Hunt, M. P. and Metcalf, L. E. (1968). *Teaching high school social studies*, 2nd ed. New York: Harper and Row Publisher.

Ichilov, O.(1990). *Political Socialization, Citizenship Education, and Democracy*. New York: Teachers College Press.

Kazespides, T.(1977). The logic of value clarification. *The Journal of Educational Thought*, XI(2), 104-110.

Kinder, J. S. & Schunert, J. R.(1970). *Better Teaching in Secondary Schools*. Chicago: Holt, Rinehart and Winston, Inc.

Kirschenbaum, H.(1976). Clarifying values clarification: some theoritical Issues. In D. Purpal(ed.), *Moral Education: It Comes with The Territory*. Berkeley: McCutchans, 115-126.

Kitchener, R.(1992). Piaget's genetic epistemology. Richard A. Duschl and Richard J. Hamilton(ed), *Philosophy of Science, Cognitive Psychology, and Educational Theory and Practice*, Albany: State Univ. of N.Y. press.

Kohlberg, L.(1981). *Essays on Moral Development, I: The Philosophy of Moral Development*. San Francisco: Harper and Row.

Kuhn, T. S.(1978) *The Essential Tension: selected studies in scientific tradition and change*. Chicago.

Kuhn, T.(1970). *The Sructure of Scientific Revolutions*. Chicago: University of Chicago Press.

Lehrer, k.(1974). *Knowledge*. London: Oxford Univ. press.

Lezotte, L. W. & B. C. Jacoby. (1992). *Sustainable School Reform: The District Context For School Improvement*. Okemas, MI: Effective Schools Products, LTD.

Lindley, R.(1986). *Autonomy*. London: Macmillan.

Lipson, L.(1970). *The Great Issues of Politics: an introduction to political science*. Englewood Clifts, N.J.: Prentice-Hall, Inc..

Lynch, J.(1987). Building the global dimension of the multicultural curriculum, in R. Human(ed.), *Swann and the global dimension: Education for world citizenship*. London: Youth Education Service.

Kuhn, T. S.(1978). *The Essential Tension: selected studies in scientific tradition and change*. Chicago.

MacIntyre, A.(1989). The nature of the virtues. In L. P. Pojman(ed.), *Ethical Theory*. Belmont, C.A.: Wadsworth Publishing Co., 320-333.

MacIntyre, A.(1988). *Whose Justice? Which Rationality?*. London: Gerold Duckworth and Co. Ltd..

MacIntyre, A.(1984). After Virtue: *A Study in Moral Theory*(2nd ed.). Notre Dame: University of Notre Dame Press.

MacIntyre, A.(1966). *A Short History of Ethics*. New York: Macmillan.

Macmillan, C.J.B., & Garrison,J.W.(1988). *A logical theory of teaching: Erotetics and intentionality*. Dordrecht: Kluwer academic publishers.

Macpherson, C. B.(1973). *Democratic Theory*. London: Oxford University Press.

Mahoney, M. J.(1994) *Human Change Process*. Basic Books.

Marshall, T. H.(1950). *Citizen and Social Class*. Cambridge.Moore, G. E.(1965). Ethics. London: Oxford University Press.

Mathison, S.(1997). Assessment in Social Studies: Moving toward Authenticity. In. Ross, W.E.(Ed). *The Social Studies Curriculum: Purpose, Problems, and Possibilities*. Albany: State University of New York Press.

McCutchen, G.(1995). *Developing the Curriculum: Solo and Group Deliberation*. The Ohio State University.

Merryfield, M. M.(1997). Infusing global perspectives into the social studies curriculum, in E. W. Ross(ed.), *The social studies curriculum: purposes, problems, and possibilities*. State Univ. of N.Y. Press.

Nelson, J. L.(2001). Defining Social Studies, *Critical issues in social studies research for the 21st century*, W. B. Stanley(ed.). Greenwich: Information Age Publishing Inc., 15-38.

Newmann, F. M. (1970). *Clarifying public controversy*. Boston: Little, Brown and Company.

Newmann, F.M.(1997). Authentic Assessment in Social Studies: Standard and Examples. In G.D. Phye ed., *Handbool of Classroom Assessment*. San Diego: Academic Press.

Nodding, N.(1992a). *The Chllange to Care in Schools: An alternative aproach to education*. N.Y.: Teachers Collegs Press.

Oakeshott, M.(1956). Political education. in Peter Laslett(ed.), *Philosophy, Politics and Society*. New York: Barnes and Noble, Inc..

Oakeshott, M.(1962). *Rationalism in Politics*. London: Methuen.

O'Hear, A.(1986). Education and rationality. In D. E. Cooper(ed.), *Education: Values and Mind*. London: Routledge & Kegan Paul, 89-93.

Ophuls, W.(1977). *Ecology and the Politics of Scarcity: A Prologue to a Political Theory of the Steady State*. San Francisco: Freeman.

Paris, C. (1989). *Context of Curriculum Change: Conflict and consonance*. Paper presented to the annual meeting of Amercian Educational Research Association, C.A.

Parker, W. C.(ed) (1989). In search of a scope and sequence for social studies, *Social Education*. October. pp. 375- 385.

Parker, W. C.(1987). Teachers' Mediation in Social Studies. *Theory and Research in Social Education, 15(1).*

Parkins, D. N.(1991) Educating for Insight, *Educational Ledarship*, V. 49, N. 2.

Peters, R. S.(1966). *Ethics and Education.* 이홍우 역(1991). 『윤리학과 교육』. 서울: 교육과학사.

Peters, R. S.(1965). Reason and habit: The paradox of moral education. In W. K. Frankena(ed.), *Philosophy of Educaion*. New York: Macmillan, 102-114.

Piaget, J. (1973). *To Understand is to Invent*. N. Y. : Grossman.

Pinar, W.(ed.)(1975). *Curriculum theorizing: The reconceptionalists*. CA: McCutchen publishing corporation.

Polanyi, M.(1962). *Personal knowledge: Toward a post-critical philosophy*, Chicago: Routhledge & Kegan Paul Ltd..

Popkewitz, T. (1991). Social studies education and theory. in James P. Shaver(ed.), *Handbook of Social Research on Social Studies Teaching and Learning*. N.Y.: MaCmillan.

Proctor, R. E.(1988). *Education's Great Amnesia*. Bloomington and Indianapolis: Indiana University Press.

Pinker, S.(2002). *The Blank Slate*, 김한영 역(2004). 『빈서판』. 사이언스 북스.

Raths, L. E.(1986). *Teaching for Thinking: Theory, Strategies, and Activities for the Classroom*(2nd ed.). New York: Columbia University Press.

Raths, L. E., Harmin, M., Simon, S. B.(1978). *Values and Teaching: Working with in the Classloom*(2nd ed.). Columbus: Charles E. Merrill.

Rawls, J. B.(1971). *A Theory of Justice*. Cambridge: Harbard University Press.

Remy, R. C.(1980). Criteria for judging citizenship education programs. *Education Leadership*, October, 10-11.

Revans, R. W.(1986) Action Learning and the Cowboys. *Organizational Development Journal*, Fall. pp. 71-79.

Resnic, L. B.(1987). *Education and learning to think*. Washington, D. C. : National Academy Press.

Rest, J.(1974). Developmental psychology as guide to value education: a review of Kohlbergian programs. *Review of Educational Reseaech*, Spring, 241-259.

Robertson, R.(1992). *Globalization: Social theory and global culture*. London: Sage Publications.

Rogers, P.(1992). Education for international responsibilities of citizenship, in E. B. Jones & N. Jones(ed.), *Education for citizenship*. Kogan Page.

Rosenow, E.(1989). Kierkegaard's existing individual. *Journal of Philosophy of Education*, 23(1), 3-13.

Ross, W. E.(1997), The Struggle for the Social Studies Curriculum, in E. W. Ross(ed), *The Social Studies Curriculum Purposes, Problems, and Possibilities*. State Univ. of N.Y. Press.

Ross, W. E., Cornett, J. W. and McCutcheon, G.(1992). Teacher Personal Theorizing and Research on Curriculum and Teaching: *Teacher Personal Theorizing*. E. Wayne Ross, Jeffrey W. Cornett and Gail McCutchen ed. State University of New York Press.

Ross, W. E.(1997), The Struggle for the social studies curriculum, in E. W. Ross(ed), *The Social Studies Curriculum Purposes, Problems, and Possibilities*. State Univ. of N.Y. Press.Schwab, J.(1969). The practical: A language for curriculum. *School review*, 78, 1-23.

Rorty. R.(1989). *Contingency, Irony, and Solidality*, 김동식 · 이유선 역(1996). 『우연성 아이러니 연대성』. 민음사.

Rumelhart, D. E.(1980). Schemata: The building block of cognition, in R. J. Spiro, B. C. Bruce, W. F. Brewer(ed), *Theoretical Issues in Reading Comprehension*. Hillsdale, N. J.: Lawrence Erlbaum, pp.34-40.

Sale, K.(1974). Mother of all: an introduction to bioregionalism, in S. Kumer(ed), *The Schmacher Leactres*, V. II, London: Blond and Briggs.

Sandal, M.(1984). The procedural republic and unencumbered self. *Political Theory*, 12(1), 81-89.

Schneiderman, R.(1945). *Democratic Education in Practice*. New York: Harper and Brothers.

Schonfeld, A. H.(1992) 'Learning to think mathematically: Problem solving, metacognition, and sense making in mathetics.' In D. A. Grouws(ed) *Handbook of Research on Mathematics Teaching and Learning*. N. Y.: Macmillan, 334-370.

Schwab, J.(1969). The practical: A language for curriculum. *School Review, 78, 1-23*.

Scott, A.(1990). *Ideology and the New Social Movements*. London: Unwin Hyman.

Shaver, J. P. & Larkins, A. G. (1973). *Analysis of public issues: decision-making in a democracy*. Boston: Houghton-Mifflin Company.

Shön, D. A.(1987). *Educating the Reflective Practitioner*. London: Jossey-Bass Publishers.

Smith, R.(1987). *Learning from experience*. Journal of Philosophy of Education, Vol. 21, No. 1, Abingdon: Bugress & Son.

Snyder,J., Bolin, F., and Zumwalt, K. (1992: 416-417). Curriculum implementation. In P. Jackson(ed.), *Handbook of research on curriculum(402-435)*. N.Y.: Macmillan.

Soltis, J. F.(1993). Democracy and teaching. *Journal of Philosophy of Education*, 27(2), 149-152.

Stahl, R. J.(1994). Cooperative Learning: A Social Studies Context and Overview. In *Cooperative Learning in Social Studies: A Handbook for Teachers*, ed.. R. J. Stahl. New York: Addison-Wesley Publishing Company.

Stavy, R., & Berkovitz, B.(1980). Cognitive conflict as a basis for teaching quantitative aspects of the concept of temperature. *Science Education, 64(5).*

Strike, K. A. and Posner, George. J.(1992). A revisionist theory of conceptual change. Richard A. Duschl and Richard J. Hamilton(ed), *Philosophy of Science, Cognitive Psychology, and Educational Theory and Practice*. Albany: State Univ. of N. Y. press.

Taylor, C.(1989). The liberal- communitarian debate. In N. Rosenblum(ed.), *Liberalism and The Moral Life*. Cambridge.

Thompson, D. F.(1970). *The Democratic Citizen*. London: The Syndics of the Cambridge University Press.

Toulmin, S.(1989). The logic of moral reasoning. In J. P. Sterba(ed.), *Contemporary Ethics*. Englewood Cliffs, N.J.: Prentice-Hall, 48-90.

Toy, P.(1994). Cultivating Cooperative Group Process Skills Within the Social Studies Classroom. In *Cooperative Learning in Social Studies: A Handbook for Teachers*, ed. R. J. Stahl. New York: Addison-Wesley Publishing Company, 18-50.

Turner, B. S.(1986). *Citizenship and Capitalism*. London.Warnock, G.(1989). The object of morality. In L. P. Pojman (ed.), Ethical Theory. Belmont, C.A.: Wadsworth Publishing Co., 398-406.

Tyler, R.(1949). *Basic Principles of Curriculum and Instruction*. Chicago, IL: Univ. of Chicago Press.

Vygotsky, L. S.(1978). *Mind in Society: The development of Higher Psychological Process*. Cambridge, MA: Harvard Uni. Press.

Vaill, P.(1996). *Learning as a Way of Being.* San Francisco: Jossey-Base Pualishers.

Von Glasersfeld, E.(1996). *Radical Constructivism: A Way of Learning (Paperback) : Studies in Mathmatics Ed. series.* Lightning Source Inc.

Vygotsky, L. S. (1978). *Mind in Society: The development of Higher Psychological Process.* Cambridge, MA: Harvard Uni. Press.

Walzer, M.(1994). Multiculturalism and individualism, *Dissent*, Spring.

Warnock, G.(1989). The object of morality. In L. P. Pojman (ed.), *Ethical Theory.* Belmont, C.A.: Wadsworth Publishing Co., 398-406.

Wells, D.(1978). Radicalism, Conservatism, and Environmentalism, *Politics*, 13. 299-306.

White, P.(1990). Friend and education. *Journal of Philosophy of Education*, 24(1), 81-86.

White, J.(1972). Indoctrination without doctrines?. In I. A. Sncok(ed.), *Concept of Indoctrination : Philosophical Essays.* London: Routledge & Kegan Paul, 191-201

Whitson, J. A. (2004). What social studies teachers need to know. Adler, S. ed. *Ctitiaal Issues in Social Studies Teacher Educaion.* Information Age Publishing Inc. PP. 9-36.

Wilson, J., Williams, N., and Sugarman, B.(1967). *Introduction to Moral Education.* Harmondsworth: Penguin.

Woolfolk, A. E.(1980). *Educational Psychology.* Englewood Cliffs, New Jersey: Prentice Hall.

Wringe, C.(1993). Rational autonomy, morality and education. *Journal of Philosophy of Education*, 27(1), 69-77.

Zimmerman, B. J. (1990). Self-regulated learning and academic achievement: An overview. *Educatonal Psychologist*, 25, 3-17.

# INDEX

# 저자약력

## 김왕근

- 서울대학교 사회교육과 졸업
- 서울대학교 대학원 교육학(일반사회) 박사
- 한국교육개발원 선임연구원
- 교육개혁위원회 전문위원
- 춘천교육대학교 교수
- 한국사회과교육학회 회장
- 출제위원(대학수학능력시험, 교원임용고시)
- 위원 및 위원장(사회과 교육과정 및 교과서 편찬심의위원회)

[주요저서]

- 인간 · 환경 · 교육(춘천교육대학교출판부, 공저)
- 지식과 사고(학문사, 공저)
- 밝은 사회 운동과 공동체 의식 함양(밝은사회연구소, 공저)
- 21세기 사회과교육 연구의 핵심 쟁점들(교육과학사, 공역)

# 사회과 교육에의 표류

2010년 7월 30일 인쇄
2010년 8월 5일 발행

저 자 김왕근
발행자 박준식

발행처 도서출판 원미사
서울 성북구 장위 2동 65-192호 우남빌딩 202호
전화 : 02) 919-9630, 942-1276 / fax : 02) 919-3093
등록 : 1994년 1월 18일(제6-192호)
E-mail : wonmisa9630@daum.net

※ 잘못된 책은 교환해 드립니다. 정가 15,000원

ISBN : 978-89-5544-158-1